主　编：石炜君
副主编：邱晓兴　郑仁荣　李治展　黄榕鑫　章　琪
编　委：郑　钦　何　清　连晓梅　方学炜
张傲阳　黄华卉　蔡秋燕　辛小榕
胡俊英　石青萍　商艳芳　吕晓凤
吴　峤　郑　斌　林巧儿　方志英
吴　建　丘玉花　吴文鹏　林　丹
江凌瀚　蔡梅芳　仲崇健

现代化文武育人学科融合课程研究

弘学·尚武·育才

石炜君 主编

海峡出版发行集团 | 海峡文艺出版社

图书在版编目(CIP)数据

弘学·尚武·育才/石炜君主编. —福州:海峡文艺出版社,2025.3
ISBN 978-7-5550-3838-2

Ⅰ.G633.962

中国国家版本馆 CIP 数据核字第 20243QH940 号

弘学·尚武·育才

石炜君　主编

出 版 人	林　滨
责任编辑	林　颖
出版发行	海峡文艺出版社
经　　销	福建新华发行(集团)有限责任公司
社　　址	福州市东水路 76 号 14 层
发 行 部	0591－87536797
印　　刷	福建新华联合印务集团有限公司
厂　　址	福州市晋安区福兴大道 42 号
开　　本	787 毫米×1092 毫米　1/16
字　　数	595 千字
印　　张	32.5
版　　次	2025 年 3 月第 1 版
印　　次	2025 年 3 月第 1 次印刷
书　　号	ISBN 978-7-5550-3838-2
定　　价	88.00 元

前 言

2023年6月，教育部印发《基础教育课程教学改革深化行动方案》，要求各地各校明确责任分工，建立健全推进机制，不断将基础教育课程教学改革引向深入。为更好保障育人蓝图落地见效，引导学校将育人理念转化为实际的教育教学行为，促进学生核心素养发展，福州第七中学坚持以习近平新时代中国特色社会主义思想为指导，全面贯彻落实党的教育方针，全面落实各级教育大会精神，坚持立德树人根本任务，深入贯彻《国务院办公厅关于新时代推进普通高中育人方式改革的指导意见》（国办发〔2019〕29号）、《义务教育课程方案和课程标准（2022年版）》、《普通高中课程方案及20科课程标准（2017年版2020年修订）》、《关于加强中小学地方课程和校本课程建设与管理的意见》（教材〔2023〕2号）等文件精神，适应时代的需求，以提高学生的综合素质为宗旨，以培养学生创新精神和实践能力为重点，突出学科核心素养，实现课程教学与考试评价改革有机衔接，努力满足每个学生个性发展和终身发展的需要，形成具有本校特色、充满活力的“弘学养正”课程体系，坚持“五育”并举，发展素质教育，不断落实立德树人根本任务。

一、课程体系原则

1.以“规范＋特色”为原则。为提高国家义务教育、普通高中课程方案实施水平，发挥地方课程和校本课程育人功能，福州第七中学坚持“文化引领，课程育人”，以学生发展为本，坚持以课程改革为突破点，创建学校特色；以课程建设为载体，提高学科建设水平；以课程开发为抓手，促进教师专业发展；以课程实施为途径，满足学生个性发展需求，以“规范＋特色”为原则，积极构建符合校情特点、满足学生需求的课程体系，坚持为党育人、为国育才，遵循教育教学规律和学生成长规律，把培育和践行社会主义核心价值观融入课程建设全过程，强化课程管理，构建以国家课程为主体、地方课程和校本课程为重要拓展与有益补充的基础教育课程体系，增强课程适应性，实现课程全面育人、高质量育人。

2.以办学理念为内涵。基于深厚的传统积淀与校史传承，根据学校办学基本方略，为了更好让“五育并举”落地，实现课程育人，福州第七中学提出“弘学养正”的办学理念。“弘学”的含义是：胸怀大志，博学多识。从学生层面来说，是学科课程学习和核心素养提升；从教师层面来说，是专业素养发展和教育艺术培养。“养正”的含义是：以德润心，涵养正气。从学生层面来说，是学生身心修养达成和行为规范养成；从教师层面来说，是对师德师风的培育和职业行为规范。学校层面：弘学养正的落脚点是求真尚美、明德正行，引领学校高质量发展。学校不断对“弘学养正”的文化内涵进行梳理，与学校课程体系的建构、德育活动的开展相互呼应，形成了满足学生个性发展和终身发展的需要，且具有本校特色、充满活力的“弘学·养正”课程体系，努力培养德智体美劳全面发展的社会主义接班人。

二、课程体系目标

1.整体设计，协同育人。坚持立德树人，聚焦核心素养，把促进学生全面发展、健康成长作为出发点和落脚点。强化系统设计，加强地方课程、校本课程与国家课程的有效配合，形成课程育人合力。科学构建学校课程体系，为学生提供尽可能多的课程选择机会，突出强调基础教育课程“与时俱进”和“以人为本”的核心理念，体现课程改革的基础性、时代性、选择性和多样性。

2.因地制宜，体现特色。结合实际，充分挖掘地方自然、社会、人文、科技资源，构建主题内容、呈现形式和实施方式等各具特色的课程，发挥独特育人价值。面向全体学生，关注个体差异，开发丰富多样、可供选择的课程，因材施教，满足学生个性发展需求。通过深化课程改革，不断提升学校教育教学质量，学生的兴趣爱好和个人潜力获得全面发展。

3.以管促建，提升质量。明确责任主体，建立健全管理制度，完善课程设置、开发、审核、评价、监测等建设与管理程序，充分发挥制度机制的规范和引导作用。加强建设规划，注重科学论证，建立健全课程持续发展机制，将提高课程质量贯穿在建设与管理的全过程。建立与课程教学改革相适应的教育教学管理制度，探索实施符合教育评价改革精神，适应课程教学改革的学生评价制度、教师评价制度、激励制度、教科研制度。

4.专业发展，长远规划。提高教师开发课程和融合课程资源的能力，促进教师专业发展，建立以校为本、联校开发与共享课程资源的机制，形成充满活力、与时俱进的课程教学改革体系，规范课程资源收集，档案管理工作，提升学校软实力，走内涵发展的道路，优化教育资源的配置，提高育人质量。

三、课程活动形式

课程主要通过组织生活、团队课、仪式教育、实践活动、协同教育等形式开展，可以一种形式单独开展，也可以多种形式相结合开展。

1.组织生活。组织生活是学生在团、队组织中进行教育与自我教育、管理与自我管理、监督与自我监督的重要形式。组织生活的关键要素是：规范组织程序，营造组织氛围，遵守组织纪律，注重民主体验。

2.班、团、队课。通过课堂引导学生在活动情境中，通过讲动结合、讲议结合、讲践结合的方式，学习习近平总书记对青少年的希望要求，开展党、团、队教育，科学制定教学内容，设计互动内容，融入组织文化。

3.仪式教育。仪式教育是系列化、程序化的集体礼仪教育。主要在学生成长过程的重要时间节点，在国家节庆日、纪念日等有教育意义的时间节点，举行仪式教育，规范仪式程序，营造庄重氛围，注重情感体验。

4.实践活动。实践活动是青少年通过各种实践进行学习和自我教育的活动。主要开展参观、访问、野营、旅行、研学、故事会、岗位体验、夏（冬）令营活动等，开展文化科学、娱乐游戏、军事体育等各种有意义、有趣味的活动，参加力所能及的志愿服务、公益劳动和社会实践等。利用社会资源，注重教育内涵，自主实践体验，重视交流分享。

5.协同教育。协同教育是学校、家庭、社区和社会联建共育的方式。主要结合相关学科实践教学、相关主题教育活动、校园集体活动、课后服务等，开展跨学科、跨领域实践活动，协同各实践教育营地（基地）、国家机关、企事业单位、部队、相关单位等开展丰富多彩的实践活动。融合教育目标，多元主体参与，整合教育资源，形成教育合力。

本书重在落实国家课程方案落地规划行动，将育人“蓝图”细化为育人“施工图”，突出“因校制宜，一校一策”，立足办学理念和学生发展需要，分析资源条件，高质量落实国家课程，建设校本课程，将课程理念、原则要求转化为具体的育人实践活动，构建体现学校办学特色的课程育人体系。通过研制课程体系建设，促进教师专业成长，教研组基于课程体系建设的相关政策和理论，总结学科课程体系建设的典型案例，提炼形成具有规律性、可推广性的操作规范、有一定借鉴和应用意义的课程方案，实现优质课程资源共享、课程体系建设实践经验、校本案例等推广应用，创建出彰显素养本位、富有校本特质的课程体系。

目　录

阅经典名著　品百味人生

一、指导思想

书籍是人类进步的阶梯，是人类文化传承的载体，是学生获取知识的主要渠道。阅读是获取知识，提高素养，开拓视野，陶冶情操的重要方式。为全面落实基础教育课程标准的有关要求，加强对学生课外阅读的指导，帮助学生养成良好的阅读习惯，具备较强的阅读能力，提高阅读品位，拓展学生知识视野，加强各学科间的知识渗透，激发学生学习激情，提高学生获取信息、理解分析、辨别鉴赏的阅读能力，为学生终身学习及未来人生打下坚实的知识基础。

二、课程标准

《义务教育语文课程标准（2022 年版）》总目标提出："学会运用多种阅读方法，具有独立阅读能力。""阅读整本书，把握文章的主要内容，积极向同学推荐和说明理由。""拓展阅读面，课外阅读总量不少于 100 万字。"在"发展型学习任务群"的"文学阅读与创意表达"中指出："阅读表现人与社会的优秀文学作品，走进广阔的文学艺术世界，学习品味作品语言、欣赏艺术形象，复述印象深刻的故事情节，积累多样的情感体验，学习联想与想象，尝试富有创意地表达。""阅读反映少年成长的故事、小说、传记等，交流自己获得的启示；学习运用细节描写等文学表现手法，描述自己成长中的故事。"同时，"拓展型学习任务群"中也提到"整本书阅读"旨在引导学生在语文实践活动中，根据阅读目的和兴趣选择合适的图书，制订阅读计划，综合运用多种方法阅读整本书；借助多种方式分享阅读心得，交流研讨阅读中的问题，积累整本书阅读经验，养成良好的阅读习惯，提高整体认知能力，丰富精神世界。

三、课程结构与内容

年级	国家课程标准	校本课程	核心素养
六年级	六年级下册第二单元名著单元	阅经典名著，品百味人生	阅读能力、阅读素养

四、课程活动形式：阅读、交流、分享

五、案例

读经典　品经历　悟人生
——《鲁滨孙漂流记》整本书阅读教学设计

教学目标

1.能借助作品梗概，了解名著的主要内容，产生阅读世界名著的兴趣，并自主规划阅读《鲁滨孙漂流记》。

2.能从多角度评价人物，建立立体的、多面的人物形象。

3.能了解作品的写作背景，体会作者通过文字传递的思想内涵。

4.学习并运用联结、比较、预测和监控策略进行阅读。

教学重难点

1.能从多角度评价人物，建立立体的、多面的人物形象。

2.能了解作品的写作背景，体会作者通过文字传递的思想内涵。

教学过程

第一阶段 导读板块：点燃阅读期待

一、联结生活，走进整本阅读

1.新型冠状病毒疫情给我们的生活带来了巨大的影响，回想一下在那期间，你有什么烦恼？

2.小结：宅在家里，我们仿佛来到一座“孤岛”上，就如英国作家丹尼尔·笛福笔下的不朽名作《鲁滨孙漂流记》中的鲁滨孙一样。

3.介绍《鲁滨孙漂流记》的影响力。

二、勾连教材，激发阅读兴趣

1.出示教材《鲁滨孙漂流记》的梗概，了解小说的主要内容。

2.出示坏处、好处对照表，感受鲁滨孙的烦恼和快乐。学习鲁滨孙面对困难时的心态，回顾上课伊始填写的表格，思考并补充相对的快乐。

3.出示整本书的目录，提出阅读要求。

（1）根据坏处和好处表，预测该片段在小说的哪个部分，并进行验证。

（2）小组分享：学生从目录中选择最感兴趣的章节，并预测故事的内容。

（3）验证原著：寻找对应的这部分内容，读一读具体的故事情节，验证自己的猜想是否与原著一致。

三、制定阅读单，落实阅读任务

1.根据阅读计划，每天坚持阅读，见证鲁滨孙的冒险与收获。

阅读阶段	阅读章节	阅读任务
第一阶段 （2 天）	第一章 （第一至五节）	1. 结合该部分内容，完成故事发展图第一部分 2.了解鲁滨孙出海的动机以及三次出海的经历
第二阶段 （4 天）	第二章 （第一至十一节）	1.结合该部分内容，完成故事发展图第二、三部分 2.了解流落荒岛的鲁滨孙遇到的现实与内心的危机，了解他是如何化解危机的
第三阶段 （4 天）	第二章 （第十二至二十三节）	1.结合该部分内容，完成故事发展图第四部分 2.危机与希望的再次相逼，思考鲁滨孙是如何想的和做的

续表

阅读阶段	阅读章节	阅读任务
第四阶段 （2天）	第三章 （第一至三节）	1.结合该部分内容，完成故事发展图第五部分。 2.回归文明后，了解鲁滨孙选择再次冒险的原因

2.边读边完成《鲁滨孙漂流记》故事发展图。

书名：《鲁滨孙漂流记》

情节：________ ________ ________ ________ ________

环境：________ ________ ________ ________ ________

第二阶段　推进板块：把握人物形象

一、人物述出来——借助故事发展图了解经历

1.学生汇报导读课的研学作品——《鲁滨孙漂流记》故事发展图，分享鲁滨孙的经历。

2.借助《鲁滨孙漂流记》故事发展图，让学生说一说《鲁滨孙漂流记》的故事大意。

二、人物站起来——利用人物分析网络图走近人物

1.利用序列思维，比较和权衡影响鲁滨孙生存的因素，哪个是最重要的？

2.生死抉择：假如你流落荒岛，只能选一种物品，你会选择什么呢？

3.面对这么多未知的因素，你认为鲁滨孙还坚持出海冒险的原因是什么？

三、人物赏起来——致敬心中的英雄

为鲁滨孙写一段颁奖词，挖掘“鲁滨孙精神”内核，致敬你心中的英雄。

感动世界人物：鲁滨孙
__________（提炼精神内核）
颁奖词：____________________
____

第三阶段　拓展板块：思维纵深发展

一、我心中的冒险精神

1.说一说：怎样的精神才是冒险精神？具体有哪些表现？

2.议一议：这本小说所蕴含的冒险精神，在当今社会还有存在的价值吗？如果有，我们需要怎样的冒险精神呢？

二、我心中的冒险好书

鲁滨孙的冒险精神，无疑值得我们学习与推崇。那我们就写一份好书推荐词，让更多人认识鲁滨孙，让更多人去阅读《鲁滨孙漂流记》吧！

大话西游

——《西游记》整本书阅读教学设计

教学目标

1.交流、分享《西游记》的阅读心得，能感受人物形象，品读精彩故事，领略古典名著的魅力。

2.运用学到的阅读方法，自主阅读《西游记》。

教学重难点

1.能感受人物形象，品读精彩故事，领略古典名著的魅力。

2.领悟作者想象的神奇之处。

教学过程

板块一　导入——激发学生阅读之趣

一、复习回顾

1.播放电视剧《西游记》的主题曲《敢问路在何方》。引导交流，听了歌曲，你们想到了什么？

2.前面，我们学了《猴王出世》，大家还记得这篇课文主要讲了什么内容吗？

3.教师小结：这节课我们继续走进《西游记》，聊聊书中的人和事，交流读书的感受与收获。

二、抢答歇后语

用展示课件歇后语前半部分，学生回答后半部分。

1.白骨精见了孙悟空——现原形了。

2.孙悟空的金箍棒——能大能小。

3.猪八戒照镜子——里外不是人。

4.孙悟空大闹天宫——慌了神。

板块二　评说——走近个性鲜明之人

一、谈话导入

《西游记》中人物繁多，今天我们只说唐僧师徒四人。在四人取经团队中，你最喜欢谁？说说你对他的认识（性格、脾气、弱点、优点等）。

二、介绍人物

学生出示人物名片，介绍自己最喜欢的人物。

三、教师引导

1.梳理称谓变化线。

石猴→美猴王→孙悟空→弼马温→齐天大圣→孙行者→大师兄、猴哥→斗战胜佛

2.积累词语。

教师引导：孙悟空真是神通广大，在原著中，用哪些词语赞美了他？

学生齐读：齐天大圣、大闹天宫、明察秋毫、火眼金睛、腾云驾雾、来去无踪。

3.人物评说。

教师引导：毛主席的两句诗道出了神猴的本质——金猴奋起千钧棒，玉宇澄清万里埃。

4.讨论：孙悟空头上的金箍该不该取下来？

四、梳理总结

1.各小组展示人物性格特点的思维导图。

2.教师小结：《西游记》中的四大主要人物就是唐僧、孙悟空、猪八戒和沙僧，根据他们四人的性格，可称之为“严师、皮猴、憨猪、忠僧”。

板块三　讲述——了解情节曲折之事

一、介绍取经路线图

学生出示取经路线图，简要介绍取经途中遇到的妖怪及解决问题的方法。

二、讲述西游小故事

1.教师引导：在西行取经这一部分中，有41个小故事，情节波澜起伏，引人入胜。这里有一些关于《西游记》的精彩章节的照片，你能说出每张照片对应故事的名字吗？

教师依次出示照片：三打白骨精、大战红孩儿、女儿国遇险、真假美猴王、三借芭蕉扇……

2.指名学生讲述：你能给大家讲讲其中你印象最深的一个故事吗？

3.指导讲述：讲故事的时候，可以加上适当的语气、表情和动作。

三、小组表演经典片段

学生通过“读、讲、演”的形式分享阶段性阅读成果，将文字图像化、情境化，吸引学生走进书籍，避免空洞的交流讨论。

板块四　品读——感知语言表达之韵

一、谈话导入

除了鲜明生动的人物形象、引人入胜的故事情节外，《西游记》的语言特色也为人津津乐道。今天我们就来品读《西游记》的语言表达之韵。

二、品读“三打白骨精”

1.品读环境描写。

（1）课件展示原著文字，全班齐读。

峰岩重叠，涧壑湾环。虎狼成阵走，麂鹿作群行。无数獐豝簇簇，满山狐兔聚丛丛。千尺大蟒，万丈长蛇。大蟒喷愁雾，长蛇吐怪风。道旁荆棘牵漫，岭上松楠秀丽。薜萝满目，芳草连天。影落沧溟北，云开斗柄南。万古常含元气老，千峰巍列日光寒。

（2）引导交流：这样的环境描写让你想到了什么？

（3）引导预测：“山高必有怪，岭峻却生精。”这个片段节选自《西游记》第二十七回，请结合回目猜一猜这座山上藏着哪个妖精。

展示课件：第二十七回《尸魔三戏唐三藏、圣僧恨逐美猴王》的内容。

2.品读白骨精的“三变”。

（1）引导：为了吃唐僧肉，白骨精是如何变化的？

（2）指名同学轮流读白骨精的“三变”。

课件依次出示原著中描写女子、老妇、老公公的外貌的韵文。

（3）交流：从“三变”中，你觉得白骨精是个怎样的妖精？

3.品读孙悟空的“三打”。

（1）引导：孙悟空是怎么打妖精的？请把写孙悟空三打白骨精的句子找出来，读一读。

（2）启发：“一打”和“二打”最大的不同是什么？“三打”是怎么打的？你看到了一个怎样的孙悟空？

（3）点拨：像这样类似的情节，用不同的方式多次呈现，让故事情节波澜起伏，这就是一波三折。

三、品读对打斗场面

1.引导：书中关于打斗场面的描写很多，请看第十九回：

行者金睛似闪电，妖魔环眼似银花。这一个口喷彩雾，那一个气吐红霞。气吐红霞昏处亮，口喷彩雾夜光华。金箍棒，九齿钯，两个英雄实可夸：一个是大圣临凡世，一个是元帅降天涯。那个因失威仪成怪物，这个幸逃苦难拜僧家。钯去好似龙伸爪，棒迎浑若凤穿花。

2.指名学生读。思考：读完后，你从中体会到这段文字在语言表达上有什么特点？

3.教师小结：这处描写语言对仗工整，长句、短句参差结合，读来朗朗上口。

板块五　推荐——领悟作者想象之奇

一、创设情境

外国人讲述《西游记》

1.设疑讲述：《西游记》不仅是中国的，也是世界的。在外国人眼中，《西游记》是什么样子的呢？在瑞典，一个乡村中学的老师正在给学生上外国文学课。一位学生要求老师讲一讲中国的《西游记》。老师是这样展示课件：这个故事说的是一个中国和尚去西方旅游探险的经历。

中国和尚骑着一匹白马，带着一个用人，叫沙僧，是专门负责挑行李的。和尚还带着一只宠物猴和一头宠物猪，以便打发路途寂寞的时光。

一路上，和尚爬了许多山，过了许多河，遇到了一些麻烦事。他爬过最可怕的山是火焰山，还经过一个只有女子的女儿国，在那里得到了女王的礼遇。据说那猴子本事很大，一路上为他清除了很多障碍，其实也不过是一只蝎子、两只蜈蚣、五只黄鼠狼、七只蜘蛛而已；大的动物有一头牛、两只狮子和三头狼。不过猴子经常有些奇怪的行为，比如一发火就烧东西，一路上烧了几个山洞、一棵柳树、几座漂亮的宫殿，最奇怪的是他围着一堆白骨狠打。

宠物猪没有什么作用，只不过充当旅游解闷的工具而已。他特别能吃，一口气吃了四个西瓜，把和尚、用人和猴子的那份也吃了。和尚花了 13 年才到印度，寻了些印度佛经，像得了宝贝一样回国了。

2.引导：你们猜猜，外国学生听了这个故事会是什么反应？

外国学生很惊讶，一是想不到中国人这么热衷冒险，二是想不到 1000 多年前中国人就喜欢宠物猪了。

3.点拨：听了这个故事，你有什么感受？你们认同这位老师的介绍吗？

二、拟写好书推荐词

引导：这位老师的介绍凸显了东西方文化的差异。请你写一份好书推荐词，介绍中国的《西游记》，让读者了解《西游记》的想象之奇、人物之神、情节之妙。

板块六　学科特色活动

1.好书推荐。

2.绘制思维导图。

3.撰写读后感。

4.经典诵读比赛。

5.编排舞台剧。

板块七　教学随笔

小学生名著阅读的重要性

读书是最好的学习，
追随大人物的思想，
是富有趣味的事情。
——普希金

读书可以陶冶情操。当我们生活失意或者需要帮助的时候，读书会使我们的心情豁然开朗，使我们快乐。

一、名著阅读有助于小学生世界观的形成和矫正

我们通过阅读来扩大知识面，认识世界，改变观念，改善气质。曾经有人说过：“书是世界上最便宜的东西。”他的意思是，人们花了很少的钱，买来的是一个人最全心投入、最热切、最精华的那一部分。

名著对人们的影响主要体现为典型形象的感召力，它让人们在审美的同时不知不觉地受到感染，并将其蕴藏的精神力量浸润到自己的心灵中。阅读不但重要，而且还是一件非常划算的事情。阅读有功利的需要，也有非功利的。对大多数人来说，主要是因为兴趣。

在了解作家写作过程和主要人物成长过程中有助于小学生世界观的形成，比如曹雪芹是大多数人欣赏的作家，他是一位全心投注于写作的作家。写作对他来说，不仅仅是创作和爱好，更不是为了生计；对他来说，写作就是生命，就是另一种方式的生活。这种状态，很少有人能够达到；而即使达到了，也很少有人能够有他那样的才华。

二、名著阅读可以提高学生的阅读能力，也有助于平常的学习和应对考试

名著阅读与平常的学习并非全无关系。阅读很重要，因为阅读可以扩大学生的知识面。在短文里，蕴涵着丰富的语法大师，这对学生提高选择题的正确率很有帮助。

阅读某种程度上可以提高学生对语言的兴趣。阅读还可以扩大词汇量。所谓词汇量不是指学生知道它的中文意思，而是知道它怎么用。阅读可以增加对该国家的文化背景的了解。最重要的是，通过大量的阅读，可以形成一种语感。名著大都是文学性与思想性完美的统一体，其丰厚的思想内蕴为我们的阅读提供了多方面的切入点。

名著将文学形象所特有的模糊性、典型性发展到了极致，为人们充分发挥想象和联想提供了极好的“起点”。再者，许多名著蕴含着丰富的哲理，教师在借助名著训练学生形象思维的同时，也训练了学生抽象思维的能力，为全方位提高学生阅读能力奠定了坚实的基础。

三、阅读名著对学生写作能力的影响

阅读的同时在吸收。如果写作是个种子，那阅读就是阳光和雨水，种子的成长要不停地吸收养分。若某位作家平时从来不看书，就靠自己的生活经验闭门造车，那他是走不远的。

写作能力是人的语文能力的综合体现，它离不开写作知识和写作技巧，而这两者都可以从阅读名著中得到积累和提高。对于语文知识而言，除了课堂学习外，更重要的是课外的阅读积累。名著以其巨大的信息量而被称为“社会的一面镜子”。不同的名著有不同的特点，而且作家驾驭文字的方式、布局谋篇的手法各不相同。

总之，我们期盼和呼吁大家尤其是语言工作者多做小学生名著阅读的促进工作，作为语文老师更应该在课堂和课外进行有意识的教学，这对小学生乃至社会都是很有意义的事情。

板块八　学生作品

在“阅读有感”征集活动中，各班级教师结合学生学段特点和学习需要，推荐读书目录，同学们积极阅读并交流读书心得。

为鼓励同学们读有所得，年段征集各班优秀读后感作品展示，并鼓励更多的同学乐学善思，勇于用文字表达感想。

鸟欲高飞先振翅，人求上进先读书。同学们沉浸书中，一句句文本积累、一段段精彩分享、一篇篇读书心得，开拓了他们阅读的新领域，开启了他们阅读的新篇章。相信同学们会继续与书为伴，都能成为“腹有诗书气自华”的读书小标兵！

武侠风云中的文学底蕴：从儒家看江湖侠义

一、学科课程方案

（一）指导思想

初中语文课程的指导思想是通过学习和传承中华文化，培养学生的民族认同感、文化自信心和审美素养。

1.强调民族文化传统：重视培养学生对中华文化传统的理解和认同，通过学习古代文学作品、经典诗词、传统节日等，使学生熟悉民族文化的基本内涵，增强对传统文化的尊重和珍视。而武术作为中国传统文化的重要组成部分，应该在语文教学中得到传承和弘扬，让学生了解中国武术文化的丰富内涵。

2.培养文化自信心：通过学习优秀的文学作品，培养学生的文学鉴赏能力和审美情趣，引导学生发掘、理解和欣赏中华文化的独特价值，从而增强学生对中华文化的自豪感和自信心，提高学生的审美能力和艺术欣赏水平。武术艺术形式独特，学习武术可以培养学生的审美能力，提高他们对武术的欣赏水平。

3.弘扬中华文化精神：武术强调坚毅的意志、勇往直前的精神等品质，引导学生了解中华文化的核心价值观，包括仁、义、礼、智、信等传统美德，培养学生的道德意识和社会责任感。

4.提高语言表达能力：语文课程注重培养学生的语言文字表达能力，使其具备良好的语言沟通能力和团队合作能力。武术有很强的集体性和团队精神，能够有效传递中华文化的内涵和价值观。

总体来说，初中语文课程的指导思想是以弘扬中华文化为主线，通过学习和传承中华文化，培养学生的民族认同感和文化自信心，提高他们的语言表达能力和综合素质。

（二）课程标准

初中语文课程标准在弘扬中华文化部分指出在初中语文教学中，通过引导学生学习、理解和传承中华优秀传统文化的思想、价值观和艺术表现形式，培养学生对中华文化的认同感和自豪感，提高学生的人文素养和综合素质。弘扬武侠文化在初中语文课程中具体体现在以下几个方面：

1.阅读理解能力。通过阅读武侠小说，学生可以培养阅读理解能力，理解并解读武侠文化背后的动作、心理和意义。通过推理和分析，从文本中抽取信息，理解故事情节和人物性格。

2.作文写作能力。学生可以通过写武侠小说的剧情，锻炼自己的想象力和创作能力。学生可以学习如何构思故事情节、个性化人物形象和描述情景，用文字表达武侠文化的精神内涵。

3.口语表达能力。在讨论和演绎武侠故事时，学生需要能够运用准确的词汇，流利地表达自己的观点。这可以促进学生的口头表达能力和思维的发展。

4.观察能力和审美能力。通过欣赏武侠电影、剧集和绘画作品，培养观察力和鉴赏能力。能够分析和评价武侠作品的美学特点，理解武侠文化所代表的价值观和情感表达。

5.文化传承与阐释。通过学习武侠文化，了解其是中国传统文化的一个重要组成部分。研究武侠小说和电影对历史、道德与人性的阐释，了解武侠精神在中国文化中的地位和作用。

总之，通过将武侠文化纳入初中语文课程标准，可以培养学生的阅读理解能力、作文写作能力、口语表达能力、观察能力和审美能力，使学生对中华文化有更深入的了解和认同，培养学生对传统文化的热爱与保护意识，塑造积极向上的文化自信和身份认同。

（三）课程结构与内容

以武侠文化为主题的中华文化可以在初中语文课程的结构和内容上包括

以下几个方面内容：

1.文学作品阅读。学生可以阅读一些经典的武侠小说，如《射雕英雄传》《神雕侠侣》《倚天屠龙记》等。通过阅读这些小说，学生可以领略到武侠文化的独特魅力，了解武侠世界中的人物形象、情节和价值观，并能从中感受到中国传统文化的情感和思想。

2.语言表达与写作。学生可以从武侠小说中学习到丰富的词汇和语言表达方式。学生可以尝试使用武侠中的常用成语和词汇，来描述人物形象、描绘场景，并通过写武侠故事或创作剧本，培养自己的写作能力和想象力。

3.古诗词欣赏。武侠文化中经常出现许多与自然景物、英雄壮志相联系的古诗词。学生可以欣赏并理解这些与武侠题材相关的古诗词，通过分析诗词的意境和表达手法，来感受武侠文化中的美学价值。

4.影视作品赏析。学生可以观看一些经典的武侠影视作品，如《笑傲江湖》《倩女幽魂》等。通过赏析这些影视作品，学生可以感受到武侠文化在影视艺术中的呈现方式，同时能够对导演的创作手法、艺术表达进行分析和理解。

5.文化传承与认同。通过学习武侠文化，学生可以深入了解其是中国传统文化的一个重要组成部分。学生可以通过研究武侠文化中的道德观念、荣誉感和义薄云天等价值观，来认识和思考自己与传统文化的关系，增强文化认同感。

6.修身篇。强调培养学生的道德品质和人文素养，使其具备正确的价值观和行为规范。内容包括经典和名人的道德故事、古代文人墨客的品德修养等。如《公输》中鲁班与墨子的攻守对抗，从中体会墨家兼爱、非攻的思想。

通过将以武侠文化为主题的中华文化纳入初中语文课程的结构与内容中，可以更好地激发学生的兴趣，培养学生的综合素质，有利于培养学生的文化自信和民族意识，加深对中国传统文化的理解和传承。

（四）课程活动形式：主题教学

1.明确学习主题，确立学习方案。

2.群文文本分析，设定学习目标。

3.设计学习活动，支撑目标达成。

4.实施教学评价，延伸课后学习。

（五）课程评价方案

初中语文弘扬中华文化课程评价方案是一种评估学生在语文课程中对于中华文化的理解和学习成果的方法。

1.学生发展性评价。

（1）文字表达能力评价。学生是否能够运用正确的词汇和句式表达自己对中华武侠文化的看法；学生是否能够写出具有中国传统文化特色的作文或文章。

（2）阅读理解能力评价。学生是否能够理解和解读有关中国武侠文学、历史、传统节日等方面的文章；学生是否能够从文本中获取主要信息，推断作者意图和文化内涵。

（3）口头表达能力评价。学生是否能够用适当的语言表达对中国武侠文化的认识和感受；学生是否能够参与小组讨论，分享有关中华武侠文化相关的知识。

（4）创意性评价。学生是否能够通过绘画、手工制作、书法等形式，展示自己对中华武侠文化的认知；学生是否能够用创意的方式表达对中华武侠文化的独特见解。

（5）考察文化知识。学生是否掌握了中华武侠文化的基本知识，如中国武侠历史、传统节日、古代武侠文学作品等；学生是否能够通过对中华武侠文化的了解，理解和欣赏中国人民的智慧与情感。

评价方案的具体内容可以根据学校和教师的要求进行调整与补充。评价结果可以用于指导教学和提供个性化的学习辅导。

2.课程资源的合理程度评价。

在开发与利用语文课程资源时，教师要注意选用具有正确育人导向的，真实、完整、多样的与主题情境相关的语文材料。课程资源的建构要遵循阅读教学规律，创设适宜情境，创新学习方式，有效搭建学习支架，让学生于学生更好地参与学习。教师要能够使用群文阅读教学策略和方法，引领学生聚焦主题，指导学生进行建构，最终要有有效的手段检测学生的学习真正发生。教师可以使用课程资源的合理程度评价表（如表一）进行自查，并不断完善。

表一　课程资源使用评价表

评价内容	是	否	如果为“否”，如何改进
课程资源对主题是否有阐发价值			
课程设计是具有可操作性			
课程设计是具有可复制性			
时间安排是否合理			
教学效果是否可检测			

3. 教师的课程实施评价。

教师也可使用课程实施评价表（如表二）进行自评，对照标准及分值对每个要素自行打分，在打分后进行修正和改进，并在评价之后写下文字的反思和小结，不断迭代和提升自己的课程设计方案。

表二　课程实施评价表

评价要素	优秀（5分）	良好（3分）	达标（2分）	未达标（1分）	得分	反思
材料准备						
课堂组织						
师生互动						
评价引领						

（六）初中语文弘扬中华文化课程的结构思维

初中语文弘扬中华文化课程

一级分支：

1.课程目标。

培养学生的民族自豪感和文化认同、培养学生的语言能力和交际能力、培养学生的思维能力和创新意识。

2.课程内容。

(1) 古代经典文学的学习与阅读，如《公输》《史记》中游侠、刺客列传等

（2）中华武侠优秀传统文化的传承与弘扬，如诗、词、曲艺、小说等。

（3）文学名著的解读与分析，如金庸小说等。

3.教学方法。

（1）主题式教学，将中华文化融入具体的教学内容。

（2）多媒体教学，利用现代技术手段展示中华文化的魅力。

（3）合作学习，通过小组合作进行讨论和研究。

4.评价方式。

（1）综合评价，包括学业成绩和综合素养评价。

（2）个性化评价，根据学生的特点和兴趣制定评价标准。

（3）口头表达评价，鼓励学生通过口述方式展现对中华文化的理解与感受。

二级分支（以课程内容为例）：

1.古代经典文学的学习与阅读。

（1）熟悉古代文学作品的背景和作者。

（2）掌握古代文学作品的基本情节和主题。

（3）学习解读古代文学作品中的人物形象和寓意。

2.中华优秀传统文化的传承与弘扬。

（1）学习传统诗词和曲艺的基本知识和技巧。

（2）欣赏和演唱中国传统曲艺作品。

（3）参观传统文化展览或演出，了解中华传统文化的多样性。

3.文学名著的解读与分析。

（1）阅读文学名著，深入理解作品的艺术魅力和思想内涵。

（2）分析文学名著中的人物形象和社会背景。

（3）进行文学评论和创作，培养学生的批判思维和创造力。

（七）七至九年级课程安排

七年级课程安排

《论语中的大智慧》

1.走近孔子：了解《论语》。

2.吟咏名句：涵养性情。

3.名句浸润：文化深耕。

4.文武相融：胸怀天下。

《弟子规中的大智慧》

1.李毓秀与《弟子规》简介。

2.金句品鉴。

3.文武之道。

八年级课程安排

1.武侠小说的地位。

2.武侠精神的内涵。

3.武侠名山中学写作。

4.问世且独立之武侠大家——金庸。

5.开头结尾皆是错——《书剑恩仇录》。

6.人间自有真情在——《雪山飞狐》。

7.为草莽作“春秋”——《射雕英雄传》。

8.从英雄到传奇——《倚天屠龙记》。

9.兼济天下独善其身——《笑傲江湖》。

10.宝刀相见欢——《飞狐外传》。

11.亦武亦侠亦史亦奇——《鹿鼎记》。

12.金庸小说之价值初探。

13.侠之柔情之《侠客行》。

14.侠之大者之《天龙八部》。

15.侠之归宿之《碧血剑》。

16.侠骨高擎，除恶钟鸣——从《水浒传》观女性侠义。

九年级课程安排《武德在经典文学作品中的呈现》

1.武德高在经典文学作品中的呈现。

2.武旨正在经典文学作品中的呈现。

3.武纪严在经典文学作品中的呈现。

4.武风良在经典文学作品中的呈现。
5.武礼谦在经典文学作品中的呈现。
6.武志坚在经典文学作品中的呈现。
7.武学勤在经典文学作品中的呈现。
8.武技精在经典文学作品中的呈现。
9.武仪端在经典文学作品中的呈现。
10.武境美在经典文学作品中的呈现。

二、研究论文

《水浒传》中武德文化现象分析

孙施婷

一、引言

（一）研究背景

《水浒传》是中国古代四大名著之一，也是一部具有深厚历史文化底蕴的文学作品[1]。在这部作品中，武德文化是其中一个重要的主题，贯穿始终，塑造了众多英雄人物形象，展示了中国古代人民对武力与德行并重的价值观。

在中国封建社会中，武力一直被认为是维护社会稳定和保家卫国的重要手段，因此武将在人们心目中有着非常高的地位。在《水浒传》中，宋江、李逵、鲁智深等一众英雄人物都是以武功和义气闻名于世，他们用自己的武力保护弱小、正义之民，同时也展现了豪爽大义的仁爱之心，体现出了武德并重的精神。

武德文化在《水浒传》中的体现不仅表现在人物形象上，还体现在故事情节和价值观念中。作为一个以义气和保护弱小为主题的作品，作者在悲欢离合之间，始终传递出正义与仁爱的价值观。同时，在面对挑战和困境时，主人公们展现出的侠义精神和无私奉献的品质也成为《水浒传》的一大亮点。这种武德文化的传承，深深影响着中国古代文人墨客和后世的文学创作。

同时，武德文化在《水浒传》中的体现也反映了古代中国社会的一种价值取向[2]。在一个弱肉强食的社会环境中，武力是人们生存和发展的重要保障，但在这种环境下，仁义和道德也显得尤为重要。《水浒传》通过武功和德行并举的方式，呼吁人们在维护自身利益的同时，也要心怀仁义，保护他人，共同建设一个和谐社会。

《水浒传》作为中国古典文学的珍贵遗产，不仅展现了古代中国人对武力和德行的追求，也传递着积极向上的价值观。武德文化的传承与发扬，不仅让我们了解历史，也启示我们在当今社会中要注重武力与仁德并重，传承和发扬中华优秀传统文化，建设一个更加美好的社会。

（二）研究意义

武德文化是中国传统文化中的重要组成部分，其在《水浒传》中的体现尤为突出[3]。作为一部以义气、忠义、仁爱等为主题的文学作品，《水浒传》通过对宋江、李逵等人物的塑造和故事情节的展现，深刻表达了武德文化的核心精神[4]。

武德文化强调忠义之道。在《水浒传》中，宋江等人物都以忠义为宗旨，义薄云天，宁可豁出性命也不忘忠心[5]。这种忠义精神在中国传统价值观念中占据着重要地位，对于弘扬正气、传承优良传统具有深远意义。在当代社会，我们也应该弘扬忠义之风，坚守信念，尊重法律，做一个守法守信、有担当的公民。

武德文化强调仁爱之心。《水浒传》中的许多人物都充满仁爱之心，他们待人宽厚，仗义执言，尊重长辈，关爱弱者。这种仁爱也是中国传统文化的精髓所在，它教导人们要做一个有爱心、有责任感的好人。在当下社会，我们也需要弘扬仁爱，促进社会和谐，关爱弱势群体，传递温暖与关怀。

武德文化也注重道德修养和学问修养。在《水浒传》中，有许多人物从不忘记修身养性、涵养学识[6]。他们尊重师长，尚学问德，追求道义之道。这种以正心修身、修己以治人的传统在今天依然具有启示意义。我们也应当注重道德修养和学问修养，提升自己的修养素质，做一个有品德有修养的人。

《水浒传》中的武德文化对于理解中国传统价值观和历史文化具有重要性，同时也对当代社会具有启示和借鉴意义[7]。在今天这个多元文化并存的社会中，我们应当继承和弘扬武德文化的精神，坚守忠义、仁爱，注重道德修养和学问修养，共同建设一个和谐、文明的社会。只有这样，我们才能不忘初心，在现代社会中继续传承和弘扬中国传统文化的光辉。

二、《水浒传》中武德文化概述

（一）武德文化概念解析

武德文化在《水浒传》中是一种以武功和道德为核心的价值理念，是一种融合了武力与仁爱、勇猛与仁义的文化现象。武德文化的内涵主要包括正义、忠孝、义气、勇敢等核心价值观，反映了古代中国传统文化中对武力与道德的高度融合。武德文化的特点在于注重勇猛与仁爱的结合，强调武功与道德的统一，倡导正义与仁义并重的价值观念。

武德文化源自古代中国的武士道文化和儒家思想的融合。武士道认为武力是维护正义和保护人民的手段，而儒家思想强调仁爱和仁义的重要性，将武力与道德有机结合，形成了武德文化这一独特的价值体系。在《水浒传》中，武德文化得到了生动的表现，宋江等人物不仅具有高超的武艺和勇猛的精神，同时也具备着忠诚、仁爱、仁义等美德，体现了武德文化的核心理念。

在《水浒传》中，武德文化的展现形式多样。例如宋江作为首领，勇猛果敢，同时也关心部下、忠心耿耿；又如林冲身怀绝技，对待朋友义气之情、仁爱之心更是无人能及。这些人物形象地展示了武德文化的魅力，体现了武功与道德的完美结合。同时，《水浒传》也描绘出一幅英雄好汉为民除害、保家卫国的英雄画卷，展示了武德文化对社会的积极影响。

总的来说，《水浒传》中的武德文化是中国传统文化的重要组成部分，是一种融合了武力与道德、勇猛与仁爱的价值观念。武德文化的特点在于其正义、忠孝、义气、勇猛等核心价值观，体现了古代中国文化对武力与道德的高度融合。通过对武德文化的概念解析和《水浒传》中的具体展现，我们可以更加深入地理解中国传统文化中的武德精神和价值观念，感受到其中蕴含的弘扬正义、尊重道德的思想内涵，为我们今日传承和发扬传统美德提供了有益的参考和启示。

（二）《水浒传》中的武德文化特征

《水浒传》是中国古代四大名著之一，以其武侠气息和忠义情怀而著名。在小说中，几乎每一个登场人物都展现了武德文化的特征，其中最为突出的包括忠义、勇猛、正义感等。

忠义是《水浒传》中最为突出的武德文化特征之一。在小说中，宋江、卢俊义、吴用等人物都是以忠义为核心的形象。他们守护着家国，忠心耿耿，不惜牺牲一切以维护正义，展现出无私奉献的忠义精神。

勇猛也是《水浒传》中不可忽视的武德文化特征。李逵、杨志等人物以其勇猛无畏的形象为人称道。在面对强敌或危难情境时，他们顽强不屈，竭尽全力奋勇作战，展现出中国传统勇士的战斗精神。

正义感也是《水浒传》中的重要武德文化特征之一。从宋江发动起义反抗腐败官员，到梁山好汉们惩恶扬善，小说中无一不体现了正义感的力量。他们不畏强权，敢于正义凛然，使得《水浒传》成为一部充满正气和抗争精神的文学作品。

在《水浒传》的故事情节中，这些武德文化特征得到了极大的体现。如在梁山上的一场场冲突中，好汉们时刻展现出他们的勇猛和正义感。无论是保护百姓，还是惩治奸邪，他们都义无反顾地站在正义的一边，不惜一切代价维护公平正义。

同时，在人物塑造方面，作者通过细致入微的刻画，让每一个角色都展现出独特的武德文化特征。宋江的仁义忠勇，卢俊义的宽厚大度，吴用的智谋过人，每一个人物都展现出不同形式的武德美德。

在当今社会，武德文化依然具有重要意义。通过学习和传承《水浒传》中的武德文化，我们可以培养自己忠义、勇猛、正义感的品质，激励自己为社会正义与进步贡献力量。正如《水浒传》中所展现的那样，只有坚守正道，追求公平正义，才能成就真正的英雄豪杰。

三、结语

《水浒传》通过对武德文化的描绘和人物塑造，展现了中国古代人民对武力与德行并重的价值观。武德文化在小说中的体现不仅表现在人物形象、故事情节和价值观念中，还反映了古代中国社会的一种价值取向。小说中的武德精神包括忠义、勇猛与仁爱等核心价值观，强调了忠诚、仁爱、义气、正义感和智慧的重要性。通过研究《水浒传》中的武德文化，我们可以更好地了解中国传统文化的精髓，并在现代社会中弘扬忠义、尊重道德、注重学问修养，共同建设美好和谐的社会。

参考文献

[1] 陈曦.《水浒传》中梁山的权力更替模式及其文化意蕴 [J]. 学术交流，2022，(7)：168-178.

[2] 蔡殿龙. 由《智取生辰纲》分析《水浒传》创作的现代性 [J]. 语文教学与研究，

2021，(20)：7-9.

［3］沈婷婷．传统文化视域下高中语文《水浒传》中的人物性格分析［J］．散文百家（新语文活页），2022，(2)：169-171.

［4］李祖哲，张弦生．水浒学新貌的展示——《水浒争鸣》第十七、十八、十九辑评述［J］．水浒争鸣，2023：323-327.

［5］滕之先．从忠义思想探矛盾冲突——《水浒传》整本书导读教学实录［J］．语文新读写，2021，(2)：70-74.

［6］孟倩．谈《水浒传》叙事艺术性在语文阅读教学中的作用——以《林教头风雪山神庙》为例［J］．语文新读写，2023，(4)：67-68.

［7］李金梅．汉语教材《水浒传选录》的编写特点和文化意义［J］．安庆师范大学学报（社会科学版），2023，42（5）：124-128.

三、教学设计

第一章　武侠小说的地位

从小的方面说，语文是一门基础学科，是一门工具学科。正是因为有了对字词句的准确掌握，才会形成正确的理解；正是因为有了对语言的准确运用，才会有对观点的正确表达。

从大的方面说，语文是一门净化人类灵魂、陶冶人类情操、提升人类品位、传承人类优秀品德的学科。在语文的学习中，我们知道了孔子“知其不可为而为之”的决然，知道了孟子“富贵不能淫，威武不能屈”的坚贞，知道了屈原的“吾不能变心以从俗兮，固将重昏而终身”的高洁，知道了司马迁的“人固有一死或重于泰山，或轻于鸿毛”的选择，知道了诸葛亮“鞠躬尽瘁，死而后已”的忠心，知道了李白“天生我材必有用”的自信，知道了苏轼“一蓑烟雨任平生”的豪迈。面对这些，谁还能说语文是一门无关紧要的学科？通过语文课程的学习，我们继承了前人认为社会的优秀品行，领悟了前人对人生的无限思考，教会了我们许许多多做人的道理，这才是我们真正的语文教学。

《全日制义务教育语文课程标准》曾明确指出：“语言是最重要的交际工

具，是人类文化的重要组成部分。”工具性与人文性的统一，是语文课程的基本特点。语文课程应致力于学生语文素养的形成和发展，指导学生正确地理解和运用祖国的语言文字，培植学生热爱祖国语言文字的情感，认识中华文化的丰厚博大，吸收民族文化智慧和人类优秀文化的营养。在发展语言能力的同时，培养爱国主义情感，逐步形成正确的价值观念和积极的人生态度，提高文化品位、审美情趣。由此可见，语文课堂应该是智育教育和德育教育的有机融合，德育教育应该渗透到智育教育之中。可是事与愿违，现在的语文课因为课文内容陈旧，教学方法老套而很难引起思想日渐活跃且开放的中学生的兴趣，有些中学生甚至因此讨厌上语文课。在这种情况下，语文教学要想发挥其德育功能是很困难的。

现在，金庸的武侠小说《天龙八部》中的一个章节被选进了高中读本，这对于我们从事语文教学工作的老师来说是一件幸事。虽然它还没有被正式选进课本，但它已经给我们提供了崭新的平台。作为新派武侠小说的代表，金庸写的武侠小说赢得了数以亿计的读者前来阅读，甚至到了“有华人的地方就有金庸的小说”的地步，这其中当然也有很多中学生。金庸的武侠小说摆脱了旧武侠小说的那种低级趣味和粗俗气息，代之以神奇的想象、迷人的故事、个性鲜明的人物，更具有高雅的格调和深邃的思想。小说透过对众多武林人物的描绘，深入地写出历史和社会的人生百态，体现出丰富复杂的现实内容和作者自身的真知灼见。尤其是他以写“侠义”为核心，寓文化于技击，借武技较量，写出中华文化的内在精神，并借传统文化学理来阐释武功修养乃至人生哲理，做到互为启发、相得益彰。

但并非所有的读者都深刻认识金庸武侠小说对传统的超越，这其中当然也包含许多语文教师。他们只是简单地以对待传统武侠小说的态度一般来对待金庸的小说，认为它们也不过是一种文学的娱乐形式，思想境界不高，里面的打杀场面和言情描写会对学生产生不良的影响，甚至在金庸的《天龙八部》被选入读本后，许多语文教师对它的态度也没有多大改变。他们对读本的处理只是略做介绍，草草了事，跳过不讲，有的甚至以时间紧迫、学业为重为由，要求学生不要看。其实，这是对教学资源的一种极大浪费。与此同时，许多中学生一方面正处于青春期，身体的发育和认知能力的发展处于一种不平衡的状态，缺乏明辨是非的能力，容易冲动；另一方面，他们对金庸的武侠小说，尤其是对其中的“侠义”精神知之甚浅。

福建省是武术大省。据统计，全省有超过 30 种的传统武术拳种，而福州就有 28 种传统武术拳种。福州市第七中学地处福州市晋安区新店镇，自古就有习武传统，学校周边群众对武术文化的热爱风气甚浓。中华武术丰富的文化内涵和独特的健身效果，不仅能促进青少年学生的健康成长，培养他们坚忍的意志品质，还可以丰富校园文化的内涵，提高学校的办学水平，为学生开拓更多的升学途径。因此，在多样化、特色化办学理念的指引下，福州市第七中学因地制宜，依托地域、师资、场馆等优势，探索武术特色办学模式。19 年来，福州市第七中学特色办学不仅传承和弘扬了武术这一中华优秀传统文化，也为学生提供了更为广阔的成长天地，打通了升入理想高校的通道。学校结合武术特色校相关育人模式，结合传统文化精神内核，引导学生品味武侠小说中的“侠义”精神。

第二章　武侠精神的理论意义

一、武侠精神的起源、内涵及实质

武侠是中华民族社会、文化、思想的产物，它有着中华民族特有的气质和情感，也带有中国社会固有的道德伦理色彩。中国的武侠活跃于闾巷之间，藏身于草野之中，是一种纯粹的下层社会的大众文化的产物。

武侠精神在春秋战国时期初步形成，到汉代由司马迁对其进行了概括，得以定型，成为千古侠士的核心理念和行事原则。及至后世，武侠精神在民间又有所发展。侠高于武，武赖于侠。武是侠的立身之本，侠是武的人格升华。武侠精神实际上就是民间社会认同的用以规范人际关系的道德准则。

武侠精神最早源于墨家的“兼爱”精神。

《墨子·经说上》：“任，为身之所恶以成人之所急。”意思是说要尽力牺牲自己来解救他人的急难。这正是侠的行为准则。

《墨子·经说上》：“义，利也。”意思是对他人有利的才是义。

墨家主张的义是平等、利人、守信精神，是事关天下百姓利益的大义与公义。

侠者又有别墨之称。墨子所提倡的舍己为人，急人之难，为天下苍生谋福利的精神，是比较早的侠义精神的体现。重义轻利是先秦大多游侠共同遵循的处世原则。

司马迁《史记》中《游侠列传》对“侠”做了较为全面的评价，精细地勾勒了侠的基本特征。“今游侠，其行虽不轨于正义，然其言必信，其行必果，已诺必诚，不爱其躯，赴士之厄困。既已存亡死生矣，而不矜其能。羞伐其德。盖亦有足多者焉。”

司马迁无视侠的行为是否轨于正义的社会属性，而认为他们具有一种理想的人格和崇高的道德品质，突出在游侠身上的就是诚信守义重然诺，见义勇为不怕死，不居功自傲，不恃能逞强。

唐代李德裕在《豪侠传》中指出：“夫侠者，盖非常人也，虽然以诺许人，必以节义为本，义非侠不立，侠非义不成。难兼之矣。”

义是侠者行为正当性的标准。尽管中国的侠客面目各异，但他们拥有打抱不平、杀富济贫、疾恶如仇、惩恶扬善、忠贞不贰、视死如归的英雄气概，在他们身上体现了中国武学的智慧和力量，从而使武与侠结合在一起，成为武力的、道义的化身。

武侠精神是做人要有正义感、责任感，是追求公平、不畏强暴的民族精神，是为了国家和公众利益舍己助人的大无畏精神。

义是武侠精神的核心，是依仁而行的方法、途径，是强调人的行为必须遵循一定规范和准则的伦理观念，是武侠用于自律的道德标准，也是衡量人性善恶的行为准则。

二、武侠精神的实质

“武”字面上理解，“止、戈”为武。

“止、戈”又隐含两层意思，一则是储备武力而被动抵御战争为“武”，一则是扛着兵器（戈）用行动（止）去实现平息战争的愿望为“武”，即用以暴制暴的手段去达到创造清平世界的行为谓之“武”。

所谓“侠”从字面上理解也隐含两层意思，一则是从繁体字的“俠”字理解为一个大人（强者）去保护弱小者的行为谓之侠，一则侠者是生存在强者和弱小者夹缝中（夹、人）的人，又为平衡这种关系而不惜代价“以武犯禁”者为“侠”。

封建社会的等级依次是天子、诸侯、大夫、士、农、工、商。武者便是士族阶级的“谋士”“文士”与“武士”中的“武士”之一，其游离在贵族阶层和平民阶层之间。部分士人阶层在春秋战国之后就由贵族阶级的最底层被排挤到庶民阶层的最高层，他们失去了封地和固定的生活来源，是掌握了能彰显暴力资源（武艺）的平民阶层，故有谓之曰“侠客”（其中客的意思就是有一定流动性的人口）。

贵族阶级试图用之巩固统治或抵御外辱，而平民阶层因受教育资源和制度所限，不一定掌握得了“武士”的技能，所以平民阶层渴盼代表弱势群体利益武侠的出现，也就是说“武”者是位居两大对立矛盾阶层的中间，而又被两大阶层而争取的对象，于是乎就有了帝王之家饱含深情“安得猛士兮守四方”的咏叹和平民阶层千年不改“武侠”梦的痴情与执着。

生存在如此尴尬的夹缝中的武者如果将立场站在被统治阶级的平民一方，去实现墨家精神的“兴万民之利，除万民之害”者便是武侠，虽然往往以身殉道，身首异处，但却总留铮铮铁骨。所谓“断肠绕指柔，侠骨碎飘香”和“侠之大者为国为民”就是对武侠精神的最好诠释。

第三章　从武侠人物中品精神

提起“侠”这个词，大家并不陌生。但对于“侠”这个词所包含的内容，所指的那种人，大家可能会很模糊。“侠”是很不容易做到的一种人，既要身怀绝技，又要道德高尚，还要有一点神秘色彩，日常生活中并不容易遇到。其实，“侠”作为现实生活中的一种人，它的起源是很早的，或者可以说，自从有了人类社会，自从出现了国家，出现了阶级，出现了一个阶级对其他阶级的压迫，出现了社会不公正的时候，就已经有了侠。明代陈子龙就说："人心平，雷不鸣吏得职，侠不出。"他认为吏治的昏暗，导致了社会的黑暗和不公正，游侠正是见不得欺强凌弱公行、贪赃枉法无忌的现实，才愤起代天下人厉行公道，主持正义，使善良的人们得申冤气，暴豪之辈有罪难逃责罚。

他们为了这正义两字，敢于抗击强暴，不畏权势，得到了大多数普通人的敬重，并因这种敬重的鼓励而存在下去。明代陈继儒很同意这种说法，在为友人洪世恬《侠林》一书作的序中特为引用，并说"贫贱非侠不振，患难非侠不脱，辟斗非侠不解，怨非侠不报，恩非侠不酬，冤非侠不伸，情非侠不合，祸乱非侠不克"。可见，"侠"在其心目中近似于无所不能的"神"。今天能看到的关于"侠"的最早记载是战国时期法家的代表人物韩非。他在《韩非子五蠹》中说"其带剑者，聚徒属，立节操，以显其名，而犯五官之禁"，"儒以文犯法，侠以武犯禁"。很明显，韩非子是站在统治阶级的立场上，认为"侠"是一种使社会不安定的因素。而同时期的儒家和墨家却以自己的理论和行动来具体阐释着"侠"的内涵。儒家学派的代表人物孔子，在礼制崩溃、诸侯纷争的年代，仍不遗余力地去游说以推行仁政。有着这种"知其不可为而为之"精神的人，"几于侠矣"。亚圣孟子的"富贵不能淫，贫贱不能移，威武不能屈""舍生取义"可以说不仅成为后世儒生们的做人准则，而且影响了后世许许多多的人。可以说，侠就是中国式的英雄，也是中国式的神灵。他的意义并不是向自然宣战，而是与人间的不平之事及其背后的邪恶势力做斗争。

何为"义"？孟子曰："义，人之正路也。"说得具体点，就是重义轻利、劫富济贫、除暴安良、抑恶扬善、重然信诺、施恩不图报、"受人之恩当以涌泉相报"……所以说，"侠"和"义"是不可分割的一组概念。"侠"是具体的，是外在的形态；"义"是抽象的，是内在的精神。没有"义"，"侠"就不能称其为"侠"；没有"侠"，"义"就很难凸现出来。

因此，侠义精神也就不说自明了，它是人类善良天性之一种。侠义精神就是一种为了国家、为了百姓、为了一切正义的事情而赴汤蹈火、在所不辞的奉献精神和牺牲精神。这是一种充满正气的精神，是一种抵制社会不公的精神，是一种雅俗共赏的精神。也正因为如此，侠义精神历来受到了人们的重视和推崇，文学作品中对它的讴歌也史不绝书。自《史记》开始，历朝历代赞扬侠义精神的侠义小说就不少，出现了"魏晋滥觞，唐传奇中出现高潮，宋元明清绵延不绝”的文化现象。如《干将莫邪》《红线传》《聂隐娘》《昆仑奴》《虬髯客传》《剑侠传》《儿女英雄传》《三侠五义》等。这些侠义小说，成了侠文化的结晶和艺术载体，也成了自清末民初开其端绪的武侠小说的前身。而还珠楼主、金庸、古龙、卧龙生、柳残阳等一大批现代著名的武侠小说家还将侠义精神当作其作品的主旋律。其中，金庸更是以“为国为民”四个字将对侠义精神的阐释推向了一个至高的境界。

金庸小说围绕“侠义”精神，写了如此多的感天动地的人物、故事和场面。“这些笔墨体现了作者的传统文化观、道德观和人生理想精神。艺术也取得了高度的成就，成为金庸小说中最精彩、最富有浪漫主义激情因而值得仔细品味的部分。”金庸武侠小说的核心思想之一，就是这个“侠义”精神。在金庸看来，侠义精神的一个重要内涵，就是英雄人物肝胆相照、惺惺相惜，一诺千金，不负于人。旧派武侠小说总是突出无原则的江湖义气，一味强调所谓的侠意恩仇。这在金庸的小说里是看不到的，这也正是金庸小说在思想上高明的地方。金庸小说所写的“义”，并不是无原则的哥们义气，而是与“正义”相联系，或者以“正义”为基础。如《雪山飞狐》中的辽东大侠胡一刀与打遍天下无敌手金面佛苗人凤。两人本是要决斗的对手，但在比武的过程中，两人不禁为对方的武功、个人魅力所折服，竟然联床夜话，切磋武功。后来，田归农暗中下毒，胡一刀被苗人凤误伤中毒而亡。苗人凤为了此事，10 多年来始终耿耿于怀，郁郁寡欢。“在胡一刀夫妇逝世十年之期将届，苗人凤千里迢迢地从湖南赶来，他是要到亡友墓前亲祭。”

这才是真正的惺惺相惜。再如《天龙八部》中的乔峰，在寻找杀父仇人的过程中，失手误杀了自己一生中最爱的女人——阿朱。阿朱临死之前，嘱托乔峰要照顾好自己同父异母的妹妹——阿紫。要知这阿紫从小长在星宿派，耳濡目染，也变得刁蛮任性，狠毒异常。从性格上说，她与乔峰是截然不同的两路人。甚至可以说，乔峰是不屑与这种人为伍的。可为了兑现诺言，乔峰对阿紫处处容忍，时时照顾，最后竟然使得这位刁蛮女子春心暗许。“一诺千金，不负于人”的侠义品质在乔峰的身上体现得非常明显。而侠义精神的另一个重要内涵，是路见不平，舍身相助，扶困济危，不畏强暴。如果说前述惺惺相惜，肝胆相照存在于意气相投的江湖豪杰之间，那么这种内涵则主要由侠士拯救受难平民与弱者来体现。“飞雪连天射白鹿，笑书神侠倚碧鸳”，再加上一部《越女剑》，金庸先生共创作了 15 部武侠小说，其中，除了多少有点流氓地痞无赖的《鹿鼎记》的主人公韦小宝外，其余 14 部作品中的主人公，可以说个个都是大英雄。

无论是木讷寡言的郭靖，还是放荡不羁的令狐冲；无论是痴情无比的杨过，还是犹豫不决的张无忌；无论是处处遭人算计的狄云，还是从小无爹无娘、无依无靠的石破天；无论是武功盖世义薄云天的萧峰，还是肩负民族复兴使命的陈家洛……这些个性鲜明的英雄人物有着一个共同的特征，那就是他们的身上都透射出一种让人震撼、让人钦佩的侠义精神。郭靖解围装扮成小叫花的黄蓉是，誓死保卫襄阳城是；杨过杀死元军统帅，协助郭靖保卫襄阳城是；张无忌为救五行旗部众，生挨灭绝师太三掌是；乔峰勇退辽军，自绝雁门关是……每当读到这些章节时，对英雄的钦佩就更添一分，对侠义精神的理解就更深一层，对它的渴望也就更加强烈，即便是让人觉得有些上不了台面的韦小宝，其在妓院救陈近南的一幕，也让人颇为赞许。

对这些英雄人物的侠义精神细加分析，可以将其分为率性而为的侠士、主持正义的侠士、为国为民的侠士。通过对这几个层面的分析，通过对这些典型特征的英雄的介绍，可以让学生对侠义精神的认识与理解更加全面而透彻，从而对其价值观的形成产生明显的引导作用。

1.率性而为的侠士。这类侠士的特点是浪迹江湖，四海为家，路见不平，拔刀相助。他们做好事、做侠义之事没有明显的目标，没有永恒的追求，在浪迹江湖的过程中，只要遇到不平之事，出于本性，他们就会挺身而出，打抱不平。

2.主持正义的侠士。金庸在北京大学作第二次讲演时曾经说过："我以为侠的定义可以说是'奋不顾身、拔刀相助'这 8 个字。侠士就要主持正义、打抱不平。"这里暂借"主持正义"4 个字来定义第二类侠士。之所以这样定义，是因为这类人仿佛一生来就是要行侠仗义的，他们的一生没有别的追求，最大的追求就是路见不平、拔刀相助。以自己的武功去帮助那些弱势群体，去拯救那些挣扎着的生灵。

3.为国为民的侠士。这是金庸小说中思想境界最高的大侠。这类大侠不仅锄强扶弱，济困扶贫，而且将保家卫国、保国安民当作自己神圣的不可推卸的职责。

四、学科特色活动

弘学·尚武·育人模式下武术精神探索

2023年福州第七中学初二语文集备组

一、活动目的

少年强则国强，党和国家将民族远景寄予少年、寄托青年，在实现伟大复兴的征途里明确了青少年的特殊角色。武术作为中国优秀传统文化的重要组成部分，具有悠久的历史和丰富的内涵。福州市第七中学是福建省传统武术特色校，学校将武术纳入教育的范畴，加强对中国传统文化的传承和弘扬，培养学生的文化素养和民族自豪感。为了更好地践行学校“弘学、尚武、育才”模式，初二语文组结合本次综合实践主题，开展校本课程研究，进行综合实践活动。

二、活动内容

1.项目组成员：林君、黄华卉、涂晓萍、卓琳、黄汐雯、林晨。

2.活动时间：2023.09—2024.06。

3.活动参与对象：初二全体同学。

4.活动内容：集备组寻找传统武术精神与武侠小说及武侠精神的关联点，就武侠小说进行深挖，既增加校本学习趣味性，也在学习的过程中传授文化知识。同时，就学习内容，引导学生进行综合实践活动，活动类型有：用思维导图绘制课堂感悟、学习心得汇报等。

三、注意事项

1.校本教材的可行性。集备组教师深度挖掘武术文化中育人内涵。从武术精神、武术道德、武术品格入手提炼武术品德。武术精神包括自尊自信、超越自我、积极进取等；武术道德包括遵守规则、公平正义、诚信自律等；武术品格包括文明尊重、团队合作、社会责任感等。通过以武修文，培养学生良好的礼仪和文化修养，促进武术文化德育与学校德育的深度融合、熏陶并逐步改变学生的学习素养，塑造学生良好的精神与意志品质。

2.校本教材的实用性。集备组教师根据本年段学生生情，选择适合的武侠小说，节选其中的一些片段，进行理论讲解及文本解析。同时与体育教师进行专项教研，就本次活动的社会实践内容进行沟通，确保活动的可行性。

五、教学随笔

教育随笔：武侠精神的当代意志转化
——校本课程编制思考

武侠小说是小说中的一大分类，该类读者不在少数，但多年来却很少在课本中窥见其一角。因此学生对于武侠的认识较为浅薄，也很难感受到这类小说背后蕴含的价值意义。我校以武术为特色，在各类武术技艺方面都十分出彩。但武术技艺的精湛离不开对于武术内在精神的理解，我们在思考，用什么样的方式将这种精神融入日常学习中，使学生在潜移默化间理解武术精神背后的意义。由此，我们想到了武侠小说，以及武侠小说背后所蕴含的武侠精神。

一、武侠精神与武术精神契合

武侠精神通常被理解为中国传统武侠文化中所体现的一种价值观和精神品质。它包含了许多元素，如侠义精神、忠诚、正义感、勇气、荣誉感、乐观等。武侠精神强调义薄云天、见义勇为、助人为乐、不畏强权、舍己为人等价值观念，体现了对于正义、真善美的追求，以及对传统文化中的侠客精神的传承和弘扬。在武侠小说、电影等作品中，武侠精神常常通过主人公的行为和人格魅力得到体现，影响和激励着读者或观众。

武术精神是指在中国传统武术文化中所体现的一种精神境界和价值观念。它强调的是人格修养、道德准则和心灵品质方面的追求，而不仅仅局限于技术和战斗能力。武术精神融合了诸多元素，如自律、坚韧、谦逊、毅力、正直、忍耐力、尊敬等。武术精神鼓励练习者秉持正道、保护弱者、树立自我纪律、追求身心和谐发展。它通过强调练习者的品德和道德观念，强调自我超越、修身养性的追求，以及对传统文化、师长的尊重，提倡融汇和平衡身心灵的发展。

总体而言，武侠精神偏向一种价值观和精神品质，而武术精神强调的是在武术练习中所体现出来的修身养性、道德观念和对和谐发展的追求，更多是由招式外化。因此二者能够以内外结合的形式构成融合，同时也与我校“尚武”精神相契合。

二、如何在课堂中传递“尚武”精神

精神价值的传递需要物质作为载体，而文字是对于语文学科来说，最有效的工具。所以，选择适宜的文字教材也是我们需要思考的重要问题。在武侠小说中，最具代表性的当属金庸先生笔下的作品，其作品互相独立，又带有一定的关联性，故事情节引人入胜，笔下人物性格突出，选择其作品作为教材当属适宜之选。

找到适宜的材料内容后，精简、筛选、提炼材料是第二步。金庸先生的作品极多，每部作品的体量也相当大，作品涵盖的内容架构十分复杂，不能够全数展现在学生的面前。因此我们选择部分的作品和其中的某一点进行剖析，引领学生走进武侠世界。例如《射雕英雄传》《神雕侠侣》《倚天屠龙记》等，其中的人物有郭靖、黄蓉、杨过、张无忌等，在情节和叙事时间上有所联系，在个人形象的塑造上亦围绕着武侠精神展现其个人魅力。通过对几人事迹的解读，亦可学习其身上的侠义风范。

至此，我们将语文学习作为平台，依托武侠小说，解读其中的武侠精神内涵，与我校“尚武”文化相结合，创建一个富含校园文化特色的校本课程，将这种意志进行转化，帮助学生更好地建立正确的三观。

三、校本课程学习形式选择

学校致力于通过武侠文化和武术精神的融合教学，激发学生的学习热情、培养学生的品格、塑造学校的特色文化，是一种非常有益的尝试。在教学实践中，可以进一步探索以下方式：

1.创设多元化的学习环境。除了在语文课堂中结合武侠小说传递武侠精神外，可以在校园其他课程和活动中融入武术元素，如体育课、社团活动、校园文化节等，引导学生亲身体验武侠精神所蕴含的勇气、正义感和乐观情怀。

2.开展主题活动和讨论。组织武侠精神和武术精神相关的主题讲座、研讨会或读书分享活动，让学生有机会深入了解武侠文化的内涵和价值观念，从而潜移默化地接受其影响。

3.鼓励学生参与实践与表达。通过作文比赛、演讲比赛或舞台剧表演等形式，让学生从武侠文化中汲取灵感并表达自己对侠义精神、正义感和勇气的理解，培养学生的创造力和表达能力。

4.培养学生的团队合作和领导能力。组织学生参与武术比赛、团体拓展训练等活动，促进学生之间的团队合作和互助精神，培养学生的领导才能和集体荣誉感。

通过以上方法，学校可以进一步深化学生对武侠精神、武术精神和尚武文化的认识，促进学生综合素质的全面提升，打造具有浓厚文化底蕴和特色的学校文化氛围。

四、总结

将传统文化融入课堂教学中，引导学生理解武侠精神的内涵，培养学生的品格修养和道德观念，对于学生成长和素质教育具有积极意义。选择金庸先生的作品作为教材，能够引起学生的兴趣和共鸣。通过精心筛选和提炼故事情节和人物形象，有助于学生更深入地理解武侠精神所代表的价值观念，同时也能够激发他们对武术精神的认识和体会。将武侠小说中的侠义风范和正气精神融入教学中，有助于学生在潜移默化中感受到这种价值观念的力量和影响。

在课堂中传递“尚武”精神，需要适宜的教材和方法。选择金庸先生的经典作品，通过精炼内容和提炼精华的方式，将武侠精神和武术精神传递给学生，有助于学生树立正确的价值观念，培养正直勇敢、忠诚乐观的品格。这种融合传统文化和学校教育理念的做法，对于促进学生全面发展，培养其身心健康和积极向上的人生态度具有积极意义。希望这样的教学实践能够取得良好的效果，让学生在武侠精神的启迪下茁壮成长。

六、学生作品

问世且独立之武侠大家

——金庸之作品读后感

本人不才，小时候没有别的爱好，唯独热爱看书。每每读完一本书，心中便有万千想法，感悟颇深。与其让感悟烂在脑子里，不如将自己的心得写出来，谈谈自己从黄金屋中所获黄金，颜如玉之中所得宝玉。“飞雪连天射白鹿，笑书神侠倚碧鸳。”这是金庸的 14 部小说书名首字连成的一部对联。金庸，原名查良镛，是武侠小说领域中最有影响力的作家之一，被誉为“中国武侠小说之父”。金庸先生的作品被翻译成多国语言，在中国乃至海外都有广泛影响。他的文学作品激发了无数人的想象力和创作激情，被视为中国文学宝库中不可或缺的一部分。

金庸的小说因其独特的笔法和故事情节而备受推崇，广受读者喜爱。金庸塑造了许多令人难忘的人物形象，每个角色都有鲜明的性格特点，让人印象深刻。金庸小说强调侠义风格，主人公具有仗义疏财、行侠仗义的英雄气概，激励着读者追求正义和勇气。他的作品不仅仅是娱乐读物，更是对人性、侠义、爱情等主题的思考和探讨。

我小时候不懂事，看书只为图乐趣，所以只注重看武打情节，看书看的是开心。稍微大一点，看的是描写手法，只觉得金庸的书文采斐然，诗经佛偈引经据典，更觉妙不可言。越长大越看更是深有体会。孔子曾经说温故而知新，更有书读百遍其义自现的说法。再读一遍经典，颇觉感悟更上一层楼。看书就如同练功，就像郭靖和洪七公同样练的是降龙十八掌，可区别就在火候与经验。读同一本书，在不同阶段就有不同感受，就像哲学里唯物辩证法所说凡事都是变化的，在不同阶段有不同变化。

再读经典，得到的体会不再是拘泥于小小的文笔与情节，而是一番番人生感悟。金庸小说中的大侠有几种类型，如郭靖者可称儒侠，如令狐冲者可称豪侠。之所以称儒侠是因为他们处事的基调是儒家的（所谓儒家者，孔曰成仁，孟曰取义，一言蔽之仁义而已）。从金庸对陈家洛、郭靖等人的铺陈，可知他对于儒家的喜爱是毋庸置疑的，但是他显然也知道儒家处事之道的限制，所以他又以具有狂士性格的人与之相伴补他们之不足（其实这是儒家的老传统，连孔子都对狂狷之士有一份特殊的情感）。无论是善良正直的郭靖、机智聪慧的黄蓉，还是心思缜密的金轮寺僧人欧阳锋，都展现出了不同的个性特点和道德取向。这些人物形象逼真生动，给读者留下了深刻的印象。

大家都说金庸是武侠小说作家，可我认为他倒像拎着菜刀的琼瑶。他笔下的情感细腻得像一条小溪，缓缓地向你诉说着那一段段缠绵的故事。俗话说得好，英雄难过美人关，在美人面前，有那几个英雄能不拜倒在石榴裙下。爱情永远是一个美好的话题，也是伤感的问题。金庸笔下的男主角总要面对情感问题，在一系列的行侠仗义后，总会有那么几个痴情的姑娘默默爱上他，那么问题来了，英雄只有一个，可妹子一大波，总不能按劳分配吧，于是在多个人的恋情之中，总会有那么一个人或多个人受伤。郭靖和黄蓉最后在一起了，可华筝呢，谁替她想过，一个人终身未嫁，一个与她青梅竹马两小无猜是未婚夫的男人却和另外一个女人浪迹江湖。郭靖替她想过没有，给华筝留下交代没有，哪怕是只言片语，哪怕是一句简单的歉意，可是最后什么都没有。杨过苦苦等待16年等来了他的姑姑，可他那一番番滥情的行为伤误了多少少女的青春。公孙绿萼惨死，程英、陆无双终身未嫁，郭襄出家为尼，哪一个不是他杨过滥情所做的孽。对，他滥情是无心之举，但他明知她们既见君子云胡不喜，可所作所为只是让她们徒增伤悲罢了。再看看张无忌，其优柔寡断的性格最后导致小昭远赴波斯、殷离为情所扰、周芷若转爱为恨，若是那一日他没有跟随赵敏前去嵩山少林，若是和周芷若拜完堂成完亲，故事或许会不一样。赵敏虽然是阻了张无忌和周芷若成亲，金毛狮王的确是危在旦夕，但若不是张无忌心里还念着赵敏自己不坚定又岂会离周芷若而去。袁承志终究还是带着金蛇郎君的金蛇剑、秘籍、宝藏以及金蛇郎君他女儿夏青青漂洋而去，可留下断臂的阿九，不应该是九难师太只能日后在韦小宝面前红着眼眶，追忆往昔的旧情人。胡斐始终夹在袁紫衣与程灵素三角恋之中，襄王有梦，神女无心，落花有意，流水无情，到头来，一个为胡斐吸毒香消玉殒，一个常伴青灯古佛。陈家洛错过霍青桐，却遇见香香公主，再次见面，殊不知两姐妹已爱上了他，霍青桐、喀斯丽两姐妹，一个可亲可敬，一个可怜可爱，陈家洛夹在其中苦苦不能动弹，若不是后来的悲剧，这三角恋不知如何是好。在金庸笔下那些神仙眷侣固然令人羡慕，可有谁人想起那些因男主人公三笑留情痴心一片而最后终生遗憾香消玉殒的倾城绝色。浩浩愁，茫茫劫，短歌终，明月缺。郁郁佳城，中有碧血。碧亦有时尽，血亦有时灭，一缕香魂无断绝。

放眼当今社会，物欲横流，人不要妄想谈价值观、人生观、爱情观。抱歉我不是郭大侠不可能做到那么高尚，为国为民。所以郭大侠的行为，我只能深深敬佩，精神上支持了。相比郭靖杨过张无忌等人，我更喜欢胡斐，不为别的，只为一个义字，一个理字。胡斐为了一个漠不相关的穷苦人家追杀恶霸从广东追到北京，这是何等气概。哪怕恶霸一度以万千财富来诱惑，以功名利禄的追捧，可胡斐自始至终没有动摇过他的决心。他这种疾恶如仇的精神不得不值得我学习，他这种视金钱如粪土我只拿我应得的价值观让我很欣赏。我很喜欢金庸《雪山飞狐》最后一章最后一句“这一刀是劈还是不劈”虽然金庸给大家留下无限遐想，但我相信以胡斐的性格这一刀是不会劈的。哪怕苗人凤是他的杀父仇人，但我相信他宁可被苗人凤所杀，也不会劈下那一刀的。

生活是美好的，我们要学会向前看。或许我们不会活得像令狐冲那样洒脱，不会像段誉那样逍遥，不会像虚竹那样离奇，不会像乔峰那样大起大落。但是我们可以像郭靖那样豁达，像狄云那样不放弃，像石破天那样去热爱。

“语”你共品文武之道

一、学科课程方案

（一）指导思想

1.坚持立德树人，增强文化自信，充分发挥语文课程的育人功能。祖国语文是中华儿女的精神家园，语文课程对继承和弘扬中华优秀传统文化、革命文化、社会主义先进文化，培养文化自信，推动文化的创新发展，具有不可替代的优势。

2.以核心素养为本，推进语文课程深层次的改革。要进一步改革语文课程的目标和内容，既要关注知识技能的外显功能，更要重视课程的隐性价值，还要关注语文课程在社会信息化过程中新的内涵变化；通过改革，让学生多经历、体验各类启示性、陶冶性的语文学习活动，逐渐实现多方面要素的综合与内化，养成现代社会所需要的思想品质、精神面貌和行为方式。

3.加强实践性，促进学生语文学习方式的转变。语文课程作为一门实践性课程，应着力在语文实践中培养学生的语言文字运用能力。学习运用祖国语言文字的资源和实践机会无处不在，应增强学生学语文、用语文的自觉意识，积极利用信息技术以及身边的各种资源和机会，通过阅读与鉴赏、表达与交流、梳理与探究等语文实践，积累言语经验，把握语文运用的规律，学会语文运用的方法，有效地提高语文能力，并在学习语言文字运用的过程中促进方法、习惯及情感、态度与价值观的综合发展。

语文课程还应当适应当代社会的发展需要，为培养创新人才发挥重要作用。要引导学生在语言文字运用的过程中发现问题，培养探究意识和发现问题的敏感性，探求解决问题和语言表达的创新路径。

4.注重时代性，构建开放、多样、有序的语文课程。普通高中语文课程应适应社会对人才的多样化需求和学生对语文教育的不同期待，精选学习内容，变革学习方式，确保全体学生都获得必备的语文素养；帮助学生认识自己语文学习的已有基础、发展需求和方向，激发学习兴趣和潜能，在跨文化、跨媒介的语文实践中开阔视野，在更宽广的选择空间发展各自的语文特长和个性。

普通高中语文课程应具有相对稳定的结构和富有弹性的实施机制。应在课程标准的指导下，提高教师水平，发展教师特长，引导教师开发语文课程资源，有选择地、创造性地实施课程；把握信息时代新特点，积极利用新技术、新手段，建设开放、多样、有序的语文课程体系，使学生语文素养的发展与提升能适应社会进步新形势的需要。

（二）课程标准

1.学科核心素养。学科核心素养是学科育人价值的集中体现，是学生通过学科学习而逐步形成的正确价值观、必备品格和关键能力。语文学科核心素养是学生在积极的语言实践活动中积累与构建起来，并在真实的语言运用情境中表现出来的语言能力及其品质；是学生在语文学习中获得的语言知识与语言能力，思维方法与思维品质，情感、态度与价值观的综合体现。主要包括语言建构与运用、思维发展与提升、审美鉴赏与创造、文化传承与理解四个方面。

①语言建构与运用。语言建构与运用是指学生在丰富的语言实践中，通过主动的积累、梳理和整合，逐步掌握祖国语言文字特点及其运用规律，形成个体言语经验，发展在具体语言情境中正确有效地运用祖国语言文字进行交流沟通的能力。

②思维发展与提升。思维发展与提升是指学生在语文学习过程中，通过语言运用，获得直觉思维、形象思维、逻辑思维、辩证思维和创造思维的发展，促进深刻性、敏捷性、灵活性、批判性和独创性等思维品质的提升。

③审美鉴赏与创造。审美鉴赏与创造是指学生在语文学习中，通过审美

体验、评价等活动形成正确的审美意识、健康向上的审美情趣与鉴赏品位，并在此过程中逐步掌握表现美、创造美的方法。

④文化传承与理解。文化传承与理解是指学生在语文学习中，继承和弘扬中华优秀传统文化、革命文化、社会主义先进文化，理解和借鉴不同民族和地区的文化，拓展文化视野，增强文化自觉，提升中国特色社会主义文化自信，热爱祖国语言文字，热爱中华文化，防止文化上的民族虚无主义。

语文学科核心素养的四个方面是一个整体。语言是重要的交际工具，也是重要的思维工具。语言的发展与思维的发展相互依存，相辅相成。语言文字是文化的载体，又是文化的重要组成部分；学习语言文字的过程也是文化获得的过程。语言文字作品是人类重要的审美对象，语文学习也是学生审美能力和审美品质发展的重要途径。语言建构与运用是语文学科核心素养的基础，在语文课程中，学生的思维发展与提升、审美鉴赏与创造、文化传承与理解，都是以语言的建构与运用为基础，并在学生个体言语经验发展过程中得以实现的。

2.课程目标。学生通过阅读与鉴赏、表达与交流、梳理与探究等语文学习活动，在语言建构与运用、思维发展与提升、审美鉴赏与创造、文化传承与理解几个方面都获得进一步的发展；坚定文化自信，自觉弘扬社会主义核心价值观，树立积极向上的人生理想，为全面发展和终身发展奠定基础。

(1) 语言积累与建构。积累较为丰富的语言材料和言语活动经验，形成良好的语感。在已经积累的语言材料间建立起有机的联系，在探究中理解、掌握祖国语言文字运用的基本规律。

(2) 语言表达与交流。能凭借语感和对语言运用规律的把握，根据具体的语言情境和不同的对象，运用口头和书面语言文明得体地进行表达与交流。能将具体的语言文字作品置于特定的交际情境和历史文化情境中理解、分析和评价。

(3) 语言梳理与整合。通过梳理和整合，将积累的语言材料和学习的语文知识结构化，将言语活动经验逐渐转化为具体的学习方法和策略，并能在语言实践中自觉地运用。

(4) 增强形象思维能力。获得对语言和文学形象的直觉体验；在阅读与鉴赏、表达与交流、梳理与探究活动中运用联想和想象，丰富自己对现实生活和文学形象的感受与理解，丰富自己的经验与语言表达。

（5）发展逻辑思维。能够辨识、分析、比较、归纳和概括基本的语言现象和文学现象，并能有理有据地表达自己的观点和阐述自己的发现；运用基本的语言规律和逻辑规则，判别语言运用的正误，准确、生动、有逻辑地表达自己的认识；运用批判性思维审视语言文字作品，探究和发现语言现象和文学现象，形成自己对语言和文学的认识。

（6）提升思维品质。自觉分析和反思自己的语文实践活动经验，提高语言运用的能力，增强思维的深刻性、敏捷性、灵活性、批判性和独创性。

（7）增进对祖国语言文字的美感体验。感受祖国语言文字独特的美，增强热爱祖国语言文字的感情。

（8）鉴赏文学作品。感受和体验文学作品的语言、形象和情感之美，能欣赏、鉴别和评价不同时代、不同风格的作品，具有正确的价值观、高尚的审美情趣和审美品位。

（9）美的表达与创造。能运用祖国语言文字表达自己的审美体验，表达自己的情感、态度和观念，表现和创造自己心中的美好形象；讲究语言文字表达的效果及美感，具有创新意识。

（10）传承中华文化。通过学习运用祖国语言文字，体会中华文化的博大精深、源远流长，体会中华文化的核心思想理念和人文精神，增强文化自信，理解、认同、热爱中华文化，继承、弘扬中华优秀传统文化和革命文化。

（11）理解多样文化。通过学习语言文字作品，懂得尊重和包容，初步理解和借鉴不同民族、不同区域、不同国家的优秀文化，吸收人类文化的精华。

（12）关注、参与当代文化。关注并积极参与当代文化传播与交流，在运用祖国语言文字的过程中，坚持文化自信，提高社会责任感，增强为中华民族伟大复兴而奋斗的使命感。

（三）课程结构与内容

普通高中语文课程由必修、选择性必修、选修三类课程构成。三类课程分别安排 7—9 个学习任务群。中华优秀传统文化、革命文化和社会主义先进文化方面的内容始终贯串必修、选择性必修、选修。

必修课程有 7 个，即整本书阅读与研讨，当代文化参与，跨媒介阅读与交流，语言积累、梳理与探究，文学阅读与写作，思辨性阅读与表达，实用性阅读与交流。

选择性必修课程有 9 个，即整本书阅读与研讨，当代文化参与，跨媒介阅读与交流，语言积累、梳理与探究，中华传统文化经典研习，中国革命传统作品研习，中国现当代作家作品研习，外国作家作品研习，科学与文化论著研习。

必修课程有 8 学分，其中选择性必修课程 6 学分；校本课程 3 学分，供学生自由选择。

必修课程，每名高中学生必须修习；选择性必修课程，学生根据个人需求与升学考试要求选择修习；校本课程，学生可自由选择学习。

普通高中语文课程结构及学分：必修（8 学分），选择性必修（6 学分）。

<table>
<tr><th>年级及课时</th><th colspan="3">课程类型及内容</th><th>核心素养目标</th></tr>
<tr><td rowspan="13">高一（上）
80 课时</td><td rowspan="8">基础课程</td><td rowspan="8">必修上</td><td>第一单元 青春激扬</td><td rowspan="13">1. 语言建构与运用。积累较为丰富的语言材料和言语活动经验，形成良好的语感；在已经积累的语言材料中建立起有机的联系，在探究中理解、掌握祖国语言文字运用的基本规律
2. 思维发展与提升。这是指学生在语文学习过程中，通过语言运用，获得直觉思维、形象思维、逻辑思维、辩证思维和创造思维的发展，以及深刻性、敏捷性、灵活性、批判性和独创性等思维品质的提升</td></tr>
<tr><td>第二单元 劳动光荣</td></tr>
<tr><td>第三单元 生命的诗意</td></tr>
<tr><td>第四单元 我们的家园</td></tr>
<tr><td>第五单元《乡土中国》整本书阅读</td></tr>
<tr><td>第六单元 学习之道</td></tr>
<tr><td>第七单元 自然情怀</td></tr>
<tr><td>第八单元 语言家园</td></tr>
<tr><td rowspan="5">校本课程</td><td rowspan="5">选修</td><td>《走进典籍中国　品味文武之道——〈孙子兵法〉解读》</td></tr>
<tr><td>1.三十六计总论、胜战计之瞒天过海</td></tr>
<tr><td>2.胜战计之围魏救赵</td></tr>
<tr><td>3.胜战计之借刀杀人</td></tr>
<tr><td>4.胜战计之以逸待劳</td></tr>
</table>

续表

<table>
<tr><th>年级及
课时</th><th colspan="3">课程类型及内容</th><th>核心素养目标</th></tr>
<tr><td rowspan="14"></td><td rowspan="14"></td><td rowspan="14"></td><td>5. 胜战计之趁火打劫</td><td rowspan="28">3. 审美鉴赏与创造是指学生在语文学习中，通过审美体验、评价等活动形成正确的审美意识、健康向上的审美情趣与鉴赏品位，并在此过程中逐步掌握表现美、创造美的方法
4. 文化传承与理解是指学生在语文学习中，继承和弘扬中华优秀传统文化、革命文化、社会主义先进文化，理解与借鉴不同民族和地区的文化，拓展文化视野，增强文化自觉，提升中国特色社会主义文化自信，热爱祖国语言文字，热爱中华文化，防止文化上的民族虚无主义</td></tr>
<tr><td>6. 胜战计之声东击西</td></tr>
<tr><td>7. 敌战计之无中生有</td></tr>
<tr><td>8. 敌战计之暗度陈仓</td></tr>
<tr><td>9. 敌战计之隔岸观火</td></tr>
<tr><td>10. 敌战计之笑里藏刀</td></tr>
<tr><td>11. 敌战计之李代桃僵</td></tr>
<tr><td>12. 敌战计之顺手牵羊</td></tr>
<tr><td>13. 攻战计之打草惊蛇</td></tr>
<tr><td>14. 攻战计之借尸还魂</td></tr>
<tr><td>15. 攻战计之调虎离山</td></tr>
<tr><td>16. 攻战计之欲擒故纵</td></tr>
<tr><td>17. 攻战计之抛砖引玉</td></tr>
<tr><td>18. 攻战计之擒贼擒王</td></tr>
<tr><td rowspan="14">高一（下）
80 课时</td><td rowspan="8">基础
课程</td><td rowspan="8">必修下</td><td>第一单元 中华文明之光</td></tr>
<tr><td>第二单元 良知与悲悯</td></tr>
<tr><td>第三单元 探索与创新</td></tr>
<tr><td>第四单元 媒介素养</td></tr>
<tr><td>第五单元 使命与抱负</td></tr>
<tr><td>第六单元 观察与批判</td></tr>
<tr><td>第七单元《红楼梦》整本书阅读</td></tr>
<tr><td>第八单元 责任与担当</td></tr>
<tr><td rowspan="6">校本
课程</td><td rowspan="6">选修</td><td>《走进典籍中国　品味文武之道——〈孙子兵法〉解读》</td></tr>
<tr><td>1. 混战计之釜底抽薪</td></tr>
<tr><td>2. 混战计之浑水摸鱼</td></tr>
<tr><td>3. 混战计之金蝉脱壳</td></tr>
<tr><td>4. 混战计之关门捉贼</td></tr>
<tr><td>5. 混战计之远交近攻</td></tr>
</table>

续表

年级及课时	课程类型及内容			核心素养目标
			6. 混战计之假道伐虢	
			7. 并战计之偷梁换柱	
			8. 并战计之指桑骂槐	
			9. 并战计之假痴不癫	
			10. 并战计之上屋抽梯	
			11. 并战计之树上开花	
			12. 并战计之反客为主	
			13. 败战计之美人计	
			14. 败战计之空城计	
			15. 败战计之反间计	
			16. 败战计之苦肉计	
			17. 败战计之连环计	
			18. 败战计之走为上	
高二（上）80课时	基础课程	选择性必修上	上册第一单元 伟大的复兴	1. 语言建构与运用，积累较为丰富的语言材料和言语活动经验，形成良好的语感；在已经积累的语言材料建立起有机的联系，在探究中理解、掌握祖国语言文字运用的基本规律 2. 思维发展与提升是指学生在语文学习过程中，通过语言运用，获得直觉思维、形象思维、逻辑思维、辩证思维和创造思维的发展，以及深刻性、敏捷性、灵活性、批判性和独创性等思维品质的提升
			上册第二单元 先贤哲思	
			上册第三单元 优秀外国文学	
			上册第四单元 逻辑的力量	
	校本课程	选修	《儒学仁礼之心的千年传承》	
			1.儒学起源	
			2.儒家仁礼的发端与中华武术的起源	
			3.孔子与儒家	
			4.仁礼学说的转变与武术的侠义精神	
			5.仁礼概念在汉初经学中的发展	
			6.董仲舒改造仁礼之学对于传统武术理念的影响	
			7.仁礼学说的三纲五常	

续表

<table>
<tr><th>年级及课时</th><th colspan="3">课程类型及内容</th><th>核心素养目标</th></tr>
<tr><td rowspan="11"></td><td rowspan="11"></td><td rowspan="11"></td><td>8.董仲舒新改造的仁礼学说的历史地位</td><td rowspan="21">3. 审美鉴赏与创造是指学生在语文学习中，通过审美体验、评价等活动形成正确的审美意识、健康向上的审美情趣与鉴赏品位，并在此过程中逐步掌握表现美、创造美的方法
4. 文化传承与理解是指学生在语文学习中，继承和弘扬中华优秀传统文化、革命文化、社会主义先进文化，理解与借鉴不同民族和地区的文化，拓展文化视野，增强文化自觉，提升中国特色社会主义文化自信，热爱祖国语言文字，热爱中华文化，防止文化上的民族虚无主义</td></tr>
<tr><td>9.南北朝更迭时期仁礼学说的转型</td></tr>
<tr><td>10.南北朝时期仁礼学说的多元化发展及融合</td></tr>
<tr><td>11. 隋唐时代仁礼之学的发展</td></tr>
<tr><td>12.宋元时期仁礼之学的转型</td></tr>
<tr><td>13.心学思想与武德兼修</td></tr>
<tr><td>14.王阳明心学对于仁礼之学的冲击</td></tr>
<tr><td>15.义理学对于仁礼之学的影响</td></tr>
<tr><td>16.西方学说对于仁礼学说的冲击</td></tr>
<tr><td>17.近代时期仁礼学说的转变</td></tr>
<tr><td>18.现代仁礼学说</td></tr>
<tr><td rowspan="10">高二（下）
80 课时</td><td rowspan="4">基础课程</td><td rowspan="4">选择性必修中</td><td>中册第一单元 深化理性思考</td></tr>
<tr><td>中册第二单元 苦难与新生</td></tr>
<tr><td>中册第三单元 回到历史现场</td></tr>
<tr><td>中册第四单元 丰富的心灵</td></tr>
<tr><td rowspan="6">校本课程</td><td rowspan="6">选修</td><td>《儒学仁礼之心的千年传承》</td></tr>
<tr><td>1.儒学起源</td></tr>
<tr><td>2.儒家仁礼的发端与中华武术的起源</td></tr>
<tr><td>3.孔子与儒家</td></tr>
<tr><td>4.仁礼学说的转变与武术的侠义精神</td></tr>
<tr><td>5.仁礼概念在汉初经学中的发展</td></tr>
</table>

续表

年级及课时	课程类型及内容			核心素养目标
			6.董仲舒改造仁礼之学对于传统武术理念的影响	
			7.仁礼学说的三纲五常	
			8.董仲舒新改造的仁礼学说的历史地位	
			9.南北朝更迭时期仁礼学说的转型	
			10.南北朝时期仁礼学说的多元化发展及融合	
			11.隋唐时代仁礼之学的发展	
			12.宋元时期仁礼之学的转型	
			13.心学思想与武德兼修	
			14.王阳明心学对于仁礼之学的冲击	
			15.义理学对于仁礼之学的影响	
			16.西方学说对于仁礼学说的冲击	
			17.近代时期仁礼学说的转变	
			18.现代仁礼学说	
高三（上）120 课时	基础课程	选择性必修下	第一单元　诗意的探寻	1. 语言建构与运用。能主动梳理语文课程中涉及的文化现象，重视优秀传统文化的继承
			第二单元　现当代文学作品	
			第三单元　古代经典散文	
			第四单元　自然科学论著	
高三（下）120 课时	基础课程	高考复习	现代文阅读复习	2. 思维发展与提升。能主动梳理和探究语言材料中蕴含的中国传统文化内容 3. 审美鉴赏与创造。关注语言与文化的关系，有
			文言文复习	
			诗歌鉴赏复习	
			背诵默写复习	
			语言文字运用复习	
			作文复习	

续表

年级及课时	课程类型及内容			核心素养目标
				探究文化问题的意识。有比较、分析古今中外各类作品所反映的文化现象、文化观念的意识，对阅读和表达交流中涉及的有关文化现象展开讨论，有依据、有逻辑地阐明自己的观点 4. 文化传承与理解。能辩证地审视和评论古今中外语言文学作品的内容和思想倾向，对当代文化建设发表自己的见解

（四）课程活动形式

主题学习型：

1.《儒学仁礼之心的千年传承》、经典传统文化、弘学、高二。

2.《走进典籍中国　品味文武之道——〈孙子兵法〉解读》、诚信品德修为、育才、高一。

（五）课程评价方案

1.着眼于核心素养的整体发展。语文课程评价的根本目的在于全面提高学生的语文学科核心素养。评价的过程即学生学习的过程，应围绕阅读与鉴赏、表达与交流、梳理与探究等学习活动，在具体的语文学习情境和活动任务中，全面考查学生核心素养的发展情况。

2.全面把握学习任务群的特点。语文课程评价要把握学习任务群的特点，综合统筹评价过程。每个任务群的学习目标与内容，各自独立又彼此关联。

评价时既要突出每个任务群的学习重点，又要兼顾任务群之间的联系，体现学习目标、内容与评价的一致性。

评价时要充分考虑语文实践活动的特点，注意考查学生在活动中表现出来的参与程度、思维特征，以及沟通合作、解决问题、批判创新等能力，记录学生真实、完整的任务群学习过程。

3.倡导评价主体的多元化。语文课程评价应面向全体学生，尊重学生的主体地位。评价要注重展示学生自我发展的过程。在保证基本目标达成的基础上，评价要考虑学生的个体差异，关注学生的不同兴趣、表现，满足不同发展需求。在具体学习任务的评价中，语文教师应提供细致的描述性反馈，提出具有操作性的建议，引导学生通过评价反馈，调整学习进程，梳理学习方法，确立学习目标，制订学习规划。鼓励学生、家长、教师、教学管理人员等参与课程评价。语文教师应利用不同主体的多角度反馈，帮助学生更好地认识语文学习与个人发展的关系，学会自我监控和管理。学校应创造条件，引导学生参与多种评价活动，建构学习与评价的共同体，学会持续反思、终身学习。

4.选用恰当的评价方式。语文学科核心素养需要在真实的语文学习任务情境中综合考查。语文教师应根据实际需要，整合诊断性评价、形成性评价、终结性评价等多种评价方式，考查学生核心素养的发展情况。每种评价方式都有自身的优势和局限，教师应根据特定的评价目的选择使用。可采用纸笔测试、现场观察、对话交流、小组分享、自我反思等多种评价方式，提高评价效率，增强评价的科学性和可靠性。对学生的评价，既要有对基本目标的确定性要求，确保底线；也要注意以恰当的方式对希望继续提高的学生予以引导。

5.明确必修和选修课程评价的重点和联系。必修课程评价应立足于共同基础，考查学生在不同学习情境和实践活动中学习和运用语言文字的基本能力。重点考查学生语文学习过程中的体验和感受、学习策略，以及梳理、探究能力，尤其是基于社会情境的阅读、表达与交流的能力，读写活动中的思维表现以及不同体裁文学作品的审美感知、评价欣赏、独立创作情况；还要考查对多样文化的理解，对当代文化现象的关注和评析，以及对未来文化发展的思考和展望等。

二、研究论文

仁礼教化的人格修为对中华传统武术审美核心的影响

审美具有教化功能由来已久。早在先秦时期，孔子就提出了“文”与“质”相合的君子标准，强调做人既要注重外在容颜，又要修养内在品德，两者统一，方为理想人物。孔子追求理想人格的思维方式和价值取向对中国文化的各个领域均产生了广泛而深远的影响。譬如中国的诗讲究“诗以言志”；中国的画讲究“画助人伦”等。其实，在中国古代，无数智者贤士早已把习文和备武并重同修。所谓“习文备武君子之业也”，文与武都是古人修身养性的主要课业。

一、古代射礼——射箭技术演变成人文教化

古代射礼就是射术与礼乐相结合用以培养人的德行的一种方式。正如《礼记·射礼》所载：“射者，男子之事也。因而饰之以礼乐也，故事之尽礼乐而可数为以立德行者，莫若射。”为了显示礼法的等级，周代将射礼划分为四种，同时，还规定了不同的等级使用不同的箭靶。可见，形成于西周时期的这项较射竞赛活动不仅具有习武健身之功效，还蕴含着寓教于乐的美学原则和培养礼法的重要作用。“王充说，‘礼贵意象’，既重礼，又重意象。”“射”从实际射杀自然界“虎豹熊”之物而演变成只射绘其形的“射侯”，这其中即有了虚拟的象征性意义。“象”在形中，而“意”却在形外王一川先生认为：“艺术要寓教化于娱乐之中，娱乐是手段，而教化才是目的。”中国古代的射礼主要是通过“射术”的这种娱乐形式来达到“礼法”的教化目的。它是以有形的肢体为载体促进无形的精神的升华，最后实现理想人格的塑造。因而说，周代的射礼其实就是“以美储善”的武礼修为。

孔子乐教的实质其实是礼教，“礼”是内容，“乐”是形式，“乐”不过是对“礼”的装饰。礼乐文化决定了中国古代审美文化的一个基本特征，那就是审美、艺术本身不是目的，而是手段，是培养、教育完美人格的最佳途径。射礼比赛仪式中的表现可以反映出一个人平时的涵养。“习射”更多的是关注人性的修为，人格的美善；这显然是将培养健全、高尚、完美的人格放在了首位。

古时，采用“射”“御”这种方式教化人心更易于接受，因为它们都是感性的、具体的，与抽象的道德说教相比显然更有说服力。射礼要求“射者进退周还必中礼，内志正，外体直”，并以此观德行，然后才是“持弓矢审固”。可见，这种演练首先还是在于塑造人的心灵、规约人的德行，然后才是射箭技术的训练。显然，这时的“射”已经成了道德意义上“身正”的一种象征。

二、尚武崇侠的精神人格

中华民族自古就有尚武崇侠的优良传统，武侠之豪迈精神，一直深深地影响着大家的内在气质和审美情感。人们习惯歌颂那些把武技、义气和智慧巧妙结合起来的剑客侠士。如荆轲、吕四娘等。正是这种欣赏趣味和心理感受，铸就了华夏子孙豪迈仗义、锄强扶弱、尚武内向、轻财重义的集体审美风尚，形成了蔚为壮观的尚武崇侠的精神文化。“侠”一词，最早见于《韩非子·五蠹》篇。今《辞海》解释“侠”“为旧称扶弱抑强、见义勇为的人。”《辞源》上也说：“‘侠’指打抱不平、见义勇为的人。”可见，“侠”与“义”紧密相连。众所周知，虽说“侠”并不一定都熟谙武术，但人们平时所说的“侠”主要是指那些武艺高强，用他们所学之艺来打抱不平、救人于水火的人，所以人们常用武侠、剑侠、任侠来称谓这些人。司马迁在《游侠列传》中概括出了中国之侠的基本特征，即助人为乐，不图回报，一诺千金，忠于知己，舍身求义，视死如归等。

侠义精神是指一种不畏强暴、报答知遇之恩，为知己者死的英雄气概。侠义精神在中国早已积淀为一种“集体无意识”，人们对其顶礼膜拜，趋之若鹜。自古以来，身怀绝技的武侠极为符合民众的英雄崇拜心理，豪侠们“舍生取义”之“气节”已成为千百年来鼓舞着无数爱国仁人志士的一种精神力量。同时，侠义精神亦构成后世对侠之品格的全面把握。如《三国演义》中的刘备、关羽、张飞为了桃园三结义之盟约，不求同生但愿同死，抛高官厚禄于眼前，弃社稷江山于脑后，就是为了一个“义”字，他们的义举备受后人称颂。

周伟良教授说：“‘侠’在中国历史上有着深厚的底蕴，已成为中国古代文化中一种理想人格模式。”诚然，古往今来，人们皆以侠士的英雄壮举为楷模，皆以重义轻利的原则为支柱。讲义气、重义气，不背信弃义被认为是无比高尚的。儒家文化当中的“见利思义”“义以为上（《论语·宪问》）”的重义轻利观也为人们的行为树立了道德规范的标杆。人们信奉的是“见义不为，无勇也"。当人们胸怀坦荡，心存道义的时候，自然就会"无欲而刚"，就会由内而外的散发出一种力量。这种刚毅正直的人格力量对后人是一种教化；更是一种人格上的净化。

三、尊师重道的伦理向度

（一）尊师重道乃习武人的行为准则

"尊师"是中华民族的传统美德，自古以来就有着优良的传统。《尚书·泰誓》云："天佑下民，作之君，作之师。"可见老师的地位之高。武术界历来重视师徒之间的关系，视"师徒如父子"。要求习武之人要像对待父亲等长辈一样对待师父，不得无礼。尊敬师长体现了武者重德的修养。正所谓，"无水则冰无从生，无蓝则青无从出"。艺成而不忘恩师，这是一个习武人最起码的道德标准。它指引着武术沿着正确的轨道前行，"未曾习武先习德"，将优秀的品德置于首要的地位，成为武者的人生哲学，也是武术美的灵魂。

"重道"就是一个人应该尊重自己所从事的事业以及遵守已经形成的行业规范。对于武术而言，重道就是要热爱武术、尊重武术以及尊重武术的传统。师徒传承是武术的一大传统，各门各派都要尊重并且践行，它体现了武术的行业规范，也是武者授道择人的重要表现。如"道勿滥传"，应传"贤良之人"（《拳经拳法备要》）；"不信者不教，无礼者不教"（《咏春白鹤拳拳谱》）；"宁可失传，也不轻传"；"万两黄金不卖艺，十字街头送志人"等。上述这些训诫不仅体现了为师者的高尚品格和坚贞节操，同时这也是传承者"重道践行"的一种表现。因为只有尊重武术的传统，才能使武术发扬光大。

（二）师徒传承制的伦理向度

师徒传承制在中国历史上具有浓厚的伦理思想，具有自己的民族特色。"事师如父，执役如仆"，"一日为师，终身为父"。王建吾《华北之体育》载："在华北各乡村间，拳场林立。每逢农暇夜晚，农民多赴拳场练拳，每拳场皆有老师头收徒教授……老师头之门徒，散布各地全场，则老师头号召能力，不亚于无冕皇帝。"这说明人们尊师、敬师，听从师命。师徒制下的武术传承是"线"而不是"面"。口传身授，身体力行，亲密无间，情同父子是中国人重视血缘关系，崇尚宗法观念的伦理观在武术传承中的一大体现。师徒传承下的中国武术虽然相对封闭，但却有利于习武者人格品德的选择。

早在西汉时期，即有"非信廉仁勇，不能传兵论剑"之说。黄百家在《内家心法》中对择徒的要求记述得更加详细，认为"心险者，好斗者，狂酒者，轻露者，骨柔质钝者不可传”。如果说“谈玄授道，贵乎择人”是对选择传人时所提出的一种要求，那么，“凡吾习武之徒，必须任贤为师”则是习武者对所要从师之人的一种明辨。

德高者为师，技精者为范。师父的言谈举止也要处处与人为善，谦虚谨慎；对于那些恣意妄为、持技好强的为师者向来为世人所不耻。正所谓“师道废而教无成矣”（戚继光语）。应该说，师徒传承制体现出了师徒互选重德观行的伦理规范。

总而言之，师择徒而授、徒选师从习，这对于武术的发展，特别是武术技术的持续发展起到了重要的作用。师父对资质偏差之人不授，徒弟对品行不端之人不学，这有利于武术技术动作的规范化和精良化。同时，师徒互择的过程中，也对一个人的品行进行了遴选，对一个人的德行进行了规约，这无形中又对武德起到了强化的作用，体现了美善的结合。所以，师徒传承制体现了浓重的伦理色彩，另外，在一定意义上也体现了传统审美的教化和育人之功效。

四、人文精神的熏陶滋养

（一）美育的化性起伪、怡情养性

中国古人认为，“美育是一种潜移默化的‘化育’，是通过怡情养性的途径，陶冶主体的精神境界，完善自我的人格”。宋人调露子所撰的《角力记》中即有：“夫角力者，宣勇气，量巧智也。然以决胜负，骋矫健，使观者远怯懦，成壮夫，以勇快也。”无论是习练者还是观赏者都能从中得到教化和培育，使人勇敢顽强、永不服输。这是一种强者争胜的精神，是一种刚健有为的民族精神，也是一种中国传统的审美精神。孔子说：“不学礼，无以立。”中国素有“礼仪之邦”之称，“以礼相待”成为人们交往中的一项重要原则。太极拳中的“听劲” “化劲”，其实质就是让人学会尊敬对手，以对手为“主”，时刻做到“无我”之境界，从而教化人心，培养高尚之道德和仁爱之精神。这就是武术除技击之外的强大功用。它重在对人、对生命的理解和感悟，重在对人的心灵和人格的涵养与化通。中国文化是伦理型文化，重人伦、重道德也成了中国传统体育（武术）的一大特色。竞技中不重胜负而重德行，提倡“君子之争”。

武术能够千古流传经久不衰，成为中国的优秀文化遗产，成为人们喜闻乐见的一项民族传统体育，依靠的不仅仅是技术优良，更重要的是德行高尚。

习武不仅是学技术，更是体会人文教化的一个过程。以武会友，互相交流；礼让为先，点到为止；集众家之所长，补一己之所短。既学术又悟道，既学技艺又学做人。可以说，就是因为武术中蕴含了雄浑的内在美学因子，所以才不会在历朝历代的文化激荡中被淘汰，同时也只有美的东西才会在时代变迁中得到人们的认可和传递。

（二）重德的拳礼

从孔子的“克己复礼为仁”及“发乎情，止乎礼仪”见出，礼教对规范德行的重要作用。“德”是西周礼乐教化的核心，“德”的外化即为礼，在心为“德”，表现为“礼”。拳礼，即打拳之敬礼，又称请拳。

拳礼是武术中礼仪性的动作，表示相互尊敬、相互学习、团结与谦让的意思，是拳德的组成部分。下面以抱拳礼为例简要说明其文化内涵。“抱拳礼”不仅表现为外在的动作行为，即礼貌和礼节，更蕴含着丰富的精神要义：右手为拳，为武为阳，寓意尚武；左手为掌，为文为阴，寓意崇德；左掌大拇指内扣，表示谦虚，虚心向对方请教，永不自大；左掌掩右拳，寓意以文掩武，以武会友，阴阳相和，刚柔相济，文武兼备，崇德尚武；右拳五指紧握，寓意五湖，左掌四指并拢，寓意四海；拳掌相抱，寓意五湖四海皆兄弟，武林同道一家亲；两臂屈圆，寓意天下武林圆融和谐、团结奋进。

由上可见，抱拳礼是一个具有高度道德理性的范畴，蕴含着丰富的审美信息。它规范着习武之人该做什么、不该做什么、应该怎么去做等一系列的行为准则，是恰当处理习武者之间、习武者与社会之间、个人与群体之间价值关系的一把标尺；同时它也折射出传统社会中“克己复礼”的礼教思想对习武之人的教育方向和培养期待——“礼之用，和为贵”，充满着朴素的平等独立的民主精神和文武合一、团结和谐的人文气息。也就是说，抱拳礼既体现了习武者努力提高个人修为的心理需求，也反映了社会对习武者个人及群体的道德要求。因此，从某种意义上讲，抱拳礼既是习武者尚武崇德、文武兼修的个人追求之体现，也是中国“美善统一”的传统理念对习武者内在修养的规约。

五、结语

中国传统审美文化十分崇尚“美善统一”，认为美不美，关键在于善不善，孔子的“尽善尽美”说，以及通过人品看艺品等，奠定了“以善为美”的基调。武术审美同样是强调“善”，以高尚的武德为至尊，通过审美使人们得到道德上的净化和人格上的教化为首要。“德艺双馨”，是武术前辈们追求的崇高目标，他们在实践中默默地潜心修行，在这种长期的“向善”的伦理教化之下，形成了光辉熠熠的武德文化。从古代的射礼可以见出“寓教于乐”的美学原则在武术领域的应用。它是通过一种感性的身体形态来达到理性的德育的渗透，借以促成个人品质的提升。

总之，中国五千年文明之水滋养的中国武术不仅是一种实用的技艺，更是一种教化的手段。它重在对人的外在身躯和内在心灵的涵养与化通，重在培养习练者的不屈精神和高尚人格。

参考文献

[1] 国家体委武术研究员编纂. 中国武术史 [M]. 人民体育出版社，1996：19.

[2] 王振复. 中国美学史新著 [M]. 北京：北京大学出版社，2009：230.

[3] 王一川. 张艺谋神话的终结——审美与文艺视野中的张艺谋电影 [M]. 河南人民出版社，1998：269.

[4] 梁一儒，户晓辉，官承波. 中国人审美心理研究 [M]. 山东人民出版社，2002：427.

[5] 夏琼华. 太极拳中的礼法文化 [J]. 体育学刊 2010，17 (5)：92-94.

[6] 周伟良. 中国武术史 [M]. 高等教育出版社，2003：40.

[7] 李咏吟. 审美与道德的本源 [M]. 上海人民出版社，2006：270，144.

三、教学设计或案例

《走进典籍中国　品味文武之道——〈三十六计〉解读》教学设计
——第一章　总论、胜战计之瞒天过海

教学目标

语言建构与运用，即理解文中重要的文言实词、虚词、特殊句式等；背诵相关内容。

思维发展与提升，即理解《三十六计》中出现的核心概念，认识观点的价值与意义理解并把握本文的主旨。

审美鉴赏与创造，即在细读文本的过程中体验、欣赏文中深刻的政治决

策与军事内涵。

文化传承与理解体会，即在文本研习的过程中，理解传统文化的内涵，培养自己对传统文化的热爱，并探讨其现代价值。

教学重难点

了解《三十六计》的基本历史与当代价值。

了解瞒天过海的基本释义、内涵与当代价值。

教学过程

第一步，学生展示课前搜集的《三十六计》基本知识并以小组汇报形式进行分享。

第二步，"运筹帷幄"——小组合作，收集资料，成员代表介绍基本常识。

第三步，"学以致用"——小组其他成员展评实例应用。

1.孙膑在"马陵之战"中运用"减灶计"杀庞涓。

2.信陵君"窃符救赵"。

第四步："畅所欲言"——组里其他成员各抒己见。

借"道"窥文　妙读小说教学设计

——试分析《林教头风雪山神庙》《装在套子里的人》中道具的作用

陈　薇

教材分析

高一必修下第六单元是整个高一课程中唯一的纯小说单元，其人文主题是"观察与批判"。在这个单元的教学过程中，我们要引导学生观察什么，批判什么，怎样观察，怎样批判，这是我们需要去深思和探讨的问题。本单元的任务群是"文学阅读与写作"，通过本单元的课文了解小说这一问题的基本特征，提高鉴赏小说的能力，同时也要将这样的能力运用到写作之中。

《林教头风雪山神庙》和《装在套子里的人》都是中外学史上著名的作品，这两部作品皆具有"典型性"，都是在典型环境中塑造了典型人物，通过这两个典型人物可窥探当时的社会风貌和时代特征。从怎样的视角切入这两篇小说，怎样将两篇小说有机结合，让阅读的过程具备新度、温度和深度，是值得探索的问题。

学情分析

学生的语文基础中等，在学习小说的过程中，发现学生对于人物形象的把握总体没有偏差，但是部分特质需要逐步引导才能分析出来。而人物行为背后的原因，以及作者的创作意图，学生在分析的时候略有难度，主要还是通过情节和描写人物的方法去把握人物形象，道具是学生们在阅读小说时比较容易忽略的部分。

然而，在小说这一体裁中，无论多么宏大深刻的主旨，都需要通过细节进行展现，所以这节课是从一个新的角度切入，帮助学生在今后阅读小说时，能够更加全面的认识人物，了解作品背后的思想内涵。

教学目标

1.语言建构与运用。要指导学生准确地复述小说情节，且将“道具”应用于小说的写作之中。

2.思维发展与品质。培养学生运用小说中的道具去解读小说的能力，用“道具”串联起情节的发展脉络。

3.审美鉴赏与创造。提高学生对“道具”的观察力，从而提高对小说人物的鉴赏力，准确把握人物的性格。

4.文化理解与传承。理解小说典型人物身上的典型特质，及其代表性的“道具”所承载的文化内涵。

教学重难点

1.通过道具理清相应的情节内容。

2.通过道具理解人物的性格特征，思考作者构建道具的意图，理解“道具”在小说中的象征意义。探究小说人物所反映的社会背景及时代特征。

教学过程

一、导入

在浩瀚的文学世界中，有无数经典的人物形象，这些经典的人物形象中，有很多形象都有自己代表性的道具。看到道具，我们就能想到人物！接下来，我一起来玩一个小游戏：看道具，猜人物！

紧箍咒——孙悟空；通灵宝玉——贾宝玉；羽扇——诸葛亮；双板斧——李逵；魔杖——哈利·波特；项圈、钢叉——闰土（放大镜）。

相信同学已经感受到，道具在文学作品中不可或缺的作用。古人云：一叶落而知天下秋。今天，让我们通过“道具”这片叶，走进《林教头风雪山神庙》和《装在套子里的人》。

那么什么是道具呢？道具本是指戏剧演出过程中所用的器具，如手帕、佩剑、书画等等。它是戏剧中的一个重要表现手段。现在，我们将这一概念运用在小说中，指的是被作者赋予了含义的特殊物品。

二、文本分析

任务一：观看《林教头风雪山神庙》的影视片段，请回答：从“道具”上看，电视剧的结尾和原文的结尾哪两处不同？

接下来，请同学们观赏一段影片，影片对应的内容是课文《林教头风雪山神庙》的最后一段。请同学们认真观看，找出电视剧和原文道具的两个不同之处。（播放视频）

明确：1. 电视剧里陆谦被杀的武器是花枪，原文中是用尖刀。2. 电视剧里林冲用花枪挑着葫芦出庙门投东去，原文中林冲丢了葫芦，提了枪出庙门投东去。

提问 1：同学们已经找出了不同之处，那么你们认为林冲在手刃陆谦时用花枪更好还是用尖刀更好呢？

展示表演：我们邀请了三位同学来演示文本的内容，一人饰演林冲，一人饰演陆虞候，一人饰演富安。（播放视频）

明确：尖刀更好。尖刀短小、和陆虞候的距离更近，更能够表现林冲的愤怒。正如明代文学评论家李贽点评：“富安可恕，陆谦必不可恕！可恨！可恨！”

提问 2：林冲用花枪搠倒了差拨和富安，为何与陆谦交手时改换了尖刀，这是作者的无心之笔吗？请同学们回到文本中，找出第一次尖刀出现的地方。

明确：尖刀在文中一共出现了 5 次。林冲买解腕尖刀的原因正是因为知道陆虞候想谋害自己，在这时这把刀已经埋下了伏笔，串联起了中间的情节。

提问 3：丢掉葫芦和保留葫芦，哪个处理方式更好？为什么？请结合文本进行分析。

引导：葫芦是从哪里得来的？

第一次：“老军指壁上挂一个大葫芦，说道：‘你若买酒吃时，只出草料场投东大路去，三二里便有市井。’”

最后一次：“再穿上了白布衫，系了胳膊，把毡笠子带上，将葫芦里冷酒都吃尽了，被子与葫芦都丢了不要，提了枪，便出庙门投东去。”

明确：葫芦是从老军那里接来的，而老军是驻守草料场的人，接过了葫芦，象征着林冲接受了草料场的工作和稳定的生活。林冲此时的心态是隐忍，是得过且过，是还抱有一丝幻想。那么，林冲最后丢掉葫芦，就代表着丢弃过去的稳定，丢弃最后一丝幻想，被逼上梁山。

总结：小说中“道具”的常见作用。

1.表现人物性格。

2.推动情节发展或为后文埋下伏笔。

3.反映人物心理或情感的变化过程。

4.寄寓某种象征意义。

任务二：小组合作探究《装在套子里的人》中有哪些道具？有何作用？请根据文本进行分析。

要求：小组合作探究5分钟，对表格进行填充。

道具	自然段	作用分析

明确：雨鞋、雨伞、棉大衣等。

表现别里科夫的封闭、抗拒新事物、胆小怕事、墨守成规的形象特点。

提问：除了这些道具外，在文中还有一些道具，绝对不属于别里科夫，别里科夫更不可能选择它们，它们是引发华连卡和别里科夫爱情矛盾的道具，请同学们找找。

①忽然间，柯瓦连科骑着自行车来了，他的后面，华连卡也骑着自行车来了。涨红了脸，精疲力尽，可是快活，兴高采烈。

②您是青年人，您前途远大，您的举动得十分小心才成……您穿着绣花衬衫出门，人们经常看见您拿着书在大街上走来走去；现在呢，又骑什么自行车……

明确：自行车——对生活的热情、生命的活力，象征新生的事物，也是爱情悲剧的缩影；花衬衫——社会背景，俄国年轻人的穿着，象征新生的事物。

别里科夫面向的、拥抱的都是黑色的、包裹性的道具，背对着的、排斥的都是色彩斑斓的、代表新兴事物的道具。契诃夫正是通过这一个个的道具，用极具讽刺性的语言将别里科夫的形象塑造得如此生动。

任务三：请选择班级中你喜欢的一位科任老师，用 100 字描写他或她在你心中的形象特点。要求：至少选择一种道具进行表现。时长：5 分钟。（利用信息技术进行投屏展示）

教师写作示范：她是我的朋友，也是同学们的老师。早上拎着烧卖去学校的我，常常会遇见拎着烧杯来学校的她，因此我给她起了一个外号——烧杯芳。她也非常喜欢这个外号，常常叉着腰自豪地说：“烧杯芳又要去实验室喽！”有一次，我竟发现她办公桌的烧杯上多了一张贴纸，上面写着：$Mg+ZnSO_4=Zn+MgSO_4$，当我拿去问她是什么意思时，烧杯芳哈哈哈仰天长笑说：“2 班这群熊孩子，还挺浪漫！”

小结：小小的道具，有大大的能量。正如老师在课前所说：一叶落而知天下秋，希望同学们通过道具这片叶，走进小说的金秋，不断观察，不断探索，不断审美。

三、作业布置

请同学们结合课堂内容，完成课后作业。

认真阅读第六单元的小说，将小说中和人物相关的道具找出来，并分析其作用。

四、学科特色活动

1.高一：你比我猜（猜三十六计）。

2.高二：征文比赛《我心有侠》。

3.高三：一战成名（文化常识知识竞赛）。

五、教学随笔

探索三十六计的智慧世界

在我从事教育的经历中，我一直被中国古代的智慧所吸引，特别是那三十六计，如一部深邃的兵法宝典，充满了策略和智慧。今天，我想分享一些我在教授三十六计过程中的体验和感悟。

三十六计，每一计都有其独特的内涵和应用场景。其不仅仅是古代的战争策略，更是人生的智慧。在教学过程中，我尝试将这些策略与现实生活相结合，让学生们在理解其历史背景的同时，也能体会到这些策略在现代生活中的实际应用。

例如，“瞒天过海”一计，原本是指在战争中通过巧妙的伪装和欺骗，使敌人产生误判。在现代商业社会中，可以理解为在商业竞争中，通过巧妙地隐藏自己的意图和实力，实现突破和成功。我在课堂上引导学生们思考，如果将这些策略运用到他们的学习和生活中，他们会如何去做。

另外，“借刀杀人”一计，虽然听起来有些冷酷，但其实质是借助他人的力量达成自己的目标。在教学中，我引导学生们理解，这并不是要他们去利用他人，而是要学会合作，学会借助他人的力量来实现自己的目标。

教学过程中，我发现学生们对这些古老的策略表现出极大的兴趣。他们不仅在课堂上积极参与讨论，而且在课后也主动去寻找更多的相关资料进行深入研究。这让我深感欣慰，也让我更加坚信，三十六计这样的古代智慧，对于现代学生的成长和发展具有重要的价值。

然而，教授三十六计并非易事。因为这些策略往往深奥难懂，需要结合实际案例进行深入解析。这就需要我在备课过程中，不仅要深入研究三十六计的内涵和应用，还要寻找合适的案例，使抽象的策略变得生动具体。同时，我还需要关注学生们的反馈，及时调整教学策略，确保学生能够理解和掌握这些策略。

在教授三十六计的过程中，我也收获了很多。我不仅提高了自己的教学能力和策略解析能力，还深入理解了中国古代的智慧和文化。运用这些策略，我在工作中更加得心应手，在生活中更加从容和睿智。

总的来说，教授三十六计是一项富有挑战性的工作。它不仅让我感受到了中国古代智慧的魅力，也让我看到了学生们在学习过程中的成长和进步。我相信，在未来的日子里，我会继续探索三十六计的智慧世界，为更多的学生带去智慧和启示。

武学精神，仁礼内核

在历史的长河中，武术不仅仅是一种自卫技能，更是一种文化和精神的传承。它蕴含着中华民族的智慧，体现了人与自然和谐共生的理念。武学，不单是技击之术，更是修身养性之道。在多年的教学生涯中，我深深体会到武学精神对于塑造学生的人格、培养其坚韧不拔的意志具有不可替代的作用。

武学讲究的是内外兼修，即锻炼身体的同时，更要修炼内心。在引导学生了解学生武术技巧时，我更注重结合语文学科中儒学精神传承的相关内容，对他们武学精神塑造培养。这其中，最为核心的便是"儒家仁礼的发端与中华武术的起源""兼济天下侠义精神""心学思想与武德兼修"提倡的尊师重道、吃苦耐劳、仁礼并行、团结互助等精神。

在教学中，我经常告诉学生，每一次出拳、每一次踢腿，都不应该是无力的挥洒，而应该是充满力量与决心的展现。这种力量来源于技艺的精进，来源于对自我挑战的勇气。看到学生们坚定的目光，我仿佛看到了他们内心的成长，那是一种被理解了的不畏艰难、勇往直前的武者气概。

除了尊师重道和刻苦耐劳外，武学精神还包括仁爱宽容和自强不息。仁爱宽容教会我们在激烈的对抗中保持一颗平和的心，学会理解和宽容他人。自强不息则告诉我们，无论遇到多大的困难，都要有不断前行的信念。这些精神内涵，不仅在武术实践中至关重要，在我们的日常生活中同样适用。

我曾见证过一个学生的转变。他最初学习武术是出于好奇，对于武学精神的理解也只停留在表面。然而，在经历了一次次的训练和比赛后，他开始明白，武术不仅仅是身体的锻炼，更是心灵的磨砺。他学会了在面对挫折时不轻言放弃，学会了在胜利面前保持谦逊。这些改变不仅仅体现在武术上，他的学习态度、人际关系处理乃至对未来的规划都发生了积极的变化。

武学精神的教学并不是一蹴而就的过程，它需要教师以身作则，用自己的行动去影响学生。在课堂上，我会分享自己关于儒学、儒家精神内核的思考，以及对武学精神的理解，以及在生活中如何运用这些精神去面对各种挑战。我也会鼓励学生在日常生活中实践这些原则，让学生认识到武学精神并非虚无缥缈，而是可以指导我们生活的实际哲学。

总结来说，武学精神是一种集身体锻炼、心理修养、道德教育于一体的综合体现。它不仅能够提升学生的身体素质，更能锤炼学生的意志，培养学生的人格。我始终坚信，传授包含儒家仁礼内核的武学精神，比单纯教授武术技巧更为重要。因为，这些精神内涵将成为学生们一生的财富，帮助学生在未来的人生道路上，无论遇到何种风雨，都能坚定地走下去。武学精神的教学是一项艰巨而又光荣的任务。作为教师，我们需要用心去传授，用爱去引导，让每一个学生都能在人生的道路上，找到属于自己的人生哲学。

文言文与儒家文化融合的教学实践

在教学文言文与儒家文化的过程中，我深刻感受到这不仅是知识的传递，更是一场跨越时空的精神对话。

一、文言文与儒家文化的融合

文言文，作为古代汉语的书面表达形式，承载着中华民族几千年的历史文化。而儒家文化，作为中国传统文化的重要组成部分，强调仁爱、礼义、忠诚等价值观，对后世影响深远。在文言文教学中融入儒家文化，不仅能让学生更好地理解古代文献，还能培养他们的道德情操和人文精神。

二、教学方法与策略

1.注重启发式教学。在教学过程中，我通过提问、讨论等方式引导学生主动思考，激发他们的学习兴趣。例如，在教授《论语》中的“己所不欲，勿施于人”这一观点时，我会让学生思考这一观点在现实生活中的应用，以及它如何指导我们的行为。

2.强化诵读训练。文言文的语言特点决定了诵读在其中的重要地位。我鼓励学生通过反复诵读来感受文言文的韵律美，同时也有助于他们更好地理解文章内涵。

3.结合多媒体教学。利用多媒体技术，如PPT、视频等，将古代文献、历史人物等以直观、生动的方式呈现给学生，使学生在视觉和听觉上得到双重刺激，从而提高学习效果。

三、教学体会与反思

1.重视文化背景介绍。在教授文言文时，我会先介绍相关的文化背景和历史背景，帮助学生更好地理解文章内涵和作者的创作意图。这样不仅能提高学生的学习兴趣，还能拓宽学生的知识视野。

2.注重学生的个体差异。每个学生都有自己的学习特点和兴趣点，我在教学过程中尽量关注到每个学生的需求，因材施教。例如对于基础较差的学生，我会从简单的文言文入手，逐步提高他们的阅读能力；对于基础较好的学生，我会引导他们深入探讨儒家文化的内涵和价值。

3.培养学生的批判性思维。儒家文化在中国传统文化中占据重要地位，但我们也应该对其进行批判性思考。我鼓励学生在学习和理解儒家文化的同时，也要敢于质疑和挑战其中的观点，从而培养他们的批判性思维和创新精神。

四、展望未来

随着科技的进步和社会的发展，传统的文言文教学也需要不断创新和进步。未来，我希望能够进一步探索文言文与儒家文化融合教学的新模式和新方法，如利用人工智能技术进行智能教学、开展线上线下相结合的教学模式等。我也希望能够与更多的同行进行交流和合作，共同推动文言文儒家文化教学的发展和创新。

总之，文言文与儒家文化融合教学是一项充满挑战的工作。通过不断探索和实践，我相信我们能够让这一传统文化在现代社会中焕发出新的活力和光彩。

六、学生作品

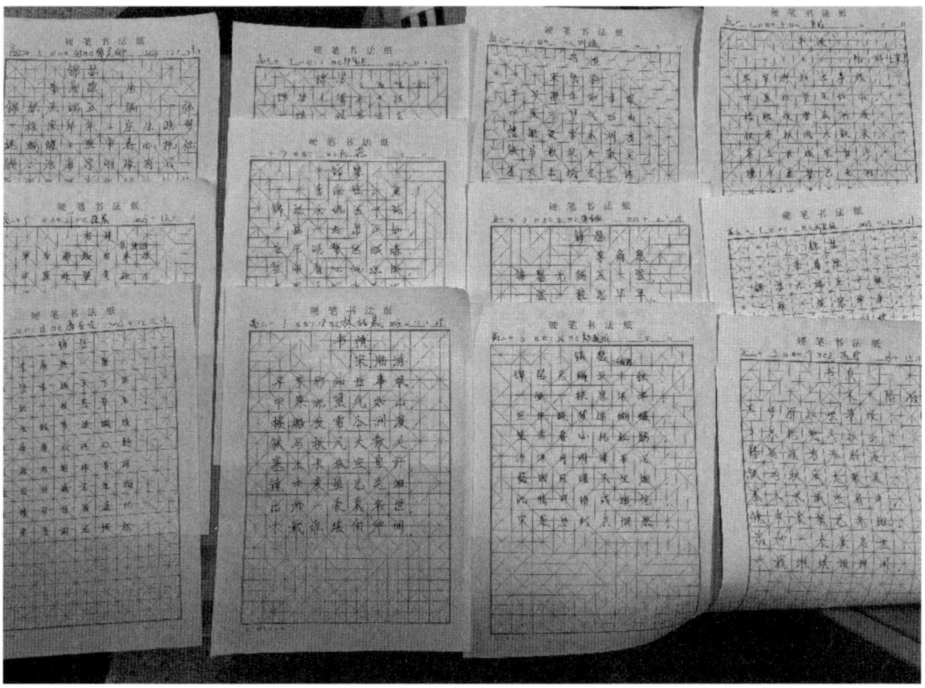

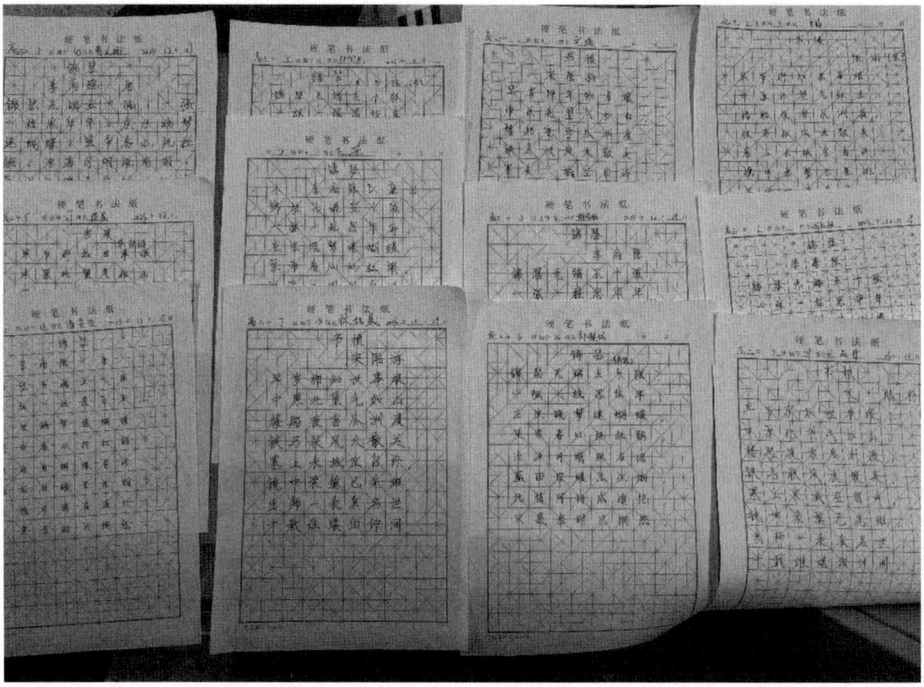

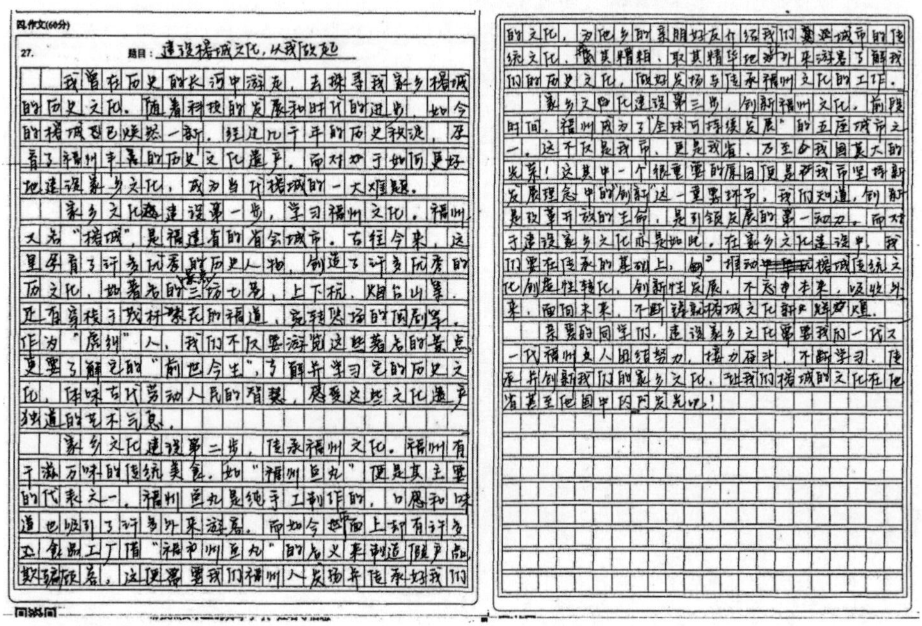

四、作文(60分)

27. 题目：建设榕城文化，从我做起

我曾在历史的长河中游走，去探寻我家乡榕城的历史文化。随着科技的发展和时代的进步，如今的榕城早已焕然一新。经过几千年的历史积淀，孕育了福州丰富的历史文化遗产。而对于如何更好地建设家乡文化，成为当代榕城的一大难题。

家乡文化建设第一步，学习福州文化。福州又名"榕城"，是福建省的省会城市。古往今来，这里孕育了许多优秀的历史人物，创造了许多优秀的历史文化，如著名的三坊七巷、上下杭、烟台山等，还有穿梭于城市繁花的福道，宛转悠扬的闽剧等。作为"福州"人，我们不仅要游览这些著名的景点，更要了解它的"前世今生"，了解并学习它的历史文化，体味古代劳动人民的智慧，感受这些文化遗产独道的艺术气息。

家乡文化建设第二步，传承福州文化。福州有千滋万味的传统美食，如"福州鱼丸"便是其主要的代表之一。福州鱼丸是纯手工制作的，口感和味道也吸引了许多外来游客。而如今市面上却有许多不良商家打着"福州鱼丸"的名义来制造假冒产品欺骗顾客，这便需要我们福州人发扬并传承好我们的文化，为他乡的亲朋好友介绍我们美丽城市的传统文化，去其糟粕、取其精华，让外来游客了解我们的历史文化，做好发扬与传承福州文化的工作。

家乡文化建设第三步，创新福州文化。前段时间，福州成为了"全球可持续发展"的五座城市之一，这不仅是我市、更是我省、乃至我国莫大的光荣！这其中一个很重要的原因便是我市坚持新发展理念中的"创新"这一重要环节。我们知道，创新是改革开放的生命，是引领发展的第一动力。而对于建设家乡文化亦是如此。在家乡文化建设中，我们要在传承的基础上，推动榕城传统文化创造性转化、创新性发展，不忘本来，吸收外来，面向未来，不断谱就榕城文化新辉煌。

亲爱的同学们，建设家乡文化需要我们一代又一代福州文人团结努力，接力奋斗，不断学习、传承并创新我们的家乡文化，让我们榕城的文化在他省甚至他国中闪闪发光吧！

四、作文（60分）

27. 题目：不忘初心，携手前行

家乡，梦开始的地方。回看历史，榕城有着几千年的历史沉淀；回到今日，福州经济不断发展，人民生活质量不断提高。我们都在为福州更好的发展作出不懈努力……由此可见，对于家乡文化建设，我们应携手前行，不忘初心。

要建设好家乡文化的发展，我们应先了解家乡深厚的文化底蕴。说到福州，榕树就必将被提及，在福州各处，榕树都能被看到，它便有着许多年的历史，让榕城一直有着一抹“绿”。而闻名于各地的三坊七巷也是福州自傲于“古城”的根据之一。走进这古朴典雅的古厝，便似乎能想象出古人在这生活时的场景，再去观赏冰心、严复等人的故居，历史感涌上心头，令人忍不住多了解一些。因此，了解深厚文化底蕴是文化建设的第一步。

要建设好家乡文化的发展，我们应主动传承其丰富的历史文化遗产。美食就是其中之一，在三坊七巷中，卖福州鱼丸的店铺总是围绕着许多人，有游客，也有本地人，咬下一口鱼丸，汁水在口中爆出，这何尝不是一种传承呢？这就如同长沙臭豆腐，武汉热干面一般，也是福州的招牌之一。有些店面还专门让游客体验做陶瓷、漆器，做时可能会手忙脚乱，成品或许也不尽人意，但这个体验的过程不也是一种传承吗？所以，要传承这些历史文化遗产，建设家乡文化，我们需去尝试、去体验。

要建设家乡文化的发展，我们还应创新、发展这些文化。其实，在我们身边随处都有文化的创新发展，就如新建的“24小时自助图书馆，让我们深切感受到科技与文化的相互交融。踏进穿梭于茂林繁花的福道，目光所触之景，皆是以文化为基础而建成的高楼大厦。再回观我们自身，身处于现在舒适的教室，翻阅着印刷的纸张，也都是在创新历史的文化遗产，以助福州更好的发展。

由上可知，在家乡这个温暖的港湾中，我们都在为了家乡文化建设而付出努力，筑巢文化之家。了解家乡的文化底蕴、传承其丰富的历史文化遗产以及对这些文化遗产的创新与发展也都启发我们关注历史，不忘初心，从自己做起，从小事做起，携手保护千年古城的历史文脉，让其不断发扬光大，让新一年少年根植于家乡文化，放飞奋斗梦想。

四、作文（60分）

27. 题目：福州，延续千年的文化古城

我在福州这座城市生活了许久。我感受着福州延续千年的悠久文化，琳琅满目的文化遗产，群星闪耀的名人古迹，他们无一不在展示着福州这座千年古城的文化历史底蕴。

福州，古朴典雅的历史名城。福州的历史悠远而长，一篇文章无法窥视其冰山一角，那么历史中最黑暗，但也最耀眼的近代是福州最合适的历史名片。纵观全国，福州是少有的参与了全程近代史的城市。走进福州的三坊七巷，这里设有众多展览馆，小到一位作家，一位海军中将，大到一段历史，一场战争，福州对近代历史的铭刻永世长存，这些文化建设不仅让人们直观了解到福州近代光辉的历史，也展现了其千年历史中的一隅，而在历史长河之中，挑出最能代表自己城市的一段，谈何容易？在对福州的历史文化建设中，我们可以看到福州那古朴又先进的近代历史。

福州，传承传统的文化遗产名城。同样是走进福州历史文化的传承中心——三坊七巷。街巷两边数不胜数的文化遗产老店，传承着独特的闽江风味，在这里，你可以吃到文化遗产传承人亲手制作的鱼丸肉燕，传承古老技艺的工匠们耗费精力的工艺品同样可以看到，占据中心大街中心的“寿山石”专供店也可以看出福州对人文工艺的重视与发扬光大。作为福州旅游胜地，三坊七巷很好地展示和发展了福州的文化遗产，而在旅客们不知道的大街小巷中，像鱼丸和漆器早就成为了人民日常的一部分和风情雅态的好去处。

福州，创造未来的创新之城。历史的长河盘旋在城市中，传统的文化存在于习惯中，而对于福州的普通人来说，对自己家乡文化的第一印象永远是更具现代特征的民生福祉。在鼓山绿葱葱的山腰上蜿蜒的福道，既展现福州山水的茂林繁花，也象征着福州人文气息中的坚强精神。为了让人们更便利快捷的了解文化，城市中处处可见二十四小时营业的无人图书馆，它们小而精，展览的货架中摆放的永远是福州名人伟人的作品与对福州文化的介绍。福州的文化早已建设为传统与创新并存，过去与未来齐驱的图景。

走在福州的寻常巷陌中，无处不在散发着浓烈的人文气息，这些都得益于文化建设的成功，对于历史的铭刻，对传统的传承，对文化的创新，都使福州这座延续千年的文化古城，不失历史文化的底蕴，向未来前进与发展。

玩转数学　启思拓维

一、指导思想

以教育教学理论为指导，认真贯彻落实《义务教育数学课程标准（2022年版）》精神，更好地培养学生的数学核心素养，结合六年级学生的数学认知水平，开展一系列丰富多彩的综合实践活动。将实践活动课与数学学科联系起来，在设计上以趣味性、差异性、活动性和实践性为原则。激发学生学习数学的兴趣，引导学生在动手实践活动中用观察猜想、自主探索、合作交流的方法去解决问题，完成学习目标，丰富知识和情感体验，培养综合实践能力和创新精神，形成和发展数学的核心素养。

二、课程标准

《义务教育数学课程标准（2022年版）》的总目标部分提出，让学生会用数学的眼光观察现实世界，会用数学的思维思考现实世界，让学生会用数学的语言表达现实世界。学生对数学具有好奇心和求知欲，了解数学的价值，欣赏数学美，提高学习数学的兴趣，建立学好数学的信心，养成良好的学习习惯，形成质疑问难、自我反思和勇于探索的科学精神。第三学段的学段目标中具体指出，尝试在真实的情境中发现和提出问题，探索运用基本的数量关系，以及几何直观、逻辑推理和其他学科的知识、方法分析与解决问题，形成模型意识和初步的应用意识、创新意识。对数学具有好奇心和求知欲，主动参与数学学习活动。在解决问题的过程中，体验成功的乐趣，相信自己能够学好数学，感受数学的价值，体验并欣赏数学美，初步养成认真勤奋、独立思考、合作交流、反思质疑的习惯。综合与实践是小学数学学习的重要领域。学生将在实际情境和真实问题中，运用数学和其他学科的知识与方法，经历发现问题、提出问题、分析问题、解决问题的过程，感悟数学知识之间、数学与其他学科知识之间、数学与科学技术和社会生活之间的联系，积累活动经验，感悟思想方法，形成和发展模型意识、创新意识，提高解决实际问题的能力，形成和发展核心素养。

三、课程结构与内容

年级	国家课程标准	校本课程	核心素养
六年级	综合实践	玩转数学　启思拓维	空间观念 应用意识 创新意识

四、课程活动形式：动手实践、交流分享

五、案例

《生活与百分数》教学设计

教学内容

人教版六年级数学下册 P15《生活与百分数》

教材分析

教材紧接着百分数（二）这一单元，安排“生活与百分数”这一“综合与实践”活动，目的是让学生进一步了解百分数在生活中的运用，提高数学应用意识和实践能力。

学情分析

学生已经掌握了求利息的方法，通过这一实践活动可以提高他们对百分数知识的应用能力，从而感受到百分数在生活中的价值。

教学目标

1. 了解普通储蓄存款、购买国债和购买理财产品三种理财方式，知道利率是在动态调整的，了解调整原因，认识千分数和万分数。

2. 学习理财，能对自己设计的理财方案有比较合理的解释，并初步获得运用数学知识解决问题的能力。

3. 进一步了解百分数在生活中的应用，提高数学应用意识和实践能力。

教学重点

经历活动的全过程，设计合理的理财方案。

教学难点

学会理财，能对自己设计的理财方案做出合理的解释。

教学方法

自主尝试、合作探究。

教学准备

多媒体课件。

教学过程

一、交流收集的资料，揭示课题

师：这一单元我们学习了用百分数解决实际问题，我们今天继续来了解百分数在生活中的应用。(板书课题：生活与百分数)

师：课前大家已经到附近的银行调查了最新的利率，与教科书 P11 的利率表进行对比，你有什么发现？

学生汇报自己调查的不同银行的利率，对比不同银行或不同时期存款利率。

师：根据你的了解说说国家调整利率的原因。

预设 1：利率下调，是为了刺激消费，促进经济增长。人们觉得将钱存银行不合算，就会把钱拿出来投资、买证券、买房子，这样证券价格、房价便会上升；相反，利率上调，人们觉得将钱存银行合算，还稳定，买证券、买房的人随之减少，价格也会随之下跌。

预设 2：利率下调，企业更容易贷款，对企业是一种支持。

预设 3：利率是动态调整的，每次调整背后一定存在国家经济状况和政策变化。不同的利率水平代表不同的政策需求。当要求稳健的政策环境时，央行就会适时提高存贷款基准利率，减少货币的需求与供给，降低投资和消费需求，抑制需求过热；当要求积极的政策环境时，央行就会适时降低存贷款基准利率，以促进消费和投资。

师：银行存贷款利率不是一成不变的，根据国家经济的发展变化，银行存贷款的利率会有所调整；各银行的利率，也会有少许的差异。国家调控利率，是为了社会经济的稳定和增长，保证物价平稳，保持财政收支平衡。

设计意图：通过课前布置调查活动的反馈，让学生在调查活动中接触到更多实际生活中的百分数，真实地感受百分数在生活中的价值，认识到数学应用的广泛性。交流对利率变动背后的深层次原因的看法，是学生了解国家宏观经济、增长金融知识的好机会。

二、设计合理方案，解决存款问题

1.展示课件教科书 P15 活动 2 部分内容。

课件出示

李阿姨准备存 5 万元，六年后使用。银行给李阿姨提供了三种类型的理财方式：普通储蓄存款、购买国债、购买理财产品。

（1）阅读理解题意。

师：银行的利率是根据实际需求不断调整的，而我们在银行存款时，可以通过合理选择理财方式，从而争取得到更多的收益。下面是某银行普通储蓄存款利率表，要想获利最大，你会选择哪种理财的方式？

课件出示

普通储蓄存款利率（2022 年 9 月 24 日）如下：

<table>
<tr><td rowspan="6">整存整取</td><td>存期</td><td>年利率/%</td><td rowspan="5">零存整取　整存零取　存本取息</td><td>存期</td><td>年利率/%</td></tr>
<tr><td>三个月</td><td>1.25</td><td rowspan="2">一年</td><td rowspan="2">1.25</td></tr>
<tr><td>六个月</td><td>1.45</td></tr>
<tr><td>一年</td><td>1.65</td><td rowspan="2">三年</td><td rowspan="2">1.45</td></tr>
<tr><td>二年</td><td>2.15</td></tr>
<tr><td>三年</td><td>2.60</td><td>活期利率</td><td>—</td><td>0.25</td></tr>
</table>

预设 1：整存整取一年期的存 6 次。

预设 2：整存整取二年期的存 3 次。

预设 3：整存整取三年期的存 2 次。

（2）组织学生分组合作计算利息。（提示：可以用计算器计算。）

预设 1：

整存整取一年期的存 6 次					
	本金/元	年利率/%	存期/年	利息/元	本息和/元
第一年	50000.00	1.65	一	825.00	50825.00
第二年	50825.00	1.65	一	838.61	51663.61
第三年	51663.61	1.65	一	852.45	52516.06
第四年	52516.06	1.65	一	866.51	53382.57
第五年	53382.57	1.65	一	880.81	54263.38
第六年	54263.38	1.65	一	895.35	55158.73

预设 2：

整存整取二年期的存 3 次					
	本金/元	年利率/%	存期/年	利息/元	本息和/元
第一个 2 年	50000.00	2.15	二	2150.00	52150.00
第二个 2 年	52150.00	2.15	二	2242.45	54392.45
第三个 2 年	54392.45	2.15	二	2338.88	56731.33

预设 3：

整存整取三年期的存 2 次					
	本金/元	年利率/%	存期/年	利息/元	本息和/元
第一个 3 年	50000.00	2.60	三	3900.00	53900.00
第二个 3 年	53900.00	2.60	三	4204.20	58104.20

师：经过比较，我们知道了李阿姨把 50000 元按整存整取三年期的存 2 次，利息最高。

2.展示课件教科书 P15 活动 2 部分内容。

课件出示

国债有一年期、三年期和五年期等，理财产品种类繁多，利率不一。请你先调查一下目前国债的利率和理财产品的预期年收益率，然后帮李阿姨设计一个合理的理财方案，使六年后的收益最大。

师：理财产品种类有很多，我们可以选取一种来考察，如理财产品 A。(展示课件国债利率表和理财产品 A 利率表)

课件出示

	存期	年利率/%
国债	一年	
	三年	3.35
	五年	3.52

理财产品 A
六年期的预期年收益率为 5.85%

以小组为单位，进行设计和计算。

预设 1：

购买三年期的国债 2 次					
	本金/元	年利率/%	存期/年	利息/元	本息和/元
第一个 3 年	50000.00	3.35	三	5025.00	55025.00
第二个 3 年	55025.00	3.35	三	5530.01	60555.01

预设 2：

购买五年期的国债 1 次+整存整取一年期普通储蓄 1 次					
	本金/元	年利率/%	存期/年	利息/元	本息和/元
五年期国债	50000.00	3.52	五	8800.00	58800.00
整存整取一年期普通储蓄	58800.00	1.65	一	970.20	59770.2

预设 3：

购买六年期的理财产品 A 1 次					
	本金/元	年利率/%	存期/年	利息/元	本息和/元
六年期理财产品 A	50000.00	5.85	六	17550.00	67550.00

3.展示交流，选择最优方案。

师：现在请大家比较刚才设计的几种理财方式，哪一种收益最大?

经过比较发现，购买 1 次六年期理财产品 A 所得到的收益最大，因为利息最高。

师：同学们真了不起，帮助李阿姨设计了收益最大的理财方案。当然，要想获得收益可不只普通储蓄存款、购买国债、购买理财产品（板书）等方式，大家在课后可以根据自己收集的相关利率进行合理设计，看看还有没有更合理的理财方案。

设计意图：在活动过程中，充分放手让学生在小组内自主尝试、合作交流，设计存款方案，再经过计算和比较，得出当本金和存期相同时，利率越高，利息越高。通过活动，提高学生解决涉及百分数的实际问题的能力，并培养科学、合理的理财观念。

三、认识千分数和万分数

展示课件教科书 P15“你知道吗”。

课件出示

千分数 表示一个数是另一个数的千分之几的数。千分数也叫千分率。与百分数一样，千分数也有千分号，千分号写作“‰”。例如，2019 年我国全年出生人口 1465 万人，出生率为 10.48‰，死亡人口 998 万人，死亡率为 7.14‰，自然增长率为 3.34‰。

万分数 表示一个数是另一个数的万分之几的数。万分数也叫万分率。与百分数一样，万分数也有万分号，万分号写作“‱”。例如，将某银行一年期商业贷款基准年利率换算成日利率为 1.2‱。

师：在生活中，除了有百分数，还有千分数和万分数。请大家自学教科书 P15“你知道吗”，然后跟大家介绍一下你的收获。

学生自学后互相交流。

设计意图：通过自学，了解千分数和万分数的含义。应用实例，使学生知道当数据之间的比率比较小时，用千分数和万分数表示更方便，进一步拓宽学生的视野。

四、全课总结

通过本节课的学习，你有哪些收获？

作业设计：

1.黄伯伯想给儿子存 3 万元钱，准备存 3 年，经介绍现有以下三种方式：

方式一：存定期 3 年，年利率为 2.75%。

方式二：买 3 年期国债，年利率为 3.9%。

方式三：一年期理财产品，连买 3 年，年利率为 5%（一年期理财产品每年到期后连本带息继续买下一年的理财产品）。

黄伯伯选哪种方式得到的利息最多呢？

2.国家规定个人发表文章、出版图书应该缴纳的个人所得税的计算方法是：

（1）稿酬不高于 800 元的不纳税。

（2）稿酬高于800元但不超过4000元的部分，应缴纳14%的税款。

（3）稿酬高于4000元的，应缴纳全部稿费11.2%的税款。

王老师上个月拿到一笔稿费后，共缴纳840元的个人所得税，王老师上个月拿到的这笔稿费是多少元?

板书设计：

生活与百分数

普通储蓄存款　国债　教育储蓄

“你知道吗?”——千分数和万分数

《确定起跑线》教学设计

教学内容

人教版六年级数学上册P78—79《确定起跑线》

教材分析

本课是一节数学综合应用的实践活动课。培养学生用数学解决问题的能力是义务教育阶段数学课程的重要目标之一。因此，本册教材设计了“确定起跑线”这个数学综合应用活动，让学生综合运用所学的数学知识和方法(如圆的知识)，体会数学在日常生活中的应用价值，增强学生应用数学的意识，不断提高学生的实践能力和解决问题的能力。

学情分析

在教学本课之前，我通过调查了解到大部分学生已经掌握圆的概念、圆的画法、圆周长的计算方法等知识。我还发现学生对体育活动也很喜欢，相当一部分学生对起跑时运动员不能站在同一起跑线的现象也有一定的认识，但具体这样做是为什么、相邻两跑道起跑线该相差多远呢?学生很少从数学的角度去认真地思考。所以，在教学中学生可能会在“相邻跑道相差多远”这一点上有些困难。

教学目标

1.通过学习让学生认识椭圆式田径场跑道的结构。

2.让学生会用圆的有关知识计算所走弯道的距离，知道“跑道的弯道部分，外圈比内圈要长”，学会确定起跑线的方法。

3.通过活动让学生切实体会到探索的乐趣，感受到数学在体育等领域的广泛应用。

教学重点

通过对跑道周长的计算，了解田径场跑道的结构，能根据所学知识解决如何确定起跑线的问题。

教学难点

综合运用圆的知识解决生活中遇到的实际问题，探究起跑线位置的确定与什么有关。

教学方法

合作交流，探究发现。

教学准备

多媒体课件。

教学过程

一、联系实际，提出问题

1.联系经验，发现问题。

师：同学们，你们参加过赛跑吗？参加过多少米的赛跑？在赛跑的时候，你们注意过起跑时的位置没有？

学生可能会说参加过 50 米、100 米、200 米、400 米……也有少数的学生会说 400 米跑时，起跑的位置不一样。

展示课件 100 米跑和 400 米跑起跑线的情境。

课件出示

100米比赛运动员起跑

400米比赛运动员起跑

师：仔细观察这两种赛跑的起跑线，它们有什么区别吗？

学生会发现 100 米跑时，运动员站在同一起跑线，而 400 米跑时，运动员在起跑线的位置不同。

2.聚焦 400 米跑的起跑线，提出问题。

师：请你用数学的眼光观察400米跑的运动场景，你获取了哪些数学信息？想提出什么数学问题？

学生可能会看到：①运动场地的形状，跑道是由两直道和两弯道组成或由一些平行线段和一些同心的半圆组成；②选手站在不同的起跑线上。所提问题可能有：哪一圈跑道线长是400米×400米？跑时不同跑道的起跑线如何确定？相差多少米？每相邻两条起跑线之间的距离是相等还是不等？……如果学生提不出要解决的问题或说不到关键点上，教师适时引导。

师：要进行400米比赛，如何确定各跑道的起跑线？各跑道的起跑线应该相差多少米呢？这就是我们这节课要研究的问题。（板书课题：确定起跑线）

师：这是体育上的问题，却可以用数学知识来解决。看来数学真是无处不在。

设计意图：充分利用学生已有的经验，引导学生发现问题，提出问题，培养学生用数学眼光发现并提出数学问题的习惯和能力。

二、观察跑道，分析问题

1.分析比较，确定解决问题的思路。

展示课件教科书P79完整的跑道图。

课件出示

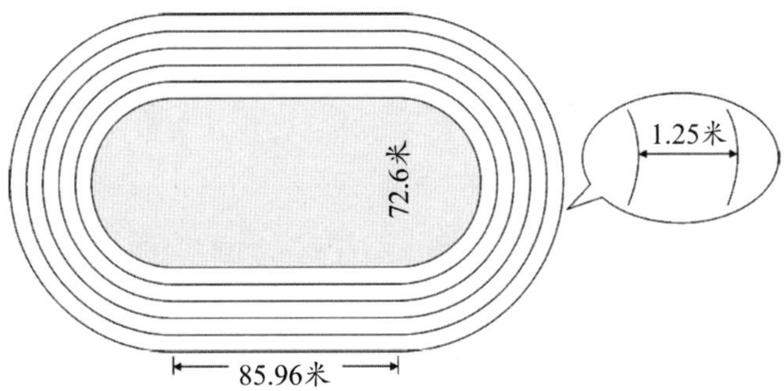

（1）小组交流：观察跑道图，说一说，每一条跑道具体是由哪几部分组成的？内外跑道的差异是怎样形成的？

学生充分交流得出结论，教师板书：

①跑道1圈长度＝2条直道长度＋1个圆的周长。

②内外跑道的长度不一样是因为圆的周长不一样。

（2）小组讨论：怎样找出相邻两个跑道的长度之差？

预设1：分别把每条跑道的长度算出来，也就是计算2条直道长度与1个圆周长的总和，再相减，就可以知道相邻两条跑道的差。

预设2：因为各跑道的直道都一样长，所以各跑道的长度之差与直道无关，只要计算出各圆的周长，再算出相邻两圆的周长相差多少米，就是相邻跑道的长度之差。

设计意图：通过观察分析，使学生明白问题的本质和解决问题的方法，培养学生分析问题的能力。关键处的追问突出了重点，突破了难点。

2.计算验证，解决问题。

（1）计算发现问题本质。

师：请看田径场跑道平面图，你觉得哪一圈跑道的长度会是400米呢？（最内圈跑道）

教师根据学生回答介绍最内圈的跑道。在此条跑道上跑一圈，所跑路程可近似地看作最内圈跑道线的长度。

师：那这条跑道线的长度是不是400米？怎么计算？

①两条直线跑道的长和一个圆周长的和；②列式为：85.96×2＋72.6×3.14。

师追问：为什么要计算一个圆的周长？

师：那么，第2条跑道的起跑线位置应该比第1条跑道的起跑线向前移动多少米呢？

①算出第2条跑道线的长后减去400米；②第2条跑道线周长减去第1条跑道线周长；③85.96×2＋（72.6＋1.25×2）×3.14－400。

师：通过第1条跑道和第2条跑道的比较，你们发现了什么？

学生会发现跑道的长度与直道无关，只要算出圆周的长度就行。

设计意图：通过对第1条跑道长度计算方法的分析以及第2条跑道起跑线位置的确定方法的分析，使学生进一步理解问题的本质，找到解决问题的方法，即不需要算出每圈的长度，只要算出每圈圆周的长度就行。

（2）自主计算，解决问题。

师：到底各条跑道的起跑线位置应相差多少米？请同学们利用手中的计算器算算。看哪个小组算得又快又准。

学生自主计算完成教师提供的学习单。

学习单

	1	2	3	4	5	6	7	8
直径/米	72.6	75.1						
圆周长/米	228.08	235.93						
跑道全长/米	400	407.85						

注：π 取 3.14159

相邻两条跑道差：相差______ 相差______ 相差______ 相差______

相差______ 相差______ 相差______

我们的发现：________________________________

3.汇报交流，发现规律。

师：我发现有的组全部计算了，有的组才计算了几个就写出了其他跑道的答案。哪个组愿意汇报一下，你们是怎样算的？发现了什么？

学生汇报时可能会出现以下情况：

预设 1：逐一计算，相邻跑道线长度之差在 7.85 左右，有的相差 7.86，有的相差 7.87。

预设 2：只计算了第 2、3 条跑道后，就在“跑道全长”的相应格内，逐次加 2.5π。因为后一条跑道与前一条跑道相比，周长就是增加了 $(1.25\times2)\times\pi$，所以只要在前面跑道长度的基础上递加 2.5π 就是后一条跑道的长，不用一一计算。

预设 3：用乘法分配律发现相邻两条跑道的长相差 2.5π，所以确定起跑线位置的方法，就是相邻两跑道起跑线的位置相差 (2.5π) m，按 $\pi=3.14$ 计算就是相差 7.85 米。

师：大家听了以上同学的汇报，有什么疑问吗？可以直接提出你们的疑问。

组织学生互动交流。

师：谁能用语言概括一下确定起跑线的方法？

师：（小结）相邻跑道线长度之差，就是由于各圆的直径增加了 2.5 m 而造成了圆周长的变化。所以相邻起跑线的距离相差 (2.5π) 米，以此来确定起跑线的位置。

设计意图：让学生经历计算解决问题的过程，并在解决问题的过程中发现规律，从而发现确定起跑线的方法，放手让学生自主参与，在展示交流中提高学生的抽象概括能力和数学表达能力。

三、拓展延伸，再提问题

1.问题拓展。

小学生运动会的跑道宽比成人比赛的跑道宽要窄些，要开小学生运动会，400米的跑步比赛，跑道宽为1米，起跑线该依次提前多少米？如果跑道宽是1.2米呢？你能帮裁判计算出相邻两条跑道的起跑线相差多少米吗？

跑道是由两个弯道和两个直道组成。如果跑道宽为1米，相邻起跑线相差 2π 米；如果跑道宽是1.2米，相邻起跑线相差 2.4π 米。

2.能力提升。

在运动场上还有200米的比赛，跑道宽为1.25米，起跑线又该依次提前多少米？

3.学生讨论。

根据前面的规律，学生知道200米是400米的一半，由一个弯道和一个直道组成，跑道宽1.25米，所以相邻起跑线相差 1.25π；也可能有的学生会想到 $7.85\div2=3.925$（米）。

四、全课总结

回顾这节课的学习过程，你们有什么收获与大家分享吗？引导学生反思的过程中板书：

发现生活中的问题、提出问题→运用数学分析问题、解决问题

↓　　　　　　　　　　↓

数学眼光　　　　　　　　数学应用

设计意图：培养学生养成反思的意识和习惯，培养抽象、概括、总结的能力。

作业设计：如下图，小丽和小红分别沿着弧线跑半圈，你能求出她俩跑的路程相差多少米吗？

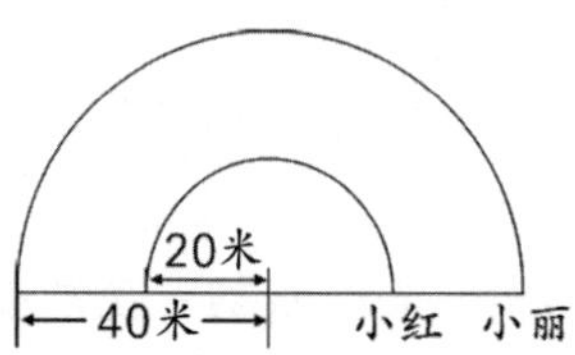

板书设计：

确定起跑线

跑道一圈长度＝2 条直道长度＋一个圆的周长

内外跑道的长度不一样是因为各圆的周长不一样。

相邻跑道起跑线相差都是“跑道宽×2×π”。

发现生活中的问题、提出问题→运用数学分析问题、解决问题

↓ ↓

数学眼光 数学应用

六、学科特色活动：制作数学小报

七、教学随笔

数学综合实践活动教学的新思考

这个学年，六年级的校本课程以“玩转数学、启思拓维”为主题开展数学综合实践课。实践活动课与平常的数学课相比较有很大的不同。平常一节数学课就是学习知识本身，可是数学综合实践课是在活动中用数学。上好小学数学综合与实践课的每个主题，可以让数学教学变得更加生动，可以激发学生的潜能，提升学生的逻辑思维能力，感悟到数学知识的实用性。

一、将数学知识融入学生的实际生活

上好数学综合实践活动课，就应在教学中从学生的实际出发，把数学与社会生活紧密联系起来，使数学问题生活化，生活问题数学化；使学生感受到数学来源于生活，并服务于生活，从而培养学生的数学意识，发展其实践能力和创新能力。数学综合与实践的活动过程是学生在教材中学得的知识在生活中应用的过程，就是在学生已有的生活经验和知识背景的基础上，综合运用所学的知识解决问题。在这个过程中不能脱离学生所学教材的实践活动，要使数学实践活动能促进学生的发展，就要使数学实践活动与平时的数学进行融合，从而服务于所学习的内容。

二、注重学生学习能力的培养

1.观察能力的培养。数学活动课中，要注重培养学生敏锐的洞察能力，要求学生善于观察事物，为提出问题和解决问题打下基础。

2.动手操作能力培养。数学活动课中，让学生通过画一画、量一量、折一折和调查数据、绘制图表等实践活动，学会基本的使用操作技能，为今后的其他综合实践活动打下坚实基础。开展活动时，可放手让学生自由操作，进行猜想和论证，唤起学生对生活经验的记忆，树立解决问题的信心，形成跨越学科的应用意识与实践能力。

3.合作交流能力的培养。上好实践活动课。俗话说，一千个读者就有一千个哈姆雷特。每个人都有自己的思维方式，当这些想法碰撞到一起，可能会产生不一样的火花。在以小组为单位的学习共同体中开展活动，可以促使学生不断发现问题并思考解决方案，甚至优化方案。同时促进了与同学之间的友谊，还锻炼了自己的思维。

4.创新能力的培养。在数学活动课中，还应鼓励学生“标新立异”，只要他们敢想，就鼓励他们去做、去玩，哪怕没有成功，他们也会在这一过程中获得经验。尤其对于敢于向教师挑战的学生，教师对他们要有一个正确的引导，要保护他们的创新意识。

三、注重综合实践活动的多元化评价

在综合实践和活动中，要注重过程性评价。教师应采取小组评价、汇报、作品展示或者评价表等方式对学生进行综合评价。可以将学生自我评价、学生互相评价、教师对学生的评价相结合，及时反馈学生在本次活动中的表现。及时的评价能有效地激励学生参与实践操作的热情，提高学生学习数学的自信心，从而促进学生数学核心素养的发展，让学生逐步形成正确的价值观念、必备品格和关键能力的培养。

八、学生作品

学生学习《生活与百分数》后完成的小报作品

“数”智成长，学思同频

一、指导思想

以习近平新时代中国特色社会主义思想为指导，全面贯彻党的教育方针，遵循教育教学规律，落实立德树人根本任务，发展素质教育。以人民为中心，扎根中国大地办教育。坚持德育为先，提升智育水平，加强体育美育，落实劳动教育。反映时代特征，努力构建具有中国特色、世界水准的义务教育课程体系。聚焦中国学生发展核心素养，培养学生适应未来发展的正确价值观、必备品格和关键能力，引导学生明确人生发展方向，结合福州市第七中学“弘学养正”的办学理念和“弘学养正、崇文尚武”的传统武术教育，科学设置课程体系，优化评价方式，推进课堂教学改革，将武术特色办学和高品质育人有机融合，促进学生成长为德智体美劳全面发展的社会主义建设者和接班人。

二、课程目标

《义务教育数学课程标准（2022年版）》提出通过义务教育阶段的数学学习，学生逐步会用数学的眼光观察现实世界，会用数学的思维思考现实世界，会用数学的语言表达现实世界（简称“三会”）。

1.获得适应未来生活和进一步发展所必需的数学基础知识、基本技能、基本思想、基本活动经验。

2.体会数学知识之间、数学与其他学科之间、数学与生活之间的联系，在探索真实情境所蕴含的关系中，发现问题和提出问题，运用数学和其他学科的知识与方法分析问题、解决问题。

3.对数学具有好奇心和求知欲，了解数学的价值，欣赏数学美，提高学习数学的兴趣，建立学好数学的信心，养成良好的学习习惯，形成质疑问难、自我反思和勇于探索的科学精神。

结合学校办学特色和相关课程标准，明确初中数学课程的总目标和学段目标。在知识技能、数学思考、问题解决、情感态度等方面进行具体阐述，确保课程目标的可操作性和可达成性。

在课程内容上，根据学校特色和实际情况，对初中数学课程内容进行选择和组织。结合学校已有的教学资源、教师专业特长和学生实际情况，对数与代数、图形与几何、概率与统计、综合与实践等四个领域进行具体安排。注重课程内容的基础性和时代性，适当引入与学生生活实际相关的内容。

在课程实施上，根据学校特色和2022版数学课程标准的要求，制定具体的课程实施方案。注重学生的主体地位，引导学生积极参与数学学习活动，鼓励学生自主探究、合作交流。利用数字化工具和资源，创新教学方式，提高教学效果。

在课程评价上，建立多元化的评价体系，关注学生的全面发展。采用形成性评价和终结性评价相结合的方式，对学生的知识技能、数学思考、问题解决、情感态度等方面进行评价。注重评价的激励作用，帮助学生认识自己的进步和不足，激发学生的学习动力。

在教师专业发展上，为教师提供专业发展的机会和资源，鼓励教师进行教学研究和实践创新。通过开展教学研讨、观摩交流等活动，提高教师的教学水平和专业素养。注重教师团队的建设，促进教师之间的合作与共同进步。

在课程资源开发上，结合学校特色和实际情况，开发具有学校特色的初中数学课程资源。可以利用学校的实验室、图书馆、创新工坊等资源，开发具有实践性和探究性的数学课程。积极利用数字化工具和资源，建设数学课程资源库，为学生提供丰富的学习材料。

在家校合作上，加强与家长的沟通合作，形成家校共育的良好氛围。定期向家长反馈学生的学习情况，引导家长关注学生的数学学习，为学生提供必要的支持和帮助。同时，鼓励家长参与学校开展的数学教育活动，共同促进学生的数学发展。

在课程管理上，建立健全课程管理体系，确保初中数学课程的顺利实施。制定课程实施方案、教学计划和评价标准等文件，加强对课程实施的监督和管理。同时注重课程管理的开放性和灵活性，根据实际情况及时进行调整和完善。

总之，结合学校特色制定初中数学课程标准需要充分考虑学校实际情况和相关课程标准的要求，注重学生的全面发展、教师的专业发展和课程资源的开发利用。通过制定具体的目标、内容、实施、评价等方面的要求，为学生提供优质的数学教育，促进学生数学素养和综合能力的发展。

三、课程结构与内容

序号	年级	校本课程	国家标准	核心素养目标
1	七年级	传承传统文化、领略数学之美	上册第一章《有理数》有趣的数学谜语	通过数学校本课程及综合实践活动的具体实施培养数学抽象、数学运算、逻辑推理、数据分析、直观想象等初中数学核心素养
2			上册第一章《有理数》无限不循环小数转化为分数	
3			上册第一章《有理数》九宫图的应用	
4			上册第二章《整式的加减》数学伴我成长（1）	
5			上册第二章《整式的加减》数学伴我成长（2）	
6			上册第二章《整式的加减》数学伴我成长（3）	
7			上册第二章《整式的加减》让我们来做数学（1）	培养学生数学抽象、数学运算、逻辑推理、数据分析、直观想象等初中数学核心素养
8			上册第二章《整式的加减》让我们来做数学（2）	
9			上册第二章《整式的加减》让我们来做数学（3）	

续表

序号	年级	校本课程	国家标准	核心素养目标
10	七年级	传承传统文化、领略数学之美	上册第三章《一元一次方程》方程史话	
11			上册第三章《一元一次方程》数学建模解决实际问题	
12			上册第三章《一元一次方程》电话计费问题	
13			上册第四章《几何图形初步》寻找生活中的几何图形	培养学生数学抽象、数学运算、逻辑推理、数据分析、直观想象等初中数学核心素养
14			上册第四章《几何图形初步》动手设计美丽的图案	
15			下册第五章《相交线与平行线》画平行线	
16			下册第八章《二元一次方程组》	
17			下册第八章《二元一次方程组》鸡兔同笼问题	
18			下册第十章《数据的收集、整理与描述》生活中的数学	
1	八年级	传承传统文化、领略数学之美	上册第十一章《三角形》三角形搭起来	通过数学校本课程及综合实践活动的具体实施培养数学抽象、数学运算、逻辑推理、数据分析、直观想象等初中数学核心素养
2			上册第十一章《三角形》数星星	
3			上册第十一章《三角形》装备库——飞镖了解一下	
4			上册第十一章《三角形》送你一把钥匙——中线倍长	
5			上册第十一章《三角形》送你一把钥匙——截长补短	
6			上册第十一章《三角形》经典大反派——SSA	

续表

序号	年级	校本课程	国家标准	核心素养目标
7	八年级	传承传统文化、领略数学之美	上册第十二章《全等三角形》、十三章《轴对称》我们一起手拉手——全等篇	通过对称性的学习，学生能够提升数学素养，包括数学思维、问题解决能力和数学应用能力等方面
8			上册第十二章《全等三角形》、十三章《轴对称》剪个中分发型——“斜中”定理	
9			上册第十二章《全等三角形》、十三章《轴对称》K形图——一线三等角	
10			上册第十二章《全等三角形》、十三章《轴对称》无中生有——构造法	
11			上册第十二章《全等三角形》、十三章《轴对称》共顶点旋转	
12			上册第十九章《一次函数》将军饮马	
13			上册第十九章《一次函数》协调员——斜边中点最值	培养学生数学抽象、数学运算、逻辑推理、数据分析、直观想象等初中数学核心素养
14			上册第十九章《一次函数》花样百出的行程问题	
15			上册第十九章《一次函数》省钱小能手	
16			上册第十八章《四边形》“腰带”系起来——三角形中位线	
17			上册第十八章《四边形》折纸活动课——矩形	
18			上册第十八章《四边形》爱“拼”才会赢——半角模型	

续表

序号	年级	校本课程	国家标准	核心素养目标
19	九年级	创造"数学之美"——函数篇	上册第二十二章《二次函数》 下册第二十六章《反比例函数》	推理意识，运算能力，通过数学的眼光，可以从现实世界的客观现象中发现数量关系与空间形式，提出有意义的数学问题
20	九年级	创造"数学之美"——方程篇	上册第二十一章《一元二次方程》	几何直观与空间观念。学生能够建立和强化对几何图形比例、分割以及美的直觉感知，培养从几何角度观察和分析问题的能力。逻辑推理与运算能力：通过计算验证黄金分割比建模与解决问题
21	九年级	创造"数学之美"——圆篇	下册第二十四章《圆》	从日常生活、自然现象或科学情境中发现和提出有意义的数学问题。初步学会通过具体的实例，运用归纳和类比发现数学规律，提出数学命题与猜想，并加以验证；勇于探索一些开放性的、非常规的实际问题与数学问题

续表

序号	年级	校本课程	国家标准	核心素养目标
22	九年级	创造“数学之美”——应用篇	下册第二十七章《相似三角形》 下册第二十八章《锐角三角函数》	发展空间观念，理解图形的变换比例以及几何不变量等概念。处理直角三角形各元素间的关系，进一步强化对三维空间的理解。运用勾股定理、三角函数定义及公式来求解未知边长或角度，培养严谨的逻辑思维和演绎推理能力，将实际问题抽象为相似三角形模型或直角三角形模型，锻炼学生的运算技能。通过比例关系建立方程组求解，对代数运算能力和数据分析能力的训练，灵活变通的能力，能从不同视角审视问题并寻找解决方案
23	九年级	创造“数学之美”——概率篇	上册第二十五章《概率初步》	培养数据观念意识，建立数据模型，用定量的方法描述随机现象的变化趋势及随机事件发生的可能性大小。 形成数据观念，有助于理解和表达生活中随机现象发生的规律，感知大数据时代数据分析的重要性，养成重证据、讲道理的科学态度

四、课程活动形式：主题学习型

五、课程评价方案

1.评价目的。数学课程评价的目的是全面了解学生的学习状况，激励学生的学习热情，促进学生的全面发展。通过对数学学习的评价，帮助学生认识自我，建立信心，同时改进教师的教学。

2.评价内容。

理解和掌握数学基础知识，能够运用所学知识解决实际问题。能够进行逻辑推理、归纳和演绎等数学思考，培养数学思维习惯。能够运用所学知识解决实际问题，具备分析和解决问题的能力。对数学学习有积极的态度，有学习数学的愿望和兴趣。

3.评价方法。

(1) 平时表现。观察学生在课堂上的表现，包括回答问题、参与讨论、完成作业等。

(2) 测试与考试。通过单元测试、期中和期末考试等方式，检测学生对所学知识的掌握情况。

(3) 项目活动。组织学生进行数学项目活动，如解决实际问题、数学建模等，评价学生的问题解决能力。

(4) 自评与互评。引导学生进行自我评价和相互评价，促进自我反思和合作学习。

4.评价结果反馈。

(1) 及时反馈。将学生的评价结果及时反馈给学生和家长，让他们了解学生的学习状况。

(2) 指导建议。根据评价结果，为学生提供有针对性的指导和建议，帮助学生改进学习方法，提高学习效果。

六、教学随笔

中学数学与数学美

美是什么？美学界众说纷纭，无论哪种说法，美的本质是不变的，它是人的一种心理感受。现实生活中，人们在不断地追求美、发现美、创造美，同时也在欣赏美。大自然是美的，人类是美的，美无时不在，无处不有。“不是缺少美，而是缺少发现美的眼睛。”2000 多年来，人类在探索美的艺术的同时，也在探索着美的奥秘。

一、数学之美

数学中的美如美酒，如甘泉，自古以来就吸引着人们的注意力。古希腊的学者认为球形是最完美的形体；毕达哥拉斯发现了勾股定理，他为直角之角形具有这种简明、和谐的关系而赞叹；爱因斯坦 12 岁时，得到了一本欧几里得几何教科书，它的严谨、明澈和确定，给爱因斯坦留下了不可磨灭的印象；罗素在学习欧几里得几何时，感到这是他一生中的一件大事，他像遇到初恋一样地入了迷，没有想到世界上还会有这样有趣的东西。

西方有一种观点：部分与部分及部分与整体之间的协调一致就是美。据此，应用比例的方法，人们找到了造型艺术中具有美学价值的黄金比，并称之为“黄金分割”或“黄金律”。维纳斯像与女神雅典娜像就体现了美的比例、美的分割，它们的下身与全身之比都接近 0.618。人体天生有自然美，各部分比例也基本符合“黄金律”。无怪于德国天文学家开普勒称黄金分割为“几何学的一大宝藏”。对称的图形给人以美的享受，而不对称的现象中同样存在着美，这就是黄金分割的美。如今，设计师和艺术家们已经利用这一规律创造出了许多令人心醉的建筑作品和无价的艺术珍宝。

数学美比比皆是，正如人们常说的：“哪里有数，哪里就有美。”数学美不同于自然美或艺术美。古希腊伟大的哲学家亚里士多德说过，虽然数学没有明显地提到善和美，但善和美也不能和数学完全分离，因为美的主要形式就是“秩序、匀称和确定性”，这些正是数学研究的原则。英国著名哲学家、数学逻辑学家罗素则把数学之美形容成一种“冷而严肃的美”。他说：“数学，如果正确地对待它，不但拥有真理，而且也具有至高的美……这种美不仅是投合我们天性的微弱的方面，这种美没有绘画或音乐那些华丽的装饰，它可以纯净到崇高的地步，能够达到严格的只有最伟大的艺术能显示的那种完美的境地。”维纳则说：“数学实质上是艺术的一种。”

可见，数学美是一种完全和谐的、抽象形式的艺术美，是一种客观存在，是自然美在数学中的反映；同时，也是反映客观世界并能动地改造客观世界的科学美。

二、中学数学教学中的美

人们常说：“成功的教学给人一种美的享受。”在数学教学中，不仅存在数学的艺术美、科学美，而且存在着数学教学美。成功的教学是美的，因为它既符合数学教学规律，又显示了人的本质力量。教学活动是师生的共同活动，一方面，教师在数学宝库中提炼出知识并把它浓缩成教案，然后通过教学的方式传递给学生；另一方面，在教学的过程中学生增长了知识和聪明才智，显示了自己的本质力量。数学教学过程不仅仅是学生个体的认识过程和发展过程，而且是在教师的指导下的一种特殊的审美过程，通过数学教学审美活动，可以激发学生的情感、净化学生的心灵、陶冶学生的情操。

在中学数学教材中，很多内容都反映了数学美。如“勾三股四弦五”体现了直角三角形中的奇异美（特殊性），又体现了一种统一美。而对于一般三角形，这种统一美又得到了突破，得到余弦定理，余弦定理在新的高度上又得到了新的统一。而 $\cos C>0$、$\cos C=0$、$\cos C<0$ 分别表示锐角、直角、钝角三角形（C 为最大边），充分显示了数学的动静美和简、美、真的规律。又如，在立体几何教学中，与已学过的一些几何体的表面积定理相比较，分析球面面积定理：“球面面积等于它的大圆面积的 4 倍”时，应首先挖掘出定理本身所具有的奇异美，这里的奇异性表现在球面面积的求法别具一格，其次，定理的证明方法也具有奇异性，因为用圆台面积去无限逼近球面的方法是学生前所未见的。此外，公式球体图形的匀称等，也都表现了数学美。

三、如何创造数学教学美

（一）数学教学语言美

语言是教师进行教学的武器，也是组织学生注意的工具，教师的语言应准确、鲜明、生动、有启发性和教育性。清晰、流畅、优美、动听且富有节奏变化的教学语言能使学生获得一种美的享受，并能给学生一种潜移默化的影响。苏霍姆林斯基曾经说过：“教师的讲话带有审美色彩，这是一把精致的钥匙，它不仅可以开发情绪记忆，而且可以深入大脑最隐蔽的角落。”尽管数学具有高度的抽象性和严密的逻辑性，但在数学教学中，应运用形象化的语言。形象化语言是听觉和视觉互相结合的语言艺术。它要求教师必须对教学内容进行深刻的感受、理解、想象、体现，然后通过恰当的比喻、通俗的语言展现教学内容的形象。同时，教师在课堂上呈现给学生的基本表情应是微笑，微笑能开启学生心灵的窗扉，缩短师生之间的感情距离，常常能起到无声胜有声的作用。

（二）数学教学的板书美

板书是书法、绘图、制表等技能技巧的综合表现。教师精心设计的板书布局，规范的公式、图形和数字符号，再加上工整秀丽的文字，有如用文字和符号巧妙组成的一幅艺术作品，能给学生以美的享受，可以激发学生学习数学的兴趣。

（三）数学教学中的数学方法美

数学教学应重视数学的方法美。例如数学归纳法表现出的和谐统一，反证法表现出的异军突起，代换法表现出的简洁明快等等，可以说任何一种数学方法都是一种美的形式，都能让学生感受到美的乐趣。具体到一道数学题来说，有时它的解答或证明的方法并不是唯一的，从不同的角度，用不同的思维方式去考虑，最后殊途同归，给人一种美的感受。

（四）数学教学中的组织美

所谓组织是指在课堂教学中教师不断组织学生的注意，管理纪律，引导学习，建立和谐的教学环境，指导学生进行学习的行为方式。优秀的教师往往都是优秀的课堂组织管理者，整个课堂在教师精心的引导下，行云流水，给人一种美的享受。

在中学数学教学中，教师若能较深刻地认识数学之美，有意识地创造数学教学之美，将会取得事半功倍的效果。

七、研究论文

在数学教学中进行审美教育

邹广华

数学研究的对象是现实世界的空间形式和数量关系，具有高度抽象性、应用的普遍性和逻辑上的严密性。这三个特性使学生对数学的印象是单调、枯燥、冷漠，难以唤起学生学习数学的兴趣。因此作为一名数学教师，在教学中应充分利用数学的简洁美、对称美、和谐美、奇异美等数学美来吸引学生的注意，在教学中有意识地培养学生感受、鉴别和欣赏数学美的意识和能力。“寓教于美”“寓教于乐”，变“苦学”为“乐学”。不仅能极大地激发学生学习数学的兴趣，提高教学质量，而且有助于提高学生的整体素质。因此，必须重视数学教学中的审美教育。

一、通过教学，发现数学美

数学中“到处都是美，对于我们的眼睛，不是缺乏美，而是缺少发现”。数学美虽然是一种自然的、真实的美，但它又不同于一般的自然美、艺术美。它不像艺术美那样外显，它抽象、含蓄、严谨但又极富感性。教师需要在教学中努力挖掘教学中各种各样的美。教师可提供大量的感性材料给学生以美感，把抽象而枯燥的数学概念、定理、定律、公式先给予具体的直观形象，建立表象再上升为理性认识。把生动简洁的语言、工整的板书、优美的图形、严密的推理等，融于整个数学教学中，使学生在美的享受中获得知识、理解知识、运用知识，在潜移默化中感受数学美的真正含义。教学《比和比例》时，可向学生介绍“最和谐悦目”的长方形，即长方形长与宽的比为黄金分割比（宽∶长＝0.618），让学生了解如书本的开本、电影电视屏幕等，甚至法国的巴黎圣母院、中国故宫的设计都使用了黄金分割比，让学生充分感受世界上最美的比例。在讲述《勾股定理》时，可以向学生说明中国古人比国外早发现这一定理，以激发学生的爱国情怀。又如在《直线与圆的位置关系》时，可引用“海上生明月，天涯共此时”的诗歌，通过多媒体展示海上生明月的图像，生动形象刻画出直线与圆的位置关系。

二、通过解题，欣赏数学美

数学教学离不开解题，教师在教学过程中应启发、引导学生感悟、追寻解题方法的美。

（一）简洁美

简洁美是数学中最引人注目的美感之一。各类数学符号可以说是当今世界上最简洁明了的，不少几何定理的叙述，其语言的精练、形式的整齐可与诗歌相媲美。

勾股定理：直角三角形两直角边的平方和等于斜边的平方。

欧拉公式：$V-E+F=2$。

圆的周长公式：$C=2\pi R$。

在数学的教学中，不论是小学还是初中，我们一直强调计算结果一定要化简，不能写成$\frac{6}{9}$、$\frac{xy}{x}$等，结果必须是最简式。数学的这种简洁美，用几个定理是不足以说清的，数学历史中的每一次进步，都使已有的定理更简洁。正如伟大的希尔伯特曾说过的："数学中每一步真正的进展都与更有力的工具和更简单的方法的发现密切联系着。"

（二）对称美

"对称"在数学上的表现是普遍的：轴对称、中心对称、对称多项式等。许多商标的图案，如大众汽车标志、中国银行、建行等，亦体现了对称性。对称在一定程度上促进了数学的发展，从数系的扩展到逆运算的产生都是对称美的产物，从方法论上讲，对称美在数学解题中可起到事半功倍的效果。

例1：计算：$11111\times11111=?$

因为$11\times11=121$，$111\times111=12321$，…

通过观察、分析找出规律，得出$11111\times11111=123454321$。

学生由易到难，归纳出规律，不仅观察、分析能力得到了发展，同时也感受了数学的对称美。

例2：已知$a>0$，$b>0$，且$a+b=1$，试求$\left(a+\frac{1}{a}\right)\left(b+\frac{1}{b}\right)$的最小值。

分析：由题设条件可知，a、b在题中所处的"地位"相同，即a、b具有对称性。因此，可猜想当$a=b=0.5$时，$\left(a+\frac{1}{a}\right)\left(b+\frac{1}{b}\right)$取得最小值

$(0.5+2)(0.5+2)=\frac{25}{4}$。

证明：(2) $\left(a+\frac{1}{a}\right)\left(b+\frac{1}{b}\right)=ab+\frac{1}{ab}+\frac{b}{a}+\frac{a}{b}=ab+\frac{1}{ab}+\frac{(a+b)^2-2ab}{ab}$

$=ab+\frac{2}{ab}-2$，

令 $ab=t$，$t=ab\leqslant\frac{(a+b)^2}{4}=\frac{1}{4}$，$\therefore t\in\left(0,\ \frac{1}{4}\right]$，

则 $y=t+\frac{2}{t}$ 在 $\left(0,\ \frac{1}{4}\right]$ 上单调递减，

$\therefore t+\frac{2}{t}\geqslant\frac{33}{4}$，$\therefore t+\frac{2}{5}-2\geqslant\frac{25}{4}$，故

$\left(a+\frac{1}{a}\right)\left(b+\frac{1}{b}\right)$ 的最小值为 $\frac{25}{4}$.

此题为一道常见题且具有一定的难度，解法甚多，但都不如利用“对称性”的解法简便。

三、通过再创造，创造数学美

数学书本上的知识很多是以结论的方式呈现出来的，这与数学知识的发现过程是相反的。所以教师在教学过程中可让学生再现数学的发现过程，通过学生经历挫折和失败，饱尝数学创造美的甘苦，来进行审美教育。布鲁纳的发现法之精髓就在于使学生成为知识的发现者。

例 3：已知：如图 1，AB 是⊙O 的直径，CD 是弦，$AE\perp CD$，垂足为 E，$BF\perp CD$，垂足为 F，且 BF 交⊙O 于 I。求证：$EC=DF$。

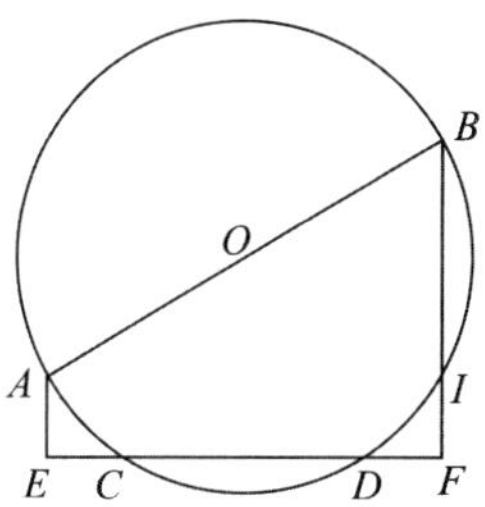

图 1

1.若题设不变，又设 $AE=a$，$EF=b$，$BF=c$。

(1) 求证：$AE\cdot BF=FD\cdot DE$。

(2) 求证：EC 和 CF 的长是方程 $x^2-bx+ac=0$ 的根。

2.依原题意，另作如图 2，再证原题及 1 (1)。

3.若将图 1 中 EF 向上平移，使 E 与 A 重合，如图 3，显然 F 与 I 重合，作 $OC\perp AF$，C 为垂足，求证：$BF=2OC$。

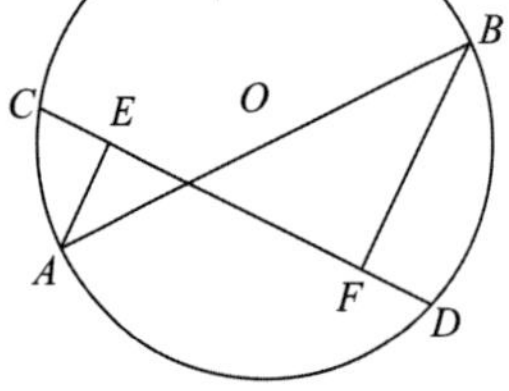

图 2

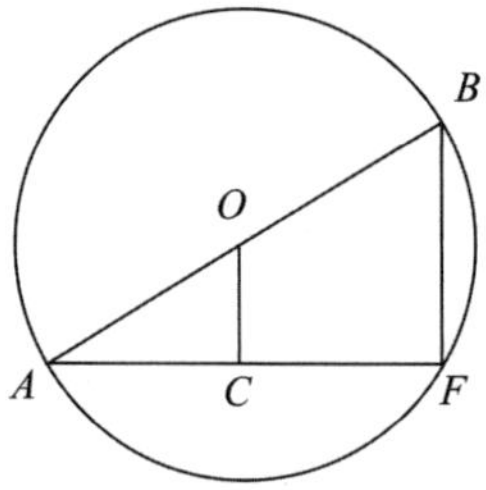

图 3

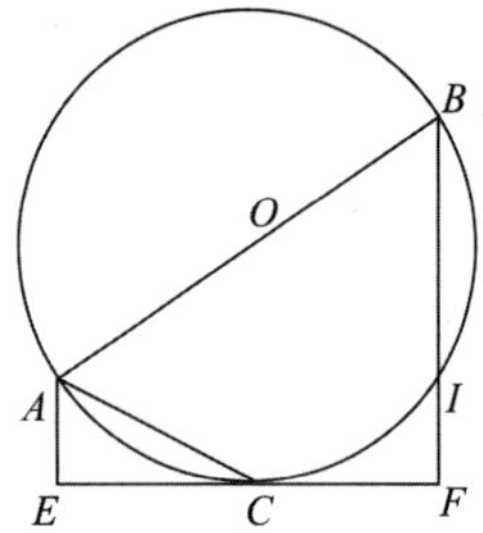

图 4

4.若将图 1 中 EF 向下平移与⊙O 相切，即点 C 与 D 重合为切点，AE、BF 仍均垂直于 EF，垂足分别是 E、F，且 BF 仍交⊙O 于 I 点，如图 4。

（1）求证：$AB=AE+BF$。

（2）求证：AC 平分$\angle EAB$。

（3）求证：$EF2=4AE\cdot AF$。

（4）若知 $AB=8$，$AE=2$，求 BC 的长。

（5）若 $BF=4$ cm，$AE=1$ cm，求四边形 $ABFE$ 的面积。

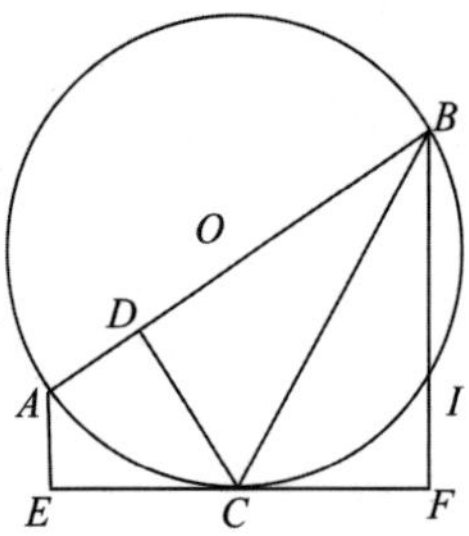

图 5

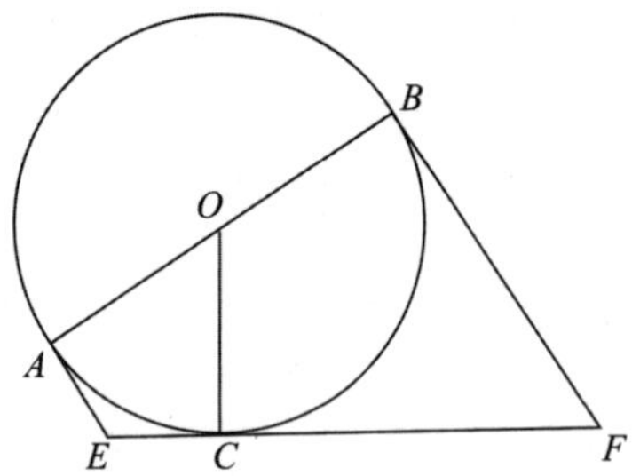

图 6

5.在图 4 基础上，若 $CD\perp AB$，垂足为 D，如图 5。

（1）求证：$Rt\triangle BCF\cong Rt\triangle BCD$。

（2）求证：$BD=BF$，$CD=CF=CE$。

6.将图 5 的三个垂直关系倒换过来，即 EA、FB 都垂直于 AB，垂足分别为 A、B，$OC\perp EF$，垂足为才，如图 6。

（1）求证：$EO\perp OF$。

（2）求证：$OC^2=AE\cdot BF$。

（3）若 $AB=2$，$CF=x$，$EC=y$，求 y 关于 x 的函数关系式。

在上题中，以一典型题图变异发展，创设习题组，引导学生探索演练，使学生积极投入解题活动，以点概面，使所学知识与方法融会贯通，同时还能从多向变换问题角度的习题训练中，广开学生思路，拓展学生思维，对培养学生思维的灵活性和深刻性，都有一定作用。

八、数学案例

测量旗杆的高度

教材分析

本节课属于实践课，主要是让学生掌握测量方法，弄清基本原理。为使活动收到更好的效果，本节课可分为两个阶段。第一阶段探究测量方法，调动学生的积极性。组织学生讨论设计方案，了解并掌握基本原理，明确每种方案测量的方法和需测量的数据等。第二阶段分组实践操作，评出“测量能手”。将学生分成几个小组，到户外进行实际测量，根据不同方法求解并进行归纳总结，得出结论。在测量时，为了避免测量集中，同时也为了激发学生兴趣，启迪思维，被测物也可以选定旗杆之外的物体，如树、路灯杆、篮球架的某一边等。活动中，教师应积极鼓励学生发现新思路、新方法。

学生分析

1.学生的年龄特点及认知特点：九年级学生多为十四五岁，思维活跃，求知欲强，容易接受新鲜事物，对于传统的课堂教学方式比较厌倦。本节课采取实践课的形式，符合学生的认知特点，容易调动学生的学习积极性，满足其学习愿望。

2.学生对即将学习的内容的知识关联区。本节课是让学生综合运用相似三角形的判定条件和性质解决生活中的实际问题，加深学生对相似三角形的理解和认识。在此之前学生已经学习过相似三角形的判定和性质，对相似三角形有一定的理解。

教学目标

1.通过测量和计算旗杆的高度的活动，实践并巩固三角形相似的判定条件和性质，培养学生学数学、用数学的意识和能力。

2.通过解决问题的过程，提高学生综合运用知识的能力，使学生初步学会数学建模的方法。

3.在解决问题的过程中，使学生学会相互协作，获得成功的体验，激发学生学习数学的兴趣，增强学生数学学习的信心。

教学重难点

1.综合运用相似三角形的有关知识解决实际问题。

2.学会如何在实际问题中构造相似三角形。

教学方法与手段

数学教育应当是数学再发现的教育，本节课积极倡导学生动手实践、自主探究、合作交流，使学生经历发现知识的过程，获得分析和解决问题的能力，变“学会”为“会学”，获得广泛的数学活动经验，成为学习的主人。

依据学生的认知发展规律和建构主义的教学理论，本节课把重点放在“合作与探究”上，以思维为主线，组织和设计教学过程，运用引导发现法、分组讨论法，使学生的思维过程自然流畅，知识建构系统、连贯，在层层推进的探究过程中，思维得以发展，能力得以提高。根据这一指导思想，本节课采用“情景模拟—诱导发现—问题解决—总结思想”的教学方法。

学生准备

有关用具（小镜子、皮尺、计算器等）；预习课本；通过咨询家长、老师或上网、查阅资料等方式获得书本以外的测量方法。

教师准备

将学生提前分组（确定好观测者，提前量好观测者的身高以及观测者的眼睛离地面的高度等）。

教学过程

一、问题引入

用教学楼前的旗杆导入本节课，向学生提问：怎么测量？

二、交流展示，学习新课

（一）利用阳光下的影子测量物高

学生们以小组为单位，部分使用道具演示他们的做法，讲解如何构造相似三角形，教师在一旁进行引导。另外，请组内学生代表到黑板上讲解：根据（如图）$\triangle ABE \backsim \triangle CDB$，列出比例式，指出需要测量的数据有：直立于旗杆影子顶端处的同学的身高和他的影长以及旗杆的影长。学生代入测量数据，即可求出 CD 的高度。

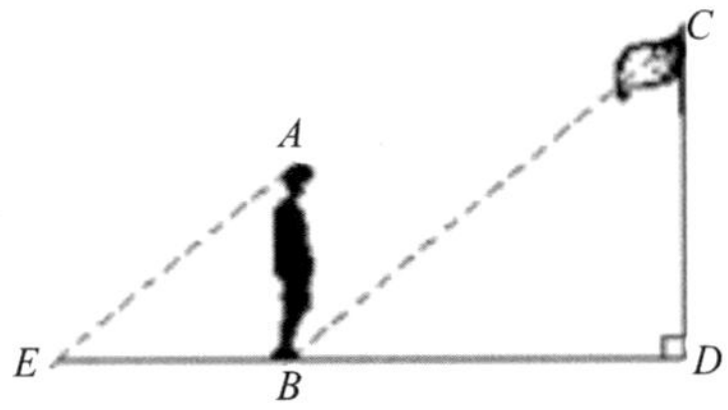

教师点拨：解决这个问题的关键是要运用平行光线，构造出一对相似三角形，再利用相似比，测出已知的量，求出旗杆的高度。

教师总结：我们把这种利用影子测量的方法称为用影子测量物高的方法。教师引导：这种方法是否有局限性？人是不是一定要站在旗杆影子顶端的地方？学生提出，可以站在影子的内部或者外部两种情况，并且在黑板上进行讲解，教师进行点评。最后引导同学们总结利用影子长计算物高的规律：

$$\frac{\text{物高}}{\text{人高}}=\frac{\text{物影长}}{\text{人影长}}$$

1.优点：①测量简便易行。②计算快捷。2.缺点：需要阳光，阴天无法进行。

（二）利用镜子原理测量物高

小组的部分学生演示此方法，学生利用镜面反射原理，构造相似三角形（如图），即$\triangle ABE\backsim\triangle CDE$。学生代表根据$\triangle ABE\backsim\triangle CDE$，列出比例式，从而得出需要测量的数据有：人的脚到镜子的距离、旗杆底部到镜子的距离和人的身高，就能求出旗杆的高度。然后教师引导学生如何根据数据及相似三角形的知识求解。学生代入测量数据，即可求出CD的长度。

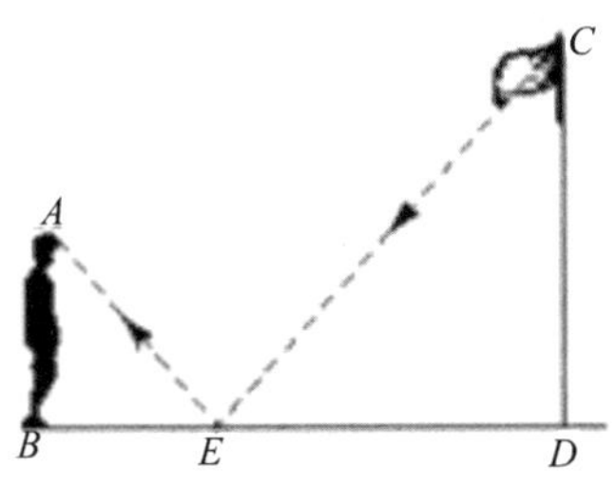

教师总结：1. 优点：①需要工具少且容易计量。②计算较简单。2. 缺点：①镜子需要水平放置。②旗杆前无障碍物。

教师点拨：此方法利用了光线的反射原理，构造了一对相似三角形，再利用相似比解决问题。其实方法有许多，刚刚已经展示一些方法了。其实这些测量方法都不是十分精确，存在一定的误差，所以我们可以通过多次测量克服这个问题。这几种方法对比下来，你们觉得哪种方法比较方便？学生指出第一种，还有第三种。教师给予肯定，并且告诉学生第一种方法在平常用得也非常多，下面再来看一些运用影长的方法和规律解决的问题。

三、总结提高，分组实践

1.本节课你有哪些收获？

2.在运用科学知识进行实践过程中，你是否想到最优的方法？

3.把自己在与同伴合作交流中，最满意的表现说给大家听听。

4.你的同伴中，你认为最值得你学习的是哪几个人？

四、课外作业

用较简单的方法测量教学楼的高度。

九、初中数学校本课程教学随笔

随着深入参与初中数学校本课程的教学，我愈发感受到数学教育的独特魅力和挑战。这段经历不仅让我重新审视数学这门学科，也激发了我对于教学方法和学生个体发展的深入思考。

首先，我意识到数学并不仅仅是公式和计算，更是一种逻辑思考和问题解决的能力。在教学过程中，我努力将数学与现实生活相结合，让学生看到数学在生活中的实际应用。例如在教授几何知识时，我会引导学生思考如何利用这些知识来解决实际问题，如计算房间的面积、规划旅行路线等。这样的教学方式不仅提高了学生的学习兴趣，也让他们更加明白数学的重要性。在日常的教学中，我尝试将更多的生活实例融入数学知识教学中，让学生们在解决实际问题的过程中，感受到数学的实用性和趣味性。例如在教授概率和统计时，我设计了一系列与日常生活紧密相关的实验和调查活动，如预测天气、分析考试成绩等。这些活动不仅让学生们更加深入地理解了概率和统计的概念，还激发了他们运用数学知识解决实际问题的兴趣。

其次，我注意到每个学生的学习方式和速度都有所不同。因此，我注重因材施教，针对学生的个体差异进行教学。对于基础较差的学生，我会耐心讲解基础知识，帮助他们逐步掌握；对于基础较好的学生，我会引导他们进行更高层次的思考和挑战。同时，我也鼓励学生之间的合作与交流，让他们在互相帮助中共同进步。同时，我也注重培养学生的自主学习和探究能力。我鼓励学生们在课堂上提出自己的疑问和想法，引导他们通过独立思考和合作学习来解决问题。在这样的学习氛围中，学生们不仅学会了数学知识，还能够学会学习、学会思考。

此外，我还注重与家长的沟通和合作。我定期与家长交流学生的学习情况，听取他们的意见和建议，共同为学生的成长提供支持。通过与家长紧密合作，我更加全面地了解了学生的需求和特点，为教学提供了更加有针对性的指导。

在校本课程的教学中，我也深刻体会到了团队合作的重要性。我与同事们经常进行教学交流和研讨，分享彼此的教学经验和心得。这种团队合作的氛围不仅提高了我们的教学水平，也让我们更加热爱教育事业。

在教学过程中，我也收获了很多。我看到学生们在数学学习中不断进步，从最初的迷茫到逐渐掌握，再到能够独立思考和解决问题。这些变化让我感到非常欣慰和自豪。同时，我也深刻认识到教育的艰巨性和责任感。作为一名教师，我需要不断学习和提高自己的教学水平，为学生的成长和发展提供更好的支持和引导。

总的来说，初中数学校本课程的教学经历让我更加深入地理解了数学教育的意义和价值。我将继续努力，探索更适合学生的教学方法和策略，为学生的全面发展贡献自己的力量。同时，我也期待在未来的教学中能够不断学习和进步，成为一名更加优秀的数学教师。

十、学生活动作品

杨辉是中国南宋一位杰出的数学家。在他所著的《详解九章算法》一书中，有一张表示二项式展开后的系数构成的三角图形，被称作“开方做法本源”，现在简称为“杨辉三角”，它是杨辉的一大重要研究成果。生活中很多问题都与“杨辉三角”有着或多或少的联系，我们对“杨辉三角”本身蕴涵着许多优美的规律进行探讨和研究发现：“杨辉三角”特征是三角形的两条斜边上都是数字 1，而其余的数都等于它肩上的两个数字相加，“杨辉三角”具有对称性（对称美），与首末两端“等距离”的两个数相等，每一行的第二个数就是这行的行数，所有行的第二个数构成等差数列，第 n 行包含 n+1 个数。拓展研究内容包括“杨辉三角”与数字 11 的幂的关系，“杨辉三角”与 2 的幂的关系，“杨辉三角”中斜行和水平行之间的关系，以“杨辉三角”为背景的问题分析，“杨辉三角”在弹球游戏中的应用，路径中的“杨辉三角”。

首先老师从视频引入“杨辉三角”。通过观察和讨论，总结出“杨辉三角”的特征，从简单的数字规律中发现这些数字都是通过“加、减、乘、除、乘方”运算建立联系的。同时传达了解决问题的普遍方法，即先发现规律，然后利用规律解决具体问题。

然后老师进行本节课的重点知识“杨辉三角”的规律探究。“杨辉三角”是世界古代数学史上著名的体现数字规律的篇章，通过寻找“杨辉三角”的规律，可以充分调动视觉去观察，用大脑去思考、归纳，然后利用发现的规律续写“杨辉三角”。老师介绍了“杨辉三角”的悠久历史，为我们中华民族的数学发展感到自豪，大大提升的数学兴趣。那么，著名的“杨辉三角”究竟有什么用途呢？这时老师将它与我们最近学习的多项式乘法联系起来，引导大家观察（n 是正整数的）展开式，按照 a 的指数依次降低的顺序排列之后，将各项的系数拿出来排列成表，发现恰好是“杨辉三角”，同时还发现各项中字母指数也是有一定规律的。我们已经学习了多项式的乘法，自然而然地联想到运用“杨辉三角”来简化多项式（n 是正整数）的运算。

最后，老师联系生活中的数学问题，我们体会到数学来源于生活又服务于生活，学数学是有用的。斐波那契数列对应的兔子繁殖问题，“杨辉三角”对应的弹球游戏，道路纵横问题等，不管哪种类型的问题，都要准确找到合适的代数式表达规律，然后利用发现的规律可以较简便的解答较复杂的问题，这正是“探索规律”的美丽所在。

这次活动通过对“杨辉三角”中蕴含的数字规律的初步探究，培养我们发现问题、提出问题、经过“分析—猜想—证明”以后解决问题的能力，激励我们自主创新。通过从不同的角度观察“杨辉三角”，培养我们从多角度看问题的意识，提高解决实际问题的能力。我们在学习中学会交流、合作，培养了学生团结协作的精神。同时，通过了解中国古代数学的伟大成就，培养我们的爱国情感。通过这次探究，对探索规律的认识比较清楚，知道运用和所学知识方法来进行解答，但是我们觉得课堂上留给我们的思考时间应再充足些，我们发现规律的敏锐度还需要进一步提高。

数形（行）天下

一、学科课程方案

（一）指导思想

以习近平新时代中国特色社会主义思想为指导，深入贯彻党的二十大精神，落实全国教育大会精神，全面贯彻党的教育方针，落实立德树人根本任务，发展素质教育，推进教育公平，以社会主义核心价值观统领课程改革，着力提升课程思想性、科学性、时代性、系统性、指导性，推动人才培养模式的改革创新，培养德、智、体、美、劳全面发展的社会主义建设者和接班人。

（二）课程标准

在高一阶段，数学教育作为教育的组成部分，在发展和完善人的教育活动中、在形成人们认识世界的态度和思想方法方面、在推动社会进步和发展的进程中起着重要的作用。在现代社会中，数学教育又是终身教育的重要方面，它是公民进一步深造的基础，是终身发展的需要。数学教育在学校教育中占有特殊的地位，它使学生掌握数学的基础知识、基本技能、基本思想，使学生表达清晰、思考有条理，使学生具有实事求是的态度、锲而不舍的精神，使学生学会用数学的思考方式解决问题、认识世界。高中教育属于基础教育，高中数学课程应具有基础性，它包括两方面的含义，第一，在义务教育阶段之后，为学生适应现代生活和未来发展提供更高水平的数学基础，使他们获得更高的数学素养；第二，为学生进一步学习提供必要的数学准备。研究性课程是为了满足学生的不同数学需求，是学生发展所需要的数学课程。学生的数学学习活动不应只限于接受、记忆、模仿和练习，高中数学课程还应倡导自主探索、动手实践、合作交流、阅读自学等学习数学的方式。这些方式有助于发挥学生学习的主动性，使学生的学习过程成为在教师引导下的“再创造”过程。“中国数学故事”为学生形成积极主动的、多样的学习方式进一步创造有利的条件，以激发学生的数学学习兴趣，鼓励学生在学习过程中，养成独立思考、积极探索的习惯。高中数学课程应力求通过各种不同形式的自主学习、探究活动，让学生体验数学发现和创造的历程，培养他们的创新意识。

在高二阶段，以发展学生数学学科核心素养为导向，创设合适的教学情境，启发学生思考，引导学生把握数学内容的本质。提倡独立思考、自主学习、合作交流等多种学习方式，激发学习数学的兴趣，养成良好的学习习惯，促进学生实践能力和创新意识的发展。注重信息技术与数学课程的深度融合，提高教学的实效性。不断引导学生感悟数学的科学价值、应用价值、文化价值和审美价值。

在高三阶段，以落实立德树人根本任务、发展素质教育的独特育人价值，基于数学学科本质，凝练了本学科的核心素养，明确了学生学习该学科课程后应达成的正确价值观、必备品格和关键能力，重视以学科大概念为核心，使课程内容结构化，以主题为引领，使课程内容情境化，强调提高学生综合运用知识解决实际问题的能，寓教于乐促进学科核心素养的落实。

（三）课程结构和内容

国家课程

高一必修课程课时分配建议表

主题	单元	建议课时
主题一　预备知识	集合	18
	常用逻辑用语	
	相等关系与不等关系	
	从函数观点看一元二次方程和一元二次不等式	

续表

主题	单元	建议课时
主题二　函数	函数概念与性质	52
	幂函数、指数函数、对数函数	
	三角函数	
	函数应用	
主题三　几何与代数	平面向量及其应用	42
	复数	
	立体几何初步	
主题四　概率与统计	概率	20
	统计	
主题五　数学建模活动与数学探究活动	数学建模活动与数学探究活动	6
机动		6

高二必修课程课时分配建议表

主题	单元	建议课时
主题一 函数	数列	30
	一元函数导数及其应用	
主题二 几何与代数	空间向量与立体几何	44
	平面解析几何	
主题三 概率与统计	计数原理	26
	概率	
	统计	
主题四　数学建模活动与数学探究活动	数学建模活动与数学探究活动	4
机动		4

选修课程

时间	课程	内容	目标
高一上	《中国数学故事 1》	中国古代数学故事	增强民族自豪感激发学生数学学习积极性
高一下	《中国数学故事 2》	中国近现代数学故事	激发学生学习数学的兴趣了解数学对我们生活的影响
高二上	《数学的智慧与艺术（上）》	数学的智慧 1. 数学的历史和发展，介绍数学的起源和发展，讲述古代数学家的故事，以及数学在现代社会中的应用 2. 数学的思维方式，介绍数学的思维方式，如分类、推理、证明等，讲述如何运用数学思维解决实际问题 3. 数学的应用，介绍数学在科学、工程、经济等领域中的应用，讲述数学在解决实际问题中的作用	1. 理解数学的历史和发展，了解数学家的故事和数学在现代社会中的应用 2. 培养数学思维方式，如分类、推理、证明等，提高解决实际问题的能力 3. 了解数学在科学、工程、经济等领域中的应用，认识数学在解决实际问题中的作用
高二下	《数学的智慧与艺术（下）》	数学的艺术 1. 数学的美学，介绍数学的美学，如几何形状、对称性、比例等，讲述如何欣赏和理解数学美学 2. 数学的艺术表现，介绍数学在艺术领域中的表现，如音乐、绘画、雕塑等，讲述数学如何影响艺术创作 3. 数学的设计思想，介绍数学在设计中的应用，如设计图形、建筑设计等，讲述如何运用数学设计思想创造出美观实用的作品	1. 欣赏和理解数学美学，培养数学美学素养 2. 学习数学在艺术领域中的表现，了解数学如何影响艺术创作 3. 学习数学在设计中的应用，掌握运用数学设计思想创造美观实用作品的能力 4. 提高数学核心素养和创新能力，增强综合素质
高二上	《奇妙数学 1》	数学与实际生活	激发学生学习数学的兴趣，推动学生积极探究世界
高二下	《奇妙数学 2》	数学与实际生活	激发学生学习数学的兴趣，了解数学对我们生活的影响

（四）课程活动形式

1.《中国数学故事》——主题学习型。

2.《数学的智慧与艺术》——主题学习型。

3.《奇妙数学》——主题学习型。

（五）课程评价方案

1.评价原则。评价体系不仅要关注学生的数学基础知识和基本技能，也要注重学生思维能力、创新意识和应用实践能力的培养与提高，以及对数学文化的理解和数学美的感知。既要评价学生最终的学业成绩，也要重视他们在学习过程中的表现，包括课堂参与度、作业完成质量、合作交流能力等形成性评价内容。教师须在教学过程中对学生的进步和问题提供及时的个别化反馈，通过肯定其积极表现和改进方向，激发学生的学习积极性与自信心。评价标准和方法应当科学合理、公正透明，避免单纯以考试分数论高低，充分考虑不同层次学生的发展需求和潜能差异。评价的目的应在于促进学生的学习与发展，而不是简单的选拔或分层。因此，评价活动应该有利于调整教学策略，改进教学方法，推动学生自主学习能力的培养和终身学习习惯的养成。

2.评价内容。在高中数学课程评价中，力求做到评价手段多样化、评价标准科学化、评价结果公正化，并致力于促进学生的全面发展与个性成长。关注学生在课堂学习、实验探究、跨学科实践活动、课后作业、单元检测、阶段性检测等多种形式中的表现，多维度全面了解和反映学生的真实数学水平和能力结构。关注学生的学习起点和学习过程，关注学生核心素养发展的增值情况。

3.评价方法。《中国数学故事》：

月评价

姓名	课堂表现及考勤	课后作业	本月课程活动	月评价

基于月评价的学期评价

序号	项目名称	评价内容	评价时间	评价占比
1	作业	日常作业	每节课后	25%
2	章节内容导图	章节内容导图	章节开始前	25%
3	章节学后感	章节学后感	章节结束后	25%
4	课程学后活动	数学家故事演讲竞赛	课程结束	25%

《数学的智慧与艺术》：

A. 纸笔测验：通过定期的单元测试、期中考试和期末考试对学生掌握数学知识的程度进行评价。试题设计应覆盖各知识点，同时注重深度与广度，以考察学生的理解力、应用能力和创新能力。

B. 作业评价：通过对日常课后作业的检查与批改，了解学生对课堂教学内容的理解情况，以及独立解题的能力。

C. 课堂表现观察：记录学生在课堂上的积极参与度，如提问、讨论、解决实际问题的表现，以此来评价学生的思维活动和数学交流能力。

D. 项目或课题评价：鼓励学生参与数学建模、研究性学习项目等，通过完成实践任务的过程和最终成果来评估其综合应用数学知识解决实际问题的能力。

E. 同伴互评和自我评价：实施同伴评价和自我评价机制，让学生参与到评价过程中，增强他们的反思意识和批判性思维。

F. 阶段性评价：关注学生在整个学期或学段中的成长过程，收集各种非正式评价数据（如课堂互动、小测验、作品集等），以全面反映学生的学业进步和发展状况。

附：评价量表

评价项目	分值比例	星级				
作业	10%					
实验探究	10%					
跨学科实践活动	10%					
阶段性评价	10%					
纸笔测试	20%					

续表

评价项目		分值比例	星级				
课堂表现	发言	10％					
	交流	10％					
	合作	10％					
	守纪	10％					

《奇妙数学》：

A. 评价比例：学校对学生数学的考查成绩占学生学期综合评价的40％。

评价方式：评价主体可多样化，可以将学生自我评价、学生互评、教师评价结合起来。评价方式可采用笔试、实践操作、活动测评等多种方式或几种方式组合运用等。

B. 学期终结性评价。评价比例：数学期末小测成绩占学生学期发展性评价的60％。评价方式：闭卷。

C. 命题范围：根据相关课程标准要求该学期（学年）学生应知、应会、应能的内容，侧重知识与技能以及数学思考和解决问题的能力的考查。具体内容包括函数、立体几何、统计与概率、三角函数，解析几何实践与综合应用六部分。

D. 考试题型：填空、判断、选择、计算、操作、解决问题等，体现学科特点，适应考试内容和考试目的的需要。较易题、中档题、较难题分值的比为7∶2∶1，以保证每个学生能较好地展示自己的学习状况，使各类学生得到较好的发展。

二、研究论文

数学文化与课堂融合的策略与途径

黄榕鑫

一、引言

每一门学科都有其特定的文化本质、文化背景，数学课程也不例外。但就目前情况来说，受到传统阶段考核教育理念的影响，教师在教学过程中仅重视学生实践技能的培养进度，也就是不断追求学生分数的积极变化。但当学生学习内容、知识有了一定积累时，分数的变化却可能不尽人意。对此，教师要让学生在了解数学文化的基础上，进一步带领学生抓好基础内容、理论知识的重难点部分，在较长的时间中极易提高学生的能力、素养[1]。

二、新时期推行数学文化的相关含义

数学文化，当许多学生、教师第一次遇到这一词时，往往会在简单、片面的基础上理解数学文化和数学科目之间的关系。但数学文化不仅仅意味着数学与文化之间的结合、融合，不是数学带有的附属内容，它有比数学更加丰富的含义。一般来说，它是经过数千年的人类发展，将数学与人文学科之间融合而获得的文化体系。但到目前为止，若想正确地解释、说明数学文化的意义，没有哪一个科学家能够得出确切的结论，这表明它的意义一直在不断地丰富、发展，切实反映出其广泛而又深刻的含义。

三、数学文化在现阶段高中数学课堂中融合的价值

首先，在高中数学学科教学过程中有效融入数学文化，能够激发学生对数学科目的学习兴趣，主要原因在于中国的数学文化比较悠久。如果学生能够掌握更多的数学文化内容、知识，那么其对民族发展的自豪感将有可能增强，长时间下来，可以提高学生把握数学内容、知识的动力[2]。

其次，在高中数学学科教学过程中有效融入数学文化，可以为教师提供更多课堂上教学需要使用的素材、内容等，不单将抽象化的基础内容、理论知识变得更加具体，而且还启发学生在听课过程中的思维。

最后，在高中数学学科教学过程中有效融入数学文化，能切实提高学生的人文素养、道德品质。因为数学科目涉及内容、知识无不展现着无数数学家的心血奋斗、在面临困难时仍能有所成就的精神。例如，教师利用较多的时间进一步为学生讲解、说明牛顿、莱布尼茨创造微积分的故事，通过这样的故事，间接使得学生形成正确、正面的学习观。

四、现阶段课堂教学过程中数学文化缺失的主要原因

（一）往往过于关注分数反而轻视学生的数学能力

目前，高中数学教学还是以考核教育的理念为主，以增强学生能力、素养为主的教育理念还不明显。因此，在进行教学任务时，教师常常忽视学生的真正需求，以追求分数的理念为中心，未能展现学生的主体意识、主人公意识。教师仍然是课堂教学时的主体角色，同时运用填鸭式、灌输式等教学方法，导致教学效果、教学质量根本不理想。如在实际教学中，教师扮演着独角戏的角色，在较长的时间中弱化学生在课堂上的参与感、体验感。如果教师坚持在教学方法、教学方向等几个方面中不注重数学文化的渗透、融合，那么将切实影响学生在高中阶段创新能力、自主探究能力等技能的培养，也就不能让学生解决更多的数学问题[3]。

（二）将教材上的内容作为重点反而没有在有限的时间中创新教学形式

在现阶段数学学科教学中，教师以单一、低效的教学方法向学生传递相关的基础内容、理论知识，并未将课程包含的内容、知识和数学文化有机的融合起来，久而久之，将一定程度上影响学生对数学科目内容、知识的听课兴趣，同时在内容、知识的教学上，往往不够生动、形象，加上教师进行教学任务时，没有在有限的时间中创新教学形式，也就无法使得数学内容、知识和数学文化之间建立明显的联系，长时间下来难以培养学生在这一方面的素养。

五、如何将数学文化和课堂之间融合起来

（一）增强高中阶段教师的文化素养

教师是学生整个学习过程中的关键人物、重要角色，其有效引导，能够对学生学习产生直接的影响。通过对目前课堂教学中融合数学文化存在的问题进行分析、解读，发现教师本身对数学文化的了解程度、熟知程度也是影响融合过程的因素之一。所以应当先从教师身上着手，主要指在教师心中建立起正确的数学文化观念。如果教师在教育中墨守成规，未能跟随新时期的发展而去发展，那么这样的教育是没有任何意义及价值的。在这样的背景下培养出来的学生也往往不能符合社会、市场向人才提出的要求、标准。另外，经过对传统阶段的有关案例观察、分析，察觉许多教师在教学时，总以增加内容难度、学生课时压力大等为借口，进一步简化教学过程，具体表现为教师仅以简单的方法要求学生学习数学科目涉及的基础内容、理论知识，之后便让学生自主寻找问题，紧接着解决问题。因为现阶段对于人才综合素质、技能的要求、标准越来越高，所以新时期要求教师倡导素质理念下的教学方向。“活到老学到老”逐渐成为现阶段社会学习的宗旨，基于这样的情况，要求教师展开文化方面的教学，才会更加适应新时代的发展背景[4]。

（二）在课堂教学活动中融合数学文化

在课堂正式授课前，教师可以借助文化相关的内容进一步设置课堂导入

环节，主要希望在这一环节紧紧地抓住学生的注意力，同时借助文化有关的内容呈现其例题，既能够突破传统阶段课堂导入形式的弊端，还能够引发学生对数学科目基础内容、理论知识的学习兴趣，长时间下来有利于确保学生在高中时期的听课进度、学习进展。

如在“等差数列”“等比数列”中，在学完本节课涉及知识后，教师选择有关数学文化的题目让学生进一步解答、分析，间接巩固学生在这一环节的学习成果，以《九章算术》中的问题“今有良马与驽马发长安……”为例，由于一些学生对此问题的意思、含义不太理解，那么教师需要借助信息化背景下的多媒体技术向学生展示这几句话的含义，进而要求学生按照课堂上学过的知识解答、思考。根据题目中给出的条件，当时的长安和齐国之间的距离是3000里，良马一天193里，剩下每天比原先少13里，而劣马则为97里，每一天比前一天少0.5里。由此，教师引导、指导学生利用等差数列的知识求出最终总路程的里数。不难看出，教师以古代问题的形式把等差数列的知识形象地展现出来，学生反而能够在解答问题时，巩固之前学过的内容。

（三）感受数学文化展现的魅力特点

提到文化，诗词就是其中的代表内容。那么在数学学科教学过程中，教师就可以利用引入诗词的方法展开教学，促使学生在领会诗词内容、知识的基础上学习数学，间接让学生充分感受、感知文化的魅力特点。

例如古代诗人邵康节创作的《山村咏怀》，就有“一去二三里，烟村四五家……”在这一首诗中，诗人仅利用简单的诗句，就将数字1—10融入其中，首次阅读，诗人感受到趣味无穷，再次阅读，发现诗人在古诗中描绘的场景栩栩如生。原因在于如下几点：其一，“一去”带给人动感；其二，“二三里”则道明距离；其三，加上“烟村”等词语的描述，让人遐想无穷。选择这样的教学方法，不单让学生在体会文化的基础上熟知本首古诗的意境，而且降低学生在数学学科听课过程的难度，久而久之夯实学生的基础。

又如在“圆的方程”内容中，针对本课教学特点，教师在给出圆的方程为 $x^2+y^2+Dx+Ey+F=0$ 之后，进一步适当引入课外的内容、知识科普，比如：向学生讲解“割圆术”，以信息化背景下的微课技术展现唐代所编撰的《五曹算经》和《九章算术》等书，向学生说明、讲述圆周率、圆的面积等内容都出自《五曹算经》等书，目的在于拓展高中阶段学生的知识面。同时利用这样的教学方法，间接让学生发现数学文化的多样性、丰富性、魅力性等特征。

（四）进行实践方面的教学活动

目前，进行、创建实践方面的教学活动，能够让学生在一定的平台中自行探究、自主探索数学文化的有关内容、知识及资料。对此，教师可以将数学文化为核心设计更多符合学生实际情况的教学活动，加强学生对数学文化内容、知识的理解程度。所以，教师应当从数学文化的实际结构出发，以科学、合理的方法选择主题，主要选择真正有益于学生的教学活动。

以数学史为基础的数学文化活动为例，那么教师需要给学生留出充裕的时间、空间，目的在于引导、学生搜集关于“数学史”的内容及其他方面的资料，紧接着教师留给学生一些问题：1.中国古代数学发展兴盛时的契机是什么？2.是什么样的原因导致当时时期数学发展逐渐走向没落的？3.你们对古代数学历史发展有什么样的见解？等一系列问题。在这样的实践问题中，一面让学生对数学文化的内涵有着更加深刻的感知，另一面增进学生与数学史之间的距离。

六、总结

综上所述，数学文化在目前高中时期数学教学过程中具有明显、突出的应用价值。但是由于受到传统阶段教学观念、教学理念等方面的影响、限制，现阶段数学文化的渗透情况并不理想。所以，要利用增强高中阶段教师的文化素养、在课堂教学活动中融合数学文化、感受数学文化展现的魅力特点及进行实践方面的教学活动策略进一步展开新时期背景下的教学过程，以此尽快展现数学文化在教师教学任务中的优势特征，久而久之将有利于教师完成接下来的教学任务。

参考文献

［1］曹英娇．高中“数学文化”教学实践策略［J］．家长，2022，409（15）：138-140.

［2］蔡雪慧．新课程改革下高中数学文化教学存在的问题［J］．考试周刊，2022（25）：68-71.

［3］蔡雪慧．新课程改革下高中数学文化教学存在的问题［J］．考试周刊，2022（25）：68-71.

［4］王春妹，周健婷，汤获．数学文化内容在高中数学试题中的渗透研究——以2017—2021年赤峰市为例［J］．赤峰学院学报（自然科学版），2021，37（10）：1-4.

三、教学设计或案例

康熙皇帝与数学之美

——探寻传统文化中的数学智慧

王小雨

教学目标

1.通过康熙皇帝对数学的热爱与钻研，引导学生体会中国传统文化中的数学智慧，理解数学与文化的紧密联系。

2.借助中国传统文化元素，培养学生对数学的兴趣和思维能力，提高他们的数学素养和创新能力。

3.结合康熙皇帝的数学故事，引导学生发现数学在日常生活中的应用，培养他们的数学应用意识。

教学准备

1.搜集康熙皇帝与数学相关的故事、诗词等传统文化资料。

2.准备与中国传统文化相关的数学应用案例和数学题目。

3.设计富有中国传统文化特色的思维训练活动和互动探讨环节。

教学内容

1.康熙皇帝与数学的故事及其在中国传统文化中的体现。

2.中国传统文化中的数学智慧及其在日常生活中的应用。

3.结合传统文化的数学思维方法和解题技巧。

教学方法

1.情境教学法。通过创设与中国传统文化相关的情境，引导学生熟悉故事背景，感受数学与文化的融合。

2.启发式教学。通过引导学生自主思考和讨论，激发学生对数学的兴趣和思维能力。

3.案例分析法。通过分析中国传统文化中的数学应用案例，帮助学生理解数学在实际生活中的应用。

教学过程

一、情境导入

开场画面：展示一幅融合了中国传统文化元素的康熙皇帝书房图，如书架上摆放着《易经》《孙子算经》等古籍，书桌上摆放着文房四宝。同时播放悠扬的古筝音乐，营造一种沉静而专注的学习氛围。

教师导语："同学们，今天我们将一起穿越历史的长河，探寻康熙皇帝与数学之间的美丽故事。在这个过程中，我们将领略到中国传统文化中的数学智慧，感受数学与文化的交融。"

二、康熙与数学的故事

1.康熙的数学情缘。讲述康熙皇帝如何与数学结缘，如何在繁忙的政务之余钻研数学，将数学融入诗词、书法等艺术创作中。

2.康熙与传教士。讲述康熙皇帝如何聘请法国传教士白晋、张诚等人入宫教授数学的故事。通过图片和故事资料，展示康熙与传教士们共同研究几何、代数等数学知识的情景。

3.康熙的数学热情。介绍康熙皇帝对数学的热爱和钻研精神。通过讲述康熙每天花费大量时间学习数学，甚至能背诵和默写几何定理的趣事，激发学生对数学的兴趣和热爱。

4.数学应用。通过具体事例，如土地测量、水利工程等，展示康熙皇帝如何将数学知识应用于实际生活中，引导学生思考数学在实际应用中的价值和作用。

5.数学在传统文化中的体现。通过展示《孙子算经》《九章算术》等古籍中的数学内容，引导学生体会中国传统文化中的数学智慧。

三、数学与传统文化的应用融合

1.数学在传统文化中的应用案例。选取与中国传统文化紧密相关的数学应用案例，如古建筑中的对称美、传统音乐中的节奏与拍子等，展示数学在传统文化中的实际应用。

2.思维方法与解题技巧。结合中国传统文化中的智慧，介绍一些富有特色的数学思维方法和解题技巧，如"天人合一"的整体思维、"阴阳五行"的辩证思维等。

四、思维训练与互动探讨

1.思维训练活动：设计一些与中国传统文化相关的数学游戏、逻辑推理题等思维训练活动，让学生在游戏中感受数学的魅力。

2.互动探讨环节：设立一个与中国传统文化相关的实际应用场景，如设计一个融合数学元素的传统节日活动方案或解决一个古建筑修复中的数学问题。让学生运用所学数学知识和思维方法进行小组讨论和解决方案的设计。

五、总结与反思

1.内容总结。总结本节课的学习内容，强调数学在中国传统文化中的重要地位以及数学与文化的紧密联系。通过回顾康熙皇帝与数学的故事以及数学在传统文化中的应用案例，让学生感受到数学与文化的交融之美。

2.学生反思。引导学生反思自己在数学学习中的收获和不足，鼓励他们继续深入学习和探索数学与传统文化的交融之处。通过分享自己的学习心得和体验，让学生相互启发和激励。

六、作业布置

1.让学生撰写一篇关于“康熙皇帝与数学之美”的感想或体会，表达自己对数学与传统文化的理解和感受。

2.设计一个融合数学元素的传统节日活动方案或解决一个古建筑修复中的数学问题，并写出解决方案。通过作业的形式，让学生巩固所学知识，并培养他们的数学应用意识和创新能力。

教学评价

通过学生的课堂表现和小组讨论情况，评价学生对中国传统文化的理解和对数学的兴趣与思维能力。观察学生在故事讲述、案例分享、思维训练等环节中的表现，了解他们对数学与传统文化的融合之处的认知程度。

通过学生的作业完成情况，评价学生对数学知识的掌握和应用能力。检查学生的作业完成情况，了解他们对数学与传统文化的结合程度以及他们在实际应用中的表现。

通过学生的创新思维和表达能力，评价学生的数学素养和综合素质。关注学生的创新思维和表达能力在互动探讨和作业中的体现，评价他们在数学与传统文化的交融中所展现出的独特见解和创造力。

《图注方圆的赵爽》教学设计

蔡秋燕

教学目标

1.让学生了解数学家赵爽对数学的热爱探究钻研精神和所做的贡献，培养学生民族自豪感。

2.通过赵爽的数学故事，引导学生理解数学与实际应用的关系，培养学生的数学应用意识。

3.培养逻辑推理、数学抽象、直观想象、数学运算等素养。

教学准备

1.准备赵爽的数学故事资料和相关图片。

2.准备数学应用案例和相关的数学题目。

3.准备思维训练活动和互动探讨的道具和材料。

教学方法

启发式教学、案例教学法、互动式教学。

教学过程

一、赵爽生平简介

赵爽又名婴，字君卿，东汉末至三国时代的吴国人。赵爽对数学有深刻的研究，他研究过张衡的天文数学著作，也研究过刘洪的《乾象历》。但他在数学上的最大贡献，是在研究《周髀算经》中所取得的成就。

二、赵爽的贡献

《周髀算经》是中国的天文算书，其文字古奥，很难阅读、消化和理解。赵爽极力倡导古算，要把祖国的数学发扬光天。为此他努力钻研《周髀算经》，为之写了序言，并做出详细注解。在他所注的《周髀算经》前头这样写道："约而远，其言曲而中。将悉废替、潘滞不通，使谈天者无所取则。辄依经为图……披露堂室之臭。"这表达了他注释《周髀算经》的用意和目的。意思是说，自己天资暗蔽，才学浅薄，但对于《周髀算经》，深为仰慕。所以于打紫的闲暇，加以研究（负薪余日，聊观《周髀》），觉得《髀算经》意旨简约而深远，言语曲折而中和，担心这部算书日久理没，或使人难理解其意，以至于研究学习数学与天文的人无所取则。故此取《算经》作图加注，诚望对于学习它的人不会觉得它很难，帮助人们入门。这位以负薪余日（靠打柴过日子的空余时间）做注的布衣数学家，逐段解释了《周辞算经》的条文。他在注释时附上了他自己写的《勾股圆方图》，其是中国数学史上有极高学术价值的文献。这个文献总结了后汉时期中国勾股算术的辉煌成就，文字十分简练，全文只有530多字，附图6张，阐理透彻，具有很高的水平。我们用现今的语言，分四个方面对此加以介绍。

（一）勾股定理的证明

勾股定理在《周髀算经》中没有加以证明。在《周髀算经》赵爽注里，记载了我国对这个定理的最早证明。赵爽注：

“勾股各自乘，并之，为弦实，开方除之，即弦。”设句为 a，股为 b，弦为 c，则 $c=\sqrt{a^2+b^2}$。这就是勾股定理 $a^2+b^2=c^2$。赵爽叙述了定理的内容之后，接着就对这个定理进行证明。

赵爽的证明是这样的：利用“弦图”（弦图是以弦为方边的正方形），将句、股相乘（$a\times b$），再 2 倍之，得 4 个直角三角形（图中为朱实），1 个朱实面积是$\frac{1}{2}ab$，4 个朱实面积就是 $4\times\frac{1}{2}ab=ab$。

再将句、股之差平方之，得中黄实的正方形面积，即 $(b-a)^2$。

将这 4 个直角三角形面积和正方形面积相加，即得弦的平方，即 $2ab+(b-a)^2=c^2$。

化简后便得 $a^2+b^2=c^2$。

这就是所要证明的结果。用赵爽《勾股圆方图》中的话来说，就是：按弦图，又可以勾股相乘为朱实二，倍之为朱实四，以勾、股之差自相乘为中黄实，加差实，亦成弦实。

赵爽的证明是严格而巧妙的。赵爽的这种证法，与希腊几何学中毕达哥拉斯学派的证法具有完全不同的特色。这种简单明了的证法，一直到现在仍被采用在我国初等数学的教科书中。然而在国外，类似这种证明方法，直到公元 12 世纪才由印度数学家巴斯卡拉（Bhaskara，1114—1185）给出。这比赵爽要迟 900 多年。国外一些科学史专家说：“在古代中国的数学思想中，最大的缺点是缺少严格求证的思想。赵爽的《勾股圆方图》有力地驳倒了这种偏激的错误观点。”

（二）“组成相等”或“拼补相等”原理

一个形体可以分割为有限个部分体，再把它组成或拼补成另一个和它等积的新形体。用赵爽的话说，这叫作形诡而量均，体殊西数齐。即形体虽然殊异（诡），但数量还是相同的。后人应用赵爽这个原理证明了许多几何定理和性质，用处很大。我国现代数学家吴文俊教授对赵爽《勾股圆方图》《日高图书》以及《周髀算经》《九章算术》、刘徽《九章算术注》等经典著作进行深入研究后，把这种方法称为“出入相补原理”。吴文俊指出，所谓出入相补原理，用现代语言来说，就是指这样的明显事实，一个平面图形从一处移置他处，面积不变。又若把面积分割成若干块，那么各部分面积的和等于原来图形的面积，因而图形移置前后诸面积间的和、差有简单的相等关系。立体的情况也是这样。赵爽的这个“原理”的基本思想就是图形经“移补凑合”，而面积不变。赵爽的这一思想方法对我国古代几何证明产生了深刻的影响。

（三）勾、股、弦及其和差互求

在勾股形中，取

1. 三边有 a，b，c

2. 二边之和有 $a+b$，$b+c$，$c+a$。

3. 二边之差有 $b-a$，$c-a$，$c-b$。

即在正数范围内（假定 $2<b<c$），句、股、弦及其和差，若已知其中任意两种，则可以求出其余的各种，这种取法，即句、股、弦及其和差互求问题一共有 36 种。赵爽能解决其中的 24 种。

$$c-b=\frac{(c-b)(b+c)}{b+c}=\frac{a^2}{b+c}。$$

例：已知 a，$c-6$，求 $b+c$。

赵爽的方法是：以差除句实，得股弦并。即

$$b+c=\frac{(b+c)(c-b)}{c-b}=\frac{a^2}{c-b}。$$

已知 a，$c+b$，求 $c-b$。

赵爽的方法是：以并除甸实，亦得股弦差。即

例：已知 b，$c-a$，求 $a+c$。

赵爽的方法是：以差除股实，得句弦并。即

例：已知 $c=a$，$c-b$，求 a，b，c。

赵爽的方法是：两差相乘，倍而开之，所得，以股弦差增之，为句。以句弦差增之，为股。两差增之，为弦。即

$$a+c=\frac{(a+c)(c-a)}{c-a}=\frac{b^2}{c-a}。$$

已知 b，$c+a$，求 $c-a$。

赵爽的方法是：以并除股实，亦得句弦差。即

$$c-a=\frac{(c+a)\ (c-a)}{c+a}=\frac{b^2}{c+a}。$$

$\sqrt{2\ (c-a)\ (c-b)}$，

$a=\sqrt{2\ (c-a)\ (c-b)}+c-b$，

$b=\sqrt{2\ (c-a)\ (c-b)}+c-a$，

$c=\sqrt{2\ (c-a)\ (c-b)}+c-a+c-b$。

（四）二次方程的建立

在《勾股圆方图》中，赵爽还研究了二次方程问题。赵爽称：以差实减弦实，半其余，以差为从法，开方除之，复得句矣。加差于句，即股。也就是说，若已知 c 与 $6-a$，则可从 $2ab+\ (b-a)^2=c^2$，得

$$ab=\frac{1}{2}\ [c^2-\ (b-a)^2]\ =Q。$$

以 P 表示勾股差 $6-a=P$，令 $a=x$，

得方程

$X^2+Px-Q=0$（注）。

解之即得 a，从而 $b=a+P$。

可见，赵爽比韦达早 1300 多年得出了与“韦达定理”相类似的结果。另外，赵爽还得到了形如 $-x^2+bx=c$（$b>0$，$c>0$）的二次方程，按照：$x=\frac{b-\sqrt{b^2-4c}}{2}$的步骤进行计算而求得了 x 的值。这是世界上最早的、实际上是求根公式的计算式子。赵爽对二次方程研究所取得的成就，是十分惊人的。除此之外，他在分数方面的研究，贡献也很大。

中华民族的祖先艰难地披荆斩棘，开辟数学天地，成就辉煌。但由于过去的史书对数学家的事迹记载往往或缺或略，所以有关数学的史实遗漏很多。其实，对于日常运算方法的研究和应用，对于天体运行的计算和历法的制定，测量土地时对于地形、地势的描绘和形体的考察，对于户口、赋税多寡的统计，对于城池、壕沟的兴建等，涉及数学研究的地方很多。下面，我们将子、史中一些有关数学研究的例子，陈述如下。虽是一鳞半爪的拾遗，但却可以增添一些人们关于春秋战国时期我国数学研究和应用的印象。

三、数学应用案例分享与互动探讨

例一：李悝尽地力之教。李悝是战国时期魏国人，是战国初有名的政治

家。公元前406年起，任魏文侯相，主持变法改革。他极力主张食有劳而禄有功，推行尽地力之教和善伞法；确立封建法制，使魏成为战国初期强国之一。李悝著有《法经》6篇，第一次用成文形式把封建法权固定下来。其尽地力之教中涉及数学内容，使我们看到在我国早期法律蓝本中，已运用到数学。李悝在“尽地力之教”内说：今有一夫挟五口，治田百亩，岁收亩一石半，为粟百五十石，除十一之税十五石，余百三十五石。食，人月一石半，五人终岁为粟九十石，余有四十五石。石三十，为钱千三百五十。除社闾尝新春秋之祠，用钱三百，余千五十。衣，人率钱三百，五人终岁用千五百，不足四百五十。李悝指出：一个5口之家，种田百亩，一年收成一亩得一石半，共有粟150石，除税收的粟15石，余135石；1人月食以1.5石计，5人一年共食粟90石，只剩45石。每石卖得30钱，共得1350钱。除春秋乡里祭祀用费300钱，余1050钱。1人平均衣服要300钱，5人共1500钱，还差450钱。其他疾病死丧之费等，还不计算在内。因此，农民常困。……这个材料以数字运算的方式给我们展示了战国初期我国农民的生产、生活、兑换率等情况，是研究我国古代政治、经济等状况很好的素材。

例二：管仲正盐策。管仲，名夷吾，字仲，春秋初年著名的政治家，被齐桓公任为上卿。他在政治、经济和军事上实行一系列重大变革，使齐植公成为春秋时期第一个霸主。管仲在阐明盐、铁之利时，也运用到数学。他说，一个月，男人食盐5号升，女人食盐3升，儿童食盐2号升。他计算得万乘之国有一千万人，盐之税收，一日二百万，十月二千万，一月六千万。（因原文残缺不全，以下从略）

例三：计然治国之道。计然，姓辛，名研，善计算，因此人们称他为“计然”。他提出：六年丰收，六年一大旱，十二年一大饥。以集米而言，价贱至斗米二十钱，则与农民有害；价贵至斗米九十钱，则与商人有害（米价过高，抢劫事件会到处发生，所以对商人也不利）。不利于商大，则财不出；不利于农民，则田亩荒芜。如果一斗米价格最高不超过八十钱，最贱不少于三十钱，则商农两利。米价平，物价齐，市场百货不乏，人民生活安舒，这就是治国之道。可见，我们的祖先很早就懂得运用上限与下限的概念了。

四、总结与反思

上面的介绍使我们看到，古代中国的数学研究是紧紧与实践和经验联系在一起的。数学与土地的丈量、河渠和堤坝等水利工程的修建、谷仓容积以及天文历法密切相关。我们的祖先经过长期积累，艰难缔造，从经验常识到数学知识，从比较孤立的数学知识到出现专门的数学著作。而具有内部联系的系统的数学体系的建立，其标志是《九章算术》的完成。

五、作业布置

1.让学生撰写一篇关于本节内容的感想或体会，表达自己对数学学习和应用的看法。

2.设计一个与数学相关的实际应用场景，应用到本节课学到的勾股定理和二次方程相关知识进行求解。让学生巩固所学知识，并培养他们的数学应用意识和创新能力。

天干地支与排列组合

汤　凤

教学目标

1.学生能够理解天干地支的概念和在中国传统文化中的意义。

2.学生能够掌握天干地支的组合方式及其与中国传统历法的关系。

3.学生能够运用排列组合的知识解决与天干地支相关的问题，感受中国传统文化的魅力。

教学重难点

1.重点：天干地支的概念、组合方式以及在中国传统文化中的应用。

2.难点：如何引导学生将天干地支的组合与排列组合的概念相结合，并体会其在中国传统文化中的重要性。

教学方法

讲授法、演示法、讨论法、实践法。

教学过程

一、导入（5分钟）

展示中国传统文化中与天干地支相关的图片、文物或故事，如古代祭祀、农历新年等，引发学生的兴趣。

二、知识讲解（15分钟）

介绍天干地支的起源和历史背景，与中国古代天文历法的关系。

天干地支，源自中国古代的天文历法，据说是黄帝时期的大挠氏所创。

天干的诞生，或许可以追溯到远古伏羲时期，其具体起源已无从考证。

在中国古代的历法中，甲、乙、丙、丁、戊、己、庚、辛、壬、癸被称为“十天干”，子、丑、寅、卯、辰、巳、午、未、申、酉、戌、亥叫作“十二地支”，两者按固定的顺序互相配合，组成了干支纪法。从殷墟出土的甲骨文来看，天干地支在中国古代主要用于纪日，此外还曾用来纪月、纪年、纪时等。

讲解天干地支的组合规则，以及在纪年、纪月、纪日、纪时等方面的应用。

组合规则：天干地支的组合必须遵循阳干配阳支，阴干配阴支的规则。

数学中的组合知识点：组合是从给定的元素中选取若干个元素进行组合，不考虑元素的顺序。其计算方法为：

纪年：把干支顺序相配正好六十为一周，周而复始，循环记录，这就是俗称的“干支表”。它以立春为岁首，交节日为月首，年长即回归年，一节一中为一个月。

纪月：部分书籍只用地支纪月，每月固定用十二地支表示。把冬至所在之月称为“子月”（近似农历十一月），下一个月称为“丑月”（近似农历十二月），以此类推。故古历中的《夏历》以“寅月”为正月，又称建寅之月或建寅正月等。干支纪月以每月交节日作为分界点，并不是阴历中的初一为分界点。

纪日：干支纪日法是汉族民间使用天干地支记录日序的方法，是农历的一部分，也是历代历书中的重要组成部分。它与干支纪年法一样，用干支相匹配的六十甲子来记录日序，从甲子开始到癸亥结束，六十天为一周，循环记录。

纪时：把1天分为12个时辰，从晚上23点整开始，从甲子这个干支开始标注第一个时辰，一个时辰相当于现在两个小时，之后每两个小时接着顺序标注，60组干支不断循环往复。由于地支只有12个，所以是固定不变的，古时人们说时辰的时候，只说地支就可以了，比如子时。

三、实例分析（15分钟）

给出一些具体的天干地支组合，如甲子年、乙丑月等，让学生分析其含义和对应的中国传统文化元素。

四、小组讨论（10 分钟）

分组讨论天干地支在中国传统文化中的其他表现形式，如诗词、典故等。

天干地支在中国传统文化中还有以下表现形式：

生肖文化：十二地支分别对应着十二生肖，如子鼠、丑牛、寅虎、卯兔等。

传统颜色：每个天干、地支都与五行和特定颜色相关，如甲（木）—绿色、丙（火）—红色、庚（金）—白色等。

文学作品：中国古代有很多关于天干地支的文学作品，如《天干地支赋》《地支十二咏》《天干地支诗》等。

鼓励学生分享自己所了解的与天干地支相关的传统文化知识，拓宽学生的文化视野。

五、实践练习（10 分钟）

设计一些与天干地支和排列组合相关的练习题，如根据出生年份计算生肖、根据干支纪年推算公历年份等。

例 1. 根据出生年份计算生肖：已知一个人出生于 1995 年，请问他的生肖是什么？

答案：1995 年的天干地支为乙亥，亥对应的生肖是猪，所以这个人的生肖是猪。

例 2. 根据干支纪年推算公历年份：已知一个干支纪年为丙寅，请问对应的公历年份可能是哪一年？

答案：丙寅对应的公历年份每 60 年出现一次。最近的丙寅年是 1986 年，下一个丙寅年是 2046 年。所以丙寅可能对应的公历年份是 1986 年、2046 年或它们之间的其他 60 年倍数的年份。

例 3. 干支组合的排列问题：从天干（甲、乙、丙、丁、戊、己、庚、辛、壬、癸）和地支（子、丑、寅、卯、辰、巳、午、未、申、酉、戌、亥）中各选一个字，组成一个干支组合。请问共有多少种不同的组合方式？

答案：由于天干有 10 个选择，地支有 12 个选择，所以总的组合方式为 $10\times12=120$ 种。

例 4. 生肖的组合问题：有 4 个人，他们的生肖分别是鼠、牛、虎、兔。从中选出 2 个人，请问有多少种不同的选法？

答案：从 4 个人中选出 2 个人的组合数为 6。

学生通过实践练习，加深对天干地支组合和排列组合概念的理解。

六、总结归纳（5分钟）

与学生一起总结本节课的重点内容，强调天干地支在中国传统文化中的重要地位和影响。

七、课后作业（2分钟）

布置一份与天干地支和中国传统文化相关的作业，如撰写一篇关于天干地支与传统节日关系的短文。

教学评估

1.学生在课堂讨论和实践练习中的参与度与表现。

2.学生对天干地支概念及其与中国传统文化关系的理解程度。

3.课后作业的完成质量。

通过在教学设计中加入中国传统文化元素，学生不仅可以学习到天干地支与排列组合的知识，还能更深入地了解中国传统文化的内涵和魅力。同时，通过小组讨论和实践练习，学生的学习兴趣和主动性将得到进一步提升。教师在教学过程中要注重激发学生的兴趣，引导他们积极思考和参与，让学生在学习中感受传统文化的博大精深。

《传统武术中的数学》教学设计

林佳晨

教学目标

通过实例，了解传统武术中蕴含的数学智慧，体会数学与传统武术的紧密联系，了解数学在生活、生产中的应用，增强数学学习兴趣，培养直观想象、数学抽象等核心素养。

教学准备

准备传统武术中与数学相关的资料、图片、视频等。

教学过程

一、导入

数学是研究结构、变化以及空间模型等概念的一门学科，它本身存在一种序数美。武术动作的千变万化，产生生生不息的空间层次和方向位移，并在发生位移即腾空的瞬间，敏捷地做出翻转、张力的收放、身法的闪展开合等，在空间构成了各种不规则的运动轨迹，这些轨迹形成了优美的线条变化，各种线条的紧密配合构成了运动面，有五体之面再转化到立体空间的运动形式，在武术套路中均可得到充分的展现。两者有没有什么联系呢？在传统武术中有没有哪些地方体现了数学的智慧？

二、黄金分割律与武术

师：什么是黄金分割律？

生：黄金分割是指事物各部分间一定的数学比例关系，即将整体一分为二，较大部分与较小部分之比等于整体与较大部分之比，其比值约为 1∶0.618。

（一）太极拳中“三节”

材料一：《太极拳十大要论》流传于陈家沟，相传为陈氏十四世陈长兴所创。其中写道夫气本诸身，而身节部甚繁，若逐节论之，则有远乎拳术之宗旨，唯分为三节而论，可谓得其截法：三节上、中、下，或根、中、梢也。以一身言之，头为上节，胸为中节，腿为下节。以头面言之，额为上节，鼻为中节，口为下节。以中身言之，胸为上节，腹为中节，丹田为下节。以腿言之，胯为根节，膝为中节，足为梢节。以臂言之，膊为根节，肘为中节，手为梢节。以手言之，腕为根节，掌为中节，指为梢节。

材料二：《拳论》曰：“上节不明，无依无宗；中节不明，满腹是空；下节不明，颠覆必生。”

问题一：阅读上文，理解太极拳中“三节”分别指什么？

师生活动：学生回答，教师补充。

问题二：请两位同学上台，一位同学充当模特，一位同学用尺子测量“三节”数据并记录。通过计算你能发现什么？

师生活动：教师引导学生测量发人体“三节”，并发现“三节”基本均处于人体的“黄金分割点”上。比如：“以一身言之，头为上节，胸为中节，腿为下节。”测量全身，发现人体经脐部，下、上部量高之比，符合黄金分割定律，即 1∶0.618 的近似值。“以腿言之，胯为根节，膝为中节，足为梢节。”测量腿部，发现小腿与大腿长度之比符合黄金分割定律，即 1∶0.618 的近似值。

武术动作标准是有机的，身体各部分的比例决定身体运动的变化。在演练过程中的动作定位，始终遵循着黄金比例运动原理。

（二）太极拳中重心

以太极拳为例。太极拳讲究以弱胜强，四两拨千斤，尤其注重人体平衡力的研究。而重心则是研究人体平衡力的关键所在，因此我们研习太极拳，就应对人体的重心线和人体重心线在太极攻防中的作用有一个基本的了解。

如何找到人体的重心线？垂直上下穿过人体重心的那根无形的线，我们称之为人体的重心线。直立运动中的人体由两腿支撑全身的重量，并通过换步移动维持身体的平衡。也就是说要始终以重心线为中轴保持，对称与平衡。由于两腿在运动中支撑全身重量的方式不同，则重心线的位置也有所不同。

活动：师生共同观看视频《太极拳如何转移重心》，思考练太极拳时如何转移重心才不易失去平衡？

当太极拳转移重心时，双腿承受压力不均，成为虚实步，这时中心线与重心线相分离，一般我们称那个承受大部分重量的腿为实腿，承受少部分重量的腿为虚腿。身体重量的重心线若位于两脚间距离偏虚脚约三分之一的地方，就可以使双足踏地有力。这个“约三分之一”准确些可以用“黄金分割法”来度量，即从实脚到虚脚约 0.618 的地方；从虚脚到实脚约 0.382 的地方。如果重心线位置超出了这个范围，即重心线位置小于了 0.618 或者说大于了 0.382，就会出现虚腿过虚、实腿倾斜的现象。

三、数学几何图与武术

几何是研究空间结构及性质，是数学基本研究内容之一。从几何角度出发，解析武术运动中人体方圆几何图的重复构建变换，可以产生一系列图形，如三角形、四边形、五角形、圆等都是常见图形，这些图形中重复交替排列组合，会体现出一些结构布局合理、动作和谐等特征。

提问：观察下面马步图你能发现它和数学中什么几何图相关？并思考为什么这样扎马步会稳？

如图一，马步中出现的矩形。矩形对角线交点是身体“重心”（肚脐下方），也是维持动态与静态身体平衡的核心，可分割出多个三角形，三角形具有稳定性。从马步中可以看出力量美与稳固美。

提问：弓步插掌式是武术中基本动作（如图三），你能从中看出什么图形？这个动作给你什么感受？

图一　马步抱拳式

图二　空手道四股立

图三　弓步插掌式示意图

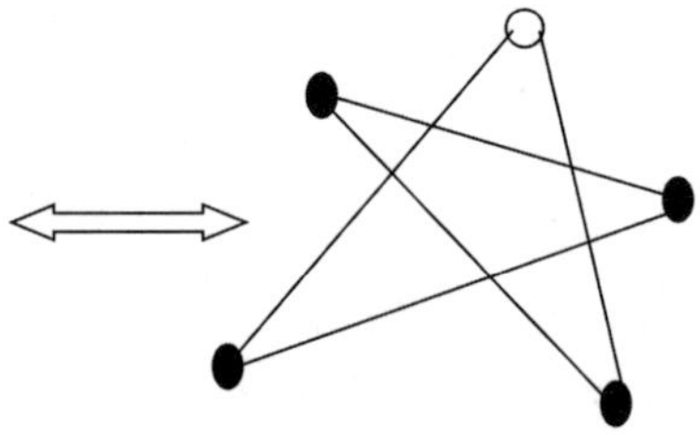

五角形

如图三，这一动作可勾画出斜五角形。五角形 5 个角度大小略有不同，造成这一现象的原因在于身体重心的前压或前倾，这一形变更加体现在视觉上的审美张力，产生不同的美感，给人“寓静于动”之感。

提问：观察视频中武术运动员的步伐，你能发现什么数学几何图形？谈谈你对利用几何图形辅助武术基本功训练的看法。

在武术训练方面，人们曾用几何图形来辅助武术基本功训练，以不同形状图对各种拳术中的典型动作进行针对性练习，规范动作路线、身法、协调性等。

三角步训练法是以自身步型距离为边长，画一个等腰三角形，两脚可以在三点上任意进行步行的转换。

四步门训练法是以自身步型距离为边长画一个正方形，取角上四点为落脚点，使步型、步法在四点上任意转换。类似的还有五行步、七星步、八卦步、九宫步等。

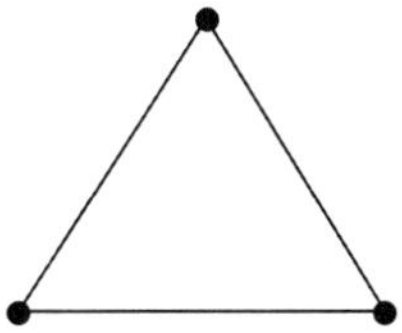

（三角步）

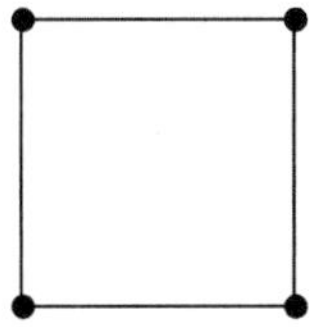

（四步门）

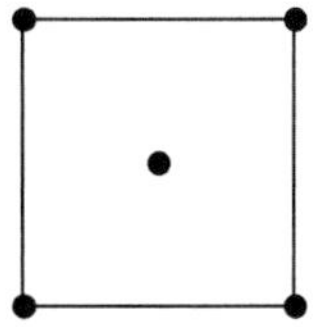

（五行步）

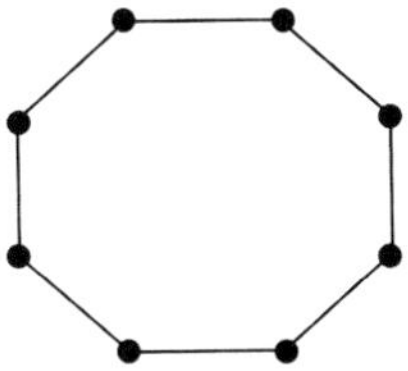

（八卦部）

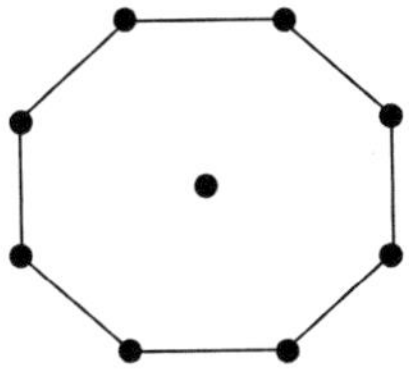

（九宫步）

课堂小结

传统武术中还是蕴含很多数学智慧的。像人体各处的“三节”符合黄金分割率，武术动作标准是有机的，身体各部分的比例决定身体运动的变化，以及在演练过程中的动作定位，始终遵循着黄金比例运动原理。在太极中转换重心时，需把重心放在实虚步的黄金分割点上。武术的许多动作也蕴含图形智慧，比如马步中出现矩形，可分割成多个三角形，给人力量美与稳固美。弓步插掌式可勾画出斜五角形，给人“寓静于动”之感。武术中的步伐也多为三角形、四边形、五边形等。传统武术中还有其他数学智慧等着你去发现。

作业布置

课后请查阅资料，或者采访相关专家，研究传统武术中还有什么与数学相关的体现数学智慧的内容，并完成小作文，也可以就本节课内容进行进一步研究，谈谈感想收获。

教学反思

通过校本课程学习，可以让学生看到数学的更多面，数学不仅是严谨简洁的概念、公式，抽象的推理运算，它和生活是紧密联系在一起的，许多方面都有它的身影，希望能激发学生学习兴趣。在本节课的准备时，教师需要有一定的知识面，不能只懂数学方面的知识，对通识也要有所了解，并需要提高自己搜集信息、整理信息的能力，更好地给学生提供适合他们理解的素材，在今后的教学中也要进一步完善这方面能力。

四、学科特色活动

学科特色活动：游戏 24 点

汤　凤

同学们如果玩过游戏“24 点”，很容易就体会到数学在这个游戏中的作用，而且有很多技巧，用对了技巧会事半功倍。

游戏规则是，给定 4 个自然数，通过加、减、乘、除四则计算，可以任意交流数的位置，可以随便的增多括号，但是每个数只能且必须用上一次，连起来形成一个算式，得数须为 24。

随机取出的四张牌中的确都会涌现一张单数。当涌现一张单数时，应按照这张单数的数量和另外三张双数之间的关系来做灵活调整。由于有 3×8=24 的基本算法，所以如果单数是 3，一般可以考虑把三个双数处理成 8。如 1、1、1、4 有 3×（10+2−4）=24 或 1、1、1、4 有 3×（2+2+4）=24。

三个数相连时，有时可以看作是两组两个数相连，如 1、1、5 可看作 3 和 4 或 4 和 5 两组两个数相连，计算时具体用哪个组合要看另一张牌的数。四个数相连的概率极小，一共有 7 种组合，每种组合都有解。

例如：24=2×9+6=2×9+6÷9×9=9×（2+6÷9）=24 除了用乘法，还可以用除法，得数为 24 的除法式子有 24÷1=24，48÷2=24，72÷3=24，96÷4=24 等。

总结：a×b+c=a×（b+c÷a），a×b−c=a×（b−c÷a）。

例：1、1、1、4。(7−9÷9）×4=24，1、1、1、4。(9÷9）×6×4=24。

要想算得又快又准，就要靠平时的基本功了，要有好的、过硬的基本功，就要多练习了，唯有多练，才能算得好，而且这又能很好地训练反应能力和敏捷的鉴别能力，对学好数学很有帮助。而要玩好这个游戏，最重要的有两点：1. 相熟加法口诀和乘法口诀；2. 操纵括号，由于括号既能改变计算顺序，也可以改变计算符号，如 12×（7−5）=12×7−12×5=24。

以上是对计算定律方面的总结，下面就数和数之间的关系的计算技巧加以总结。

例：1、1、1、10。

玩法许多多少，不过明显是有一些基本玩法的，就是 3×8=24；4×6=24，2×12=24，另有 1×24=24，24÷1=24，48÷2=24，72÷3=24，96÷4=24，等等。单数既不是 3，双数不是 8 的话，有时可以将通过一个单数和 2 个双数和一个双数进行运算后得出 3 和 8，如 1、1、1、4 有（9－6）×（4＋4）=24 或 1、1、1、4 有（9－6）×2×4=24。

按照 3×8=24，8 已经有了，只要将其余 3 个数凑成 8，有单数的计算方法，等。

到了高中，我们学了指对幂的运算也可以用到 24 点的计算中去。例如：3、2、8、2，3×8=24，对于两个 2，就可以考虑 $1=\log_2{}^2$，这样就有 $3\times8\times\log_2{}^2=24$。

通过这些技巧和化“1”法，同学们感受到数学知识学习越多，掌握的解决问题的方法越多，思维就越灵活。

游戏竞技法：每个班进入决赛的选手做好比赛准备，注意力集中，当工作人员出示 5 组扑克牌，就可以动笔写出能得到 24 的计算过程，根据用时长短排名，每组用时最短的两个人晋级决赛。

通过游戏，大家将自己在数学课上学习的指数、对数、幂运算进行了熟练运用。用数学课上的知识在生活中小游戏中取得成就感。

五、教学随笔

《中国数学故事》教学随笔

蔡秋燕

在教学中尝试将数学史以及传统文化融入课堂，以激发学生学习数学的兴趣，让学生了解数学家科学的思维方法和先进事迹，以及对数学的发展所做的贡献，以此对学生进行数学史的教育，培养学生科学态度和科学精神。在叙述中国数学发展的过程中，史论结合，着重对中国传统数学的发展规律和思想方法，进行了研究和讨论。某些观点、见解颇有新意；文字十分通俗，学术性和科普性结合得较自然；注意思想比较，展示了中西数学的不同源流。一次次的尝试、一次次的收获和感悟，让我体会到数学史及传统文化融入课堂是多么的必要。

首先，将数学史融入及传统文化数学课堂，有助于培养学生及教师崇尚科学与真理、严谨治学的态度。数学史上不乏因提出新观点、新发现触及已有学派的权威而失去性命的数学家。他们为坚持真理不惜一切的精神是学生需要学习的，也是作为教师的我们必须拥有的。然而教学中教师常常作为一种“权威”存在于课堂，因学生提出质疑或新的方法而感到气愤，认为这些“插曲”影响了这堂课的完整性，影响了本堂课的教学任务。殊不知，这样将扼制、磨灭学生的积极性与求知欲。

诚然，数学课程应适当反映数学的历史、应用和发展趋势，数学课程应帮助学生了解数学在人类文明发展中的作用，逐步形成正确的数学观。为此，高中数学课程提倡体现数学的文化价值并在适当的内容中提出对“数学文化”的学习要求。

其实，数学史及传统文化的内容是极其丰富的。它既是数学思想方法的发展史，又是重大数学过程的博览史；既是数学大师的贡献史，又是数学发展与社会生产、科技、政治、军事、文化教育的关系史；同时也是一部人类对自然、对社会以至对数学本身的认识史。

中学生学习数学史可以帮助学生弄清数学的概念、数学思想的发展过程，使学生对数学面貌有整体的把握和了解，了解中国历史上一些杰出数学家的生平和数学成就，了解中国历史上著名的数学著作，有助于学生感受前辈大师严谨治学、锲而不舍的探索精神；有助于激发兴趣、开阔视野、培养创新意识，更深度地体会数学对人类文明发展的作用。

数学史就是研究数学产生、发展进程及其规律的一门科学史。它研究的主要对象是数学的重大历史事件、重要的数学成果、重要的数学家人物和影响数学发展的各种社会、政治、经济和一般文化等因素。如数学各分支的发生与发展规律数学概念、数学思想方法的形成，数学教育，数学家列传，数学经典论著等。

研究数学史的目的主要是探索人类数学文明的发展，阐述中外文明的交互影响，了解数学发展过程中，数学的连续性和不断完整性。简言之，追溯数学的过去，了解数学的现在，预见数学的未来。

总之，数学史是学习数学、认识数学的工具，可以帮助我们弄清数学概念和数学思想、方法的发展过程，使我们对数学概貌有整体的把握和了解。事物是相互联系、相互转化的，通过数学史的学习，可以了解数学是在不断发生变化的，数学的发展是由生产力的发展和社会进步确定的，同时也是数学内部矛盾运动的结果。

数学史和数学家是相互依存的，“史”是数学家活动的舞台，“家”是舞台上的角色。通过数学史的学习，可以认识数学发展思维是非常生动、充满激情的；可以了解世界数学大厦是历代中外数学家的心血和汗水的结晶，是他们用自己的身心建筑的巍峨的数学殿堂，特别是了解中国古代数学成就及其在世界数学史中的地位，既有利于激发学生的民族自豪感，又便于对中外数学发展中各自的特点进行对比，了解其优势与弱点，对认识过去、珍惜现在、思考未来具有一定的教育意义，体现古人的箴言——“自知者明，自胜者强”。

经过一学期的教学实践，我发现参加听课的学生很多，且还有不少学生咨询是否可以在下学期再报名参加。学生很感兴趣，选报这门课程的学生数学学科成绩也有了一定提高，我也从中体会到成功的喜悦。我还会不断努力和探索，利用课余时间准备更多的教学课件，增大课堂的容量和师生互动，同时也要采用更加合理的考核方式，采用期末测验和平时作业相结合等的方式，力争日后做到更好。

《数学的智慧与艺术》教学随笔

王　晴

在《数学的智慧与艺术》教学过程中，我深深体会到数学不仅是一门科学，更是一种智慧和艺术的独特结合。每一节数学课都像是一次思维的舞蹈，每一个公式、定理都是构建理性宫殿的一砖一瓦，而解题的过程则如同绘制一幅逻辑严密而又充满创意的艺术画卷。

首先，数学是智慧的结晶。在课堂教学中，我常引导学生理解并欣赏数学中的智慧之美。如在讲解数学在建筑设计中的应用时，我会从实际生活中的直角三角形引入，通过直观展示和严谨推导，让学生领悟古人对空间关系的深刻洞察与精准把握，这是人类智慧的光芒在几何领域的闪耀。又如在解析函数的概念教学中，我们通过符号语言揭示出变量之间隐蔽的联系，使学生体验到抽象思维的力量和深度，这无疑是数学智慧的高度体现。

其次，数学亦是一种艺术。在课堂实践中，我努力营造一种将数学视为艺术创作的教学氛围。如在教授排列组合知识时，我会引导学生以艺术家的眼光看待问题，把各种可能性看作画布上的色彩，通过精心设计和巧妙组合，绘制出一幅幅逻辑结构清晰、形式美感十足的“解题图”。

再者，在处理复杂的代数方程或几何图形时，我会鼓励学生用数形结合的方式展示解题思路，让数学的严谨逻辑与艺术的视觉表现力相互碰撞，激发学生的创新意识和审美情趣。

此外，数学教学中的互动环节也是智慧与艺术融合的重要舞台。我常常组织小组讨论和解题竞赛等活动，让学生们在团队合作中共同探索数学的奥秘，感受解决问题过程中智力博弈与策略布局的乐趣，这既锻炼了学生的思维能力，也培养了学生协作创新的精神。总的来说，数学的智慧与艺术在课堂教学中的交织，使得原本看似枯燥的数字和公式变得生动有趣，有助于学生在理解数学原理的同时，提升逻辑推理能力和审美鉴赏力，实现知识技能与人文素养的双重提升。作为教师，我深感欣慰和自豪，因为每一次成功的数学教学，都是对学生智慧与艺术心灵的一次启迪和熏陶。

绘本“悦”读　慧读慧思

一、指导思想

英语阅读是英语学习过程中的一项重要技能，也是语言教学的重要组成部分。绘本作为书的一种形式，通过精彩故事情节、美丽画面、丰富内容吸引越来越多的学生进行阅读。英文绘本阅读架起学生从课堂走向课外的英语阅读通道，给学生提供学习英语的完整学习经验，让学生浸润在西方文化中感受语言的本来魅力。英文绘本的多样化题材可以扩展学生的生活经验，为学生提供学习英语丰富的词汇，协助发展学生的语言能力。

二、课程标准

《义务教育英语课程标准（2022 年版）》的学段目标部分提出，五六年级学生在语言能力素养方面需能读懂语言简单、主题相关的简短语篇，获取具体信息，理解主要内容。在思维品质素养方面需能对获取的语篇信息进行简单的分类和对比，加深对语篇意义的理解；能比较语篇中的人物、行为、事物或观点间的相似性和差异性，并做出正确的价值判断；能从不同角度辩证地看待事物，学会换位思考。能识别、提炼、概括语篇的关键信息、主要内容、主题意义和观点；能就语篇的主题意义和观点做出正确的理解和判断；能根据语篇推断作者的态度和观点。能就作者的观点或意图发表看法，说明理由，交流感受；能对语篇内容进行简单的续编或改编等；具有问题意识，能初步进行独立思考。

三、课程结构与内容

年级	国家课程标准	校本课程	核心素养
六年级	语篇阅读	绘本“悦”读 慧读慧思	语言能力 思维品质

四、课程活动形式：绘本阅读、交融拓展

五、案例

《丽声三叶草分级读物》第七级 *Ben's Tooth* 教学设计

<table>
<tr><td>书名：Ben's Tooth　　　　话题：身体部位</td></tr>
<tr><td>高频词汇：called，may，put，show，there，was，won't</td></tr>
<tr><td>核心句型：My tooth has come out.</td></tr>
<tr><td>文本分析</td></tr>
<tr><td>Ben's Tooth（《本掉牙了》）是《丽声三叶草分级读物》第七级中的一个故事，讲述了小男孩本掉了一颗牙齿后的经历。本文为记叙文，围绕着本的牙齿展开故事，属于身体部位主题
1. “What”主题意义和主要内容
绘本以真实、细腻地描写，传达“从家庭到学校对牙齿的重视与妈妈陪伴成长”这一主题思想；又借助精美的图画和场景的变化，不断引发读者的猜测与想象
故事从本在学校吃苹果时，不小心掉了一颗牙开始。他拿着掉下来的牙齿去找格林老师时，老师给了他一个小盒子，让他把掉了的牙齿放进去。放学后，本急忙回家跟妈妈分享自己掉牙的事情，妈妈告诉他要把掉下来的牙齿放在床边，因为掌管牙齿的小精灵会在他睡着后，拿走这颗牙。尽管本的第一反应是世界上根本没有小精灵，它们只是在童话故事里。在睡觉前，他虽然将装着牙齿的盒子放在了床头，但还是半信半疑。牙仙子会来吗？亦或根本就不会出现。然而令本想象不到的是，第二天当他起床时，竟然发现牙齿不见了，取而代之的是一枚硬币。本惊讶万分，赶紧跑了出去，将这个消息分享给妈妈</td></tr>
</table>

续表

本文分析
2.“Why”写作意图 作者首先通过描写本在学校掉了一颗牙。从本和小伙伴的表现来说，他们是既吃惊又好奇，对于身体的变化，孩子们似乎还没有做好心理准备；而格林老师给了本一个精美的小盒子，体现了学校对牙齿的重视和保护。文本通过描写本睡觉前对牙仙子的到来既怀疑又满怀期待的复杂心情，生动地表现了孩子对一切充满好奇的特点。第二天，当本发现牙不见了，取而代之的是一枚硬币时，他的激动和兴奋溢于言表。而作为读者的我们，相信在这一刻，一定能体会到妈妈为了保护孩子的童真，让其感受到成长的喜悦，而付出的真心和爱 3.“How”文体结构和语言修辞 本书是记叙类文本，讲述了本掉牙后的经历 从内容结构上看，本书从牙齿掉在苹果里——拿着牙齿寻求老师帮助——牙齿装在盒子里——牙齿放在床头——牙齿被牙仙子拿走5个主要场景展开故事 从语言功能角度来看，本书主要用一般过去时讲述故事，符合故事的叙述特点 从词汇角度来看，本书出现了一些关于故事叙述的单词过去式及短语，如：ran home，showed Mum，laughed，read him a story，woke up，looked in
学情分析
本节课授课对象是六年级学生。通过三年的英语学习，学生对动物身体部位话题有所接触，能够简单地描述自己身体部位的特点等，但是对于本书中出现的有关牙齿的西方文化了解并不多，需要在阅读中逐步了解，同时也需要教师对西方文化中牙仙子的基本信息进行课外拓展介绍 六年级学生观察能力强，善于提取图片信息，并能够根据观察到的内容进行描述，同时积极思考，具有一定的思维能力和语言基础，可以对绘本内容进行推测和提问，能够在教师的引导下根据提示，复述文本内容。学生活泼好动，热爱表演，有表现力，喜欢扮演，可以尝试在小组中进行分工表演或复述活动
教学目标
在本节课学习结束时，学生能够： 1.提取本掉牙后的故事信息（起因、经过、高潮、发展、结局），以story map的形式进行梳理 2.根据story map，讲述本掉牙后的生活经历，小组合作表演本掉牙后的生活片段 3.在拼图阅读活动中获取细节信息，完成学习任务单 4.根据对故事的理解，结合教师的补充材料，讨论妈妈为什么说牙仙子会在本睡觉后把牙齿拿走，并尝试用英语进行评价，表达个人的观点及看法
教学重难点
教学重点： 1.提取本掉牙后的故事信息（起因、经过、高潮、发展、结局），以story map的形式进行梳理

续表

<table>
<tr><td colspan="4">教学重点</td></tr>
<tr><td colspan="4">2. 根据 story map，讲述本掉牙后的生活经历，小组合作表演本掉牙后的生活片段
教学难点：
1. 在拼图阅读活动中获取细节信息，完成学习任务单
2. 根据对故事的理解，结合教师的补充材料，讨论妈妈为什么说牙仙子会在本睡觉后把牙齿拿走，并尝试用英语进行评价，表达个人的观点及看法</td></tr>
<tr><td colspan="4">教学用具</td></tr>
<tr><td colspan="4">课内阅读材料：《丽声三叶草分级读物》第七级 Ben's Tooth
教学用具：PPT 课件、绘本主要场景图、板书词条、学生学习任务单等</td></tr>
<tr><td colspan="4">教学过程</td></tr>
<tr><td></td><td>教学内容</td><td>教学活动</td><td>设计意图</td></tr>
<tr><td>Pre-reading</td><td>Book cover 故事封面</td><td>故事导入：谜语导入，讨论封面，交流已知，预测情节

Step 1 引出主题
1. Think and guess
提问建议：
◆Before we read the story, I have a riddle for you. Please think and guess. It's part of our body. It's small but hard. If you love it, it is white and clean. If you don't love it, it is yellow and dirty.
可参考语言框架：
◆Is it a...?
2. Brainstorm
提问建议：
◆Tooth is part of our body. We should love our teeth.
How to protect your teeth?
Do you have any good idea?
What do you like eating /drinking?
How often do you brush your teeth?
可参考语言框架：
◆I brush my teeth twice a day.
I eat a little...
I never drink...
3. 观察封面图片，交流已知
提问建议：</td><td>通过谜语激活学生思维，自然引入到今天学习的内容

学生通过头脑风暴，交流相关信息，进一步激活与话题相关的语言知识，主动参与文本互动

教师通过引导学生观察封面，从而引出 baby tooth 和 permanent tooth 两种牙齿类型，渗透关于牙齿的知识</td></tr>
</table>

续表

	教学内容	教学活动	设计意图
Pre-reading	Book cover 故事封面	◆What do you know from the book cover? Who's the boy/woman? Where are they? /When is it? What's in the little box? Can you guess? Can you guess the title of the book? 可参考语言框架： ◆I know the illustrator is Nathalie Ortega. I know the writer is Beverley Randell. I think the boy holding a box is Ben. I think maybe the woman is Ben's mother. Maybe they are at home. I think the story happens after school. I think there is a tooth in the box. I think the title is. . . . 4.预测情节 提问建议： ◆What do you want to know about the story? 可参考语言框架： ◆What happens in the story? Who are in the story? Where does Ben lose his tooth? What makes Ben lose his tooth? How does Ben feel when his tooth came out? What does he do after his tooth came out?	教师鼓励学生根据封面信息进行首轮猜测，激活学生的知识储备，让学生主动参与到文本的学习中来 教师记录学生的问题，并以此引导学生阅读绘本

续表

	教学内容	教学活动	设计意图
While-reading	Beginning:	故事呈现：图片环游，提取信息 Step 2 通过图片环游学习第 2、4、8 页的内容，对图片进行排序，进行情节梳理 1.通过 Think and Order，梳理出故事的起因、经过、高潮 提问建议： ◆Look the three pictures, think and tell me what happened first/next/then? 可参考语言框架： ◆I think Picture B/C/A happened first/next/then. Picture B/C/A is the beginning/ rising action/the climax of the story. 2.Jigsaw Reading 拼图阅读培养策略(P2—3 P4—5 P6—9) (学生拼图学习任务单见 PPT) 教师语言建议： ◆Now let's do Jigsaw reading. ①There are 3 parts. Choose one to read and finish the blanks. ②Then, go to the expert group and check the answers. These sentences may help you. Who was with Ben? Where was the tooth? What did they say? You can underline the sentences, then read it emotionally. ③At last, go back to your home group and share your idea and complete the worksheet. Step 3 请学生分部分讲述故事，学生共同观察，师生共建板书 1.阅读第 2—3 页图片和文本	学生在图片环游过程中仔细观察，梳理故事情节 学生自主阅读，在拼图阅读活动中获取细节信息，完成学习任务单 师生共建 story map，梳理故事情节，了解故事大意，完成重点知识学习

续表

	教学内容	教学活动	设计意图
While-reading	Climax:	提问建议： ◆ What happened to Ben's tooth at school? Who was with Ben? Where was the tooth? What did Ben say? From his words and expression, can you figure out how was Ben? 可参考语言框架： ◆Ben was with his classmate. The tooth was in the apple. He said, “Ow! Oh, look! My tooth has come out, and here it is, in my apple.” I think he is surprised. I think he is a little sad/nervous. 2.阅读第 4—5 页图片和文本 提问建议： ◆Who was with Ben? Where was the tooth? What did Mrs Green say? When you lost your teeth, where did you put them? Why did Mrs Green put Ben's tooth in a little box? You can discuss in groups. 可参考语言框架： ◆Ben was with his teacher, Mrs Green. The tooth was on his hand. Mrs Green said, “Here's a little box to put it in.” When I lost my teeth, my mum put it on the roof of the house, or under the bed.	教师引导学生通过问题引领，观察书中第 2 页的图片，把故事情节融于师生自然的交流过程中，培养学生“读图”的能力，思考本掉牙后的心情 通过图片，师生交流完成绘本第 4—5 页的阅读，通过教师设置问题“Why did Mrs Green put Ben's tooth in a little box?”调动学生思维表达个人观点

续表

	教学内容	教学活动	设计意图
While-reading		Mrs Green put Ben's tooth in a little box, in case he lost it. 3. 戏剧游戏 Still Image 提问建议： ◆Let's play Still Image, and think what will Mum say? 可参考语言框架： ◆ I think Mum will say... 4. 阅读第 6—9 页图片和文本 提问建议： ◆Who was with Ben? Where was the tooth? What did Mum say? Have you ever heard of the tooth fairy? Why did Mum say the tooth fairy may come? When the child lost his tooth, the tooth fairy will come and get it. 可参考语言框架： ◆Ben was with his mum. The tooth was in the box. Mrs Green said, "Where is your tooth? Have you got it? The tooth fairy may come and get it after you go to sleep." Step 4 感悟故事，启发思维，表达语言 (P10—15) 1. 戏剧游戏：Character Conversation 提问建议： ◆Mum said, "The tooth fairy may come and get your tooth after you go to sleep." Look at Ben; Can you guess: What will Ben say, and what will he do?	通过戏剧游戏，学生运用肢体形态，复制本拿着牙齿见到妈妈后的一个凝固的视像画面，并推测在此场景下，妈妈可能会说的话 通过听读、图片观察、师生交流，引导学生对"tooth fairy"意思的理解，为后续的阅读做铺垫 通过 Character Conversation，让学生模仿本对妈妈语言的反应，也对后续的矛盾冲突埋下伏笔，激起学生的阅读兴趣和不断验证自己猜想的好奇心，并通过问题"Did Ben believe Mum? Will Ben follow Mum?"让学生结合阅读内容深入思考，修正自己的预测，调动思维发表个人观点

续表

	教学内容	教学活动	设计意图
	Ending	Now let's listen to Ben. Did Ben believe Mum? Please guess：Will Ben follow Mum? 可参考语言框架： ◆Maybe Ben will say，“Are you kidding?” Really，what will a tooth fairy do? No，Ben didn't believe Mum. Maybe he will follow Mum，because children are always very curious. 2. 戏剧游戏：Hot Seating 提问建议： ◆Will Ben follow Mum? Let's play a game “Hot Seating”. If you will follow mum，you can take this chair，and tell us why? If not，you can also take a chair，and tell us the reason. 可参考语言框架： ◆I will follow Mum，because I want to know what will happen. I won't follow Mum，because I don't think there is a fairy in the world. 3. Read the story (the first two paragraphs of P13)，then answer the question 提问建议： ◆You see，Ben said，“A fairy won't come”，but why did Ben put the box by the bed? 可参考语言框架： ◆I think he is curious. I think he was hoping something might happen.	通过戏剧游戏，让学生通过扮演本，并以本的立场和角度去思考是否会听妈妈的话，把牙齿放在床头，并简要阐述理由 在故事的阅读中，体会本语言和行动上的矛盾，教师通过设计问题，帮助学生理解故事，提升思维的深度，体现思维的批判性 通过观察图片，预测故事的发展，自然过渡到本看到牙齿消失，取而代之的是一枚硬币。让学生推测到底是谁取走了牙齿，启发学生思维的开放性与创造性

续表

	教学内容	教学活动	设计意图
Post-reading	Whole story	4. Think and Say 提问建议： ◆Will a fairy come? Will she? Or won't she? Now look at the picture. In the morning, Ben woke up. He looked in the little box. What happened? What did he see? 可参考语言框架： ◆Oh, there is a coin in the little box. I think Mum put the money in the box. Step 5 发散思维，表达情感 1. Free Talk 提问建议： ◆What happened? Who took the tooth and leave the coin? Where is the tooth? Can you make a guess? Do you know why the tooth fairy/Mum did it? 可参考语言框架： ◆The tooth has gone. I think Mum/the tooth fairy took the tooth. There's no fairy in the world. 2. 文化渗透，情感提升 提问建议： ◆Do you know: Why did the tooth fairy take the tooth? Some of you think Ben's mum took the tooth, because there is no fairy in the world. So why did Mum take the tooth? 可参考语言框架： ◆Mum took the tooth to make Ben believe her. My mum put the Christmas gift by my bed, so I think Ben's mum put the coin by his bed too.	在讨论到底是谁拿来硬币的过程中，自然渗透牙仙子的文化和妈妈的爱陪伴成长这一主题

续表

<table>
<tr><th></th><th>教学内容</th><th>教学活动</th><th>设计意图</th></tr>
<tr><td rowspan="2">Post-reading</td><td rowspan="2">Whole story</td><td>故事回顾：原音输入，跟读故事，内化语言
Step 6……
1.师生合作，完成故事 story map
2.Shadow Reading
3.Look and Say
提问建议：
◆ Anyway, how is Ben now? Let's read the story (P16)
What will Mum say?
Mum has a story about the tooth fairy.
Do you want to know?
It's said that the tooth fairy has a big palace. Everything in the castle is made of teeth. But only bright and clean tooth can be used to build a palace. All dirty yellow teeth go to the Tooth Dungeon.
What do you learn from the story?
可参考语言框架：
◆I think he's excited.
So we should take a good care of our tooth.</td><td>学生通过模仿正确的语音语调，有感情地指读故事

通过讲述牙齿宫殿的故事，给此绘本故事一个完整的结局，并在故事中，传递给学生保护牙齿的理念</td></tr>
<tr><td>4.联系生活，交流经历
提问建议：
◆Do you remember your tooth-losing story?
How did you feel? What did you do?
Who was with you then?
Where is the tooth now?
可参考语言框架：
◆I lost my first tooth when I was six.
I felt frightened.
I went to the dentist to pull it out. It hurt.
My mum bought me an ice-cream. I felt better.
I lost one of my teeth, when I was having breakfast.</td><td>学习完故事后，请同学分享自己掉牙的经历，进一步建立与本绘本故事相关的生活经验和语言知识的联系</td></tr>
<tr><td colspan="4">作业
1.Read or tell the story to your parents or friends.
2.Write a story about your mother and you.</td></tr>
</table>

板书：

Ben's Tooth

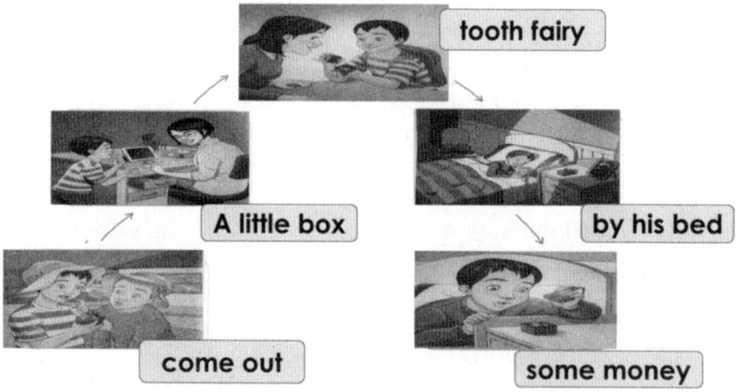

《丽声三叶草分级读物》第七级 *Mrs. Spider's Beautiful Web* 教学设计

书名：*Mrs. Spider's Beautiful Web*	话题：动物
高频词汇：catch，round，something，there，want	
核心句型：Mrs. Spider went round and round and round inside the web. She sat and sat and sat.	
文本分析	
Mrs. Spider's Beautiful Web 是《丽声三叶草分级读物》第七级中的一个故事，讲述了蜘蛛夫人不放弃织网，直到捕捉到苍蝇作为晚餐的故事。本书为记叙类文本，围绕着蜘蛛展开故事，属于动物主题 1. “What”主题意义和主要内容 绘本通过细致、有趣的叙述故事，传达了蜘蛛夫人“不放弃”的精神，又通过精美的画面和变化的情节不断激发读者的阅读兴趣。故事从蜘蛛夫人想要捕捉苍蝇进食，从而想要织一个漂亮的网开始，描述了蜘蛛夫人织网的过程，最终成功捕捉一只苍蝇美餐一顿的故事。捉到苍蝇，网也破坏了，于是蜘蛛夫人又一次投入到织网中 2. “Why”写作意图 作者通过描述蜘蛛夫人织网的过程，引导读者了解织网的步骤，帮助读者懂得蜘蛛捕食的特性，体会做任何一件事都要坚持的道理 3. “How”文体结构和语言修辞 本书是记叙类文本，讲述了蜘蛛夫人织网捕食的故事 从内容结构上看，本书围绕蜘蛛夫人想要美餐一顿，于是精心织网并成功捕捉到一只苍蝇的情节来展开故事	

续表

文本分析
从语言功能角度看，本书主要使用一般过去时讲述故事，在对话过程中使用了一般将来时，符合讲故事的叙述特点 从词汇角度看，本书出现了一些关于故事叙述的动词过去式及短语，如：made，came back，blew into，sat，hid，did 等
学情分析
本节课的授课对象是六年级学生。通过三年的英语学习，学生对动物的话题接触比较多，能够简单地描述动物的外貌、喜好、习性等，但是对于文本中出现的有关蜘蛛的习性知识了解并不多，需要在阅读中逐步了解，也需要教师对蜘蛛的生活习性进行课外拓展介绍 六年级的学生观察能力强，善于提取图片信息，并能够根据观察到的内容进行描述，同时积极思考，具有一定的思维能力和语言基础，可以对绘本内容进行推测和提问，能够在教师的引导下运用语言框架描述文本内容。学生们活泼好动，热爱表演，有表现力，喜欢尝试在小组中分工表演或复述活动
教学目标
本节课学习结束时，学生能够： 1.提取蜘蛛夫人织网的过程信息，以 Sequence 顺序图的形式进行梳理 2.根据 Sequence 顺序图描述蜘蛛夫人织网的过程，小组合作添加对话或旁白 3.根据对故事的理解，结合教师的补充材料，讨论蜘蛛的生活习性
教学重难点
教学重点： 1.提取蜘蛛夫人织网的前因后果和顺序信息 2.根据对故事的理解，结合教师的补充材料，讨论蜘蛛的生活习性 教学难点： 根据 Sequence 顺序图描述蜘蛛夫人织网的过程，小组合作添加对话或旁白
教学用具
课内阅读材料：《丽声三叶草分级读物》第七级 *Mrs. Spider's Beautiful Web* PPT 课件，绘本主要场景图、顺序图

续表

教学过程（可分读前、读中和读后活动）			
	教学内容	教学活动	设计意图
Pre-reading	Book cover 故事封面	故事导入：讨论封面，交流已知，预测情节。 Step 1 讨论封面，交流已知，预测情节 1.观察封面图片，交流已知 提问建议： ◆What can you see in the picure? What do you know from the book cover? 可参考语言框架： ◆I know the title is Mrs. Spider's Beautiful Web. I know Mrs. Spider is the character. I know the writer is Beverley Randell. I know the illustrator is Chantal Stewart. I think the story happens in the forest. 2.预测情节 提问建议： ◆What do you want to know about the story? 可参考语言框架： ◆What happens in the story? Who are in the story? Where is Mrs. Spider going? What shape is the web? What is the pattern of the web? How is the web? How does Mrs. Spider feel in the story?	学生通过猜测和预测，激活已知经验和已有语言知识，提高阅读兴趣 教师记录学生的问题，并以此引导学生阅读绘本

续表

	教学内容	教学活动	设计意图
While-reading	Beginning:(Mrs. Spider wanted to catch a fly. She was going to make a web.)(P2—3)	故事呈现：图片环游，提取信息 Step 2 通过图片环游学习第 2—3 页的内容，回答问题并进行情节梳理 1.看书中第 3 页的图片，观察图中有哪些人物（动物） 提问建议： ◆What do you see/think/wonder? Who are the characters in the picture? 可参考语言框架： ◆I see... I think... I wonder... 2.观察此时的网是什么形状 提问建议： ◆How is the web? 可参考语言框架： ◆I see a line. I think the web is only a line. I wonder if it can become a web. I think it is very thin and small. 3.学生阅读第 2 页文本 提问建议： ◆How was Mrs. Spider? What did she want to do? What was she going to do? 可参考语言框架： ◆Mrs. Spider was hungry. She wanted to catch a fly. She was going to make a web.	学生在图片环游过程中仔细观察，组织语言进行表达 学生在阅读中根据故事大意进行推理 学生观察图片，体会蜘蛛夫人的感受

续表

	教学内容	教学活动	设计意图
	Middle: 1. Mrs. Spider made a web. It can catch a fly. (P4—9)	4.看书中第 4 页的图片，观察网的变化 提问建议： ◆Is the web only a short line? 可参考语言框架： ◆No, Mrs. Spider made some more line. 5.学生阅读第 5 页文本 提问建议： ◆How did Mrs. Spider make the web? Is it easy to make the web? 可参考语言框架： ◆She went down with it and she came back up. Down and up, down and up. She worked and worked. 6.学生阅读第 5 页，尝试将蜘蛛夫人织网的信息填写在 Sequence 图中 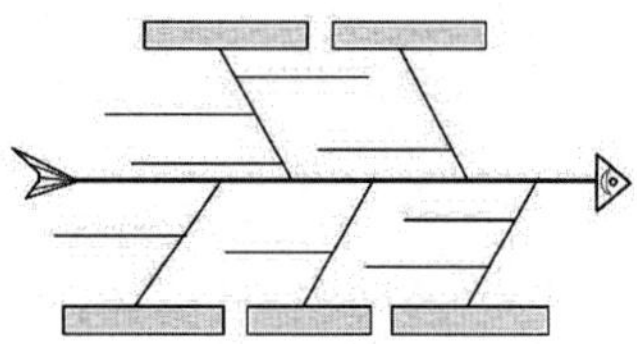 7.教师提问，请学生按照情节发展顺序续编故事 提问建议： ◆How did Mrs. Spider make the web? How is the web? 可参考语言框架： ◆ Mrs. Spider went round and round inside the web. She went round and round and round and round. It was very sticky. Mrs. Spider can catch a fly.	学生观察图片，观察网的形状、大小 学生理解 Sequence 鱼骨图的使用，练习信息提取，为梳理故事做好准备 学生练习按照鱼骨图尝试复述故事

续表

	教学内容	教学活动	设计意图
Pre-reading	2. Mrs. Spider caught a fly.（P10—13）	8.学生自主阅读第 6—9 页，观察网的形状变化 提问建议： ◆How was the web? What did Mrs. Spider do? 可参考语言框架： ◆I think the web is beautiful. Mrs. Spider made a big and round web. The web is sticky. Mrs. Spider can catch a fly. 9.学生自主阅读第 10—11 页，说说蜘蛛夫人的动作和状态 提问建议： ◆What did Mrs. Spider do? Did it take Mrs. Spider a long time to wait for a fly? How was she? 可参考语言框架： ◆Mrs. Spider hid by her sticky web. She sat and she sat and she sat. Mrs. Spider was very，very hungry. 10.学生自主阅读第 12—13 页，结合 Sequence 鱼骨图说说情节发展 提问建议： ◆Was there anything come? What was that? How did Mrs. Spider feel then? 可参考语言框架： ◆There was a fly coming. It was a fly. Mrs. Spider was happy and she wouldn't be hungry. Mrs. Spider would have the fly for dinner. 11.共读第 4—12 页，根据鱼骨图梳理情节发展顺序	

续表

	教学内容	教学活动	设计意图
Pre-reading	End： Mrs. Spider had to make the web again. (P14—16)	10.师生共读，梳理第 14—15 页情节发展 提问建议： ◆What did Mrs. Spider find after dinner? What would Mrs. Spider do then? Would it take long to make the new web? Did Mrs. Spider work all night? How was the web next morning? 可参考语言框架： ◆Her web was broken. She would have to make it again. Yes，it would take a whole/all night for Mrs. Spider to make a new web. Yes，she did. It was beautiful again.	学生根据故事结尾，进行合理推测和表述
Post-reading	Whole story	故事回顾：原音输入，内化语言 Step 3 听录音，并指读 Step 4 学生合作，梳理 Mrs. Spider 织网的过程 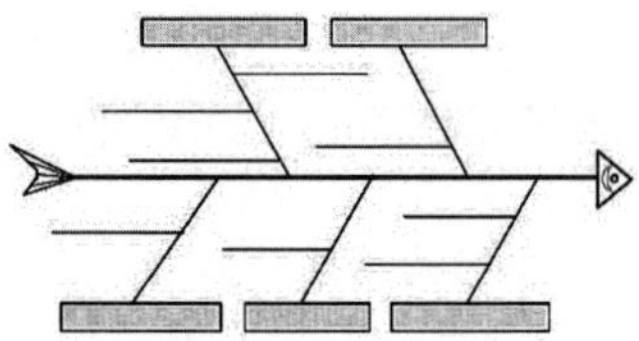 Mrs. Spider was hungry. She wanted to make a web. She wanted to catch a fly for dinner. The wind blew the line into a leaf. Mrs. Spider made some more lines. She went down with it and she came back up. Down and up，down and up. She worked and worked. Then，Mrs. Spider went round and round inside the web. She went round and round and round and round. Mrs. Spider sat by the sticky web all day. She was very hungry.	培养学生听读习惯，以听促读，为语言表达作铺垫 学生应用 Sequence 顺序图表述蜘蛛夫人织网的前因后果和流程，进行合理推测，有逻辑地展开想象和推测

续表

	教学内容	教学活动	设计意图
		A fly did come. And Mrs. Spider had the fly for dinner. But the web was broken, Mrs. Spider had to make it again. The next morning the web was beautiful again. Step 5 学生两人一组，讨论、表演或讲解 Mrs. Spider 织网的过程 提问建议： ◆What would Mrs. Spider do then? How did Mrs. Spider do? 可参考语言框架： ◆Somebody：Hey，Mrs. Spider，how are you? Mrs. Spider：I'm very hungry. I want to make a web to catch a fly. narrator：Mrs. Spider... 故事迁移：解决问题，推理判断，深度思考 Step 6 回应读前学生提出的问题，确定答案 提问建议： ◆Can you answer all the questions on the blackboard? Have you got any other questions? 补充蜘蛛织网的视频：Let's watch how a spider's web is.	学生合作，通过讨论、表演、讲述，充分发散思维，站在动物的角度进行故事的延展 从学生的提问入手，解决学生的疑问，引导学生理解文本，并表达自己的想法
	Extension	Group work： Make the cycle.（根据不同的动物，小组合作排出相应的食物链）	课外延伸，拓展自然界食物链的相关知识
作业 1.向父母或朋友朗读或复述本故事 2.观看电影《夏洛的网》			

板书：

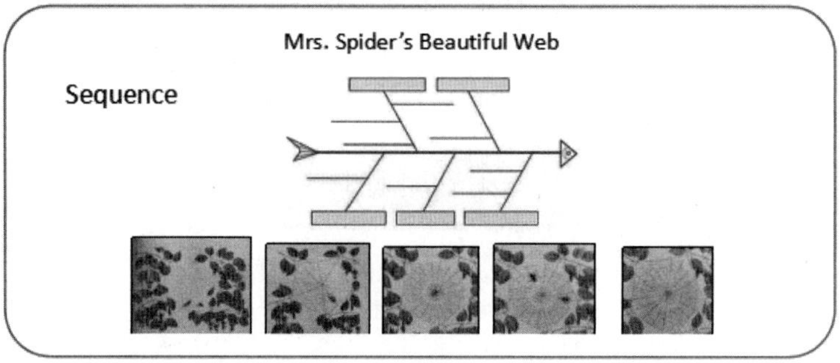

六、学科特色活动：英语小报设计

七、教学随笔

英语绘本阅读教学的思与行

本学年是我们第一次尝试进行绘本的教学，我们原本对绘本有些粗浅的了解，但是自从接触到绘本教学之后，发觉绘本是很好的教学材料，学生也都爱上了这些故事。我想这将成为学生今后人生中一顿不能遗忘的精神大餐，成为学生一段不能遗忘的记忆。

经过一段时间的绘本教学，我进一步了解绘本，对以后的教学中如何上好阅读课也有了一些粗浅的想法。要上好一节绘本阅读课，我们需要在以下几个方面多下功夫：

一、注意教学连贯性，提升学生阅读品质

绘本因其图文并茂的特点，在提升学生阅读兴趣与培育学生阅读理解本领方面有着非常显著的作用。但是在实际的绘本教学中，教师往往是深挖字词句和语法分析，面面俱到，精雕细琢。殊不知，在一连串的训练与追问下，学生对阅读的兴趣早已被蒸发。我认为绘本教学应有别于传统的逐图分解讲析方法，应遵循“感知故事—细读故事—提炼整合关键信息—组织语言—复述故事”的阅读策略，这样能保留阅读原有的趣味性和吸引力在保障教学连贯性时，提升学生阅读品质。

二、抓住故事进展主线，提高学生阅读效能

一条主题鲜亮的“教学主线”是一堂优秀绘本阅读课的必备要求，它就好比是一堂课的灵魂。课堂的各项教学活动都应围绕这条主线开展，并经过它进行发散与拓展，否则教学过程就会紊乱。引导学生梳理故事主线，不仅能勾画故事结构，同时也培育学生捕获信息的本领，提高阅读能效。

三、巧设课堂板书，助力学生理解应用

精湛的板书是教师才智的结晶，也反映了教师驾驭教材的本领。它作为课堂教学的重要组成部分，可以帮助学生理解课文，把握学问，启发思维。板书设计时应删繁就简，高度概括语言重难点，为学生供应语言操练的框架，同时也为后续复述课文和语言拓展环节铺垫。

有人这样说，儿童没有阅读，他的人生经历必定会有欠缺，经过阅读带来的启发，能解决孩子视野和品行的问题。学校英语绘本教学是一个新生事物，还需要我们不断去实践、去讨论。作为英语教师，我们要充分发挥绘本阅读教学的作用，培育学生良好的阅读习惯，为学生的终身发展奠定基础。

七、学生作品

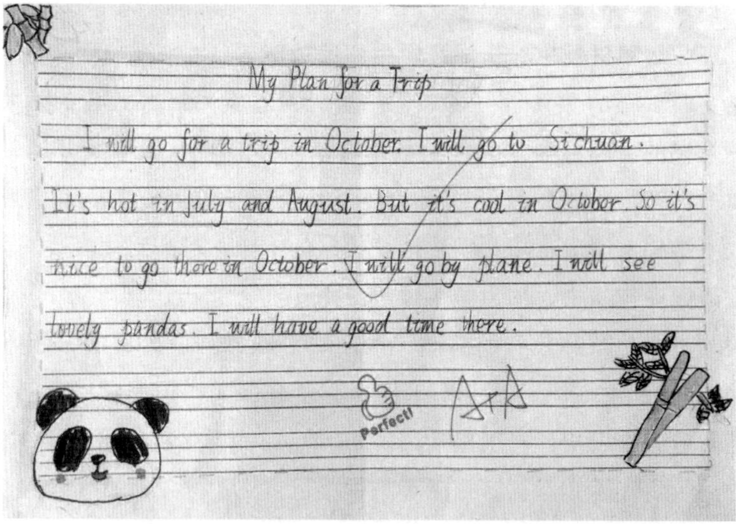

My Plan for a Trip

I will go for a trip in October. I will go to Sichuan. It's hot in July and August. But it's cool in October. So it's nice to go there in October. I will go by plane. I will see lovely pandas. I will have a good time there.

“英”话中国，文武双全

一、学科课程方案

（一）指导思想

2017 年 9 月，教育部颁布的《中小学综合实践活动课程指导纲要》指出：“综合实践活动是国家义务教育和普通高中课程方案规定的必修课程，与学科课程并列设置，是基础教育课程体系的重要组成部分。”当前中国课程改革正指向学生核心素养的培育，如何在素养时代培养适应社会需要的新人，需要学校从“立德树人”的高度在学校一级课程建设中予以关注和回应。围绕英语学科核心素养目标和优化育人路径，初中英语围绕着我校一级课程目标“弘学、尚武、育才”开展“英语群文阅读助力讲好中国故事”，有效促进英语课堂教学改革，转变教与学的范式，打破现有的阅读课程形态，引入更有活力的课程化资源，创新英语阅读教与学的模式和用英语讲好中国故事，最终实现英语教育的整体育人目标。

（二）课程标准

《义务教育英语课程标准（2022 年版）》明确指出，教师要把落实立德树人作为英语教学的根本任务，准确理解核心素养内涵，全面把握英语课程育人价值。引导学生在学习和运用英语的过程中，了解不同国家的风土人情、文化历史，以及科技、艺术等方面的优秀成果，进行中外文化比较分析，拓宽国际视野，加深中华文化理解，增强中华文化认同感，逐步树立正确的世界观、人生观和价值观。这意味着英语教学要注重引导学生在跨文化交流的过程中，坚守中华文化立场，传承中华文化基因，汲取中国智慧，弘扬中国精神，讲好中国故事，传播中国价值。中华文化源远流长，博大精深。引导学生用英语讲好中国故事是将中华文化融入课堂，讲述和传播中国文化的有效途径。

当前的校本课程的开发应基于国家课程总目标的要求（表一），根据课程总目标补充课本资源缺失部分，从而逐步形成的适应个人终身发展和社会发展需要的正确价值观、必备品格和关键能力。现行初中英语教材为科学普及出版社发行的 Project English。该教材中有关文化的语篇很少，在八年级第三单元第一话题中出现了一篇安徒生的童话 *The Little Match Girl*，其他有关文化的语篇全部集中在九年级下册。而九年级下册也只是介绍了长城、孔子、郑和下西洋、名著《西游记》中的几篇故事等。因此，作为课本资源的补充，我们初中英语补充的校本课程是有关中华传统优秀文化故事。一是弥补了教材中有关中国元素少的语篇；二是作为补充的语篇，故事生动，寓意深刻，会让学生喜欢上英语；三是引导孩子去寻找中国传统文化的根脉，让修身、齐家、治国、平天下的种子从小在学生心中萌芽，实现语言教学培养品格和能力的作用。

表一　课程目标及具体阐述

课程总目标	具体目标阐述
发展语言能力	能够在感知、体验、积累和运用等语言实践活动中，认识英语与汉语的异同，逐步形成语言意识，积累语言经验，进行有意义的沟通与交流
培育文化意识	能够了解不同国家的优秀文明成果，比较中外文化的异同，发展跨文化沟通与交流的能力，形成健康向上的审美情趣和正确的价值观；加深对中华文化的理解和认同，树立国际视野，坚定文化自信
提升思维品质	能够在语言学习中发展思维，在思维发展中推进语言学习；初步从多角度观察和认识世界、看待事物，有理有据、有条理地表达观点；逐步发展逻辑思维、辩证思维和创新思维，使思维体现一定的敏捷性、灵活性、创造性、批判性和深刻性
提高学习能力	能够树立正确的英语学习目标，保持学习兴趣，主动参与语言实践活动；在学习中注意倾听、乐于交流、大胆尝试；学会自主探究，合作互助；学会反思和评价学习进展，调整学习方式；学会自我管理，提高学习效率，做到乐学善学

《义务教育英语课程标准（2022 年版）》也提出在以主题意义为引领的课堂上，教师要通过创设与主题意义密切相关的语境，开展对语言、意义和文化内涵的探究，帮助学生建构和完善新的知识结构，深化对主题的理解和认识。群文阅读能够为主题意义的探究创设丰富的语境。同时，群文阅读强调的是师生的集体建构，这与主题意义探究的过程是不谋而合的。因此，通过多个基于同一主题的文本创设情境，来引起学生的情感体验，推动学生对主题的深度学习，建构与文本的深层互动，能够实现对主题意义的探究。开展初中英语群文阅读教学，阅读中华优秀传统文化故事，能帮助学生获取更多中国传统文化知识，比如中国文武育人故事，让学生理解中国传统武术文化价值内涵，感受中国传统武术的精神，这对培养他们的人生态度和价值观以及形成良好文化品格会产生重要影响。

（三）课程结构与内容

表二　校本课程结构安排

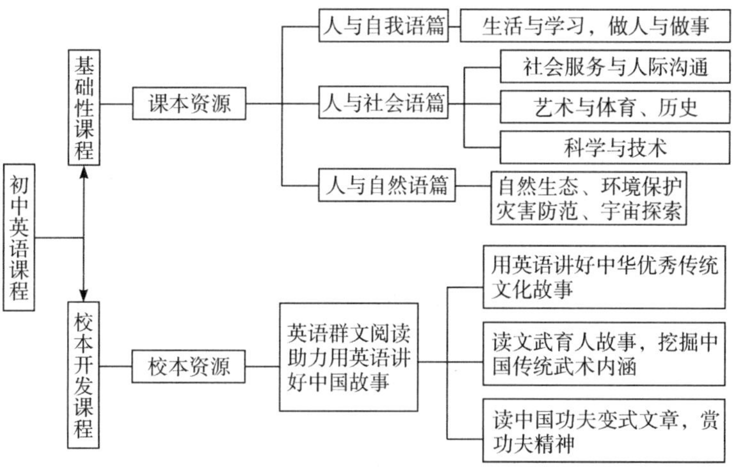

表三　校本课程内容安排

<table>
<tr><td rowspan="19">英语群文阅读助力用英语讲好中国故事</td><td>主题</td><td colspan="2">学习内容</td><td>学习目标</td></tr>
<tr><td rowspan="7">主题一　用英语讲好中华优秀传统文化故事</td><td rowspan="4">传统节日篇</td><td>春　节 The Spring Festival</td><td rowspan="4">1.能够基本了解并用英语谈论传统节日的由来和有关习俗
2.能够通过各个节日特点和习俗，深层次了解中华文化习俗，向朋友介绍中国传统节日</td></tr>
<tr><td>端午节 Dragon Boat Festival</td></tr>
<tr><td>七　夕 Qixi Festival</td></tr>
<tr><td>中秋节 Mid-autumn Festival</td></tr>
<tr><td rowspan="3">寓言故事篇</td><td>亡羊补牢 Mend the fold after a sheep is missing</td><td rowspan="3">1.通过赏析寓言，理解并讲述寓言主要内容
2.通过学习寓言，懂得其中的道理</td></tr>
<tr><td>井底之蛙 A Frog in the Well</td></tr>
<tr><td>守株待兔 Waiting For a Rabbit</td></tr>
<tr><td rowspan="7">主题二　读文武育人故事，挖掘中国传统武术内涵</td><td rowspan="4">武术基础知识</td><td>武术简介 Introduction</td><td rowspan="4">1. 了解中国传统武术的起源以及与武术相关的基本知识
2. 培养学生对中国传统武术的兴趣</td></tr>
<tr><td>武术起源 Origins</td></tr>
<tr><td>今天的武术 Martial Arts Today</td></tr>
<tr><td>太极拳 Tai chi</td></tr>
<tr><td rowspan="3">文武育人故事</td><td>中国风绘本《吕蒙》Lyv Meng</td><td rowspan="3">1. 通过赏析中国历史人物的语篇，理解并讲述他们的故事
2. 通过了解他们的故事，获得对中国传统文化更深层的理解，从故事中习得为人处世的道理</td></tr>
<tr><td>木兰替父从军 Hua Mulan</td></tr>
<tr><td>小人物大梦想传记绘本《李小龙》Little People，Big Dreams：Bruce Lee</td></tr>
<tr><td rowspan="4">主题三　读中国功夫变式文章，赏功夫精神</td><td rowspan="4">功夫变式文章</td><td>少林武术 Shaolin Wushu</td><td rowspan="4">1. 通过阅读中国功夫变式文章，能利用阅读策略理解语篇内容
2. 赏析不同的中国功夫变式的魅力，领悟其精神</td></tr>
<tr><td>中国功夫 Chinese Kungfu</td></tr>
<tr><td>独竹水上漂 Bamboo Drifting</td></tr>
<tr><td>武术入奥运</td></tr>
</table>

（四）课程活动形式：主题学习型

1.明确学习主题，确立学习方案。

2.群文文本分析，设定学习目标。

3.设计学习活动，支撑目标达成。

4.实施教学评价，延伸课后学习。

（五）课程评价方案

教学评价是英语课程的重要组成部分。校本课程开发的价值追求是学生个性发展、教师专业发展和学校特色凸显。这也决定了评价的多元性。

1.学生发展性评价。校本课程的评价环节，要体现学生在评价过程中的主体地位，要促进学生的个性发展，要通过表现性评价的形式检验学生英语学科核心素养的落地。为了规范以表现性评价为主的评价方式，教研团队专门开发了学习评价量表（如表四）。该表实现了评价主体的多元化，分设自主评价、同伴互评和教师评价三种评价方式，以期通过多元评价方式更好地激发学生学习兴趣，增强其学习内驱力。

表四　学习评价量表

评价维度	评价内容	评价标准	自评	互评	师评
语言能力	能够读懂相关优秀传统文化故事	理解语篇的结构特征、基本语言特点和信息组织方式	☆☆☆	☆☆☆	☆☆☆
	能够用个性化的方式，如制作短视频、短剧表演等，讲述中华优秀传统文化故事	语言表达清晰流畅、准确，介绍时语言有感染力，肢体语言丰富	☆☆☆	☆☆☆	☆☆☆
文化意识	能够理解与感悟中华优秀传统文化的内涵，坚定文化自信和强化国家认同	领会不同语篇中蕴含的人文精神和传统美德，能欣赏和鉴别美好事物，形成正确的价值观	☆☆☆	☆☆☆	☆☆☆

续表

评价维度	评价内容	评价标准	自评	互评	师评
思维品质	能够在语篇学习中发展思维，就语篇的主题意义做出正确的理解和判断	能提取、整理、概括语篇的关键信息，能辨识语篇中的逻辑关系，能从不同角度推断语篇深层含义	☆☆☆	☆☆☆	☆☆☆
学习能力	能够保持学习兴趣，主动参与语言实践活动，积极与他人合作，共同完成学习任务	能够主动阅读中华优秀传统文化故事，能够在小组合作中积极参与课堂活动，乐于与父母或同伴分享所学故事	☆☆☆	☆☆☆	☆☆☆

2.课程资源的合理程度评价。在开发与利用英语课程资源时，教师要注意选用具有正确育人导向的，真实、完整、多样的与主题情境相关的英语材料。课程资源的建构过程要遵循阅读教学规律，创设适宜情境，创新学习方式，有效搭建学习支架，让学生更好地参与学习。教师要能够使用群文阅读教学策略和方法，引领学生聚焦主题，指导学生进行建构，最终要用有效的手段检测学生的学习是否真正发生。教师可以使用课程资源的合理程度评价评价表（如表五）进行自查，并不断完善。

表五　课程资源的合理程度评价评价表

评价内容	是	否	如果为“否”，如何改进
课程资源对主题是否有阐发价值			
课程设计是具有可操作性			
课程设计是具有可复制性			
时间安排是否合理			
教学效果是否可检测			

3.教师的课程实施评价。教师也可使用课程实施评价表（如表六）进行自评，对照标准及分值对每个要素自行打分，在打分后进行修正和改进，并在评价之后写下文字的反思和小结，不断迭代和提升自己的课程设计方案。

表六　课程实施评价表

评价要素	优秀 （5分）	良好 （3分）	达标 （2分）	未达标 （1分）	得分	反思
材料准备						
课堂组织						
师生互动						
评价引领						

三、研究论文

初中英语主题群文阅读教学实践

黄星星

一、引言

《义务教育英语课程标准（2022年版）》（以下简称《课程标准》）的颁布，为初中英语教学带来了新的变革和挑战。《课程标准》强调教师要以主题意义为引领，设计教学活动，引导学生在真实的语境中探究主题意义，发展思维品质，并以解决问题为目的，整合语言知识和技能的学习与发展。阅读教学是初中英语课堂教学的重要组成部分，也是全面提升学生思维品质、培养学生核心素养的关键环节。阅读教学的目标不仅在于充实学生的阅读储备，更重要的是培养学生的读写能力。

然而，当前初中英语阅读教学还存在一些问题。第一，阅读语篇单一，缺乏多样性；第二阅读浅层化，教师通常围绕单一教材语篇快速处理文本信息，却忽视了多角度解读文本意义，未能深入挖掘文本内涵；第三，学生主体地位不突出，缺乏对文本的深度思考和情感体验。为了解决这些问题，笔者认为可以尝试在英语课堂教学中开展主题意义下的群文阅读教学活动。群文阅读是指围绕一个主题或核心问题，选择多篇相关文本进行阅读的一种教学策略。通过群文阅读，学生可以从不同角度、不同层面理解文本，从而获得更深刻的理解和感悟。

二、初中英语群文阅读的内涵及其教育价值

所谓群文阅读，是指围绕一个或多个特定的主题选择文章并组织开展有计划、有目标性的阅读活动，引导学生们在阅读、对比、分析、交流的过程中深化对文本理解和主题意义探究的阅读教学模式。从群文阅读的含义中可以看出，主题是群文阅读活动中的关键，是教师引导学生开展学习、交流的目标，教师对阅读文章的选择、学生对阅读文章的阅读方式的判定都是由主题确定的。

主题意义背景下的群文阅读，是在群文阅读基础上，以主题意义为统领，更加注重课堂教学整体性的阅读教学模式。教师以主题为线索，确定议题，选择相关语篇，设计教学活动，引导学生围绕议题和语篇进行集体建构，最终达成对主题意义的深度理解。与传统的群文阅读相比，主题意义背景下的群文阅读更加注重文本的内在联系和主题意义的挖掘，能够帮助学生更好地理解文本的思想内涵和价值取向，提升思维品质和涵养文化意识。

群文阅读的目的不是为扩大阅读量而进行阅读，而是为提高学生的思维能力及学习能力在注重文本质量的基础上进行的有效阅读。群文阅读的价值体现在以下几个方面。

第一，拓展阅读广度，深化学习层次。群文阅读将阅读从课内延伸到课外，从单篇扩展到多篇，引导学生接触多种类型的语篇，在阅读中拓展知识面，深化学习层次。第二，提升语言学习能力。群文阅读可以帮助学生积累语言素材，学习语言技巧，提升语言表达能力。第三，发展思维能力。群文阅读可以引导学生进行多角度思考，培养批判性思维和创造性思维能力。第四，增强文化意识。群文阅读可以帮助学生了解不同文化背景下的思维方式和价值观念，增强文化理解和跨文化交际能力。第五，落实立德树人根本任务。群文阅读可以引导学生树立正确的世界观、人生观和价值观，培养家国情怀和社会责任感，落实立德树人根本任务。

群文阅读为初中英语阅读教学提供了新的范式，具有广阔的应用前景。教师可以充分利用群文阅读的优势，精心设计教学活动，引导学生在阅读中探究主题意义，培育英语核心素养，促进全面发展。

三、主题意义引领下的初中英语群文阅读教学策略

主题意义引领下群文阅读的语篇选择应始于教材，并依托多个语篇进行阅读的整合与重构，建立语篇内容之间的联系，渗透主题意义，最终促进学

生学科核心素养的发展。

（一）创设情境，确定主题意义

《课程标准》指出，在以主题意义为引领的课堂上，教师要通过创设与主题意义密切相关的语境，充分挖掘特定主题所承载的文化信息和发展学生思维品质的关键点，基于对主题意义的探究，以解决问题为目的，整合语言知识学习和语言技能发展，将特定主题与学生的生活建立密切联系，鼓励他们学习和运用语言，开展对语言、意义和文化内涵的探究。

如何把握主题是群文阅读的关键，也是教学成功的关键。首先，群文阅读的主题的选择应贴近学生生活，选择学生熟悉或感兴趣的话题，引发共鸣，激发学习兴趣。其次，主题也应该具有一定深度和广度，能够引发思考，拓展学生的知识面和思维空间。再次，主题应与教学目标相匹配，帮助学生达成语言知识学习和语言技能发展目标。教师可以围绕文章主题创设情境，利用情境引发学生的讨论与思考，在讨论中深化学生对文章主题的认识与理解，使群文阅读活动的教育价值完整体现出来。

（二）精选语篇，丰富阅读体裁

群文阅读为初中英语阅读教学带来了新的活力，而精选语篇则是群文阅读成功的重点。教师在选择课外文本时，应选择不同作者的作品，让学生接触不同风格和观点，感受语言的多样性，在比较分析中培养鉴赏能力和批判性思维。此外，选择多样化的文本体裁，如记叙文、议论文、说明文、小说、诗歌等，让学生领略不同文体的特点和魅力，丰富阅读体验，涵育审美情趣。语篇的选择可以从教材、课外读物、网络资源等方面入手，并注意语篇难度、梯度以及内容与学生生活的联系。精选语篇的意义在于扩大学生的阅读量，丰富阅读体裁，打破单一文本的局限，拓展学生的阅读视野，激发英语学习兴趣，引导学生探究不同文化背景下的思想和价值观，增强对英语学习的热情；为深化主题探究提供素材，促进理解和思考，帮助学生在比较分析不同文本的基础上，建构对主题的深刻理解，形成自己的观点和感悟。

（三）整体构建，贯通阅读策略

群文阅读教学的核心在于整体构建阅读策略。教师要引导学生在已知的寻读、跳读和略读基础上，重点培养学生运用获取关键信息、筛选有效信息、记忆重要信息、发现隐藏信息等策略。教师可将阅读策略的学习融入群文阅读教学的各个环节，由浅入深，帮助学生构建完整的阅读策略体系。教师可精心挑选不同类型、主题、风格的文本进行整合，让学生在阅读对比中，强化对阅读策略的理解和运用。鼓励学生在课外阅读中实践所学策略，不断总结经验，提升阅读理解能力和思维品质。通过整体构建阅读策略，学生将化被动为主动，在群文阅读中收获更为深层的阅读体验和知识感悟。

（四）引导共识，提升思维品质

群文阅读的最高境界在于引导学生达成共识，这是对思维品质的升华。在这个过程中，学生不再是被动接受者，而是化身为积极的思考者、探究者，与作者、文本，以及彼此进行思想的碰撞和交锋。初中阶段的学生已经具备了一定的逻辑思维、知识理解和推理判断能力，为群文阅读提供了基础。教师可以利用群文阅读的独特优势，精心设计教学环节，引导学生在提问、讨论、体验中逐渐形成自己的语言体系，最终达成共识，并独立地表达观点和见解。教师要避免将自己的想法强加给学生，而是要扮演好引领者的角色，积极鼓励学生进行批判性思考和创新性思考，在思想的交锋中不断提升思维品质。通过引导共识，教师可以帮助学生在群文阅读中收获更为深层的思考和感悟，实现思维品质的跃升。

四、教学案例

本文以笔者执教的一节仁爱版英语八年级 *Unit 7 Topic2 Section C* 基于课内语篇的课外拓展阅读课为例，探索群文阅读的教学模式，并阐述如何开展主题意义引领下的初中英语群文阅读教学。

（一）教学内容

本节课学习内容为中西方的餐桌礼仪。读的第一篇文章为仁爱版英语八年级 *Unit 7 Topic2 Section C* 的 1*a*，介绍西方餐桌礼仪的文本。这是一篇脉络结构清晰的说明文，介绍了西方正式晚宴上的注意事项，包括如何使用餐具、如何吃食物、如何谈吐、如何敬酒等方面。从文本语言看，篇幅适中，共 155 个词，生词量适中。对于一些生词或词组，学生能够从已有的知识或构词法去猜测其意思，如 eat up，quietly，drink to sb；其他生词，如 manner，napkin，lap，fork，dish，dine 等，学生可通过图片或语境进行学习。通过教师引导，学生可学习文本中的有关西方餐桌礼仪语的语言知识和文化知识，并掌握说明文阅读技巧，从而运用这些阅读技巧去继续阅读有关中国的餐桌礼仪的文章。本课例的群文阅读语篇虽在主题上高度关联，但第二则文本在难度上高于教材文本，该语篇共 215 个词，也有一定的生词，如

diner，allow，crazily，toasts，sign，respect。文本结构与第一篇相似，内容聚焦于中式宴请的基本礼仪要点，涵盖菜品、餐具、交谈、举止等方面。

（二）教学对象

授课对象是闽清实验中学八年级一个班的学生。本班学生英语基础参差不齐，但总体对英语学习还是比较热爱，主要是不够大胆和自信开口说英语。虽然学生平时生活中几乎很少能够参加正式西餐晚宴，但是在全球化时代，学生越来越有可能在未来的生活、学习和工作中接触来自不同文化背景的人或事。因此，本节课设计了不同层次的活动，同时还有语言知识及结构的搭建，让各个层次学生都能够参与到本节课的学习，可以在教师的指导下对文本内容和写作思路进行更深层次的梳理。

（三）教学目标

在群文阅读理念指导下，本节课的教学目标如下：

1.能获取并梳理西方餐桌礼仪的相关信息，并掌握说明文的阅读技巧。

2.运用阅读技巧，独立完成第二篇关于中国餐桌礼仪的阅读理解。

3.结合第一篇阅读文章的写作框架和语言，能独立完成中国餐桌礼仪的写作，提升语言表达能力。

4.了解西方餐桌礼仪文化，提高跨文化意识，尊重文化差异，养成良好行为习惯。

（四）教学步骤

本节课的整体设计思路是把主题意义探究作为教学活动的主线，遵循活动观的三个层次，使教学活动与教学目标保持一致。具体分3个阶段，即开展学习理解类活动、应用实践类活动和迁移创新类活动。为了达成最终的教学目标，授课教师在教学中设计了6个主要活动。

1.创设真实教学情境，呈现目标任务。上课伊始，教师通过西餐前服务员提供柠檬水的视频导入课题，引发学生思考柠檬水的作用，从而引出餐桌礼仪的话题。接着，教师创设两位交换生李梅和艾米将要到新国家学习，但不了解留学国家餐桌礼仪这一情境，引出帮助这两位交换生了解新国家餐桌礼仪的学习任务（如图1）。这一导入环节，旨在利用视频调动学生学习兴趣，激活已有知识，并通过创设情境，让学生带着学习任务开始本节课的学习。

图 1

2.阅读主文本，构建文本结构。教师通过阅读技巧的教授帮助学生获取、梳理文本内容，形成结构化知识，并通过观看视频跟着表演来内化文本，开展学习理解活动。学习理解活动旨在培养学生获取与梳理文本内容信息的能力。

首先，教师引导学生快速阅读文本 1a，找出文章目的，给文章起标题并判断文章类型。这一设计旨在让学生了解文本主旨，抓住重要信息，并且掌握第一个阅读策略：说明文文本特征——第一段直接引出说明对象及写作意图。（如图 2）

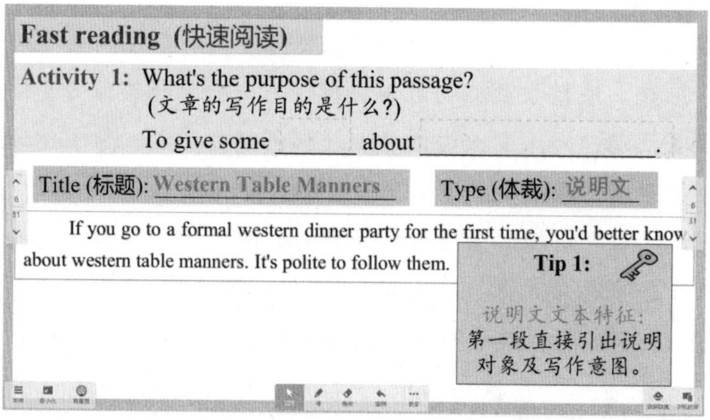

Fast reading (快速阅读)
Activity 1: What's the purpose of this passage?
(文章的写作目的是什么?)
To give some ______ about ______.
Title (标题): Western Table Manners
Type (体裁): 说明文
If you go to a formal western dinner party for the first time, you'd better know about western table manners. It's polite to follow them.
Tip 1:
说明文文本特征：
第一段直接引出说明对象及写作意图。

图 2

接着，教师以“What do you want to know about western table manners?”这一问题，引导学生思考，想要从哪些方面了解的西方餐桌礼仪，从而教授学生第二个阅读策略：阅读中，主动提出问题，在阅读中去寻找答案，提高阅读的效率。在这一环节中，引出餐具 tableware 这个词，学生通过观察图片学习餐具的新词汇。（如图 3）

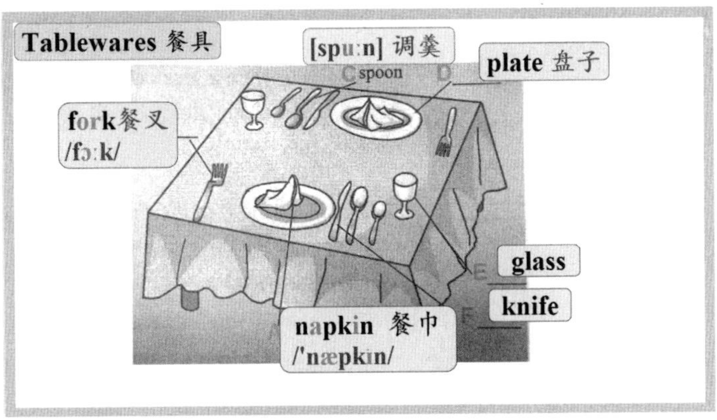

图 3

在第二段的阅读中，教师以"How many rules are mentioned in para. 2?"的问题，让学生圈出第二段的动词，分解课文结构，做法是圈出课文表达西餐礼仪"行为"的所有动词，如 sit down，take，put，keep，use，put，eat/eat up，take，speak，smile，drink（to），raise，take 等动词；引导学生找出四条规则，即：How to use，How to eat，How to speak，How to drink（如图 4）。这一设计旨在梳理文本信息，构建结构化知识，检测学生获取有效信息的情况，并教授第三个阅读策略：规则即做法，要去找动词，边读边圈出动词，将动词进行分类，就可以得出答案。

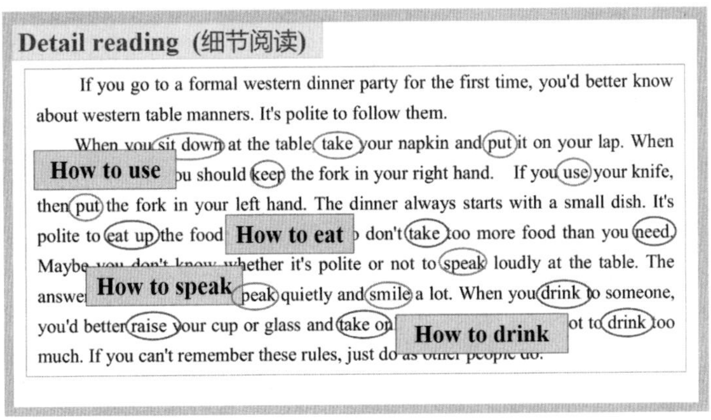

图 4

3.加深文本理解，培养文化意识。为了检测学生是否准确获取四个西方餐桌礼仪的规则，教师分别设计了四个活动：

Rule 1：How to use

Activity 1：Pair Work：act out how to use tableware.（同桌合作表演如何使用餐具）

Rule 2：How to eat

Activity 2：Think：Which table manner is the same as ours?

Answer：What should we do when dining?

Rule 3：How to speak

Activity 3：Answer：What should we do when speaking?

Rule 4：How to drink

Activity 4：Act out how to drink to someone.（个人表演如何敬酒）

在这一环节中，教师引导学生运用阅读策略四，进行细节的查找，即细节考查题，要找关键词，在文中定位找答案。教师不仅让学生回答问题，还进行了表演和思考，加深对西方餐桌礼仪的理解。特别是在学习 How to eat 这一规则中，教师让学生思考哪一种餐桌礼仪跟我们中国的一样，不仅让学生想到了文化异同，还让学生明白不管哪个民族，节约食物都是一种美德。最后教师还对文本的最后一个句子“If you can't remember these rules，just do as other people do.”进行了一个设计，让学生找出跟这句话意思一样的谚语，即“When in Rome，do as the Romans do.”（入乡随俗）。（如图 5）这一设计旨在引导学生在阅读与文化习俗相关的文章时要注意跨文化意识（策略

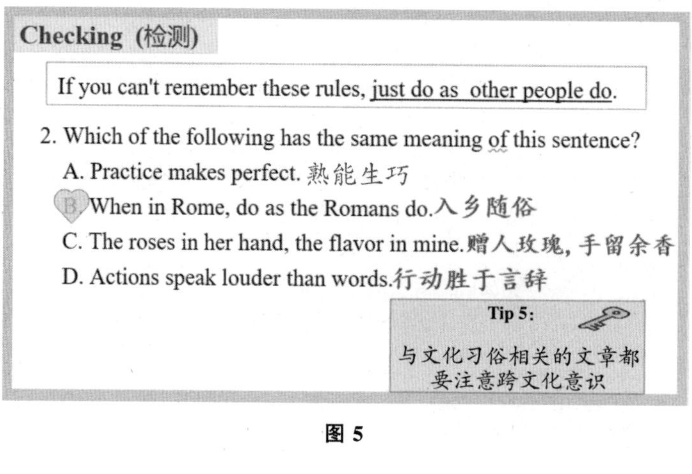

图 5

五)，同时也让学生涵养跨文化意识，尊重文化差异，养成良好行为习惯。(如图 6)

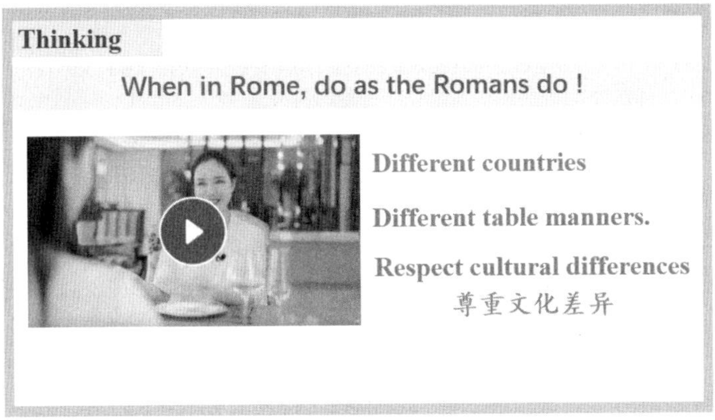

图 6

4.拓展阅读，强化阅读策略。教师查找资料，精心编写了一则难度、长度适中的关于中国餐桌礼仪的文章。在拓展阅读前，教师引导学生进行自评并总结在主文本阅读过程中获取的 5 个阅读策略（如图 7)，要求学生运用阅读策略限时阅读这篇拓展文章，完成导学案的阅读任务，并梳理总结出五条中国餐桌礼仪。

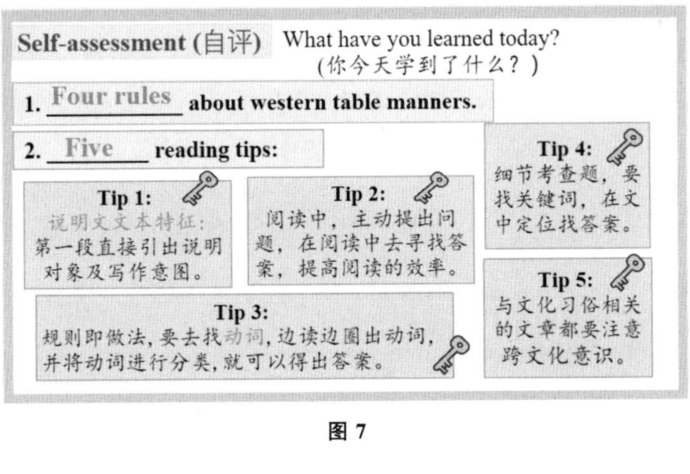

图 7

在拓展阅读的编写过程中，教师发现主文本的文章结构还不够完整，缺少了一个结尾，为了让学生后续的写作能够有个完整性，教师在中国餐桌礼仪这篇文章补充了结尾，并且也加上了许多具有中国传统特色的内容（如图 8)，从而让学生加深对传统餐桌礼仪的理解，通过对比学习中西方餐桌礼仪，加深对不同文化的理解。

When dining in China, there are many rules and customs to follow, whether it is in a restaurant or someone's home. Here are several tips you should keep in mind before you go to a formal Chinese dinner party for the first time.

The meal usually begins with at least four cold dishes. When the dishes are served, you need to wait for the elders to try the dishes first. You are not supposed to eat with knives and forks. Chinese usually use chopsticks instead. But you can't stick your chopsticks into your food. And it's rude to point at someone with your chopsticks. People don't have their own plate of food. They put the dishes in the center of a round table and all the **diners** share together. Try to pick the food near you. You need to eat up the food on your plate or in your bowl, so you'd better not take more food than you need. And we are allowed to talk at the table. However, you can't talk too loud or laugh too crazily. When making toasts, holding your cup with two hands is a sign of respect(尊重).

I hope you'll follow these suggestions. Have a good meal and enjoy your first formal Chinese dinner party.

图 8

5.以读促写，实现语言技能输出。《课程标准》指出，教师要有意识地为学生创设主动参与和探究主题意义的情境和空间，使学生获得积极的学习体验，成为意义探究的主体和积极主动的知识建构者。教师在读后活动中可以创设合理情境，基于主题设计读写结合的任务，帮助学生实现有效输出。学生在完成中国餐桌礼仪规则的归纳之后，需模仿西方餐桌礼仪课文的结构，写一篇中国餐桌礼仪的 80 个词的小短文。学生在完成任务前仔细对照表中的内容，确保文章结构完整，内容清晰，语言达意，连贯顺畅。教师可运用评价表中的具体要求进行有效反馈，真正实现教、学、评一体化。（如表 1）

表 1　写作评价表

Checklist（评价标准）

Content 内容	1. When to start			
	2. How to use			
	3. How to eat			
	4. How to speak			
	5. How to drink			
		Excellent ☆☆☆	**Good** ☆☆	**To be improved** ☆
Language语言	语法/句式/衔接			
Writing书写				

6.以写促思，深化主题意义理解。在实施基于主题意义探究的教学时，

学生只有将文本的主题意义内化为自己的理解和表达，才会真正发挥主题意义所承载的培养情感、态度和价值观的功用，实现学科育人。笔者通过创设真实情境，从西方餐桌礼仪过渡到中国餐桌礼仪，充分挖掘育人元素，使学生加深对中西方餐桌传统礼仪了解，并鼓励学生深入思考中国礼仪价值及内涵，讲好中国故事，传播中华文化，坚定文化自信。

在课后作业中，教师要求学生以小组为单位，合作设计介绍中国餐桌礼仪的视频，可以适当补充内容，发挥创意。之后，可在班级或网络上展示视频，小组间进行比赛，分别从内容、语言流畅度、创意、音量和仪态、全员参与度等方面进行评分。在群文阅读条件下，学生能获得足够的语言输入，对中国餐桌礼仪文化的理解也较为深刻。产出活动为学生提供展示自己小组语言能力、创造能力和合作精神的舞台。学生由此获得语言学习的动力和信心，进一步推进语言学习。

四、结语

主题意义下的群文阅读教学是一种以主题为核心，以文本为载体，以阅读实践为途径，以学生发展为目标的教学模式。教师补充的主题阅读材料应围绕主题，在难度、内容、认知等方面呈现递进性，引导学生循序渐进地理解主题。另外，在内容、视角、文化等方面具有互补性，帮助学生全面理解主题。

在教学过程中，教师应聚焦语篇的文体特征、文本内容和作者观点，通过创设与主题相关的真实情境，激发学生的阅读兴趣和参与热情。教师可引导学生进行比较阅读、分析阅读、批判性阅读，深化对主题意义的理解。教师要鼓励学生发表自己的观点和看法，进行个性化的解读和创造性的表达。通过主题意义引领下的英语群文阅读教学实践，教师可以帮助学生提升阅读理解能力、思维能力、批判性思维能力和跨文化交际能力，真正提升阅读教学的实效，促进学生英语学科核心素养的形成和发展。

参考文献

[1] 于泽元，王雁玲，黄利梅．群文阅读：从形式变化到理论变革［J］．中国教育学刊，2013（6）：62-66．

[2] 教育部．义务教育英语课程标准（2022年版）［S］．北京：北京师范大学出版社，2022．

[3] 陈剑. 小学英语绘本教学中探究主题意义的策略 [J]. 中小学外语教学（小学篇），2020，(6)：1-6.

用英语讲好中国故事——浅谈初中英语教学中文化意识培养的有效策略

谢颖超

一、引言

《义务教育英语课程标准（2022 年版）》（本篇以下简称《课程标准》）强调，英语学科教育应重视培养学生用英语传播中国文化，讲好中国故事的能力，其旨在培养学生有效向全球受众传播博大精深的中国文化的能力。培养学生用英语讲好中国故事、传播中国文化的能力，本质上就是要提高学生的跨文化能力，而这恰恰是所有语言学习的关键目标。然而，目前中学英语教学存在注重重语言知识，轻文化意识的问题，教学内容通常集中在语法、词汇、听、说、读、写等语言技能的训练上，主要目标偏向于教授英语语言的基础知识和技能，而对于文化意识的渗透和培养相对不足。这种情况导致了学生的英语学习只停留在语言知识层面，对文化的了解程度不够深入，缺乏对跨文化交流的准备和应对能力。

语言文化观强调语言习得和文化理解之间的共生关系，提出文化叙事具有搭建语言习得和文化能力之间桥梁的作用。让学生沉浸在真实的文化叙事中可以促进其语言学习，同时培养其对文化多样性的鉴赏能力。在应用所学语言进行文化交流和传播时，学生不仅可以提高语言能力，加深对自己文化的理解，也能够深入了解文化的多样性，增强文化自信。因此在英语课堂教学中，培养学生文化意识，提高文化传播能力显得尤为重要。

二、将文化传播意识融入英语课堂的意义

《课程标准》指出，文化意识是英语课程所要培养的核心素养之一。文化意识的目标是了解不同国家的优秀文明成果，比较中外文化的异同，发展跨文化沟通与交流能力，形成健康向上的审美情趣和正确的价值观，加深对中华文化的理解和认同，树立国际视野，坚定文化自信[1]。显然，提高学生的文化传播意识在英语教学实践中具有诸多意义。第一，丰富语言学习成果。让学生用英语讲述中国故事，传播中国文化，可以提高学生的语言运用能力，加深对语法、词汇和表达的理解。同时，这也有助于培养学生的跨文化交际

能力，使他们能够更好地理解和表达中国文化。第二，培养文化鉴赏力。讲故事是一种有效的文化传播方式。让学生讲述中国故事，可以让他们更深入地了解自己的文化传统，培养文化自觉和文化自信。第三，促进跨文化理解。讲故事可以帮助学生理解和尊重不同文化，培养跨文化沟通能力。这对于增进国际友谊和合作，推动构建人类命运共同体具有重要意义。

三、课例分析

本文将以仁爱英语八年级下册 *Unit* 8 *Topic* 3 *Section C* 为例，概述将文化传播意识融入英语教学的策略和方法，探究如何通过设定多样化的语言学习活动，引导学生深度文本之外的主题意义和文化内涵，从而提高学生的文化意识，促进学生英语学科核心素养的发展。

（一）文本分析

本课属于《课程标准》中的人与社会话题，语篇是关于唐装的相关信息，主要介绍了唐装的历史由来、唐装元素在中国文化中的意义，及其在世界范围内受到广泛喜爱的原因。本篇课文从历史、风格、特色三个方面介绍唐装，引导学生进一步了解唐装所蕴含的历史知识和文化内涵，体会唐装元素象征中国文化，传达世界人们共同的祈愿的独特之处，在唐装的演变中感知中华文化多样且包容的一面，真正体会以唐装为代表的中国传统文化魅力，从而增强自身对传统文化的认同感，形成文化自信。

（二）教学目标

通过本课的学习，能够了解并阐述唐装的历史起源、唐装元素背后的文化象征意义，以及当代唐装的特色之处；推断唐装在世界范围内广受欢迎的原因，了解唐装用“中国自己的语言”表达“世界共同的祈愿”魅力之处；通过小组合作动手设计唐装，并进行介绍。

（三）教学过程简述

1.基于单元教学创设场景，激活学生已知和学习兴趣。首先，教师结合本话题之前学过的时装秀，展示来自不同国家服饰的照片，并让学生投票选出自己最喜欢的服装；简单询问原因，初步引出唐装的特点，如 special, well representing Chinese culture 等。问学生对于唐装的了解，顺势引入本课主题“The Tang Costume”，问学生想从本篇课文中学习到唐装的哪些知识，即基于标题进行预测。

2.略读文章，获取段落大意，明确主线。学生略读文章，将段落与 3 个主题词进行匹配，通过 History、Difference、Style 3 个词，高度概括段落大意，明确语篇围绕唐装构建的“历史起源、独特元素、风格特点”这条主线。

3.细读文章，感知语篇的文化内涵。学生阅读第一段落，获取唐装名字的起源，结合所学历史知识，了解大唐时期的中国在世界范围内的影响力，通过设置问题：“Why did people call it Tang Costume instead of other names?”学生解读“唐”字背后的文化意义，引申到唐装本身象征的不仅是中国的传统时装，更是中国优秀文化的一部分，总结出唐装第一个子主题“Came from China，Known to the World”。接下来，学生阅读第二段，获取唐装与世界其他地区服饰的不同之处，教师呈现视频，让学生更直观地了解文中提到的“silk knots and decorations”的含义，并设置问题：“Why do we choose dragons and clouds as decorations on Tang-style clothes?”引导学生思考唐装的纽扣和其他装饰元素所代表的文化内涵，并让学生讨论为何这些极具中国文化特色的元素能够在世界范围内得到认可并广受欢迎，唐装里这些中国元素是否和世界其他文化有共同之处？通过讨论，引导学生总结，唐装的独特之处在于，用自己的“语言”，即丝结和其他装饰元素，表达世界各地人们亘古不变的相同祈愿，如健康、幸福、长寿、好运等。通过分析唐装受欢迎的原因引导学生认识到，所谓的用英语讲好中国故事，就是利用所学语言，以具有中国特色的文化叙事，传达世界共同的主题，促进文化的交流和共鸣。由此得出第二个子主题“Different Decorations，Same wishes”。接下来，学生细读第三段，获取如今唐装的特点：可休闲，可正式；既能体现个人风格，也能展示中国传统文化。让学生选一个词总结唐装的魅力之处——Inclusive，再次将唐装和中华优秀传统文化进行融合，展示以唐装为代表的中国文化丰富多彩且极具包容性的一面，并由此总结出第三个子主题“Attractive Costume，Inclusive Culture”。

4.读后思考总结，强化文化认同和文化自信。教师呈现时装周中国传统服饰的展示片段，结合今日所学，思考并讨论唐装在世界服装时尚文化领域中备受欢迎的原因，总结出文化输出和国家强盛密不可分、相辅相成，在世界多元文化之林中要占据一席之地，需保持一颗开放包容的心态，用自己独有的文化叙事，讲述世界共同的主题，坚定地做中华优秀传统文化的传承者和传播者。

5.创设情景，鼓励创新迁移，以行动践行中国文化传播人的使命。教师回归课前情景，时装周举办之后，大家都想要进一步了解各国服装文化，学生将以小组为单位，设计唐装，参加服装文化展，并进行展示和介绍，需包含：唐装的历史由来、装饰元素及其内涵、选择唐装的原因。这一活动要求学生能够运用所学的语言和文化知识，通过介绍唐装，实现对结构化知识的梳理，提高语言能力和文化素养。

四、文化传播意识和英语课堂融合的策略总结

在英语课程中融入中华优秀传统文化，引导学生认知、理解、认同和传播中华优秀传统文化，构建家国情怀，坚定文化自信等，是英语课程的责任[2]。本文通过对以唐装为主题的课例分析，总结将文化传播意识融入英语教学可采取的策略。第一，选取真实且恰当的素材。为了让学生真正体会中国文化的博大精深，教师可以广泛选取神话传说、民间习俗、传统节日等真实的语料素材。同时，整合图像、音频、视频等多媒体资源，使学习体验具有互动性和吸引力，多模态让学生感知并了解中国文化的魅力之处。第二，深入解读文本。在教学中，教师应对文本进行深入的解读，并提供历史、社会和文化背景，在课堂上引导学生挖掘语篇之外的文化内涵，帮助学生理解语篇的文化意义。通过探索文本主题，培养学生的文化鉴赏能力和文化传播意识。第三，注重创新迁移。创新迁移环节要十分注意考查学生对于运用所学语言知识的能力，教师在解读文本时，不仅需要将词汇、惯用表达和语法结构融入文化叙事中，同时要鼓励学生通过推测作者写作意图等手段，分析故事所传达的文化层面主题，并设定相应的输出任务，鼓励学生利用所学，展示中华优秀传统文化，讲好中国故事。

五、结语

要实现"用英语讲好中国故事，传播中国文化"这一教学目标，就需要教师在日常教学中更加注重文化意识的培养。文化与语言密不可分，是语言的内在组成部分。而语言是文化的载体和反映，每一种语言都承载着特定文化的思维方式、价值观念和社会习俗。理解语言必须了解文化，理解文化必须了解语言[3]。而要真正理解和运用一种语言，就必须了解其所属文化的背景和内涵。

英语课堂中文化意识的培养有助于激发学生的语言学习动机和学习兴趣。通过学习和了解不同国家的文化，学生能够更好地理解语言知识的实际运用场景，增强学习的针对性，从而提高学习效果。文化意识的培养也有助于培养学生的跨文化交际能力和跨文化意识，使其具备更广阔的视野和更强的文化适应能力，真正做到用英语解决生活中的现实问题。因此，英语教学应当在注重语言知识的传授的同时，要注重文化意识的培养，以实现学生的全面发展和跨文化交流能力的提升，成为中国优秀文化的传承人和弘扬者。

参考文献

[1] 教育部. 义务教育英语课程标准（2022年版）[S]. 北京：北京师范大学出版社，2022.

[2] 鲁子问. 中华文化融入我国英语课堂的可能路径 [J]. 江苏教育，2018（91）：21-24.

[3] 邓炎昌，刘润清. 语言与文化 [M]. 北京：外语教学与研究出版社，2015.

四、教学设计或案例

Lyu Meng“中国风”英语课外阅读

本节课属于“人与社会”主题范畴中“历史、社会与文化”这一主题群，涉及子主题“中外文学史上有代表性的作家和作品”。

语篇研读

1. “What”：本课语篇是《中国风英语分级阅读》第一级中的绘本《吕蒙》。故事以5个“see/look at... with new eyes”为线索，讲述了吕蒙在军队中刻苦习武，成为一名大将军，因有勇无谋，被东吴皇帝孙权劝学后，发奋勤学，最终成为一个智勇双全的将军，令著名谋士鲁肃刮目相看的成长故事。

2. “Why”：语篇通过讲述吕蒙从有勇无谋到智勇双全的成长故事，表达了对吕蒙发奋勤学的品质的高度赞扬。本课语篇不仅对学生，而且对成年人同样具有重要的现实意义和教育意义。教师在引导学生发奋勤学的同时，教育学生应该以发展的眼光看待身边的人。

3. “How”：语篇按照事情发展的顺序，使用过去时来写，故事以5个“see/look at... with new eyes”为线索层层递进。第一个“with new eyes”，讲述了吕蒙对军营生活的新奇和热爱以及吕蒙从军的决心；第二个"with new eyes"，以邓当对吕蒙从军的态度转变，肯定了吕蒙不断学习的精神；第三个"with new eyes"，讲述东吴皇帝孙权劝说吕蒙读书，突出读书能够让人开眼看世界。第四个"with new eyes"，以鲁肃对吕蒙态度的转变，凸显了吕蒙从有勇无谋到智勇双全的蜕变，赞扬了吕蒙勤奋学习的精神；第五个"with new eyes"，借吕蒙本人之言，表达了读书对吕蒙的积极影响，以及应以发展的眼光看待身边人的人生感悟。

教学目标

通过本课的学习，学生能够默读介绍吕蒙的语篇，通过小组讨论，基本理解语篇内容；以问题链为导引，深度分析吕蒙的变化，概括吕蒙发奋勤学的优良品质；与同伴合作完成写作，分享阅读心得，培养发奋勤学的优良品质，同时，学会以发展的眼光看待身边的人。

教学过程

<table>
<tr><th>教学目标</th><th>学习活动</th><th>效果评价</th></tr>
<tr><td>默读介绍吕蒙的语篇，通过小组讨论，基本理解语篇内容。(学习理解)</td><td>1.借助图片与简短介绍，学生激活与吕蒙相关的背景知识
2.学生默读，用粉色彩笔画出语篇中的新词汇，并在语境中猜测词义
3.学生就画出的新词汇在语境中的意义进行组内讨论和分享。将组内已经解决的新词汇用绿色彩笔圈出来
4.学生就组内讨论后仍然存在的问题进行小组间提问，清除阅读理解障碍
5.学生回答教师提出的问题，包括猜词义、理解句子、概括语篇主要内容，以及对5个"see/look at... with new eyes"的提取和含义的理解，以检测默读的效果</td><td>观察学生组内讨论提出问题以及回答问题的情况，了解其默读的情况</td></tr>
<tr><td colspan="3">设计意图：导入主题，激发学生对自主阅读的兴趣，激活学生与语篇之间的知识和经验的关联；小组合作，在语境中探究新词汇的意义，概括语篇主要内容，提取语篇关键信息，为后面的学习活动做好铺垫（感知与注意、获取与梳理、概括与整合）</td></tr>
</table>

续表

教学目标	学习活动	效果评价
以问题链为导引，深度分析吕蒙的变化，概括吕蒙发奋勤学的优良品质。(应用实践)	学生以5个“see/look at… with new eyes”为线索，以问题链为导引，探究吕蒙如何成为智勇双全的将军，并且在复述活动中，不断内化关键句型和表达，概括吕蒙发奋勤学的优良品质 学生在教师的指导下，概括本课语篇的教育意义	观察学生阅读任务完成的情况，把握学生对语篇的理解和内化情况 观察学生能否体会和总结优良品质及教育意义。教师根据情况给予必要指导
设计意图：引导学生在问题链的导引下，通过吕蒙对事物、对人以及他人对吕蒙的态度变化的描写和分析，启发学生对吕蒙的变化进行深度思考，概括变化的原因并且在分析和思考的过程中，梳理、学习和内化关键句型和重点语言，为进一步在新情境中运用所学做好铺垫（描述与阐释、分析与判断、内化与运用）		
与同伴合作完成故事转述，分享阅读心得，培养发奋勤学的优良品质，同时，学会以发展的眼光看待身边的人。(迁移创新)	根据教师提供的框架和提示词，与同伴完成写给朋友 Cassie 的邮件，讲述吕蒙的故事，分享阅读心得，并且结合个人现实生活，进一步理解本语篇的教育意义	观察学生讨论时，使用的语言和时态是否正确。教师根据情况给予必要的指导和反馈
设计意图：引导学生超越语篇，实现探究语篇的主题意义和教育意义的目的，促进学生逻辑思维的发展，同时引领主流价值，塑造品格，推动迁移创新（批判与评价、想象与创造）		
Homework: Must do: 1. Finish the email to Cassie. 2. Copy the new words and phrases and the ones you like to increase your vocabulary. 3. Read the story loudly and fluently. Choose to do: Read more stories about Lyu Meng.		

五、学科特色活动

1.七年级特色活动：每周一国旗下用英语讲述中国故事（目前琴亭已经在开展）。

2.八年级特色活动：制作武术的各种英语手抄报。

3.九年级特色活动：用英语撰写读后感或观后感。

六、教学随笔

在国旗下用英语讲述中国的故事

陈淑玲

在全球化的今天，英语已成为连接世界的桥梁。作为英语教师，我深知培养学生的英语能力不仅是为了应对考试，更是为了让他们能够在国际舞台上自信地表达自己，传播中国文化。为此，我们学校每周一都会举行一个特别的活动——国旗下用英语讲述中国故事。这个活动旨在通过英语讲述中国故事，提升学生的英语口语能力，同时增强他们的文化自信。

每周一的早晨，当国歌响起，五星红旗缓缓升起，学生肃立在国旗下，心中充满了对祖国的敬意。随后，一位学生走上前来，用英语讲述一个中国故事。这个活动已经成为我们学校的一大特色，也是学生们展示自我、学习新知的舞台。

今天，烁韬同学讲述了有关中国的七夕节的故事。他用流利的英语，生动地描述了七夕节的习俗，如女子们在这一天会祈求巧手和美满的婚姻，人们会制作精美的手工艺品，以及晚上仰望星空，寻找牛郎星和织女星。他的讲述生动有趣，充满了对传统文化的尊重和热爱。其他学生听得津津有味，不仅学到了英语表达，也对中国传统文化有了更深的理解。他的讲述不仅展现了他的英语口语能力，更体现了他对中国文化的理解和尊重。

通过这样的活动，我发现学生的英语口语表达能力有了显著的提升。他们在准备故事的过程中，不仅学会了如何用英语表达复杂的故事情节，还学会了如何用英语思考和组织语言。更重要的是，他们在讲述中国故事的过程中，增强了对中国文化的认同感和自豪感。

作为英语老师，我深感这样的教学活动意义重大。它不仅提高了学生的英语水平，更重要的是，它培养了他们的跨文化交际能力，让他们能够在国际舞台上自信地讲述中国故事，传播中国文化。我相信，这样的教学实践，将对学生的全面发展产生深远的影响。

在准备过程中，学生会主动查阅资料，了解故事背后的历史和文化背景。他们学会了如何将这些知识融入英语表达中，使故事更加生动有趣。同时，他们也学会了用英语解释一些文化概念，这对于他们的英语思维能力是一次极大的锻炼。

此外，这个活动也激发了学生对英语学习的兴趣。他们开始意识到，学习英语不仅仅是为了应付考试，更是为了能够更好地了解世界，与世界各地的人进行交流。他们开始主动学习，积极参与课堂讨论，英语成绩也有了明显的提高。

在教学过程中，我也不断反思和调整教学方法。我鼓励学生大胆尝试，即使犯了错误也不要害怕。我告诉他们，错误是学习过程中的宝贵财富，只有通过不断尝试和修正，才能真正掌握一门语言。我还尝试将更多的中国元素融入英语教学中，如中国的传统节日、历史人物、名胜古迹等，让学生在学习英语的同时，也能深入了解中国文化。

随着时间的推移，学生在国旗下的英语讲述越来越自信，他们的故事也越来越丰富多彩。他们不仅讲述了中国古代的故事，还介绍了现代中国的成就，如中国的航天事业、高速铁路等。这些故事不仅展示了中国的悠久历史和灿烂文化，也展示了中国在现代世界中的重要地位。

总之，国旗下的英语中国故事讲述活动，不仅提升了学生的英语能力，更重要的是培养了他们的文化自信和国际视野。我相信，这些学生将来无论走到哪里，都能够用流利的英语讲述中国故事，成为中国文化的传播者。作为他们的老师，我为能够见证他们的成长和变化感到无比自豪。

英语手抄报传递中国的故事

朱俊丽

在全球化的浪潮中，英语已成为连接不同文化的重要桥梁。为了让学生更好地理解和传播中国传统文化，我所在的年段开展了一项特别的活动——

制作武术及各种传统文化的英语手抄报。这个活动旨在通过英语这一国际语言，让学生深入了解并展现中国丰富的文化遗产。

活动开始前，我首先向学生们介绍了武术的历史和文化，以及它在中国传统文化中的地位。接着，我们讨论了其他传统文化元素，如春节、中秋节、京剧、茶艺等。学生表现出浓厚的兴趣，他们不仅对这些文化现象感到好奇，也渴望用英语向世界介绍这些独特的文化特色。

在手抄报的制作过程中，学生积极搜集资料，用英语撰写介绍文本。他们学会了如何用英语表达太极拳、八卦掌等专业术语，如何描述春节的习俗和意义，以及如何解释京剧的脸谱和角色。在这个过程中，学生的英语写作能力都得到了显著提升，文化知识也持续丰富。

为了让手抄报更加生动有趣，学生们还尝试了绘画和剪纸等艺术形式。他们用手绘制出了武术动作的插图，用剪纸艺术表现了传统节日的喜庆氛围。这些视觉元素不仅丰富了手抄报的内容，也锻炼了学生们的艺术创造力。

在展示环节，学生们自豪地将自己的作品贴在教室的墙上。他们互相欣赏，同时学习彼此作品的优点，同时也向其他班级的同学介绍自己的手抄报。这个活动不仅增强了学生的团队合作精神，也提高了他们的自信心。他们开始意识到，自己不仅是学习者，也是文化传播者。

通过这次活动，我深刻体会到，教育不仅仅是知识的传授，更是文化传承的过程。学生通过英语手抄报的制作，不仅学会了如何用英语表达中国传统文化，更重要的是，他们学会了如何欣赏和尊重中国的文化根源。这种文化自觉和自信，将伴随他们走向世界，使他们成为文化交流的使者。

在未来的教学中，我将继续探索更多类似的活动，让学生在实践中学习英语，在探索中了解文化。我相信，通过这样的教学实践，我们能够培养出既有国际视野，又深植中国文化的新一代。

用英语撰写关于中国故事的读后感

吴丽娟

在本学期的英语教学中，我引导学生们阅读了关于中国武术、节日以及中国故事的英语文章，并鼓励他们用英语撰写读后感。这一活动旨在提升学生的英语阅读和写作能力，同时增进他们对中国文化的理解与欣赏。

学生们阅读了一系列关于中国武术的文章，如太极拳的哲学、少林功夫的历史，以及武术在中国传统文化中的地位。他们还阅读了关于中国节日的文章，如春节的习俗、中秋节的团圆意义，以及端午节的龙舟竞渡。此外，我们还一起探讨了《井底之蛙》（*A Frog in the Well*）这样的寓言故事，它讲述了一只从未见过外面世界的青蛙，以及它对世界的认识如何因一只海龟的讲述而改变。

在阅读《井底之蛙》后，学生们的感想尤为深刻。一位学生写道："The story of '*A Frog in the Well*' made me realize the importance of broadening our horizons. Just like the frog, we can't let our limited experiences define our understanding of the world. It's a reminder to always be curious and open to new perspectives." 这段感想不仅展现了学生对故事寓意的理解，也反映了他对个人成长和世界观的深刻思考。

通过这样的阅读和写作活动，学生的英语表达能力得到了显著提升。他们学会了如何用英语描述和分析故事内容，如何表达自己的感受和观点，以及如何将个人经历与故事主题相联系。这些技能对于他们未来的学习发展和跨文化沟通都是极其宝贵的。

此外，这个活动也增强了学生的文化自信。他们开始意识到，中国的故事和文化同样值得世界的关注和欣赏。他们学会了如何用英语向世界介绍中国的文化遗产，如何用自己的声音讲述中国故事。这种文化自觉和自信，对于他们成长为具有国际视野的公民至关重要。

在教学过程中，我也不断反思和调整教学策略。我鼓励学生们在写作中大胆表达自己的观点，即使这些观点可能与主流观点不同。我告诉他们，阅读和写作是一种个人表达和思考的过程，他们应该珍视自己独特的视角和感受。

总之，通过用英语撰写关于中国武术、节日和故事的读后感，学生们不仅提高了英语写作能力，更重要的是，他们对中国传统文化有了更深的理解和认同。我相信，这样的教学活动将对他们的个人成长和未来的文化交流产生积极的影响。作为他们的老师，我为能够引导他们探索文化之美而感到自豪。

五、学生作品（略）

“英”姿展风采，“武”动传统情

一、指导思想

以马克思列宁主义、毛泽东思想、邓小平理论、“三个代表”重要思想、科学发展观、习近平新时代中国特色社会主义思想为指导，深入贯彻党的二十大精神，全面贯彻党的教育方针，落实立德树人根本任务，发展素质教育，推进教育公平，以社会主义核心价值观统领课程改革，着力提升课程思想性、科学性、时代性、系统性、指导性，推动人才培养模式的改革创新，培养德、智、体、美、劳全面发展的社会主义建设者和接班人。

二、课程标准

普通高中英语课程的总目标是全面贯彻党的教育方针，培育和践行社会主义核心价值观，落实立德树人根本任务，在义务教育的基础上进一步促进学生语言能力，文化意识，思维品质和学习能力等英语学科核心素养的发展，培育具有中国情怀、国际视野和跨文化沟通能力的社会主义建设者和接班人。实施普通高中英语课程应以德育为魂、能力为重、基础为先、创新为上，注重在发展学生英语语言运用能力的过程中，帮助他们学习、理解和鉴赏中外优秀文化，培育中国情怀，坚定文化自信，拓展国际视野，增进国际理解，逐步提升跨文化沟通能力、思辨能力、学习能力和创新能力，形成正确的世界观、人生观和价值观。

普通高中英语课程由必修、选择性必修、选修三类课程构成。

高一的必修课程（6 学分）为全体学生必须修习的课程，旨在构建英语学科核心素养的共同基础，使所有学生都能达到英语学业质量水平一的要求，满足高中毕业基本要求。高中学业水平考试应以必修课程的内容和学业质量水平一为命题主要依据。

高二的选择性必修课程（8 学分）供有学习兴趣和升学考试需求的学生选修，与必修课程形成递进关系；学生在完成选择性必修课程的 8 学分后，方可参加高考。高考应以必修课程和选择性必修课程的内容以及学业质量水平二为命题主要依据。

选修课程为学生自主选择修习的课程，包括国家设置的提高类、基础类、实用类、拓展类、第二外国语类等课程和学校自主开发的校本课程。课程结构见图一。

类别 要求	必修课程 6学分	选择性必修课程 0~8学分	选修课程 0~6学分					
提高要求 ↑			英语10（2学分）	提高类	基础类	实用类	拓展类	第二外国语类
			英语9（2学分）					
			英语8（2学分）					
高考要求 ↑		英语7（2学分）						
		英语6（2学分）						
		英语5（2学分）						
		英语4（2学分）						
毕业要求 ↑	英语3（2学分）							
	英语2（2学分）							
	英语1（2学分）							

图一　普通高中英语课程结构示意图

选修课程作为学生自主选择修习的课程，既包括国家在必修与选择性必修基础上设置的提高类课程，也包括学生高中三年期间可以任意选修的基础类、实用类、拓展类等校本课程。开设选修课程的目的是满足地方和学生发展的需要，供不同水平、不同兴趣和不同需求的学生任意选修。提高类课程由学校自主决定开设，学生完成提高类课程的 6 个学分且学业水平合格，可以达到学业质量水平三。选修课程的具体名称建议如表一所示：

表一　选修课程系列的课程名称建议

<table>
<tr><th colspan="2">选修课程
0～6 学分</th><th>课程名称</th><th>备注</th></tr>
<tr><td rowspan="5">国家设置或学校自主开发的课程</td><td>基础类</td><td>基础英语</td><td>为完成必修课程有困难或有就业和升学需求，但需要补习基础知识与基本技能的学生开设。学生可在高中三年内的任何学期选修</td></tr>
<tr><td>实用类</td><td>职场英语
旅游英语
科技英语
英汉互译</td><td>为有兴趣和就业需求的学生开设。学生可在高中三年内的任何学期选修</td></tr>
<tr><td>拓展类</td><td>英语国家社会与文化
跨文化交际
英语报刊阅读
英语文体与修辞
英语文学赏析
英语影视欣赏
英语戏剧与表演
英语演讲与辩论</td><td>为有意愿拓展兴趣、发展潜能和特长的学生开设。学生可在高中三年内的任何学期选修</td></tr>
<tr><td>提高类</td><td>英语 8
英语 9
英语 10</td><td>为学有余力或报考外语类院校，以及具有特殊发展需求的学生开设。学生在完成选择性必修课程后方可选修，完成 6 个学分可以达到英语学业质量水平三</td></tr>
<tr><td>第二外国语类</td><td>日语、俄语、法语、德语、西班牙语等</td><td>为有意愿学习另外一门外国语的学生开设。学生可在高中三年内的任何学期选修</td></tr>
</table>

在三级课程管理框架下，选修课程的权利主体是学校，属学校一级的课程开发与管理，由学校根据学生兴趣和当地经济、文化发展需要以及学校办学特色等进行开发建设。结合我校学生实际及一级课程目标“弘学、尚武、育才”，高中英语设置“用英语讲好中国故事”校本课程，弘扬中华优秀传统文化，坚定文化自信。

表二　校本课程内容安排

<table>
<tr><th></th><th>主题</th><th colspan="2">学习内容</th><th>学习目标</th></tr>
<tr><td rowspan="23">用英语讲好中国故事</td><td rowspan="11">主题一　中华优秀传统文化</td><td rowspan="7">二十四节气与武术</td><td>传统节气与传统武术之间的关系</td><td rowspan="7">1. 了解中国传统节气与武术的概念、历史
2. 通过不同节气与武术的相互影响进一步了解武术的奥秘
3. 通过了解相关的节气与武术的关系，能够了解并发扬舞狮舞龙精神。了解中国功夫的起源、发展和文化内涵。感受中国功夫的博大精深及其奥秘</td></tr>
<tr><td>春与武术之——舞龙舞狮篇</td></tr>
<tr><td>春与武术之——舞狮文化</td></tr>
<tr><td>夏与武术之——少林寺篇</td></tr>
<tr><td>夏与武术之——中国功夫</td></tr>
<tr><td>秋与武术之——拳术篇
秋与武术之——太极拳</td></tr>
<tr><td>冬与武术之——峨眉篇
冬与武术之——八段锦</td></tr>
<tr><td rowspan="4">传统中医学</td><td>传统中医学之——穴位篇</td><td rowspan="4">1. 了解中医穴位定位、按揉功效、针灸、拔罐和刮痧的发展历史以及它们的治疗方法，能用英语介绍相关知识
2. 通过学习培养学生对中国传统医学的兴趣，弘扬中华优秀传统文化，坚定文化自信</td></tr>
<tr><td>传统中医学之——针灸篇</td></tr>
<tr><td>传统中医学之——拔罐篇</td></tr>
<tr><td>传统中医学之——刮痧篇</td></tr>
<tr><td rowspan="12">主题二　儒家思想及相关故事</td><td rowspan="3">儒家思想</td><td>智慧孔子</td><td rowspan="12">1. 了解对中国影响深远的儒家思想，能用英语解读儒家思想及其意义
2. 理解和享受选取的富有教育意义的故事，了解其宣扬的思想，与社会主义核心价值观相契合之处，传承传统文化，培育中国情怀，坚定文化自信，提升跨文化能力</td></tr>
<tr><td>孔府、孔庙、孔林</td></tr>
<tr><td>The Five Virtue of Confucius
仁、义、礼、智、信</td></tr>
<tr><td rowspan="9">体现其思想的传统故事</td><td>Master Archer（智）</td></tr>
<tr><td>The Snail Girl（仁）</td></tr>
<tr><td>The River God’ s Gifts 1—2（仁）</td></tr>
<tr><td>The Early Bird Catches the Worm</td></tr>
<tr><td>Painting the Dragons to Life（智）</td></tr>
<tr><td>Family Matters 1—4（仁、义、智）</td></tr>
<tr><td>Magic Gold and Old Ding 1—3（信）</td></tr>
<tr><td>Hua MuLan 1—3（仁、义）</td></tr>
<tr><td>Ox-man 1—3（智、仁）</td></tr>
</table>

三、课程活动形式:主题学习型

四、课程评价方案

教学评价是英语课程的重要组成部分。校本课程开发的价值追求是学生个性发展、教师专业发展和学校特色凸显,这决定了评价的多元性。

(一)学生发展性评价

校本课程的评价环节,要体现学生在评价过程中的主体地位,要促进学生的个性发展,要通过表现性评价的形式检验学生英语学科核心素养的落地。为了规范以表现性评价为主的评价方式,教研团队专门开发了学生评价量表(如表三)。该表实现了评价主体的多元化,分设自主评价、同伴评价、和教师评价三种评价方式,以期通过多元评价方式更好地激发学生学习兴趣,增强其学习内驱力。

表三 学生评价量表

评价维度	评价内容	评价标准	自评	互评	师评
语言能力	能够看懂视频,读懂相关优秀传统文化故事	理解语篇的结构特征、基本语言特点和信息组织方式	☆☆☆	☆☆☆	☆☆☆
	能够用个性化的语言介绍节气、武术或中医药,讲述中华优秀传统文化故事	语言表达清晰流畅、准确,介绍时语言有感染力,肢体语言丰富	☆☆☆	☆☆☆	☆☆☆
文化意识	能够理解与感悟中华优秀传统文化的内涵,坚定文化自信和国家认同感	领会不同语篇中蕴含的人文精神和传统美德,能欣赏和鉴别美好事物,形成正确的价值观	☆☆☆	☆☆☆	☆☆☆

续表

评价维度	评价内容	评价标准	自评	互评	师评
思维品质	能够在视频观看和语篇学习中发展思维，就其主题意义做出正确的理解和判断	能提取、整理、概括视频和语篇的关键信息，能辨识语篇中的逻辑关系，能从不同角度推断其深层含义	☆☆☆	☆☆☆	☆☆☆
学习能力	能够保持学习兴趣，主动参与语言实践活动，积极与他人合作，共同完成学习任务	能够主动阅读中华优秀传统文化故事，能够在小组合作中积极参与课堂活动，乐于与他人分享所学故事	☆☆☆	☆☆☆	☆☆☆

1. 过程性评价。评价等级分为优、良、合格、不合格共 4 个。其中，优是出勤率为 100%，遵守课堂纪律，积极举手发言，参与课堂讨论，作业情况良好。良是出勤率达到 95%以上，上课能遵守课堂纪律，积极参与课堂讨论与活动。合格是出勤率达到 80%以上，上课态度尚可，较积极参与课堂活动，作业完成情况一般。不合格是出勤率低于 60%，上课态度较差，作业应付，完成情况较差，对课堂活动不积极参与。

2. 评价形式。教师评价占 50%、小组评价占 35%、学会自评占 15%。

表四　评价表

评价标准		评价		
		自评	组评	教师评
学生学时	出勤情况 20%			
学业成绩	平时测验 20%			
作业完成	平时作业 10%			
	项目作业 10%			
课堂表现	课堂发言 20%			
	课堂纪律 20%			
合计				

（二）课程资源的合理程度评价

在开发与利用英语课程资源时，教师要注意选用具有正确育人导向的，真实、完整、多样的与主题情境相关的英语材料。课程资源的建构过程要遵循阅读教学规律，创设适宜情境，创新学习方式，有效搭建学习支架，让学生于学生更好地参与学习。教师要能够使用看视频、读故事、小组合作探究等教学策略和方法，引领学生聚焦主题，指导学生进行建构，最终要有有效的手段检测学生的学习真正发生。教师可以使用课程资源的合理程度评价评价表（如表五）进行自查，并不断完善。

表五　课程资源的合理程度评价评价表

评价内容	是	否	如果为“否”，如何改进？
课程资源对主题是否有阐发价值			
课程设计是具有可操作性			
课程设计是具有可复制性			
时间安排是否合理			
教学效果是否可检测			

五、研究论文

巧用英语学科资源，寓思政教育于无形

胡俊英

一、思政教育的重要性

习近平主席在 2019 年 3 月 18 日上午在北京主持召开学校思想政治理论课教师座谈会并发表重要讲话，使得“思政教育”的话题再一次热起来。然而，思政教育并非只是班主任或思政教师的事，每位教育工作者都责无旁贷。

余国良专家曾说：“学习不好是次品，身体不好是废品，品德不好是危险品，心理不健康是易爆品。”[1] 上海复旦大学林浩森投毒事件和北大学生吴谢宇弑母事件都在告诉我们，育人一定要“德”为先。韩愈的著名文章《师说》中有一句名言：“师者，所以传道授业解惑也。”这句名言把传道放在了第一

位，众所周知，道即“德”；习近平总书记强调，青少年阶段是人生的“拔节孕穗期”，最需要精心引导和栽培。教师要给学生心灵埋下“真善美”的种子，引导学生“扣好人生第一粒扣子”[2]。只有教师重视思政教育，言传身教，才能培养出合格的社会主义建设者和接班人。

二、利用英语学科资源，在教学中巧施思政教育

普通高中英语课程标准指出，普通高中英语课程的总目标是全面贯彻党的教育方针，培育和践行社会主义核心价值观，落实立德树人根本任务，在义务教育的基础上，进一步促进学生英语学科核心素养的发展，培养具有中国情怀、国际视野和跨文化沟通能力的社会主义建设者和接班人。很显然立德树人是根本任务，作为接触西方文化最多的学科，培养的建设者和接班人中，具有中国情怀无疑是最重要的，因此，在英语课教学中进行思政教育自然也是必不可少的。那么英语教师该如何应用英语学科资源，对学生进行思政教育呢？笔者根据自己的体会认为可以从以下几点切入进行：

（一）教材主题内容

高中英语教材题材丰富，几乎每一个单元的主题都可以挖掘出思政教育的内容。以人教版高中英语教材必修一至选修八为例。必修一第一单元的话题是 Friendship 友谊。笔者提出问题：“Could you use some adjectives to describe your best friend? ”当有学生回答“beautiful or handsome”时，我就会问：“Does he or she become your best friend just because he or she is handsome or beautiful?”这样，学生自然就会得出交朋友时应注重对方的品质的结论；同时，借用 Warming up 部分问卷的最后一道题，即朋友考试时叫你考卷给他看，帮忙作弊，你会怎么做？让学生说说他们的做法，并说出他们这么做后会有什么样的结果？他们也能得出帮朋友考试作弊其实不是帮他而是害他的结论，能帮助学生形成正确的交友观。当然教师用问题启发思考的方式比纯粹的说教更有效。

必修一第二单元的主题虽为“English Around the World”，讲的主要是英语的发展历史，但教师可以通过问题 Why do people learn English 的讨论来引申到 Why do more and more people learn Chinese 的讨论，得出中国的综合国力越来越强，世界地位越来越高的结论，提升民族自豪感和爱国情怀。必修二第二单元的主题是 The Olympic Games（奥运会），内容提到被选中举办奥运是巨大的荣耀，中国成功举办 2008 年奥运会并取得举世瞩目的成绩，教师可展示鸟巢、水立方、奥运村、中国运动员夺冠升旗的图片，加上播放北京被宣布为举办2022年冬奥会的片段，使北京成为第一个既举办夏季奥运会又举办冬季奥运会的城市时，学生们也跟着欢呼起来，爱国热情高涨。

高中英语教材还有好几个单元都是写人的，如必修一 Unit 5 Nelson Mandela-a modern hero 中的曼德拉，必修四 Unit 1 Women of Achievement 中的英国动物学家简·古道尔和中国妇科专家林巧稚，必修四 Unit 2 Working the Land 中的杂交水稻之父袁隆平，必修四 Unit 3 A Taste of English Humor 中的幽默大师卓别林，必修五 Unit 1 Great Scientists 中战胜“霍乱王”的英国著名麻醉学家和流行病专家约翰·斯诺，学习这几篇文章时，用问题“What kind of person is/was he/she?”或“What quality does/did he/she have?”的讨论，就能引发学生学习伟人们无私奉献、乐于助人、努力工作、刻苦钻研、精益求精的精神。

必修二 Unit 4 Wildlife Protection 野生动植物保护，选修六 Unit4 Global Warming 全球变暖，选修七 Unit 3 Under the Sea 海底景观[3]，这三个单元则是非常好的提升学生们环保意识的文章。必修二第四单元中有一个句子“No rainforest，no animals，no drugs”可以叫学生翻译，学生们自然也能体会到人与自然和谐共生的道理。学生们通过问题“What can we do to protect wildlife/environment”或“What can we do to stop global warming?”的讨论，就会明白应该从日常做起，从我做起来保护我们的环境。

其实，高中英语教材还有很多可以对学生进行思政教育的主题，就看老师怎么利用切入，如选修八 Unit 4 Pygmalion 一文中，就可以用问题 1. In professor Higgins's opinion，what decides a person' s position in society? 2. Do you agree? 3. What else do you think can decides a person' s position? 来引导学生思考并悟出：决定一个人社会地位的不是外表、金钱，而是他的人品、学识、为他人和社会所做的贡献等，从而树立正确的人生观、价值观。再如，可用必修二 Unit 1 Cultural Relics 来提升学生们保护文化遗产的意识；用必修三 Unit 2 Healthy Eating 和选修六 Unit 3 A Healthy Life 的主题来引导学生养成健康的生活习惯等；而像 Computers，Robots，Inventors and Inventions 等主题则可以让学生们崇尚科学，提升学生们的科学素养；Earthquake，First Aid 等主题可渗透生命教育、安全教育及互帮互助教育。在学习这些话题时，教师无须特别提出学生应该怎么做，都只要用一到两个问题启发引导讨论，学生们在你一言我一语中自然而然就能领会到其中的意义，形成正确的价值取向。

（二）语言知识内容

新课标指出，指向学生学科核心素养的英语教学应以主题意义为引领，以语篇为依托，整合语言知识、文化知识、语言技能和学习策略等学习内容。语言知识是其中必不可少的学习内容。笔者在教授语言知识时，也会用带有思政教育指向的句子让学生在学习中得到潜移默化。如：学习 power 一词时，叫学生译 Knowledge is power.（知识就是力量）；学习 will-willing-unwilling 时，会给句子 Where there is a will，there is a way.（有志者，事竟成）和 She is always willing to help others.（她总是乐于助人）；学习强调句型和写祝贺信时，会给句子 It is your hard work that leads to your success.（是你的努力让你取得了成功）；学到装句时，会叫学生译 Only by working hard can we realize our dreams.（只有通过努力，我们才能实现我们的梦想）；再如 result 一词，则会用句子 His laziness resulted in his failure while her success resulted from her hard work.（他的懒惰导致了他的失败，而她的成功是由于她的努力）。一句谚语 No pains；no gains（不劳则无获）就可以学习 pain 和 gain 两个词；Roses given，fragrance in hand.（赠人玫瑰，手留余香）等，教师可在单词、词组、句子和语篇的学习中不断强调知识、努力、恒心、帮助他人的重要性等，让学生在不知不觉中被潜移默化。

（三）课后练习

课后练习是巩固所学知识必不可少的部分，尤其是完形填空和阅读理解的练习，更是提高学生英语学科核心素养即语言能力、文化意识、思维品质和学习能力的重要组成部分。教师在选材时可多选取具有很好的思政教育意义的文章，讲评时要多挖掘作者的写作意图及文本所要表达的言外之意。如一篇标题为 A Glass of Milk，Paid in Full 即“医疗费等于一杯牛奶”的故事，讲述的是一个生活贫困的男孩为了积攒学费，挨家挨户地推销商品。他又累又饿时，得到一位美丽的女士给的一杯浓浓的热牛奶，当小男孩问他应付多少时，女士回答说：“You don’t owe me anything. Mother has taught us never to accept pay for a kindness.”（她说：“一分也不用。妈妈教导我们，施以爱心，不图回报。”）许多年后，男孩成了一位著名的外科大夫。有一天他发现一个病人正是那位热情地给过他一杯改变人生的牛奶的美丽女士，他用自己高明的医术成功地挽救了她的生命。当那位女士以为医疗费会花掉她的全部家当时，却在账单上看到“Paid in full with one glass of milk.”（医疗费等于一杯牛奶）[4]。教师在学生看完故事后就可以让学生讨论：What can you learn from the story? 学生自然可以得出“Helping others is helping ourselves.”（助人即助己）、“An act of kindness can make a difference to others.”（一个小善举能对他人起重要影响）和“A favor of drop of water received should be repaid with a surging spring.”（滴水之恩，当涌泉相报）的结论。学生们也深受感动，以人为善、学会感恩的种子就自然而然地埋下了。英语阅读完形练习中有无数的文章都是讲一个善举带给别人的改变或带给自己的成功的故事，教师可以很好地把这些文章运用起来作为思政教育的素材。像 2015 年和 2016 年的全国高考一卷中的完形填空，就是很好地帮助他人的文章，可以很好地激发学生们助人为乐的热情。再有，笔者也用过一篇讲 self-discipline 的文章，其中的重点句是，“Success is tons of discipline”，“Do what you should，when you should do it，whether you feel like it or not.”“There are 999 other success principles that I have found in my reading and experience，but without self-discipline，none of them work.”一方面让学生翻译这些句子，另一方面则是让他们谈谈自己对这些句子的感悟并举例说明。他们就能悟出：无数的自律才能造就成功；只有做好了该做的事，才有可能做喜欢做的事。教师可以就此鼓励学生学会自律，用自律和自己的不良习惯、外部诱惑等做斗争，从而做更成功的自己。还可用讲述用海洋垃圾建造房子的文章来提升孩子们的环保意识；科普类中不少是研究新发现、新发明的文章，教师可用这种类型的文章不断鼓励学生关注科技新动态，学习新知识、新技能，参与知识创新和科技创新，从而更好地适应世界多极化、经济全球化和社会信息化。

当然，还有很多其他也可以作为思政教育的方面，如写作练习中向外国友人介绍中国的传统文化如节日、习俗、武术、书法、绘画、音乐艺术等、介绍升旗仪式、家乡变化等，都可以让学生更爱我们的祖国、坚定文化自信等。同时，教师还可以运用热点时事来发挥，比如这次的新冠肺炎疫情事件，有个对话视频，播放的是医务工作者们明知危险却毅然争做“逆行者”和家人道别的镜头，非常感人。笔者把视频播给学生看，让学生谈观后感。学生无不认为这些医护人员是真正的 superheroes（超级英雄）。结合必修二第五单元 Music 中追星的粉丝给成名乐队带来的烦恼话题，引导学生理性追星，那些危急时刻能保护我们的军人、警察，能挽救我们生命的医生护士，能让我们过更好生活的科学家及其他默默付出的平凡之“星”，才是真正值得我们追的。

总之，每位教师都要重视学生的思政教育，并运用自己的教学智慧，抓住各种时机弘扬正气，传播正能量，帮助学生树立正确的世界观和人生观，最终成为德智体美全面发展的社会主义建设者和接班人。

参考文献

[1] 余国良. 余国良教授在北京首届高中学生发展指导高峰论坛上的发言 [EB/OL]. [2019-02-18]. http://www. 360doc. com/content/15/1202/13/4741021 _ 517371755. shtml.

[2] 新华社. 习近平总书记在学校思想政治理论课教师座谈会上重要讲话 [N]. 人民日报，2019-03-19.

[3] 梁健兰. 新课改下高中英语教学中的德育渗透探究 [J] 西部素质教育，2015.

[4] 吴文丽. 高中英语教学中德育渗透的案例 [EB/OL]. [2019-02-18]. http://www. edu. lzep. cn/2019/0218/303278. shtml.

六、教学设计或案例

Teaching Design for Wing Chun Kung Fu

Ⅰ. Textbook Analysis

Chinese kung fu, also known as wushu or Chinese martial arts, is an important part of traditional Chinese culture. It is probably one of the earliest and longest lasting sports, which utilizes both brawn and brain. Different from self-defense and boxing, kung fu is more holistic, developing internal discipline with external technique.

Ⅱ. Learner Analysis

Accurately analyzing the learning situation, understanding the student's experience background, language foundation, and thinking characteristics, is the starting point for carrying out overall unit teaching, which is beneficial for teachers to preset the overall teaching ideas of the unit. The target audience of this unit is high school freshmen who have just entered the high school campus. They are generally outgoing, outgoing, and have active thinking, which is conducive to cultivating their learning interest and enthusiasm. Students have a serious attitude towards learning and a high enthusiasm for learning, which is beneficial for improving the quality and effectivenessof teaching.

Ⅲ. Teaching Objectives

By the end of this lesson, students will:

1. be able to understand the basic principles and techniques of Wing Chun Kung Fu, and demonstrate proper execution of a few fundamental moves.

2. be able to use English to describe Wing Chun Kung Fu.

3. Love Wing Chun Kung Fu and promote traditional Chinese culture.

Ⅳ. Teaching Process

Step 1: Introduction (5 minutes)

—Begin the lesson by introducing Wing Chun Kung Fu, its origin, and its significance in martial arts.

—Show a short video clip highlighting the key principles and techniques of Wing Chun Kung Fu.

—Engage students in a brief discussion about their prior knowledge or experiences with martial arts.

Purpose: To arouse students' interest and strengthen their invitation for English learning.

Step 2: Understanding the Principles of Wing Chun Kung Fu (15 minutes)

—Present a PowerPoint presentation that covers the fundamental principles of Wing Chun Kung Fu, such as centerline theory, simultaneous attack and defense, and economy of motion.

—Use visual aids and examples to help students grasp these concepts.

—Encourage students to ask questions and clarify any doubts they may have.

Purpose: The purpose of this step is to let them get familiar with the expression and sentence structures about the Principles of Wing Chun Kung Fu.

Step 3: Basic Techniques and Applications (25 minutes)

—Demonstrate and explain the proper execution of a few fundamental moves in Wing Chun Kung Fu, such as the "Tan Sao" (palm-up block), "Bong Sao" (wing arm block), and "Fook Sao" (bridge arm block).

—Show instructional videos to reinforce the correct techniques and provide students with visual guidance.

—Divide students into pairs and allow them to practice these techniques under your supervision.

—Provide individual feedback and correct any mistakes in their execution.

Purpose: By discussion and making role-play, their speaking and creative ability will be fostered. Through group work, they can develop their communicative ability and cooperative spirit as well.

Step 4: Consolidation and Application (10 minutes)

—Conduct a brief review of the key principles and techniques covered in the lesson.

—Ask students to demonstrate their understanding by performing a short sequence of Wing Chun Kung Fu moves in front of the class.

—Encourage peer evaluation and constructive feedback to foster a supportive learning environment.

—Summarize the lesson and emphasize the importance of practice and dedication in mastering Wing Chun Kung Fu.

Purpose: Through this section, students can combine what they learned in the passage. They can have a good chance to practice their oral English and learn other's advantages. Also, they can build up a right attitude towards Wing Chun Kung Fu.

Step 5: Conclusion (3 minutes)

—Conclude the lesson by highlighting the benefits of learning Wing Chun Kung Fu, such as self-defense, discipline, and physical fitness.

—Encourage students to continue exploring martial arts and provide resources for further learning or training opportunities.

Purpose: It can not only check the beginning effect, but also make students gain a sense of achievement. This step can consolidate the target knowledge and improve their self-study ability.

Step 6: Homework (2 minutes)

Writing a composition about Wing Chun Kung Fu.

Purpose: The homework can not only improve the abilities of collecting information and speaking, but also cultivate the awareness of protecting the traditional culture.

Ⅴ. Teaching reflection:

1.Shortcomings: Lack of personalized teaching models.

2.Improvement plan: We should understand students' learning needs and individual characteristics, and tailor instruction to their specific circumstances.

《百发百中》教学案例

教材分析

一、本节教学内容

本节课的主题围绕《百发百中》故事展开，通过叙述 Pan Dang 和 Yang Youji 两位弓箭手的故事，引入孔子的"严"思想。学生将学习与射箭相关的关键词汇和短语（archer，bull's-eye，willow tree 等），并通过情景模拟、角色扮演、小组探究和故事再创作等活动加深理解。教学活动旨在提高学生的英语口语能力、批判性思维和文化意识，同时体验追求卓越和自我要求的过程。

二、本节内容与"弘学、尚武、育才"模式契合点

通过理解故事及词汇学习，提升学生的语言知识和文化背景理解，体现深入学习和广博知识的追求。射箭作为六艺之一，在中国古代文化中具有重要地位。课堂上对弓箭手的探讨和模拟射箭场景使学生了解并尊重传统文化中的武德精神。通过实践活动和对"严"的讨论，培养学生的自我纪律和专注力，为其个人成长和技能提高奠定基础。

学情分析

学生普遍对故事性强的内容感兴趣，可以利用这一点激发他们学习英语的动力。学生对于中国古代文化和儒家思想的了解程度不一，需要通过生动

的教学方式来引起他们的兴趣和好奇心。但学生的英语水平不尽相同，因此教学设计应考虑到不同层次的需求，并提供适当的支持和挑战。

《课程标准》要求

根据相关课程标准，学生应达到一定的语言技能水平，包括听、说、读、写的综合运用能力。

强调培养学生的文化意识和跨文化交际能力，使他们能够了解不同文化背景下的思维方式和表达习惯。鼓励实践和应用学习，重视学生的情感态度和价值观教育，通过各种主题和文本类型实现这些目标。

本节教学内容的设计符合课程标准的要求，旨在通过具体主题教学，实现语言技能的提升和文化素养的培养，同时注重学生个性发展和自主学习能力的提高，增强学生的文化自信和认同感。

教学目标

1.通过阅读故事 *Master Archer*《百发百中》，学生能够理解并复述故事情节。

2.学生能够掌握故事中的关键词汇和短语，如 archer，bull's-eye，willow tree 等，并在实际对话中使用它们。

3.学生能够运用所学知识，描述自己在某个领域的专长，并解释为什么自己是这个领域的专家。

4.理解并应用孔子思想中的“严”，在学习与追求专业技能过程中体现严谨和自律的态度。

教学重难点

1.故事主旨理解。确保学生能够捕捉故事 *Master Archer*《百发百中》的主要内容和寓意，以及孔子“严”的思想。

2.应用实践。鼓励学生将所学的英语知识应用于各种情景，特别是情景模拟、角色扮演等交际活动中。

3.文化差异的理解。学生可能难以理解和欣赏中国古代的文化背景和儒家思想，特别是如何将这些概念与现代生活联系起来。

教学方法

1.交际语言教学法。通过实际情景模拟和角色扮演，使学生在真实的语境中使用英语，增强他们的口语交际能力。

2.任务型教学法。设计与故事相关的任务，如小组讨论、研究项目和创意写作，让学生在完成具体任务的过程中学习和运用新知识。

3.合作学习。鼓励学生以小组形式合作探究，通过团队协作来提高解决问题的能力和创新思维。

4.内容与语言整合学习（CLIL）：结合对文化背景的学习，使语言学习与内容学习同步进行，提高学生的跨文化意识。

5.差异化教学：考虑到学生水平的不同，提供不同难度的材料和活动，确保每个学生都能在自己的水平上得到挑战和支持。

6.反思性学习：通过讨论和自我评估等方式，引导学生对自己的学习过程和方法进行反思，培养自主学习和批判性思维能力。

教学过程

一、交际引入，主题激活

1.教师向学生介绍今天的故事 *Master Archer*《百发百中》，告诉他们这是一个关于两位著名弓箭手的故事。

创建一个古代射箭比赛的场景，教师用英语描述观众的期待和紧张气氛：“In the ancient times，archery contests were not just about skills，but also a test of one’s composure under pressure.”

引导学生用英语讨论在高压下如何保持冷静和精准，引入“严”的概念：“How do you think an archer maintains precision and composure in such critical moments? This is where the Confucian idea of ‘rigor’ comes into play.”

2.教师与学生一起讨论他们对弓箭手的了解，以及他们对于这个故事的预测。

二、梳理词汇，语言巩固

1.教师将故事中的关键词汇和短语列在黑板上，如 archer，bull’s-eye，willow tree 等。

2.教师与学生一起解释这些词汇和短语的意思，并给出例句。

3.学生分组进行词汇练习，使用这些词汇和短语造句，并向其他组展示他们的造句。

分配角色：让学生扮演 Pan Dang 和 Yang Youji，用英语进行对话练习，比如：“I challenge you to a test of skills，Yang Youji. Can you shoot three arrows at the willow tree as you claim?”

角色扮演后，教师带领学生通过问答方式复习关键词汇：“What does

'bull's-eye' mean? How can one achieve it consistently?"

强调语言学习中的"严"："In mastering English，or any skill，constant practice and self-discipline are essential. Be rigorous in your studies!"

三、文化链接，主题探究

1. 教师引导学生思考弓箭手在中国文化中的地位和重要性。

2. 学生分组进行研究，了解中国古代弓箭手的历史和文化背景。

3. 学生向全班展示他们的研究成果，并分享他们对弓箭手文化的理解和感受。

四、主题回顾，语言感知

1. 教师与学生一起回顾故事的情节和关键词汇。

2. 学生分享他们在个人专长描述环节中的收获和体会。

小组分配研究主题并用英语展开，如"Research the training regime of ancient archers."或"The impact of archery in ancient warfare."。每个小组用英语收集资料、讨论并准备展示，教师提供指导以确保使用正确的英语表达。展示时，用英语提问和挑战，教师鼓励使用课堂上学的词汇和句型。

3. 教师总结本节课的学习内容，并鼓励学生在日常生活中运用所学知识。

五、评估方式

1. 观察学生在情景模拟和角色扮演中用英语的参与度及对故事情节的理解。

2. 评估学生在小组探究中用英语的研究能力和表达能力。

3. 评价学生在故事再创作活动中的英语创新思维和应用所学知识的能力。

4. 检视学生是否能够在以上活动中用英语体现出孔子"严"的思想。

六、校本作业

1. 词汇与句子练习。巩固关键词汇和短语。用故事中学到的关键词（archer，bull's-eye，willow tree 等）造句。至少写 3 个句子，并用正确的时态和语法结构。

2. 角色扮演——选做 1。编写一个短小的对话脚本，想象你是 Pan Dang 或 Yang Youji，在射箭比赛前与皇帝或其他弓箭手交谈。脚本要有明确的开头、中间和结尾。至少 10 个对话回合。使用适当的称呼和礼貌语言，展现对对方的尊重。

3. 研究作业——选做 2。做一个小研究项目，主题是"古代中国的射箭与儒家思想"。回答以下问题：射箭在古代中国文化中有什么特殊意义？儒家思想如何影响了古代的教育和技艺培养？

教学反思

一、亮点

1.通过结合传统武术文化和孔子“严”的思想，本节课不仅加深了学生对文本的理解，而且提高了他们对中华文化及儒家思想的尊重和兴趣。学生能通过故事中的弓箭手来体会“严”的重要性，这种文化与学科教学的融合是本节课的一大亮点。

二、不足

1.在某些环节，比如小组探究和角色扮演时，部分小组可能需要更多时间来完成他们的任务，导致课程进度需要适当调整。未来教学中应考虑更灵活的时间分配，确保每个学生和小组都能充分表达和展示。

2.虽然本节课尝试融合传统武术文化，但学生对中国古代文化和儒家思想的理解深度仍有待提高。在未来的教学中，可以引入更多的历史背景和文化解读，帮助学生更全面地理解和欣赏文化内涵。

七、教学随笔

教学中播放视频的好处及注意事项

杨丽娜

众所周知，在课堂教学中播放视频的好处有很多。

1.提高学习兴趣。视频相较于传统的教学方式更具趣味性和互动性，能够帮助学生更好地理解和记忆知识点，尤其受到年轻人的喜爱，有利于激发学生的学习热情和学习动力。

2.丰富教学资源。视频可以作为展示教学内容和案例的手段，增加教学的多元性和趣味性，帮助学生深入理解知识点。

3.创造语言活动的情境。通过视频，教师可以创建真实的语言场景，增强学生的参与感和学习兴趣。

4.保持师生互动。视频作为一种教学工具，可以在学习者和学习内容之间建立有形的桥梁，帮助教师传达学习材料的意义，并维持师生之间的互动。

5.直观辅助解释。视频的表现力和直观性能够调动学生的感官，让学生更好地理解相关的知识点，并有助于学生更好地理解文化背景知识。

6.展示教师教学个性和人格魅力。精品视频公开课能够让教师展示个人的教学风格和专业素养，这对于提升学校的教育和教学质量有着重要影响。

因此，课堂上播放视频是一种有效的教学手段，它可以丰富教学内容、提高学习兴趣、创设情境等等。本次的校本课程绝大多数都有丰富的视频资源，讲解非常的详细清晰，发音地道标准，对学生的语音提高，听力提升都有很大的帮助，同时也能帮助学生更直观、更好地理解我们的优秀传统文化。

然而，在这过程中也要注意提高视频使用效果，在视频播放之前，要给学生布置任务，如“What can you see in the video?”“What impresses you most?”“What... are mentioned in the video?”等问题，让学生明白视频的主要内容是什么？我主要要看懂什么？课后，还可以让学生进行跟读，模仿语音、语调，甚至进行配音等，提升学生的语言能力，使其效果最大化，而不只为了提兴趣。

讲好中国故事　培育中国情怀

胡俊英

《新课标》指出，普通高中英语课程应该在义务教育的基础上，帮助学生进一步学习和应用英语基础知识和基本技能发展跨文化交流能力，为他们学习其他学科知识、汲取世界文化精华、传播中华文化，创造优良好的条件，普通高中英语课程同时还应帮助学生树立人类命运共同体意识和多元文化意识，形成开放包容的态度，发展健康的审美情趣和良好的鉴赏能力，加深对祖国文化的理解，增强爱国情怀，坚定文化自信，树立正确的世界观、人生观和价值观，为学生未来参与知识创新和科技创新，更好地适应世界多极化经济全球化和社会信息化奠定基础。

《新课标》多次提到“立德树人”，要加深对祖国文化的理解，增强爱国情怀，坚定文化自信。中国传统文化则是中华民族的瑰宝，是我们的精神支柱和文化基因。在全球化的今天，英语已经成为一种国际通用语言，然而，大多数学生在学习英语的过程中，往往忽视了对中国传统文化的了解和学习。我们开设这门课程，希望通过讲故事的方式，让学生在轻松愉快的氛围中学习和使用英语，同时也能深入了解和感受到中国传统文化的魅力。课程内容涵盖了各种中国传统故事，如《木兰从军》《神农尝百草》《宝莲灯》等，这些故事涵盖了各种主题，以仁、义、礼、智、信五种儒家思想为主脉，体现了中华民族的智慧和精神，用英语的承载形式展现传统思想的魅力，以不同的语言形式来强化学生的民族认同。每个故事都配有详细的英文讲解和讨论环节，以增强学生的口语表达能力和批判性思维能力。通过阅读这些故事，学生们不仅可以提高英语水平，还可以更加深入地了解中国的历史和文化，提升民族自豪感。

学生对我们所选的故事还是很感兴趣的，尤其通过学习后，他们能用英语来向他人尤其是外国友人简要讲述这些故事，传播我们的文化，加深理解交流，起到桥梁作用，由衷感到开心和自豪。

八、学生作品

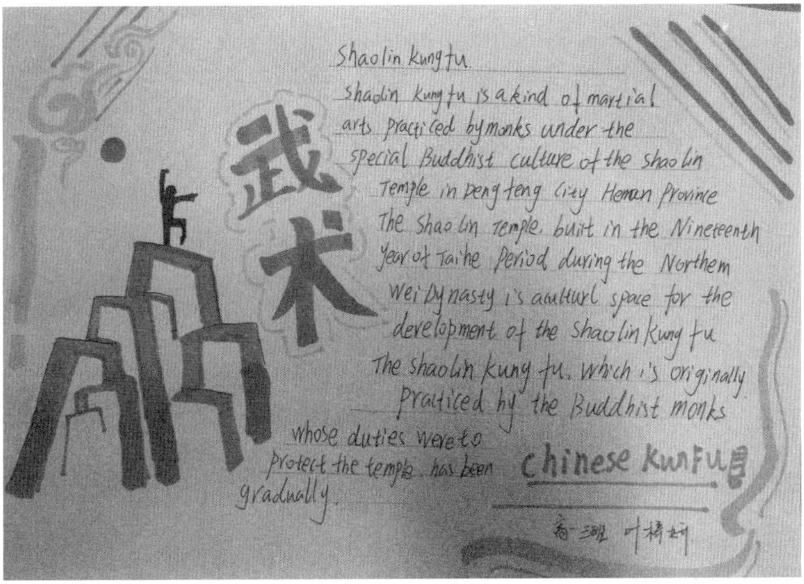

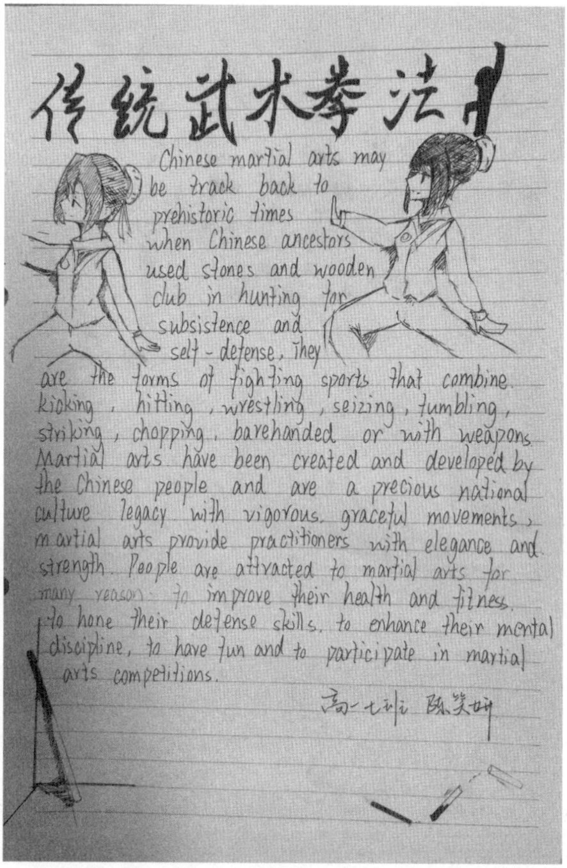

高一武术手抄报

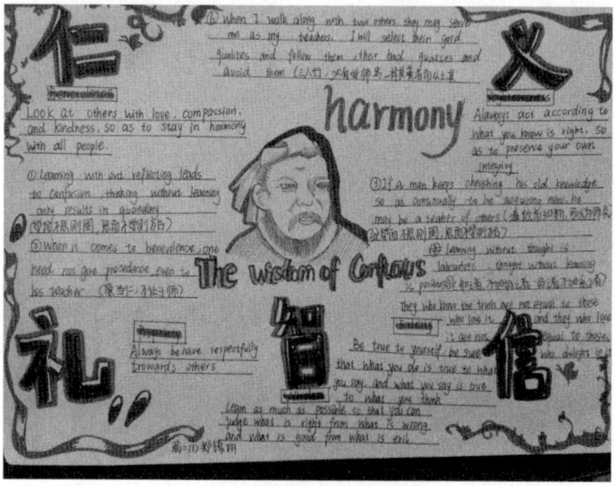

高二儒家思想思维导图

飞天之梦，浮仓启航

一、学科课程方案

（一）指导思想

以习近平新时代中国特色社会主义思想为指导，深入贯彻党的二十大精神，全面贯彻党的教育方针，遵循教育教学规律，落实立德树人根本任务，发展素质教育，着力提升课程思想性、科学性、时代性、系统性、指导性。坚持为党育人、为国育才，发展社会主义先进文化、弘扬革命文化、传承中华优秀传统文化，落实有理想、有本领、有担当的时代新人培养目标，遵循教育教学规律和学生成长规律，把培育和践行社会主义核心价值观融入课程建设全过程，强化课程管理，激发地方和学校课程建设活力，构建以国家课程为主体、地方课程和校本课程为重要拓展和有益补充的基础教育课程体系，增强课程适应性，实现课程全面育人、高质量育人。

（二）课程标准

初二阶段，引导用所学物理知识解决实际问题，以实践活动为载体，引导学生学会学习、学会合作、学会生活，发展学生的物理学科核心素养，为学生的终身发展奠定基础。

初三阶段，引导用所学物理知识解决实际问题，在解决真实问题时，让学生体会到物理知识的应用价值，激发学生主动思考的内动力，使其主动地分析和学习，并能在实践任务完成后获得成就感，培养学生遇到问题时主动分析、寻求解决问题策略的意识，培养学生核心素养。

（三）课程框架和内容

序号	年级	课程名称	国家课程	核心素养目标
1	初二	飞天之梦，浮仓启航	第二章《运动的世界》 第五章《质量与密度》 第六章《熟悉而陌生的力》 第七章《力与运动》 第八章《压强》 第十章《机械与人》	科学思维、勇于探究、乐学善学、勤于思考、爱国情怀
2	初三	飞天之梦，浮仓启航	第十三章《内能与热机》 第十四章《了解电路》 第十五章《探究电路》 第十七章《指南针到磁悬浮列车》 第十九章《走进信息时代》 第二十章《能源、材料与社会》	科学思维、勇于探究、乐学善学、勤于思考、爱国情怀

（四）校本课程目录与教材课程目录对应的设置

课程类型	教材课程目录	校本课程目录
目录设置	第 1 节：飞行的奥秘	飞翔的翅膀——中国传统武术与飞行
	第 2 节：飞天之梦	飞翔的翅膀——中国传统武术与飞行的哲学思考
	第 3 节：飞行与武术	飞翔的梦想——中国传统飞行武术的现代应用
	第 4 节：压力	你能承受压力吗？
	第 5 节：流体压强与流速的关系	风洞
	第 6 节：升力	升降课
	第 7 节：来自地球的力量	重力课
	第 8 节：推力 1	拔河活动
	第 9 节：推力 2	飞机上的推力相等和相反活动

续表

课程类型	教材课程目录	校本课程目录
目录设置	第 10 节：牛顿第三定律	水火箭活动
	第 11 节：摩擦力	阻力与阻力因素
	第 12 节：纸飞机	纸飞机起飞活动
	第 13 节：机翼	飞机的机翼和尾翼
	第 14 节：纸飞机的设计	建造、测试、改进纸飞机活动
	第 15 节：飞机的重要性	欣赏飞机
	第 16 节：比较不同交通 1	欣赏汽车及未来的汽车
	第 17 节：比较不同交通 2	欣赏高铁和地铁
	第 18 节：风筝和滑翔机	制作风筝活动
	第 19 节：轻木滑翔机比赛	滑翔机比赛活动
	第 20 节：未来的飞机	绘制未来飞机
	第 21 节：总结：设计飞机	交流与反思

（五）课程活动形式

（1）主题学习。以生活为对象，以物理探究为方法，学习生活中物理知识，积极组织引导学生了解生活，探究生活，通过聆听科学，感受科学，触摸科学，从而引导学生了解物理知识，体会科学技术和物理探究的乐趣。

（2）动手实践。学生制作水火箭、纸飞机、风筝、滑翔机模型等，将学习后的知识应用到实践中，这对学生们巩固和运用所学知识有很大帮助，也为学生们提供了一个动手实践的机会，让每个学生能亲身体验全过程，知识与实践相结合，使学生明白知识如何运用。通过小组合作的方式加强人际间的交流。

（3）课内外理论传授。基础知识传授、电教配合、课堂讨论、小组合作。

（4）实践结合。撰写课程小论文、设计电路实验。

二、研究论文

中华传统文化元素融入中学物理教学探索

——以“光学”专题教学为例

王　雪　杨　瑛　邵明辉　李文卓

2022 年 4 月，教育部颁布了《义务教育物理课程标准（2022 年版）》

（本篇以下简称《新课标》），通过仔细研读，我们不难发现，与 2011 年版相比，《新课标》在修订原则、课程理念、内容要求、课程实施等方面都强调了中华优秀文化的重要性，并且还提出了与中华传统文化相关的情境素材建议、教学策略、内容要求、活动建议等[1]。

其实早在 2016 年的《中国学生发展核心素养》[2]中就提到了“人文底蕴，科学精神”的核心素养，它是学生所需的必备品格和关键能力，这也对教师提出了对传统文化继承与发展的要求，教师应该做到在培养学生人文底蕴的同时，发展学生的科学精神，使学生建立学科间的联系、融会贯通人文与科学，从而得以全面发展。《新课标》中也强调了教师应注重对学生物理核心素养的培养。学科核心素养是学科育人价值的集中体现，注重对学生学科核心素养的培养，可以使学生通过学科学习逐步形成正确价值观、必备品格和关键能力。物理学科核心素养包括物理观念、科学思维、科学探究、科学态度与责任 4 个方面，然而在巨大升学压力下，应试教育之风盛行，教师大多注重知识的灌输与重复，对与物理相关的中华传统文化元素资源挖掘不充分，也很难将这些资源运用于实际教学中。因而我们发现传统文化与物理学科的融合形式较为单一，多为解释现象、应用举例等形式，流于表面，忽略了物理学科的德育作用。从学科素养的培养角度来看，传统文化元素的教育教学功能发挥有限，学生难以得到全面发展。为改变这一现状，可以加强在初中物理教学中对中国传统文化的渗透，将德育与知识学习相联系，从而在培养学生物理学科核心素养的基础上，达到“立德树人”的教育目标。

本文将首先明确中华传统文化元素与初中物理学科相关内容的内涵与外延，以此为基础，结合项目式学习等教育教学方式进行光学专题的融合分析，在教学资源、教学设计、教学实施等方面形成几个具体的案例，聚焦学习过程中学生学科素养的形成轨迹。

一、中华传统文化元素融入物理教学案例分析

经历了千年历史的积淀，中国形成了优秀的传统文化，并且通过科技发明、古建筑设计及营造、工农业生产技术、古诗词、成语、民俗文化等丰富多彩的载体呈现出来。《新课标》中也提出了近 20 处中华传统文化在课程内容中的渗透建议，例如在学习测量长度与时间时引入中国古代测量时间与长度的工具；以中国古代四大发明作为情境素材等，并特别提出了在中学物理教学中融入中华传统文化可以凸显中国科技成就，增强文化自信。所以，如

果在中学物理教学中融入更多的中华传统文化，对中华传统文化资源进行开发挖掘，并作为情境素材运用到实际课堂教学过程中，就可以带领学生由文化情境引入新知识的学习中，从而能够帮助学生快速实现具体形象事物到抽象概念的跨越，建构概念，并能灵活运用。

光学在中学物理中的地位较为重要，且许多概念和规律具有抽象性，不易理解，因此本文以光学专题为例，通过查阅文献资料，总结出了如下较为常见的中华传统文化元素，分析其中蕴含的物理知识，并给出一些融入方法的建议，可以作为中华传统文化元素在光学类知识中融入的参考，帮助学生更好地学习这一专题，如表一所示。

表一　中华传统文化元素中与光学有关的教学资源

知识点	传统文化资源	所属类型	融入方法建议
光的直线传播	一叶障目	成语	作为总结式的例子，引导学生进行解释。结合其背后的寓言故事，既达到巩固知识的目的，又能对学生进行德育
	凿壁偷光		
	小孔成像	古代科技发明	通过项目式学习，引导学生探究通过小孔成的像究竟有什么特点，从而得到墨子小孔成像实验的还原品
光的反射	“岸上蹄踏蹄，水中嘴对嘴”“绿树阴浓夏日长，楼台倒影入池塘”	古诗词	挖掘古诗中的情境，结合物理定义，帮助学生更加深刻地理解光的反射相关定义，建立物理观念
	《淮南万毕术》中的潜望镜	古代科技发明	在展示古人制作的潜望镜的神奇功能的基础上提出驱动式问题——潜望镜是如何让人看见别处的物体的？学生围绕这一问题进行合作探究，制作简易潜望镜，通过画出光在潜望镜中的传播路径，对光的反射定律进行理解记忆

续表

知识点	传统文化资源	所属类型	融入方法建议
光的折射	海市蜃楼	成语	作为调查性作业，让学生利用网络资源查阅相关传说记载以及其背后的科学原理，撰写科学论文在班内进行分享
	“潭清疑水浅”	古诗词	作为新课导入，创设情境，利用情境教学法，建立起新知识与生活现象的联系，提问激疑，引起学生的学习兴趣
	“大漠孤烟直，长河落日圆”		
平面镜成像	“白云生镜里，明月落阶前”	古诗词	由古诗词中的镜子引导得出本节课中的学习重点：平面镜的成像规律，以贴近生活的例子引入，拉近学生与物理知识的距离，体现从生活走向物理，从物理走向社会的理念
	“不知明镜里，何处得秋霜”		

（一） 古诗词引入激发兴趣——以“光的折射”教学为例

古诗词是中华传统文化中绚丽的瑰宝之一，在古诗词清新隽永的诗句里，同样也蕴含了丰富的物理知识，这些诗句通常生动形象，趣味横生，可以很好地将学生带入学习情境中。同时，从学业评价角度来看，考试题的题干与选项中也出现了古诗词的身影，要想帮助学生正确解答这类题目，也需要教师将古诗词融入物理教学，这也充分体现了将古诗词融入物理教学的重要性。

本节以“光的折射”教学为例，对古诗词融入中学物理教学实录如下。

教学导入，创设情境：同学们有没有学过杜甫的古诗《使至塞上》？其中有一句“大漠孤烟直，长河落日圆”描述了沙漠的壮阔景色，大家还记得吗？但是在这一句诗中，诗人欺骗了我们，你们知道为什么吗？

教师提示：太阳光通过大气层时，是否沿直线传播？

学生回答：不是，光在均匀物质中沿直线传播，而大气层内空气的密度是不均匀的。

探究实验：所以在这里，诗人看到的落日不是真正的落日，而是它的像，是太阳发出的光经过不均匀的大气时所成的像，至于落日的像是怎么产生的，我们现在就来一起探究一下。同样的，当光从一种介质进入另一种介质时，也会产生类似的现象。我们再来读一下这一句诗“潭清疑水浅，荷动知鱼散”，大家眼前有没有浮现出河边垂钓时，河水清澈，荷花荷叶满池绽放的画面呢？大家思考一下，潭水真的变浅了吗？现在我们就可以利用身边的器材模拟“潭清疑水浅”的形成过程，我们用红光模拟阳光，用装满水的水槽模拟河水，请同学们观察光路的情况。

学生活动：观察红光射入水中的光路变化情况，如图一所示。

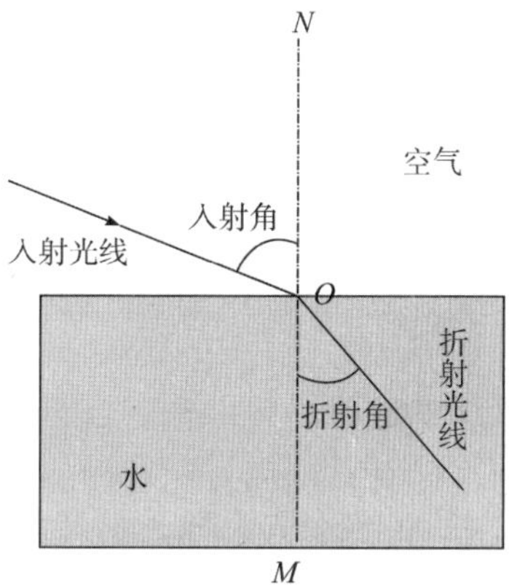

图一　光的折射光路图

教师提问：光路发生了什么变化？

学生回答：光路发生了偏折。

教师讲述：光路发生偏折的这种现象我们在物理学中把它称为光的折射，具体来说，我们把光从一种介质斜射入另一种介质时，传播方向会发生变化的现象叫作光的折射。“潭清疑水浅”现象出现的原因就是出现了光的折射现象，至于到底为何发生光的折射后，人就会觉得水变浅了，我们接着通过实验来探究一下。现在学生们把道具鱼放入潭水中，用小叉子模仿实际的叉鱼过程，请大家按照自己看到的鱼的位置“叉鱼”吧。

学生活动：小组合作，动手“叉鱼”。

教师提示：如果这样叉不到鱼的话，在你看到的位置的下方或者上方再试一次。

教师讲述：通过刚才的实验，我们可以发现鱼白的实际位置要比看到的鱼的像要往下一点，也就是说我们看到的潭水的底部要比实际的浅，这就角能够很好地解释为什么会出现“潭清疑水浅”的现象，以及生活中渔民为什么要往看到的鱼的位置下方“叉鱼”了。

回扣问题，引导释疑：同样的，我们再回到“大漠孤烟直，长河落日圆”这句诗中，由于大气层是不均匀的，因此阳光也相当于从一种介质射向另一种介质，所以正是因为发生了光的折射，使得我们看到的太阳的像要比它的实际位置要高，如图二所示。

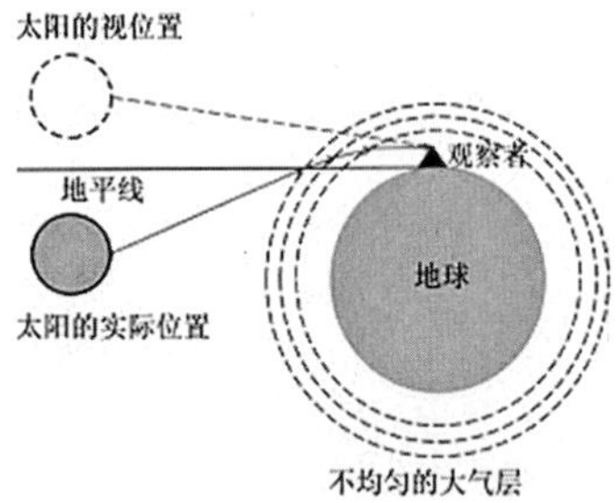

图二　太阳落山时太阳的实际位置与视位置

设计意图：由学生曾经学过的诗句入手，从学生的原有认知出发，古诗词是以文字来描述情境的，如果单纯地叙述文字，会欠缺一些生动性与形象性，也不易充分发挥此类素材的育人功能。本案例从诗句中挖掘问题，创设情境，设计了递进式的学习任务，能引导并培养学生主动观察、积极思考的科学习惯，激发学生的兴趣与求知欲；还原诗句中的情境，进行小组合作和探究实验，让光的折射定义、规律等物理知识的建构过程生动自然，实现了物理“从生活中来，到生活中去”的学科理念，整个教学过程依托自然之美，在学科教育的同时让学生感悟体验科学与艺术的融合，也实施了美育教育。

所以在将古诗词融入物理课堂时，应该更加注重使用图像、视频辅助文字进行表述，帮助学生更好地理解古诗词中的情境，从而更好地契合新知识的学习，增添学生对物理情境的熟悉感。同时，根据素材或资源确定培养学科核心素养的目标，设计学生的自主探究学习活动，能激发学生的学习兴趣，文理交融，在物理知识学习的同时也提升了学生的文化素养，使得课堂内容更加丰富多彩，富有底蕴。

（二）将古代科技发明引入项目式学习——以“光的反射”教学为例

中国古代劳动人民具有非凡的智慧，并且不断利用自己的智慧进行创造，发明了很多实用的器具，这些器具大多都蕴含着丰富的科学知识，但是很少被人充分挖掘，使得学生对中国科技发展史的了解不够充分，物理学科是自然科学基础学科的重要组成之一，所以在物理课上充分挖掘古代科技发明中的物理知识显得尤为重要。

教学导入，提出问题：大家听说过潜望镜吗？现在潜望镜在军事上常有应用，一般应用于潜艇上，在舱内的人可以通过潜望镜观察到外面的情景，但大家可不要认为潜望镜是近年来才被人发明出来的，其实早在千年前我国的著作《淮南万毕术》中就有了相关记载："高悬大镜，坐见四邻。"这是潜望镜的雏形，如图三所示，根据这一发明，请思考问题，人是如何通过潜望镜看到周围的物体的？

图三　《天工开物》中记载的"潜望镜"

学生思考，做出回答：得出能够看到"四邻"的原因是光的反射。

教师讲述，布置任务：看来同学们已经对于光的反射定义有了一定的理解了，那现在我们就借助潜望镜来一起研究一下光的反射有什么样的规律。

任务 1：每组学生借助 2 块平面镜、3 个透明塑料盒，小组合作，按照潜望镜的原理图制作简易潜望镜。

任务 2：小组内一位成员蹲在桌子下面用潜望镜往外看，另一位学生站在地上，身体高于桌面，位于潜望镜的另一端，蹲着的学生试一试能不能看见桌子另一边的同学，体会潜望镜的神奇作用。

任务 3：用红灯从潜望镜的上端射入红光，模拟物体反射光的射入，观察光能否从下方的位置射出，试着观察塑料盒中的光路情况，画出相应的光路图。

以上 3 组任务循序渐进地引导学生观察潜望镜中的光的反射现象，如图四所示，直观了解光的反射规律，并且将探究成果以科技制作的形式展示出来。

教师总结：通过刚才画图的情况，我们可以发现，光的反射具有一定的规律，潜望镜中发生了两次反射，我们拿出一次光的反射情况作为例子进行

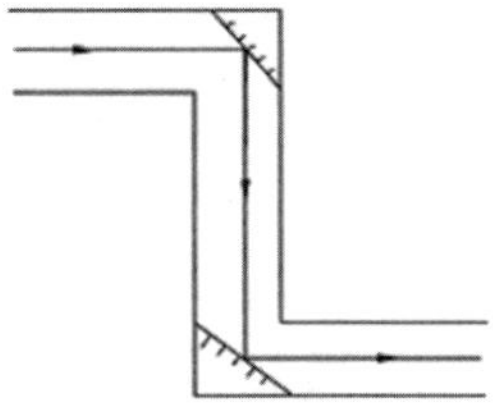

图四　潜望镜中“光的反射”光路图

学习，首先我们要明确 3 条线，一条是入射光线，一条是反射光线，它们中间有一条现实不存在但是为了帮助我们理解而画的法线，入射、反射光线分别与法线成一定的角度，这两个角分别称为入射角和反射角，大家试着用量角器量一下，不难发现，这两个角是相等的。

巩固深化：学生根据教师刚才的讲解，在原来的图上标注“三线”“两角”，并写出其中存在的数量关系。

设计意图：通过查阅文献资料，我们可以发现古代科技发明中蕴含的物理知识与科学探究实验得到的结果是不谋而合的，如果只是把古代科技发明作为兴趣点引入新课，不加以完整的分析，难免出现学生对其认知模糊不清、走马观花的情况，所以在本例中，引领学生重走古人科技发明之路，通过项目式学习的形式，在探究任务的驱动下，学生将古代科技发明内化到科学探究过程中，产生浓厚的探究兴趣，让发明创造的情境感贯穿整个实验过程，这对学生进行科学探究的吸引力是不言而喻的。

“做中学，学中悟”的项目式学习能回归科学本源，真正以学生为中心，以核心素养为架构可引领，融合多重育人目标，充分利用学生个体差异，使每一个学生都能更好地发展。[3]通过古代科技发明潜望镜引导学生通过动手实践，能够更加具体形象地看到光的反射的实际光路，从而帮助教师更好地展开光的反射定律的讲解，使学生对这一定律不仅有抽象的认知，也有了具体的形象认知，通过了解中国古人的智慧，对中国古代科技发展有一定的认识，进一步提升了学生的民族自尊心与自信心，学习成果的制作成功和交流展示也能充分树立学生学习的自信心和成就感。

（三）趣味成语总结巩固新知——以“光的直线传播”教学为例

成语是古人根据各种生活现象、人生哲理总结而成的凝练简短的四字词语，它在我们生活中常常会用到，脍炙人口，让人印象深刻。其实成语中自然也少不了物理知识，如果能够将成语与一些简单的物理现象建立一定的联系，未尝不能让物理学走下“高高在上的神坛”，让学生建立起对物理的熟悉感与亲切感，收获更好的教学效果。

总结巩固，加深记忆：同学们，我们刚才学习了光是沿着直线传播的，现在我们试着用刚才学到的知识来解释一下这两个成语中的现象，一个是“一叶障目”，大家可以试着将一本书放在眼前，是不是被书挡住了所有的视线？还有一个成语出自东汉匡衡寒窗苦读时，借助在墙壁凿一个洞偷来的隔壁邻居的光读书的故事，大家想一想怎么解释这两个成语？

学生思考，跟着教师一起模拟“一叶障目”的情境，思考这两个成语中光的传播情况。

教师讲述：希望大家都能做到和匡衡一样勤奋刻苦，有志者，事竟成；也能避免被“一叶”遮蔽了自己的视线，在刻苦读书的同时开阔自己的视野，将大千世界都纳入胸怀。

设计意图：成语在中华传统文化中是简短有力、言简意赅的存在，但其背后蕴含的物理知识与哲理故事却值得我们去挖掘，在将成语融入物理教学中时，教师可以组织学生利用现场表演、演示实验、科学揭秘等生动活泼的形式来描述展示成语的情境及蕴含的物理知识，合理选取相应的德育内容渗透到教学过程中，实现德育与智育的双赢。

本例以学生较为熟悉的两个成语作为一个知识点的总结，简单生动，鞭辟入里，使得物理现象更加生活化，同时，在此处渗透德育内容，鼓励学生刻苦学习，开阔视野，可以帮助我们将中华民族的优秀品德更好地传承下去。

二、结论

本文主要阐述了以中华传统文化元素内容作为课堂情境素材的应用情况，以光的反射、光的折射、光的直线传播 3 个知识点的教学为例，学生通过项目式学习、科技制作、科学小论文等形式充分参与到课堂中，体现了中华传统文化元素融入新课导入、实验探究、总结巩固等教学阶段的可行性与优越性，全面提升学生的核心素养。引入富有历史底蕴的传统文化元素，增添了课堂的趣味性，也拉近了物理和学生的距离，使得物理课堂更加具有人文性，同时，也将教育的“育人”任务潜移默化地渗透到日常教学中，所以，为进一步将中华优秀传统美德发扬光大，教师应充分利用网络资源、场馆资源，引导学生开展合作学习，才能全面提升学生的核心素养，培养符合新时代发展要求的接班人。

通过刚才的教学案例，我们可以总结出将中华优秀传统文化融入中学物理教学中的基本流程，如图五所示，首先，整理与挖掘中华优秀传统文化中蕴含的物理知识是非常重要的，这将直接决定中华优秀传统文化融入哪里，然后根据传统文化内容特点及学生的学情选取适当的教学策略和教学资源进行教学设计，这决定了我们如何进行融入。最后，深入挖掘中华传统文化中的德育内容，是融入过程的重中之重，它决定了我们融入的内容是什么，再进行教学评价与反思，不断改良教学设计，以收获更好的教学效果。

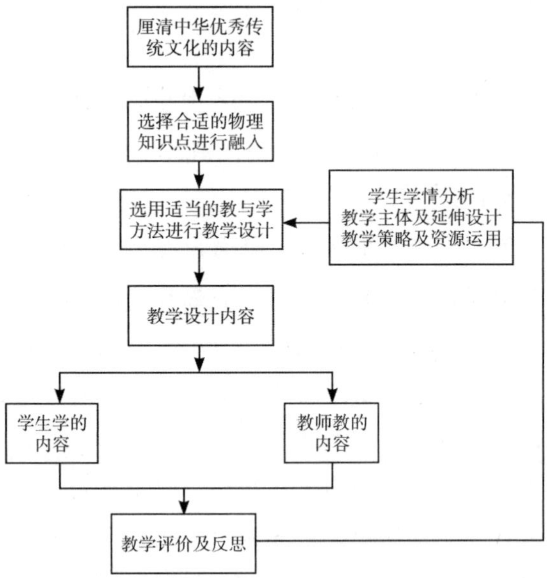

图五　中华传统文化融入中学物理教学流程图

参考文献

[1] 中华人民共和国教育部. 义务教育物理课程标准 [S]. 北京：北京师范大学出版社，2022.

[2] 核心素养研究课题组. 中国学生发展核心素养 [J]. 中国教育学刊，2016 (10)：1-3.

[3] 张惠钰. 高中物理项目式学习设计策略探讨 [J]. 物理教师，2017，38 (9)：26-28.

[4] W X，Shao Minghui，Zhang Qi. The research on phys-ics generative teaching class of middle school based on core literacy [P]. 2021 2nd International Conference on Mental Health and Humanities Education (ICMHHE 2021)，2021.

初中物理教学中传统武术元素融合探究

刘洪涛

一、背景研究

传统武术，作为中国文化的瑰宝，历史悠久，内涵丰富。它不仅是一种体育运动，更是一种融合哲学、医学、物理学等多学科知识的综合性艺术形式。然而，在现代教育体系中，尤其是在初中物理教学中，传统武术所蕴含的丰富物理知识往往被忽视，这无疑是一种遗憾。因此，如何将传统武术元素融入物理教学，成为一个值得深入探讨的问题。

首先，需要认识到传统武术与物理学的紧密联系。传统武术中的许多动作和技巧，都蕴含着物理学的基本原理。例如太极拳中的“云手”动作，其实质是利用力学原理，通过巧妙的身体转动和重心调整，实现力量的传递和转化。再如形意拳中的“崩拳”发力，是利用动量守恒定律，通过短暂的加速过程，达到突然释放大量动能的效果。这些例子都说明，传统武术不仅不排斥物理学，反而与之紧密相连。

其次，将传统武术元素融入物理教学，有助于激发学生的学习兴趣和动力。[1]传统的物理教学方式往往注重理论知识的传授和解题技巧的训练，相对缺乏对学生兴趣和动力的激发。而通过将传统武术元素融入物理教学，可以让学生在学习物理知识的同时，感受到传统文化的魅力，从而激发其学习兴趣和动力。例如，教师可以在讲解力学原理时，引入太极拳的“云手”动作作为实例，让学生在观察和分析动作的过程中，理解力学原理的实际应用。

再次，将传统武术元素融入物理教学，还有助于培养学生的综合素质。传统武术不仅注重身体素质的提升，还强调道德修养、意志品质等方面的培养。通过将传统武术元素融入物理教学，可以让学生在锻炼身体的同时，培养坚韧不拔的意志品质和团结协作的精神。这种综合素质的培养，对于学生的全面发展具有重要意义。

最后，要实现传统武术与物理教学的融合，需要教育工作者进行积极地探索和实践。一方面，教师需要不断提升自身的文化素养和物理知识水平，以便更好地将传统武术元素融入物理教学中。另一方面，学校和社会也需要提供更多的支持和资源，如开设相关课程、组织实践活动等，为这种融合创造有利条件。

综上所述，将传统武术元素融入初中物理教学，不仅有助于传承和弘扬传统文化，还能激发学生的学习兴趣和动力，培养学生的综合素质。因此，应该积极探索和实践这种融合方式，让传统武术与物理教学相互促进、共同发展。

本研究的目的是探索一种新的教学策略，即在初中物理教学中融入传统武术元素。这种策略的创新之处在于，它将学生熟悉的文化元素与物理知识相结合，从而提高学生的学习兴趣和实践能力。

二、案例分析

本文旨在探讨如何在初中物理教学中融入传统武术元素，并通过具体的案例，如太极拳中的力和运动、剑法中的杠杆原理等，来展示这种融合的可能性与优势。

首先，传统武术与物理学之间存在着紧密的联系。传统武术中的各种招式、动作，都蕴含着丰富的物理原理。例如太极拳中的“以柔克刚”，实际上就是一种力的转化与运用；而剑法中的“借力打力”，则与杠杆原理有着异曲同工之妙。因此，将传统武术元素融入初中物理教学，不仅有助于提升学生的物理学习兴趣，还能够让他们更加深入地理解物理原理。[2]

接下来，以太极拳为例，来探讨如何在初中物理教学中融入这种传统武术元素。太极拳是一种以内力为主的拳术，它强调“用意不用力”，即通过合理的身体运动，使对方的力量失去作用，而不是通过硬碰硬的方式来对抗。这实际上涉及物理学中的力学原理。在初中物理教学中，可以通过引导学生观察太极拳的动作，让他们感受到力的转化与运用。例如在太极拳的“揽雀尾”动作中，双手如同鸟儿的翅膀，通过巧妙的转动与牵引，使对方的力量得到化解。这样的教学方式，不仅可以让学生对力学原理有更深刻的理解，还能够培养他们的空间想象能力和创新思维。

杠杆原理是物理学中的一个基本概念，它描述了力和力臂之间的关系。在传统剑术中，许多招式都巧妙地运用了杠杆原理。例如当剑尖指向对方时，剑身作为杠杆，剑手通过调整握剑的位置和角度，可以实现力的最大效用。这种杠杆原理的运用，不仅可以让剑术更加威猛有力，还能够提高剑手的反应速度和灵活性。在初中物理教学中，可以通过引入剑术中的杠杆原理案例，让学生更加直观地理解杠杆原理的应用。这样的教学方式，不仅可以激发学生的学习兴趣，还能够培养他们的实践能力和解决问题的能力。

除了太极拳和剑法外，传统武术中还有许多其他元素可以与初中物理教学相结合。例如武术中的身法、步法、招式等都与物理学中的运动学、动力学等概念密切相关。通过将这些元素融入物理教学中，可以让学生更加全面地了解物理学的应用领域，同时也能够提升他们的综合素质和创新能力。

综上所述，将传统武术元素融入初中物理教学具有诸多优势。[3]它不仅有助于提升学生的物理学习兴趣和理解能力，还能够培养他们的创新思维和实践能力。因此，应该在物理教学中积极引入传统武术元素，探索更多的教学方法和策略，为学生的全面发展创造更多的机会和条件。

三、实施路径分析

本文将详细地阐述一种实施武术教学的具体路径，旨在帮助教育者和学生更好地理解和应用武术元素，提高教学效果。将从选择合适的武术元素、设计教学活动以及评估教学效果三个方面进行深入的探讨。

首先，选择合适的武术元素是实施武术教学的关键。武术作为中国传统文化的重要组成部分，具有丰富的内涵和多样的表现形式。[4]在选择武术元素时，需要考虑学生的年龄、身体条件、兴趣爱好以及教学目标等因素。例如，对于年龄较小的学生，可以选择简单易学、趣味性强的武术动作，如基本拳法、腿法等；对于年龄较大或具备一定武术基础的学生，则可以引入更具挑战性和技巧性的元素，如剑术、枪术等。同时，还需要注意选择具有代表性和实用性的武术元素，以便学生能够更好地掌握武术的基本技能和精髓。

其次，设计教学活动是实施武术教学的核心。在教学活动的设计中，需要根据学生的实际情况和教学目标，制定合理的教学计划和教学方案。可以采用多种教学方法和手段，如示范教学、分组练习、互动游戏等，以激发学生的学习兴趣和积极性。还可以结合多媒体技术和网络资源，为学生提供更加丰富多彩的学习资源和渠道。在教学活动中，教师还需要注重学生的个性化需求和差异，及时调整教学策略和方法，确保每个学生都能得到充分的关注和指导。

最后，评估教学效果是实施武术教学的重要环节。通过评估教学效果，可以了解学生的学习情况和掌握程度，以便及时调整教学计划和教学方法。评估教学效果的方式多种多样，可以采用问卷调查、口头测试、实践操作等方式进行。在评估过程中，还需要注重学生的反馈和意见，积极倾听学生的声音，不断完善和改进教学方法和策略。

在具体实践中，还可以参考国内外的一些成功案例和经验，如某些武术学校的教学模式、武术比赛的组织形式等，以便更好地指导教学工作。此外，随着科技的不断发展，也可以尝试将虚拟现实、人工智能等先进技术引入武术教学中，为学生带来更加沉浸式和个性化的学习体验。

总之，实施武术教学是一项具有挑战性和意义的工作。通过选择合适的武术元素、设计教学活动以及评估教学效果等步骤，可以为学生提供一个全面、系统、有效的武术学习平台，推动武术教育事业的发展，为传承和弘扬中华优秀传统文化贡献自己的力量。

四、总结与展望

传统武术元素与初中物理教学的结合，既是一种教学策略的创新，也是对中国传统文化的传承与发扬。在这个过程中，学生不仅能够学到物理知识，还能够了解到中国传统武术文化的魅力和智慧。在未来的教学中，需要继续深化对这种教学策略的研究和优化，进一步拓展其应用范围。将根据不同学生的需求和特点，制定更为个性化的教学计划，让每一个学生都能在物理学习中找到自己的兴趣点和发展方向。同时，也期待与更多的合作伙伴共同探索这种教学策略的更多可能性，将这种创新性的教学方法推广到更广泛的范围内，让更多的学生受益。

参考文献

[1] 潘雨特. 高职院校武术课程的发展瓶颈及策略研究 [J]. 当代体育科技，2021(6)：136-138.

[2] 冯峰. 初中物理生活化教学初探 [J]. 文理导航，2021.

[3] 解君. 合理匹配初中物理教学的中华传统文化素材导读案的开发研究 [D]. 呼和浩特：内蒙古师范大学，2019.

[4] 韩曦. 中华武龙技术开发架构研究 [D]. 武汉：华中师范大学，2015.

三、教学设计或案例

来自地球的力量

物理中的重力

重力是地球附近一切物体都受到的力，它是由于地球对物体的吸引而产生的力。物体所受重力的大小常简称为物重。我们平时说的体重就是我们受到的重力。

重力的大小

通常，重力的大小可以用弹簧测力计测出。在日常生活中，我们也常用电子秤等称量物重。

重力还可以计算得出。其大小与物体质量的关系：

$$G=mg$$

式中的比例常数 $g=9.8\text{N/kg}$。因台秤测出的常常是物体的质量，为方便起见，生活中也常常用质量来表示一个物体的重量。如一个人的体重为 600N，但生活中常说这个人的体重为 60kg。

重力的方向

重力方向具有特殊性。例如苹果落地、水往低处流，挂着重物的绳子静止时总是竖直绷紧下垂，这表明，重力方向总是竖直向下。

重力的作用点——重心

物体的各部分都受到重力作用，从效果上看，我们可以认为各部分受到的重力集中作用在一个点上，这个点就叫作物体的重心。

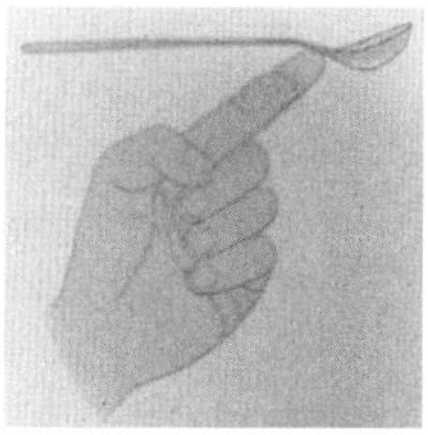

质量分布均匀、形状规则的物体的重心，就在它的几何中心上。质量分布不均匀的物体，重心的位置跟物体的形状有关之外，还跟物体的质量分布有关。有些物体的重心不一定在物体上。

如果一个物体处于稳定状态且不受外力影响，那么这个物体的重心位置决定了物体稳定性的高低。

提高物体稳度的方法主要有两种：一是增大支承面；二是降低重心。

武术中的重力

武术中的重力运用是一种高级技巧，它涉及对自然力量的深刻理解和巧妙利用。在武术运动中，重力不仅是维持身体稳定的基础，更是在攻防技术中发挥重要作用的因素。

1.重心控制。在各种武术流派如太极拳、摔跤、合气道等中，重心调整与移动至关重要。通过合理分配体重，维持自身重心的稳定，并伺机破坏对手的重心平衡，是掌握格斗主动权的关键。

如太极拳的动作往往追求圆润流畅，通过屈膝松胯等姿势调整身体重心的位置，其目的就是避免硬抗重力而造成力量消耗。

2.借力打力。太极拳推手中尤其强调对重力的顺应与转化。如同前辈武术家用水银比喻人体气血流动与重力变化的关系，推手时能够随对方的力量方向和大小改变自身的受力状态，达到“四两拨千斤”的效果，即通过顺应重力、引导对手之力来反击或化解对方攻势。

3.松沉劲力。许多传统武术都强调松沉劲的培养，也就是在动作过程中放松肌肉，让身体像水银般能随着地心引力自然下落，从而产生一种深沉而源源不断的内在力量。

4.发力技巧。武术中的发力往往借助地面反作用力，通过脚底接触地面传导至全身，将重力转变为攻击或防御的有效力量。例如，通过蹬地发力，使力量沿着腿部、腰腹、躯干传递到手臂，最终形成打击力或控制力。

总之，武术中的重力不仅仅是物理学意义上的地球引力，更是武者通过修炼提升自我感知、调节身体结构从而借助自身的体重灵活对抗外在环境的一种核心能力。

课后作业

1.找身边一些常见小物体的重心的大致位置。

2.练一段太极拳，从中感受重力、重心在其中的作用。

《重力》教学设计

教学目标

1.通过第一部分内容了解物理学中重力的概念、重力的三要素。

2.通过太极拳的招式了解武术中融合的物理知识和规律。

3.通过武术活动更好地了解物理知识，也通过物理知识的理解更好地掌握武术中的技巧。

教学策略、教学方法与手段

1.教学重点：重力的三个力的要素的理解，并能通过实例感受重力在武术中的主要作用。

2.教学难点：重心的理解，如何改变重心的位置，从而提高物体的稳度。

教学过程

教学步骤	师生活动	设计意图
新课导入	多媒体视频展示关于太极拳的拳法 导入语：太极拳，作为中国武术之一，注重内外兼修，强调阴阳平衡，动作缓慢而流畅。从物理的角度来看，太极拳的每一个动作都与物理的力学原理紧密相连。同学们，你能根据刚才看到的太极拳找出与物理知识相关的招数吗	通过思考、观察，激发学生好奇心，从而引入课题
教学过程	教师板书课题并展示教学目标 一、物理学中的重力 我们先来回顾下关于物理学中的重力的相关知识吧	
教学过程	1. 什么是重力 定义：由于地球对物体的吸引而产生的力叫作重力 地球上的所有物体都受重力作用 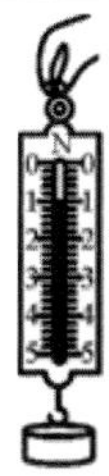 2. 重力的大小 (1) 物重与物体质量的关系 $G=mg$. 比例系数为：$g=9.8\ N/kg$，粗略计算时 g 取 $10\ N/kg$. (2) 重力大小的测量 通常，重力的大小可以用弹簧测力计测出。在日常生活中，我们也常用电子秤等称量物重 因台秤测出的常常是物体的质量，为方便起见，生活中也常常用质量来表示一个物体的重量。如一个人的体重为600N，但生活中常说这个人的体重为60kg 3. 重力的方向 【探究活动】请同学们按如图所示，将一个乒乓球悬挂在铁架台上，观察悬挂乒乓球的细绳方向；然后在铁架台的左下端垫一个木块，仍观察悬挂乒乓球的细绳方向 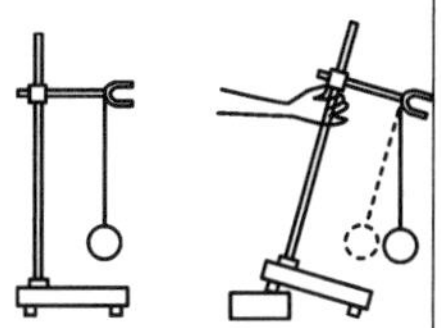 【师总结】重力的方向：竖直向下 【过渡语】下面我们来看看生活中有哪些关于重力方向的应用 如图所示，建筑工人在砌墙时，用细线悬挂一重锤，以重垂线为标准，使所砌墙与重垂线平行，以保证墙的竖直方向  4. 重力的作用点——重心 重心：物体的各部分都受到重力的作用，从效果上看，我们可以认为各部分受到的重力集中作用在一个点上，这个点就叫作物体的重心（重力的等效作用点）	通过旧有的知识复习重力的三个要素 通过直观的实验演示感受对竖直方向的理解

续表

<table>
<tr><th>教学步骤</th><th>师生活动</th><th>设计意图</th></tr>
<tr><td></td><td>

(1) 质量分布均匀、形状规则的物体的重心，就在它的几何中心上，如图所示

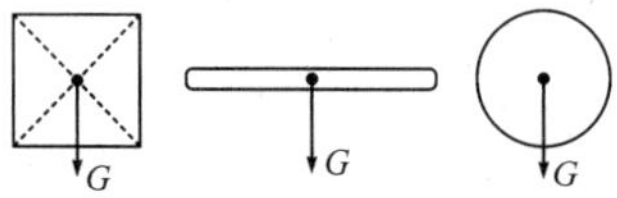

(2) 对于质量分布不均匀、形状不规则的物体的重心，可以用悬挂法或支撑法确定，如图所示

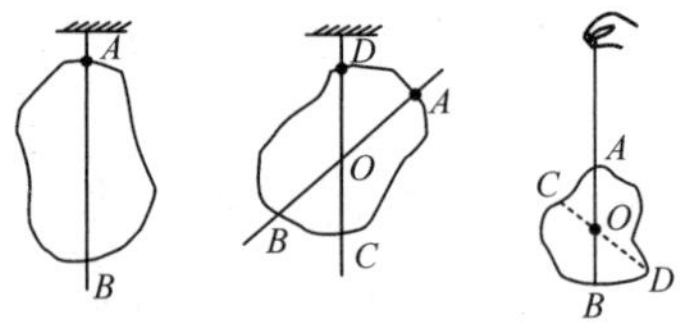

(3) 重心不一定在物体上，如图所示

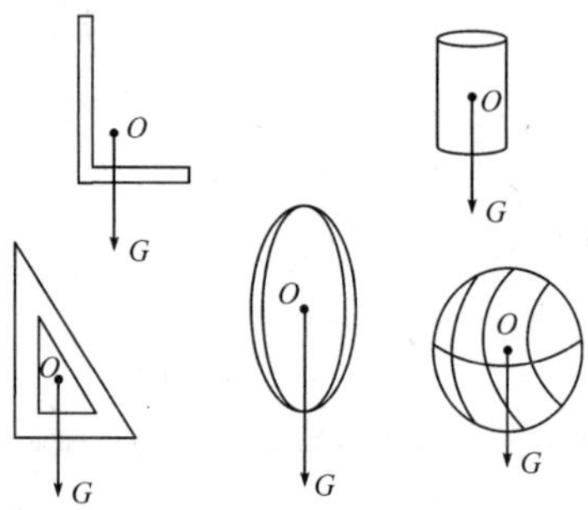

5. 物体的稳度
提高物体稳度的方法主要有两种：一是增大支承面；二是降低重心
学生活动：请同学们举出生活中提高稳度的例子
【教师展示 PPT】教师展示生活中提高稳定程度的实例图片

二、武术中的重力
视频：展示太极拳（招式：野马分鬃、云手、小擒拿等）

</td><td>

重心不是初中物理的主要知识点，但在武术中重心却是个至关重要的概念，许多动作都与重心有关，对学生而言是个难点

通过实例认识重心

</td></tr>
</table>

续表

教学步骤	师生活动	设计意图
	重心控制：在各种武术流派如太极拳、摔跤、合气道等中，重心调整与移动至关重要。通过合理分配体重，维持自身重心的稳定，并伺机破坏对手的重心平衡，是掌握格斗主动权的关键 借力打力：太极拳推手中尤其强调对重力的顺应与转化。如同前辈武术家用水银比喻人体气血流动与重力变化的关系，推手时能够随对方的力量方向和大小改变自身的受力状态，达到“四两拨千斤”的效果，即通过顺应重力、引导对手之力来反击或化解对方攻势 松沉劲力：许多传统武术都强调松沉劲的培养，也就是在动作过程中放松肌肉，让身体像水银般能随着地心引力自然下落，从而产生一种深沉而源源不断的内在力量 发力技巧：武术中的发力往往借助地面反作用力，通过脚底接触地面传导至全身，将重力转变为攻击或防御的有效力量。例如，通过蹬地发力，使力量沿着腿部、腰腹、躯干传递到手臂，最终形成打击力或控制力 武术中的重力运用是一种高级技巧，它涉及对自然力量的深刻理解和巧妙利用。在武术运动中，重力不仅是维持身体稳定的基础，更是在攻防技术中发挥重要作用的因素	用视频的方式，或可以叫学生现场打太极拳，从中感受重心在太极拳中体现
课堂小结		
课堂检测		
课后作业	1. 找身边一些常见小物体的重心的大致位置 2. 练一段太极拳，从中感受重力、重心在其中的作用	

四、学科特色活动

学科活动：电容飞机

一、课程目标

1. 认识电容的结构。

2. 重点了解电容的工作原理。

3. 重点了解尖端放电现象。

4. 一般了解电容的来源和应用。

5. 通过科学家们的故事激励学生积极探索的科学精神。

6. 通过观察分析电容及尖端放电的实验，锻炼学生反思现象、逻辑推理的能力。

7. 通过 DIY 简易电容及触电笔等实验使理论联系实际，让学生体验科技的实用性。

二、课堂组织形式

1. 组织开放式问题讨论。

2. 问答式课堂互动。

3. 随堂趣味测试题。

4. 融入趣味故事讲解。

5. 设计互动探究实验。

6. 火星盒子制作演示和指导。

7. 课后习题巩固。

三、课堂准备

	名称	内容	备注
1	PPT 课件	课程全流程演示文稿	
2	相关参考视频	实录视频、说课视频、实操说课视频	
3	互动实验教具	电容的充电和放电：电容、电机、电池（套件里） 自制触屏笔：卫生纸、筷子、胶带、水	自制触屏笔可用视频代替

续表

	名称	内容	备注
4	学生组装器材及工具	火星盒子——电容飞机（每人一套）、螺丝刀（每人一套）	
5	课后习题	课堂作业	

五、详细的上课流程

本节课包括课堂预热和7步具体流程。

1.通过进门考及知识图谱讲解方式回顾上节课内容，时长5分钟。

2.第1～4步为理论讲解，时长控制在65分钟内。通过静电摩擦机的视频引入，复习摩擦起电，引出最早的电存储方式——莱顿瓶，了解莱顿瓶的由来；通过DIY莱顿瓶视频认识莱顿瓶结构引出电容，认识电容的结构和一些电容的外形；通过电容充放电的实验，认识电容的使用方法和特征；再通过富兰克林的故事了解尖端放电现象，认识避雷针的原理，认识生活中的尖端放电现象，最后了解电容飞机的工作原理。

3.第5步为制作时间，学生在老师的带领下自主完成电容飞机的搭建，时长为30分钟。

4.第6步为课程总结，时长为10分钟。

5.第7步为课后作业布置，把课堂内容延伸到生活。

六、教学随笔

作为一名物理老师，我始终认为将知识与生活实践相结合的教学方式是更容易让学生们理解和接受。我校的武术课一直以来是我校的特色课，很多学生对相关的武术、课程有着比较浓厚的兴趣。校园武术氛围很浓厚，时刻感染着学生，学生对它比较熟悉。而物理因为其学科的特点，与它们有着千丝万缕的关联。以太极拳为例，它就与物理有着诸多共通之处。将物理知识与武术教学相结合，不仅能够加深学生对物理原理的理解，还能够提升武术练习的实际效果和趣味性，是个双赢的合作。

从理论与实践结合方面来说，物理学中的力、能量、动量、杠杆原理、摩擦力、惯性定律等基本概念，可以通过武术动作的演示和实践操作直观展现出来。例如，通过太极拳的推手训练，学生可以亲身体验并理解力的传递、化解与借用，从而更深刻地理解牛顿第三定律（作用力与反作用力）。

从动作解析与优化方面来说，分析武术招式的力学原理，可以帮助学生改善技术动作，使其更加符合力学规律，从而提高攻防效果和运动效率。例如在讲解鞭腿的发力过程时，可以引入动能与势能转换、力矩和杠杆原理，让学生明白如何借助腰背的转动放大腿部力量，会充分利用腰部的扭转力量来增强打击效果。太极拳中的“借力打力”则体现了势能与动能相互转化及转移的概念，引导对方的攻击力量为自己所用。

从提升安全意识方面来说，物理学原理可以帮助学生了解如何在武术训练中保护自己，避免因动作不当造成的伤害。例如掌握好落地缓冲的动作原理，可以减少冲击力对人体的损害。

总之，武术作为一种传统的体育竞技形式和技术体系，蕴含着丰富的物理原理。物理与武术融合的教学，是一种寓教于乐、学以致用的教学模式，它既能帮助学生深入理解物理原理，又能促进武术技艺的精进，同时还有利于培养学生跨学科综合素养和实践创新能力。

追根而溯源，悟理以致用

一、学科课程方案

（一）指导思想

以马克思列宁主义、毛泽东思想、邓小平理论、“三个代表”重要思想、科学发展观、习近平新时代中国特色社会主义思想为指导，深入贯彻党的二十大精神，落实全国教育大会精神，全面贯彻党的教育方针，落实立德树人根本任务，发展素质教育，推进教育公平，以社会主义核心价值观统领课程改革，着力提升课程思想性、科学性、时代性、系统性、指导性，推动人才培养模式的改革创新，培养德智体美劳全面发展的社会主义建设者和接班人。

（二）课程标准

高一（物理学发展史）：研究物理学发展史，从古希腊时代的自然哲学，到17世纪、18世纪的经典物理学，直至近代的相对论、量子论等，物理学始终引领着人类对自然奥秘的探索，深化着人类对自然界的认识。高中物理在义务教育的基础上，帮助学生从物理学的视角认识自然，理解自然，建构关于自然界的物理图景；物理学是自然科学领域的一门基础学科，研究自然界物质的基本结构、相互作用和运动规律。物理学基于观察与实验，建构物理模型，应用数学等工具，通过科学推理和论证，形成系统的研究方法和理论体系。物理学促进了人类生产生活方式的变革，对人类的思维方式、价值观念等都产生了深远影响，对人类文明和社会进步做出了巨大贡献。

高二（物理学应用之生活篇）：在研究物理学发展史的基础上，引领学生进一步认识到高中物理课程是普通高中自然科学领域的一门基础课程，进一步认识科学的本质以及科学、技术、社会、环境（STSE）的关系，从生活走向物理，从物理走向社会，激发并保持学生的学习兴趣，形成科学态度、科学世界观和正确的价值观，落实立德树人根本任务，进一步提升学生的物理学科核心素养，为做有社会责任感的公民、为学生的终身发展奠定基础，促进人类科学事业的传承与社会的发展。引导学生经历科学探究过程，体会科学研究方法，养成科学思维习惯，增强创新意识和实践能力，通过探索物理现象，解释隐藏其中的物理规律，将其应用于生产生活实际，培养良好的思维习惯和初步的科学实践素养能力。

高二（物理学应用之实践篇）：通过切身实践，学以致用，增强学生的创新意识和实践能力，使学生对家庭电路的构造、用材有较全面的认识。初步掌握家庭电路用材的选择；学会基本的电路设计及安装；学会家庭电路的日常维护和检修；通过实践增强学生的动手能力，做到学以致用。探究家庭电路的组成，连接及各部分元件的功能，从而增强学生安全用电的意识，提高学生的学习兴趣和学习效率。同时，在中国古代家居的巅峰时期，各种木工工具工艺均已成熟，文化观念意趣成为人们的主要追求，家具家装与文化的关系，也是中国传统文化精髓的代表之一。“天人合一”是中国东方哲学思想的宇宙观，其体现在艺术领域就是艺术家在创作时所遵循的美学原则，儒家美学注重细节和平衡，追求内在的美和精神的升华。而道家美学则追求人与自然的和谐和无为而治。道家认为，人应顺应自然的规律，追求内心的宁静与自在。道家美学中，天人合一是通过超越物质世界和个体意识的境界实现的。艺术家在创作中追求自然的真实与自由，通过对自然景物的描绘，表达自己对宇宙和人生的理解。在家庭装修和家居美学的创作中，引导学生注重观察生活，合理利用空间，学会规划，合理设计出舒适、美观的家居空间，感受传统文化在家装中的应用。

（三）课程结构和内容

学段	校本课程及其主要内容	学习目标（核心素养目标）
高一年级	课程名称： 《物理学发展史》 主要内容： 从古希腊时代的自然哲学，到17、18世纪的经典物理学，直至近代的相对论、量子论等，研究物理学的发展历史 课时安排：18课时	帮助学生从物理学的视角认识自然，理解自然，建构关于自然界的物理图景；建构物理模型，应用数学等工具，通过科学推理和论证，形成系统的研究方法和理论体系。让学生更深刻感受到物理学促进人类生产生活方式的变革，对人类的思维方式、价值观念等都产生了深远影响，对人类文明和社会进步做出了巨大贡献
高二年段	课程名称： 《物理学应用之生活篇》 主要内容： 物理与武术、物理与生产实践和生活实际密切相关的现象或应用 课时安排：9课时	进一步认识科学的本质以及科学、技术、社会、环境（STSE）的关系，激发并保持学生的学习兴趣，形成科学态度、科学世界观和正确的价值观，落实立德树人根本任务，进一步提升学生的物理学科核心素养，为做有社会责任感的公民、为学生的终身发展奠定基础，促进人类科学事业的传承与社会的发展。引导学生经历科学探究过程，体会科学研究方法，养成科学思维习惯，增强创新意识和实践能力，通过探索物理现象，解释隐藏其中的物理规律，将其应用于生产生活实际，培养学生良好的思维习惯和初步的科学实践素养能力
	课程名称： 《物理学应用之实践篇》 主要内容： 家庭电路设计及安装、家庭电路的日常维护和检修、家庭装修和家居设计等 课时安排：9课时	通过切身实践，学以致用，增强学生的创新意识和实践能力，使学生对家庭电路的构造、用材有较全面的认识。初步掌握家庭电路用材的选择；学会基本的电路设计及安装；学会家庭电路的日常维护和检修；通过实践增强学生的动手能力，做到学以致用，培养学生注重观察生活、合理利用空间，学会规划、合理设计出舒适、美观的家居空间，感受传统文化在家装中的应用

（四）课程活动形式

1.主题学习。以生活为对象，以物理探究为方法，学习生活中物理知识，积极组织引导学生了解生活，探究生活，通过聆听科学，感受科学，触摸科学，从而引导学生了解物理知识，体会科学技术和物理探究的乐趣。

2.动手实践。学生制作简易相关模型，将学习后的知识应用在动手实践上，让每个参与的学生能亲身体验全过程，知识与实践相结合，使学生真正明白知识如何运用，通过小组合作的方式加强人际间的交流。

3.课内外理论传授：基础知识传授、电教配合、课堂讨论、小组合作。

4.实践结合：撰写课程小论文、设计电路实验。

（五）课程评价方案

1.从学生出勤情况、学生上课回答情况、学生作业情况等方面进行评价。

2.评价等级分为优、良、合格和不合格共4个。其中优是出勤率为100%，遵守课堂纪律，积极举手发言，参与课堂讨论，作业情况良好。良是出勤率达到95%以上，上课能遵守课堂纪律，积极参与课堂讨论与活动。合格是出勤率达到80%以上，上课态度尚可，较积极参与课堂活动，作业完成情况一般。不合格是出勤率低于60%，上课态度较差，作业应付，完成情况较差，对课堂活动不积极参与。

3.评价形式分为教师评价占50%、小组评价占35%、学生自评占15%。

评价表

<table>
<tr><th colspan="2" rowspan="2">评价标准</th><th colspan="3">评价</th></tr>
<tr><th>自评</th><th>组评</th><th>教师评</th></tr>
<tr><td>学生学时</td><td>出勤情况 20%</td><td></td><td></td><td></td></tr>
<tr><td>学业成绩</td><td>平时测验 20%</td><td></td><td></td><td></td></tr>
<tr><td rowspan="2">作业完成</td><td>平时作业 10%</td><td rowspan="2"></td><td rowspan="2"></td><td rowspan="2"></td></tr>
<tr><td>项目作业 10%</td></tr>
<tr><td rowspan="2">课堂表现</td><td>课堂发言 20%</td><td></td><td></td><td></td></tr>
<tr><td>课堂纪律 20%</td><td colspan="3"></td></tr>
<tr><td>合计</td><td colspan="4"></td></tr>
</table>

二、研究论文

融武术于中学物理教学

吴姗姗

武术作为传统的体育项目，以其悠久的历史一直备受关注，自近年福建省将“简化二十四式太极拳”列为普通高中学业水平考试体育科目的必考内容以来，武术在中学校园中的学习热达到高潮，且武术自身的健身、表演、防卫性对中学生的成长阶段起到重要作用[1]。学校通过开设传统武术课程提高学生的身体素质，锻炼健康的体魄，磨炼坚强的意志，塑造完善的人品。

福州第七中学在“弘学养正”的办学理念引导下，将武术特色作为阳光体育的落脚点，将武术特色融入课堂，增强体育锻炼的兴趣，让武术成为学校对外宣传、展示的平台与窗口。校园的武术特色可以为学生的健康发展、为和谐校园的建设增添活力。为突出武术办学特色主题，结合学校“弘学养正”的办学理念，在物理教学中加大对传统武术文化的渗透与创新，具有深远的意义。

物理学是一门以研究物质运动与规律为基础的学科，物理中力学、能量理论是研究体育运动的基础理论。武术被纳入中学体育教育重要项目，展现出中华民族精神文化。武术套路中的锻炼方法与技击原理可以被应用于中学物理教学中，借用中学物理知识解释，既是对武术这项国粹的传承，展现现代体育的精神文明，又为紧张的中学物理课堂增添生机。

一、合力在武术套路动作中的应用

合力原理常被用于分析武术技击动作，在高中物理必修一教学中，教授第五章《力与平衡》第一节《力的合成》中的“互成角度两个共点力的合成”时，以武术中太极拳为例，教学设计如下：

知识回顾：前面学习了共点力合成，共线的两个共点力的合成如图 1a 与 b 所示，同向与反向的两个共点力 F_1 与 F_2 的合成，合力分别为 $F_{合}=F_1+F_2$、$F_{合}=F_1-F_2$。

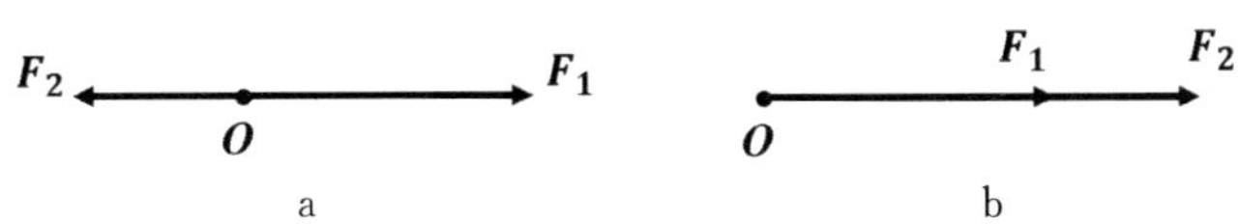

图一　共线的两个共点力合成

提出问题：如果互成角度的两个共点力的合成，该如何分析？

教师活动：情境引入太极拳的“太极推手”，两个共点力可能并不在一条直线上，甲对乙施加力 F_1 的作用，乙顺势朝着与 F_1 力垂直的方向推开，如图二 a 所示，请问：

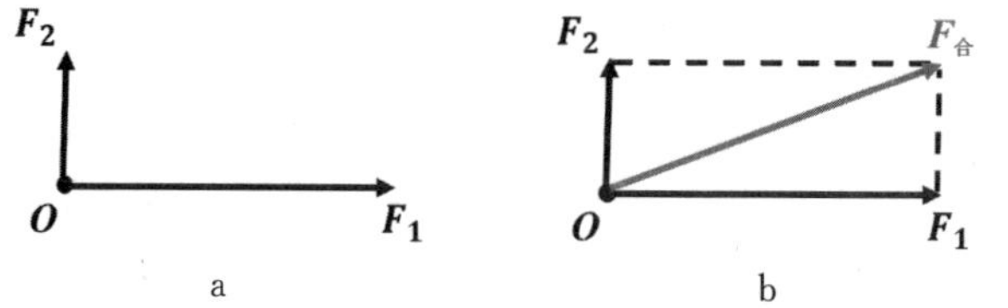

图二　互相垂直的两个共点力的合成

问题一：F_1 与 F_2 产生了怎样的作用效果？

问题二：力有方向吗？改变 F_1 与 F_2 的方向，结果怎样？

学生活动：学生思考、讨论、回答。

教师活动：如果按上面的例子，乙顺势朝着与 F_1 力成一定角度 θ 角的方向推开，如图三 a 所示，则 F_1 与 F_2 产生了怎样的作用效果？

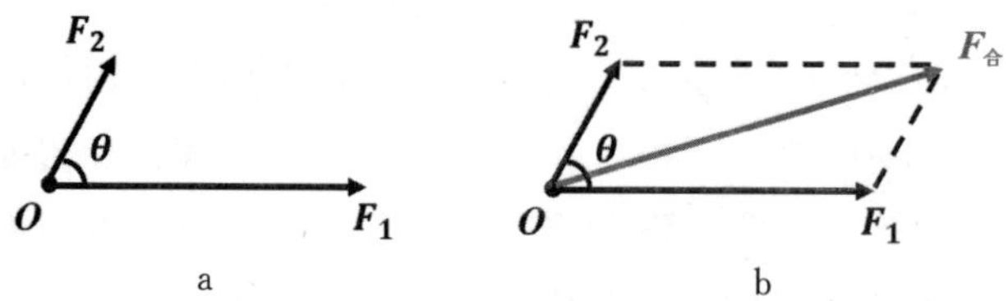

图三　互成 θ 角度的两个共点力的合成

教学意图：结合武术实例“太极推手”引出互成角度的两个共点力的合成，引发学生思考，调动学生积极性。武术“太极推手”是太极拳中双人徒手对抗练习的一种方式，通过施力者对受力者发力与借力，使得受力者失去平衡[2]。中学阶段的物理知识，基本上源于生活，教师在教学过程中运用生活实例，不仅能使学生熟悉物理学原理，而且可以更多地了解生活中的现象与物理原理的联系。

二、能量在武术套路动作中的应用

借助物理科学理论对武术中的技击动作进行分析，有助于更好地掌握武术动作要领，其中武术动作中伴随着许多能量转化问题。在高中物理必修二教学第二章《能量守恒定律》教学中，引用武术动作分析能量的转化。由能量守恒定律可知人体总能量 E 可以表示为动能与势能之和：$E=E_k+E_p$，即 $E=\frac{1}{2}mv^2+mgh$，在转化和转移的过程中其总能量保持不变。其中势能与人体的重心有关，动能与技击动作的速度有关，像出拳这类的武术动作，要保持出拳速度 v 维持在较大值，即动能不变，势能也要保持不变，因此要求人的重心在施展武术动作的过程中尽量保持稳定，起伏不能太大[3]。

将能量问题与动量定理结合分析武术动作的威力，在高中物理选修三、选修四、选修五的教学中，教授第一章《动量守恒研究》第一节《动量定理》中的“动量定理的应用”时，教学设计如下：

（一）教学引入

武术技击动作中，如螳螂拳以出拳速度大、攻击性强的特点受到武术爱好者的青睐，同学们能用前面学习的动量定理来分析其中蕴含的原理吗？

（二）学生活动

学生思考、讨论、回答。

（三）教师活动

以拳术为例，假设人的质量为 m，出拳时初速度为v_0，最大的速度 v，持续时间为 t，速度的改变量为 Δv，加速度为 a，重心发生的位移为 s，在出拳过程中做匀变速直线运动，由运动学知识可知 $v=v_0+at$、$s=\frac{v_0+v}{2}t$，出拳初速度为零时，速度和位移分别表示为 $v=at$、$s=\frac{v}{2}t$。若在出拳过程中，人重心发生的位移 s 为定值，当最大的速度为 v 时，由 $s=\frac{v}{2}t$ 时间要最小。结合动量定理 $I=\Delta P$ 得，合力与运动时间的乘积等于动量变化量 $Ft=mv$，人的冲量一定的情况下，时间 t 最小，获得的力 F 最大。

（四）教学意图

把武术动作的特点作为研究对象融入物理课堂教学中，运用运动学知识、能量守恒定律、牛顿第二定律与动量定理分析武术技击动作，要获得较大的出拳力度，应该控制出拳时间较小、速度大，像螳螂拳等拳术讲究快、准、狠。教师借助武术，将抽象复杂的物理知识形象化，激发学生学习的热情。

三、总结

在素质教育的推动下，在课程改革的队伍里，教师起到引导者的作用，讲授的知识如何让学生更好地吸收，将学生被动式地接受知识转变成主动探究，是教师必须深入思考的问题。将中华传统武术融入课堂，正如学校一直在进行“养正”教育，结合“做一身正气的中国人”的校训，设置具有选择性的课程，关注学生的多元发展。

物理中的运动学、能量守恒定律、动量定理等原理可用来分析武术技击动作，通过科学的分析，培养学生的物理自主学习方法和能力，借助武术特色，激发学生学习物理的兴趣[4]。以武育德，学生通过对武术的学习和运用物理知识对武术动作的分析，有助于在科学态度与责任的核心素养维度下培养学生的爱国情怀。

参考文献

[1] 乔晓芸. 武术中的物理知识 [J]. 中学物理教学参考，2018（18）：40-41.

[2] 李信厚. 太极拳技击遵循的原则和力学原理的运用 [D]. 济南：山东师范大学，2009.

[3] 胡楠. 螳螂拳中的物理学原理分析 [J]. 中学物理教学参考，2018（4）：78-79.

[4] 刘中南. 开展武术学习活动促进中学生物理学习的实践 [D]. 呼和浩特：内蒙古师范大学，2018.

三、教学设计

《太极拳中的物理原理分析》教学设计

钱秋燕　吴姗姗

教学目标（核心素养）

1.物理观念

了解太极拳中的物理原理，能用动量定理和力的合成、力与平衡知识解释太极拳。

2.科学态度与责任

（1）培养实事求是的科学态度和严谨的推理方法。

（2）借用中学物理知识解释，展现现代体育的精神文明，加大对传统武术文化的渗透与创新，具有深远的意义。

教学方法与教学手段

教师启发引导，学生讨论交流，希沃系统，实时投影等现代教学信息技术相融合。

教学重难点

能用动量定理和力的合成、力与平衡知识解释太极拳。

教学过程

一、太极拳中的物理原理分析

结合武术实例“太极推手”引出互成角度的两个共点力的合成，引发学生思考，调动学生积极性。武术“太极推手”是太极拳中双人徒手对抗练习的一种方式，通过施力者对受力者发力与借力，使得受力者失去平衡。中学阶段的物理知识，基本上源于生活，教师在教学过程中运用生活实例，不仅能使学生熟悉物理学原理，而且可以更多地了解生活中的现象与物理原理的联系。

主要研究 F、t 与（$v-v_0$）三者之间的关系。

摔跟斗或腾飘，类似上述列车太极推手以转动和移动对方身体为主要练习，为了移动对方，为了使其快速移动致失重，或运动状态改变之情形，也有两种做法：

一是用大力猛推，一下子将人推出去，推力作用的时间较短；受年龄、体重、力气等制约，身高体壮者所能为。

二是用小力推，照样把人推出去，推力作用的时间较长。受力的作用并不大、也不受年龄等限制，只要具有太极拳的“粘随”劲，牢牢的黏附在对方身上，随对方实质性的劲力运行方向，微微用劲，似松非松、将展未展，以满足力的持续作用及作用时间长的要求即可。

小力的作用也同样能获得使物体运动速度很大的效果，这有它的力学根据。在力学上有 $Ft=m$（$v-v_0$）的公式，用在推手里，可理解为：F 为甲施与乙的恒力；t 为 F 的作用时间；m 为乙的质量，是定值；v 为乙受力作用后，最后身体的运动速度；v_0为乙受力作用前身体的运动速度。（$v-v_0$）为乙受甲力作用前、后的速度变化量，该量越大，乙越不稳。乙的质量 m 是不会变的，在 m 不变，为使（$v-v_0$）大，可使 Ft 大。有三种途径：可增大 F；可延长 t；也可 F、t 同时增大。

t 的成倍增大，全在于“极柔软”的操作。只有具备“极柔软”才可能无孔不入，紧紧地黏附在身上持续用力。力气虽不大，沉肩坠肘，有时臂重之力足矣，然 t 成倍成倍的增大，人还受得了？此即由“极柔软”而后得的“极坚刚”。

用了力，并且力作用了一段较长时间，力 F 和作用时间 t 的乘积一定产生效果吗？也就是说物体一定会被推动吗？

动量定理适用于具有速度变化的物体，推墙和“顶牛”不存在速度变化这个条件。因此，要把人推走有个诀窍，即乘势，乘对方的运动趋势（有速度变化）加力。要抛掷人也应视人有后退之预动、或周身不得劲之时，此时加力，力和力作用时间的累积才起作用。人正面对顶，会给抛掷带来困难，太极拳讲不顶，讲得机得势，为的是创造动量定理适用条件；为的是让力和力作用时间的累积起作用。

二、合力在武术套路动作中的应用

知识回顾：前面学习了共点力合成，共线的两个共点力的合成如图一 a 与 b 所示，同向与反向的两个共点力 F_1 与 F_2 的合成，合力分别为 $F_{合}=F_1+F_2$、$F_{合}=F_1-F_2$。

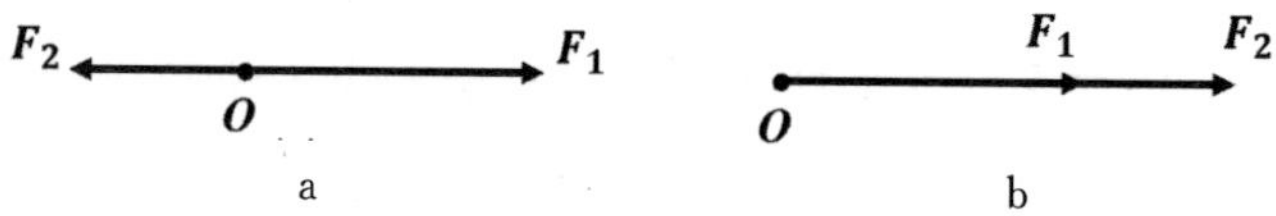

图一　共线的两个共点力合成

提出问题：如果互成角度的两个共点力的合成，该如何分析？

教师活动：情境引入太极拳的“太极推手”，两个共点力可能并不在一条直线上，甲对乙施加力 F_1 的作用，乙顺势朝着与 F_1 力垂直的方向推开，如图二 a 所示，提问。

问题一：F_1 与 F_2 产生了怎样的作用效果？

问题二：力有方向吗？改变 F_1 与 F_2 的方向，结果怎样？

学生活动：学生思考、讨论、回答。

教师活动：如果按上面的例子，乙顺势朝着与 F_1 力成一定角度 θ 角的方向推开，如图三 a 所示，则 F_1 与 F_2 产生了怎样的作用效果？

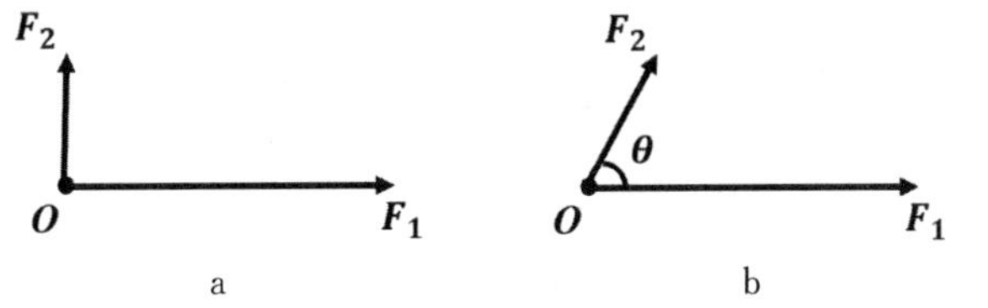

图二　互相垂直的两个共点力的合成

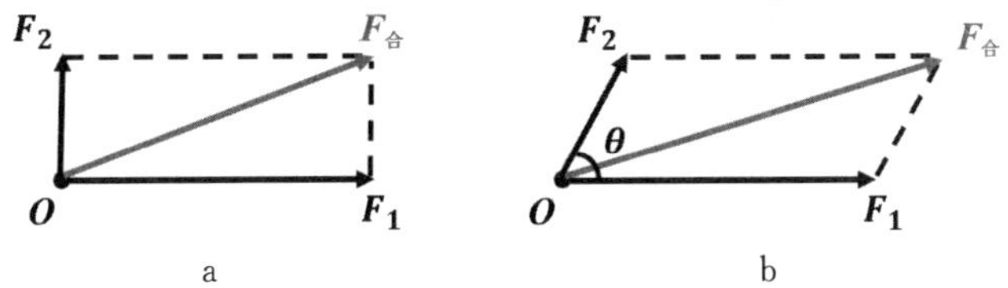

图三　互成 θ 角度的两个共点力的合成

小结：结合武术实例“太极推手”引出互成角度的两个共点力的合成，引发学生思考，调动学生积极性。其中武术“太极推手”是太极拳中双人徒手对抗练习的一种方式，通过施力者对受力者发力与借力，使得受力者失去平衡。中学阶段的物理知识，基本上源于生活，教师在教学过程中运用生活实例，不仅能使学生熟悉物理学原理，而且可以更多地了解生活中的现象与物理原理的联系。

四、学科特色活动

1.研究性学习《力学知识在武术的运用》，指导老师：崔海月。

2.研究性学习《武术中的物理知识与应用》，指导老师：吴姗姗。

五、教学随笔

永无止境的认知之旅

——有感于《物理学发展史》

吴　峤

通过《物理学发展史》校本课程的教学，我感受到，知道的东西越多，会发现不知道的就更多。物理学是一门研究物质相互作用和运动规律的科学，它是一门基础学科，更是现代科学和技术的基础。我们周围的客观世界，小到组成质子、中子的夸克，大到整个宇宙都是由物质构成的。以揭示物质基本结构、相互作用以及运动规律为己任的物理学，对人类理解自然的奥秘、推动经济社会发展起到极其重要的作用。三次工业革命的历史充分地反映了这一点。

17 世纪、18 世纪牛顿力学体系和热力学理论的建立催生了以蒸汽机的利用为代表的第一次工业革命；19 世纪麦克斯韦电磁场理论的建立催生了以电气使用为代表的第二次工业革命；而 20 世纪初建立的相对论和量子力学则催生了以原子能和信息技术的使用为代表的第三次工业革命。这三次工业革命的共同特点是首先在揭示客观世界的基本规律上取得了突破，而后促进了技术的创新和突破，从而极大地改变了人们的生产和生活方式。到 19 世纪末，以经典力学、热力学、电磁学和光学为代表的经典物理学已趋完备。所以英国著名物理学家威廉·汤姆孙在英国皇家学会 1900 年的新年演讲中充满激情地说："物理学的大厦已基本建成，以后的物理学家只能做些修修补补的事了。"

但是物理学晴朗的天空中还飘着两片乌云，一片是所谓的黑体辐射的"紫外灾难"，另一片是迈克尔逊·莫雷实验预示的"以太说"的破灭。正是这两片乌云导致了 20 世纪物理学的蓬勃发展。黑体辐射的"紫外灾难"导致了量子论，而"以太说"的破灭导致了相对论。这二者被称为 20 世纪物理学的两大成就，也是现代物理学的两大支柱。基于量子论和相对论，物理学在 20 世纪得到了极大的发展，也推动了其他学科和技术的发展。因而 20 世纪被称为物理学的世纪。除了相对论和量子论外，20 世纪物理学还有许多重要的进展和成就。譬如，1915 年，爱因斯坦提出了广义相对论，颠覆了人们对牛顿万有引力定律的认知，这是对引力本质认识的质的飞跃。广义相对论的两大预言：引力波和黑洞，最近也被实验观测到和证实，二者都获得了诺贝尔物理学奖。另外，人们建立了两个标准模型：一个是描述物质微观结构的粒子物理标准模型。随着粒子物理标准模型的最后一个粒子（希格斯粒子，也被称为"上帝粒子"）于 2012 年在欧洲大型强子对撞机上被发现，粒子物理标准模型取得了极大的成功。另一个是基于爱因斯坦的广义相对论和量子场论建立的描述宇宙演化的宇宙学标准模型。现代天文学观测与宇宙学标准模型预言基本一致，人们可以基本理解从宇宙大爆炸到现在 138 亿年的宇宙历史演化。经过 20 世纪及 21 世纪初期物理学的蓬勃发展，物理学的大厦是否已经完成？非常遗憾，这个答案是否定的——我们知道的东西越多，我们不知道的更多。物理学向更深的层次，更复杂的体系，以及更广的尺度演变进化，向我们展现了更多的未知世界。现在观测到的暗物质和中微子质量的存在，预示着粒子物理标准模型是不完备的。2021 年谬子反常磁矩的精确测量显示实验与理论预期存在超过四个标准偏差。这显示存在超越粒子物理标准模型的新物理。但是新物理在哪里？它是什么？我们还一无所知。暗物质是超出粒子物理标准模型的新粒子，还是一些宏观物体譬如宇宙早期形成的原初黑洞？人们还没有答案。

中微子的质量起源？目前还是物理学界的谜。

宇宙学标准模型尽管与天文观测基本一致，但是粒子物理标准模型描述的物质只占宇宙成分的 5%，除了占 28%的不知道的暗物质，还有占更多成分、达到 67%的暗能量，我们也不清楚它的本质。

另外，作为宇宙学标准模型的重要部分，我们的宇宙在极早期（宇宙诞生后 10～32 秒左右）经历了一个极短时间的加速膨胀过程（被称为暴胀过程），但是什么驱动了宇宙早期暴胀？我们也不知道。

物理学还存在其他许多重要的问题。例如，黑洞已经被观测到了，但是黑洞的内部结构如何？黑洞的本质是什么？是否存在一个自洽的量子引力理论？所有相互作用可以被纳入一个统一的框架吗？量子信息与时空的起源有本质关系吗？等等都有待于人们去探索、去回答。

暗物质和暗能量被称为 21 世纪物理学天空上的两片乌云。相信，这些问题的解决也会导致物理学的新革命并进而催生新的技术。

学生通过本课程的学习，也感受到物理学认知之旅的永无止境。

内外合一、形神兼备

——对“物理与武术”的思考

吴姗姗

从 2008 年北京奥运会武术被奥组委以为数很少的几票否决而特设为竞技表演项目的那一时刻起，引发学术界持续地关注研究，明显表现出自省和争鸣的良好态势，以及学者对武术发展所持有的、前所未有的清醒和睿智。

中华武术历史悠久，源远流长。它是以中国传统文化为理论基础，以内外兼修、术道并重为鲜明特点的运动。在长期生活与斗争实践中，武术摄养生之精髓，集技击之大成，玄机秘法，深邃莫测，形成了较为系统的技术体系和众多门派，而且它植根于中华传统文化之沃土，蕴含中国传统哲理之奥妙，形成了内涵丰富、层次纷杂的庞大理论体系，二者交相辉映，得以使独具中国特色的武术在华夏百花园中焕发异彩。

我国历史悠久，地域辽阔，伴随着这个特点产生、发展的武术运动可谓根深叶茂，内容丰富而且分类方式很多。如传统的分类方法中有，以是否“主搏于人”而分为内家与外家；有按山川、地域分为少林、武当、峨眉等门派，还有南拳北腿，东枪西棍之说。目前有人依习武范围与目的将武术分为竞技武术、学校武术、民间传统武术和军事武术等，还有根据体育竞技比赛项目将武术进行分类的方法。每种分类方法各有所长，也有其不足之处。武术是以技击动作为主要内容，以套路和搏斗为运动形式，注重内外兼修的中国传统体育项目。结合中国武术独特的内外兼修的传统文化特征，按照形式逻辑学所说的以内涵定义为主，外延定义为辅的方法，将武术概念表述为：武术是以技击动作为主要内容，以套路和搏斗为运动形式，注重内外兼修的中国传统体育项目。

武术运动具有攻防技击性。例如散打、短兵等搏斗运动的技术与实用技击术基本是一致的，集中体现了武术攻防格斗的特点，只是从体育的观念出发，受到竞赛规则的制约，严格规定了禁击部位和保护器具，比赛中以不伤害对方为原则。武术运动具有内外合一、形神兼备的运动特色。既讲究动作的形体规范，又要求精气神传意、内外合一的整体运动观，是中国武术的一大特点。所谓内，指人的精神、意识和气息的运行；所谓外，指人体手眼身步的形体活动。“内练精气神，外练筋骨皮”是众多拳种的练功准则，如形意拳讲究“内三合，外三合”；太极拳要求“以意识引导动作”等。此外，武术具有广泛的适应性。武术的内容和练习形式丰富多样，不同类别的武术项目其练功方法、动作结构、技术要求、运动风格和运动负荷不尽相同，分别适应不同年龄、性格、职业、体质的需要，人们可以根据自己的条件和兴趣爱好加以选择。

太极拳等武术正在不断走进生活中。

六、学生作品

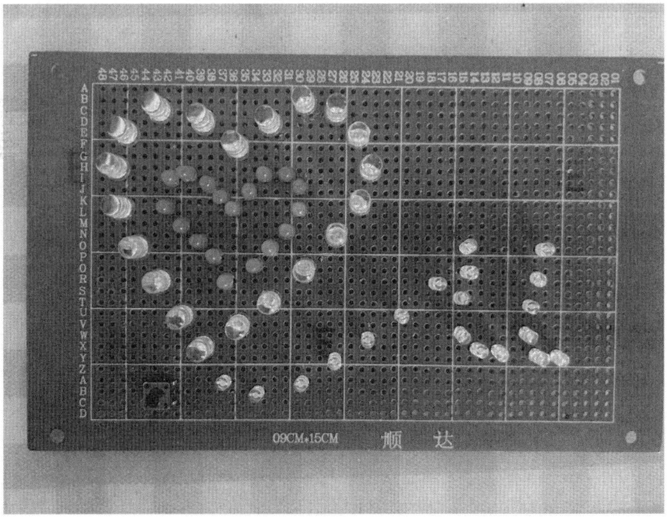

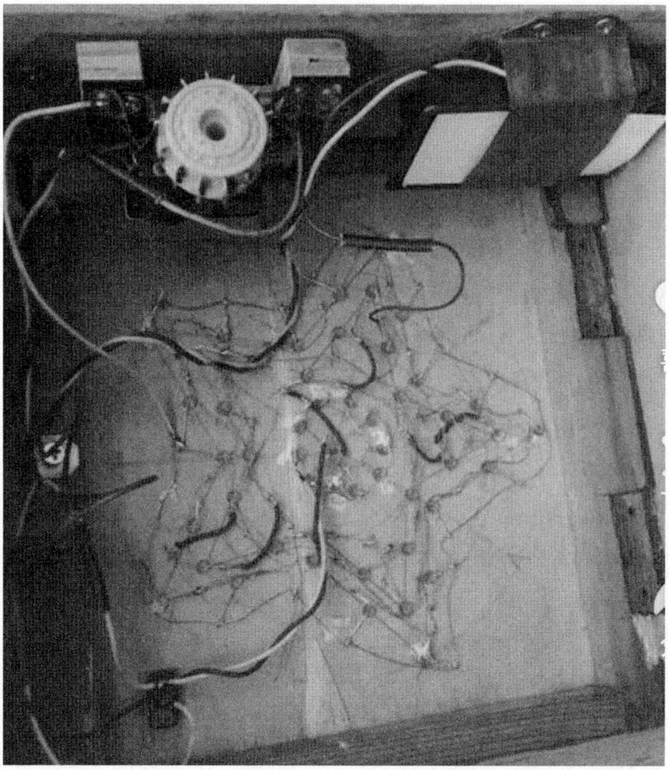

高二学生的电路设计获奖作品

“化”说典籍，启智润新

一、学科课程方案

（一）指导思想

中国历史源远流长，中国文化博大精深，古籍是中华文化的组成部分和重要载体，蕴藏着千百年的中国智慧和深厚的文化底蕴，在中国古籍中蕴含着许许多多的化学知识。荣获 2022 年诺贝尔化学奖的卡尔·巴里·夏普莱斯教授就从中国古籍《道德经》中感悟到了可贵的化学知识。

教育部在关于《完善中华优秀传统文化教育指导纲要》中指出，要加强对中国优秀传统文化的考查，增强学生对中华优秀传统文化的理解力，提高人文素养和对中华优秀传统文化的认同度，树立民族自信心和自豪感。因此开设《典籍中的化学》校本课程，通过挖掘古籍中蕴含的科学内容，并将其作为化学知识学习的对象和素材，服务于化学学科本体内容的学习，有助于培养和发展学生的化学学科核心素养，带领学生体悟我国传统文化独特的历史文化价值和丰富的文化内涵。

（二）课程标准

《义务教育化学课程标准 2022 年版》（以下简称“义教化学课标”）强调，化学课程要融入社会主义核心价值观的基本内容和要求，传承中华优秀传统文化，厚植爱国主义情怀等。义教化学课标的课程资源开发与利用中建议“教师应系统梳理化学史中的具有代表性的史实，让学生认识我国化学家在化学研究和生产生活中的贡献”。义教化学课标中还提出了“《梦溪笔谈》中关于‘湿法炼铜’的描述”和“《天工开物》中对中国古代金属冶炼成就的描述”等8个传统文化类情境素材建议，相较于“2011年版课标”所提出的3个，有较大幅度的增长。传统文化类情境素材的提出，有助于加强学生对中国传统文化的认识，提升文化自信和民族自豪感。

（三）课程结构与内容

主题	国家课程	学习内容	学习目标
第一主题 《天工开物》中的化学	九下第六章《金属》金属矿物与冶炼 九下第七章《溶液》结晶现象 九下第四章《生命之源——水》质量守恒定律	1.金属冶炼 2.食盐制取 3.守恒思想 4.烧制石灰石	通过对《天工开物》古籍中有关化学的内容的研读和解释，帮助学生掌握金属、结晶等基础知识，体悟我国传统文化独特的历史文化价值和丰富的文化内涵。培养和发展学生的化学学科核心素养
第二主题 《梦溪笔谈》中的化学	九上第五章《燃料》化石燃料 九下第六章《金属》置换反应	1.湿法炼铜 2.石油开发	通过对《梦溪笔谈》古籍中有关化学的内容的研读和解释，帮助学生掌握湿法炼铜、石油开发等基础知识，帮助学生理解化学知识，培养综合素质，“润物细无声”地传承优秀传统文化
第三主题 本草古籍中的化学	九上第六章《金属》金属材料的物理特性，金属的化学性质，金属矿物及其冶炼等 九下第八章《常见的酸碱盐》	1.钙化合物 2.铁及其化合物 3.合金	通过对本草古籍中有关化学的内容的研读和解释，帮助学生理解钙、铁及其化合物、合金等基础知识，在培养学生化学学科核心素养的同时普及中医药知识，有助于将《本草纲目》“活化”，进而弘扬中医药文化和传承“李时珍精神”，实现化学学科的育人功能
第四主题 古籍中的化学试题赏析		古籍中有关化学知识编制的试题赏析	通过赏析传统古籍情境内容的试题，掌握解题方法和技巧，提升信息获取的能力

4. 课程活动形式：

（1）泛读典籍。

（2）细寻典籍中的化学。

（3）领悟典籍中的化学知识。

（4）撰写学习心得体会。

二、课程评价方案

（一）评价原则

树立科学的评价观，坚持核心素养导向的评价，加强过程性评价，改进终结性评价，深化综合评价和探索增值评价。将量化评价与质性评价有机结合，合理开展自评、互评和教师评价。

（二）评价内容

1. 关注学生在课堂学习、研读情况、研究心得、课后作业、单元检测、阶段性检测等学习活动中的表现。

2. 关注学生的学习起点和学习过程，关注学生核心素养发展的增值情况。

（三）评价方法

1. 心得体会、纸笔测验。

2. 教师观察、自评、互评、他评。

3. 学习档案、项目评级、谈话交流。

附：评价量表

评价项目		分值比例	星级				
观察和谈话	观察	10%					
	谈话	10%					
研读情况		10%					
研究心得		20%					
纸笔测试		20%					
课堂表现	发言	10%					
	交流	10%					
	合作	10%					

三、研究论文

《天工开物》中的初中化学相关知识解读

王晓青　朱　青

一、引言

随着初中化学课程标准的不断完善和科技教育的日益重视，传统科技文献对于现代教育资源的引用与借鉴愈加受到关注。明清巨著《天工开物》是一部集中展现当时科学技术水平的著作，蕴含了丰富的物质变化与化学知识内容。然而，对《天工开物》中的初中化学相关知识进行系统解读和挖掘的研究尚属较少。本研究立足于此，意在通过对《天工开物》的梳理和解读，探索其中蕴含的化学知识要点，深化古典科技文献与现代教育资源的融合。

本研究旨在剖析《天工开物》中蕴含的初中化学知识，探寻其与现代化学教育的联系和价值。通过文本分析以及对作者思想、成书背景的深入探讨，力图揭示《天工开物》中元素周期表的应用踪迹，以及经典化学反应和物质变化的实例。同时，本研究也将聚焦于文中科学概念在实验教育中的运用，探讨其对促进学生化学理解与兴趣的积极影响。通过对《天工开物》中的化学知识进行解读和分析，本文将为古典科技文献对现代教育的贡献提供新的切入点和思考，对于丰富学生的学习体验具有积极的启示作用。

因此，本研究对于探索《天工开物》中的初中化学相关知识，挖掘古典科技文献的教育价值，以及推进古典与现代科技教育资源的融合，具有积极的意义和价值。通过对《天工开物》中化学知识的深度解读，本研究旨在为中文核心期刊和相关教育研究领域提供丰富的历史资料和新的研究视角。

二、《天工开物》概述

（一）作者及成书背景

《天工开物》中的作者及成书背景有着深远的意义，了解其来历和背景对于理解书中所涉及的初中化学知识具有重要意义。《天工开物》是明朝科学巨著，作者宋应星是一位具有丰富科学知识的学者。他在《天工开物》中汇集了当时的科技成果和知识，并结合自己的理论观点进行了系统性整理和总结。

这部著作内容丰富，涉及了医药、农业、制造等多个领域，使得读者对当时科学技术的发展和应用有了更为全面的了解。

在相关内容中，可以发现作者对于元素周期表的应用也有所涉及，虽然并未以现代化的方式呈现，但是其包含的元素概念和分类方法仍然为学生理解现代元素周期表奠定了基础。此外《天工开物》中对化学反应和物质变化也有所涉及，这些内容为学生理解化学知识提供了实例和案例，有助于学生在具体实验操作中更好地理解化学原理。

本研究通过深入阅读和分析《天工开物》，挖掘了其中蕴含的丰富初中化学知识，旨在为传统科技文献与现代化教育资源之间架起桥梁。通过对作者及成书背景的分析，可以更全面地理解《天工开物》中所涉及的科学知识。将这些传统知识与现代教育资源相结合，有助于学生更好地理解和学习化学知识，促进其对化学的兴趣和理解。

（二）内容概要

本研究从明清巨著《天工开物》中深入挖掘初中化学知识要点，致力于构建古典科技文献与现代教育资源的桥梁。通过详细的文本分析，剖析了作者思想与成书背景，以及其内容与初中化学课程标准的契合度。在阅读《天工开物》的过程中，我们发现了元素周期表的应用踪迹，以及经典化学反应和物质变化的丰富实例。同时，我们聚焦于理论与实践的结合，观察了文内科学概念在实验教育中的运用，进而评估其对促进学生化学理解与兴趣的积极影响。研究结果显示，《天工开物》具有重要的教育价值，其知识内容能有效衔接至当代学生的学习体验，为教学实践提供了丰富的历史资料和启发性思考。

三、初中化学知识解读

（一）元素周期表中的应用

尽管《天工开物》是一部古代科技文献，其内容却蕴含着丰富的初中化学知识要点。本研究将通过仔细的文本分析，揭示其中元素周期表的应用踪迹，并解读其中的经典化学反应和物质变化的实例。在文中我们发现，《天工开物》中对于元素周期表的应用十分精准，作者对化学元素的分类和性质有着清晰的认识，并在文中详细描述了元素的周期性规律。此外，书中还展示了丰富的化学反应和物质变化的实例，这其中既包括传统的化学实验，也包括一些当时现实生活中的化学现象。在这些例子中，我们可以清晰地看到不同物质之间的相互作用，以及化学反应后产生的新物质。通过对这些内容的深入挖掘，我们可以更好地理解化学反应的基本原理和规律，从而为化学教育提供更丰富的教学素材。

此外，本研究将聚焦于理论与实践的结合，观察《天工开物》中科学概念在实验教育中的运用。我们将关注作者如何通过实际的化学实验来验证所述理论，并观察他对实验方法、数据处理和结果解释的严谨性。这一部分的研究旨在评估《天工开物》对促进学生化学理解与兴趣的积极影响，同时展现传统知识对现代教育的贡献。我们将重点分析作者对实验方法的选择和设计，以及对实验结果的合理解释，从而折射出他对科学方法论的理解与实践能力。最后，研究结果将显示出《天工开物》具有重要的教育价值，且其知识内容能有效衔接至当代学生的学习体验，为教学实践提供了丰富的历史资料和启发性思考。

（二）化学反应与物质变化

在《天工开物》中的初中化学相关知识解读中，化学反应与物质变化作为重要的一部分，对于初中化学知识的理解和应用具有重要意义。化学反应是化学变化的过程，涉及了物质的转化与结构的改变，对于学生理解化学本质有着重要作用。通过对《天工开物》中的具体案例分析，我们发现了其中蕴含的丰富化学反应和物质变化实例，包括燃烧、氧化、还原、酸碱中和等多种类型的反应。通过深入剖析这些反应实例，可以帮助学生更好地理解化学反应的本质和规律，培养其化学思维和分析能力。

四、研究方法

（一）文本分析

通过对《天工开物》文本的深入分析，我们发现其中蕴含丰富的初中化学知识。首先，在元素周期表应用方面，我们发现了作者对元素性质和周期规律的深刻理解，为当代学生理解元素周期表提供了宝贵的历史资源。其次，在化学反应与物质变化方面，《天工开物》中提供了大量的实例，生动展现了化学反应的过程和物质变化的规律，为学生理解化学反应提供了具体而丰富的案例资料。此外，我们还注意到作者提出了理论概念与实践实验教育的结合，为我们提供了古代科学理论如何在实践教育中运用的示范，这对于当代教育实践具有启发意义。

（二）理论结合实践观察

通过理论结合实践观察的方式，对《天工开物》中的初中化学知识进行深入解读和分析。首先，我们选择了元素周期表为研究重点，在文中寻找作者对元素周期表的应用踪迹。我们发现，作者对元素周期表的组成、元素周期规律以及元素周期表的应用有着详细的描述和解释，这为学生们理解元素周期表的原理和应用提供了宝贵资料。

其次，我们着重观察了化学反应与物质变化的例子。通过实例分析，我们发现《天工开物》中对化学反应和物质变化的描述能够为学生们提供生动、具体的案例，有助于激发学生对化学实验的兴趣，促进他们对化学知识的理解和掌握。

在观察理论与实践的结合方面，我们着重关注文内科学概念在实验教育中的运用情况。我们深入分析《天工开物》中关于化学实验的描述，发现其中所包含的实验教育方法与现代教学方法有着一定的契合度。这表明古代科技文献对于实验教育有一定的启发意义，可以为当代学生的实验教育提供宝贵的历史借鉴。

综上所述，通过理论结合实践观察，我们深入探讨了《天工开物》中的初中化学知识，并发现其中蕴含着丰富的教育价值和启发性思考。同时，我们也观察到古代科技文献在现代教育中的积极影响，为教学实践提供了有益的历史资料和教育启示。

五、结论

通过对《天工开物》中的初中化学知识进行深入解读，本研究揭示了该古典科技文献在现代教育中的重要意义和价值。首先，本文概述了《天工开物》的撰写历史和内在逻辑，深入剖析了其中蕴含的初中化学知识要点，展现了其与现代化学课程标准的契合度。在此基础上，研究呈现了该文献对学生化学理解与兴趣的积极影响，展现了传统知识对现代教育的贡献。通过对元素周期表的应用踪迹和经典化学反应的实例进行揭示，本文为教学实践提供了丰富的历史资料和启发性思考。

本研究也存在着一些不足之处。由于受限于篇幅和研究方法，未能对《天工开物》中所有相关初中化学知识做出全面解读，部分内容有待进一步挖掘和研究。虽然文内科学概念在实验教育中的运用得到了初步观察，但对于其在教学实践中的具体效果和应用仍有待深入探讨。

因此，未来的研究方向可以围绕着扩大研究范围，深入挖掘《天工开物》中的化学知识，并结合教学实践进一步评估其对学生的学习效果。此外，在教育实践中，可以将这一研究成果运用到相关化学教学中，探索如何最大程度地发挥古典科技文献在现代教育中的作用，促进学生化学学科的学习与理解。期待未来的研究者能够进一步拓展该领域的研究，为古典文献与现代教育资源的结合提供更多的实践建议和发展方向。

参考文献

[1] 宗海榕. 试论《天工开物》研究的“文化嵌入范式”[J]，2019.

[2] 赵国华. 中华优秀传统文化的化学学科解读——《天工开物》中初中化学相关知识 [J]. 化学教育（中英文），2023.

[3] 朱汝葵，李硕，陈思静.《天工开物》蕴含的化学知识分析与应用 [J]. 广西教育B（中教版），2021.

[4] 张译丹，王悦，崔克宇.《天工开物》在中学化学教学中的探索与应用 [J]. 现代盐化工，2023.

[5] Wu Juhua. Research on the Multi-teaching Mode of General Technology in Senior High School under the New Situation [D]. 2021.

[6] 彭兆荣. 何以独具匠心——中华传统知识与工艺的合与离 [J]. 学术界，2020.

[7] 王淦生. 让典籍“点”亮中国智慧（二）——《典籍里的中国》素材拓展及运用 [J]. 作文与考试：高中版，2022.

[8] 王浩田.《天工开物》里的化学世界 [J]. 知识就是力量，2022.

三、教学设计或案例

《天工开物》有关“金属冶炼”的内容探析（一）

朱 青

教学目标

1.了解常见铁矿的主要化学成分，熟悉古今从铁矿石中将铁还原出来的方法，掌握实验室还原氧化铁的原理。

2.对实验室氧化铁转化成铁的反应产物进行判断，通过设计实验来探究产物，加深对实验目的、证据与结论之间关系的认识。

3.通过“废物处理”问题的解决和“可持续发展”理念的学习，形成保护生态环境、解决环境问题的思想，从而认识化学学科在人类社会发展过程中的重要作用。

教学重难点

古今铁的冶炼原理和工艺。

教学过程

教师：现如今工业发达，金属铁不再是稀缺的材料。你们知道古代人们是如何炼铁的吗？

多媒体投影：《天工开物》资料与炼铁场景。

> 《天工开物》中记载：凡铁分生、熟，出炉未炒则生，既炒则熟。生熟相和，炼成则钢。凡铁一炉载土二千余斤，或用硬木柴，或用煤炭，或用木炭，南北各从利便。凡造生铁为冶铸用者，就此流成长条、圆块，范内取用。若造熟铁，则生铁流出时相连数尺内，低下数寸筑一方塘，短墙抵之。其铁流入塘内，数人执持柳木棍排立墙上，先以污潮泥晒干，舂筛细罗如面，一人疾手撒滟，众人柳棍疾搅，即时炒成熟铁。

教师：根据《天工开物》中记载的炼铁流程，思考炼铁的原料有哪些？

学生：有铁矿石、木炭、硬木柴、煤炭。

教师：假如矿石是赤铁矿，放入木炭炼铁。那么木炭的作用是什么？发生反应的类型是什么？

学生：赤铁矿的主要成分是 Fe_2O_3，木炭能跟铁矿中的氧结合，得到单质铁，发生还原反应。

教师：请同学们用方程式表示古代用赤铁矿炼铁的原理。

学生：$2Fe_2O_3+3C\xlongequal{高温}4Fe+3CO_2\uparrow$。

教师：前面我们学习过生铁与钢，大家还记得它们的区别是什么吗？

学生：生铁和钢的含碳量不同，生铁的含碳量是 2%—4.3%，钢的含碳量是 0.03%—2%。

教师：请同学们总结古代炼铁的步骤，并尝试画出古代炼铁的流程图。

学生：先由铁矿石炼成生铁，然后由生铁高温炼成熟铁，最后由生铁、熟铁混合炼成钢。具体流程见下图。

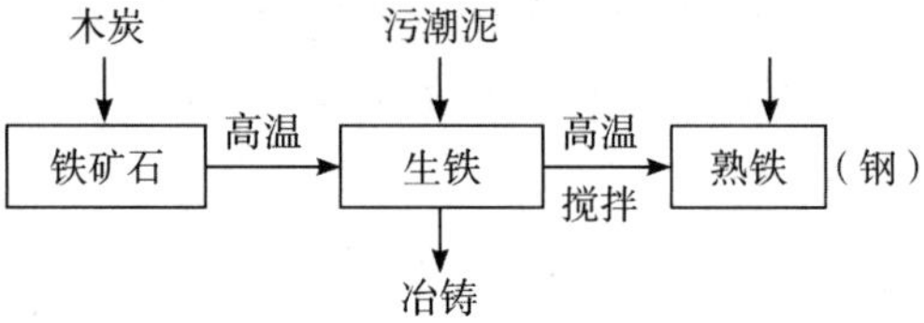

教师：现代高炉炼铁的技术是由我国古代炼铁技术发展、改进而来，下面我们来学习工业上是如何将赤铁矿炼制成铁的。工业上除了放铁矿石、木炭，往往还会加入一些石灰石，请同学们查阅资料，联系刚刚所学的古代炼铁的知识，回答以下问题：1. 炼铁的原理是什么？2. 加入石灰石的目的是什么？3. 生铁出口与炉渣出口的位置是怎么设计的？为什么？

交流讨论：$C+O_2=CO_2$，$C+CO_2=2CO$，$Fe_2O_2+3CO=2Fe+3CO_2$；加入石灰石的目的是将矿石中的二氧化硅转变为炉渣；铁水密度大，生铁出口应该设计在炉渣出口的下方。

教师：今天我们试着在实验室内模拟炼铁，反应药品可以直接选用。请同学们自主设计、绘制炼铁反应装置图，并说出你的理由。

学生：用金属氧化物制备金属单质的实验装置，可以参考之前碳和 CuO 反应的实验装置。

学生：碳和铁矿石反应可能会同时产生 CO、CO_2，需要用澄清石灰水检验 CO_2，用酒精灯检验并处理 CO。

学生：可以直接用 CO 与铁矿石发生反应，但需要对实验装置做适当调整。

学生：如果使用 CO 作为反应物，可以在后面用气球把 CO 收集起来循环利用，这样有利于节约资源，保护环境。

学生：反应需要高温，酒精灯的温度不够高，需要其他加热仪器，如酒精喷灯。实验装置如图所示。

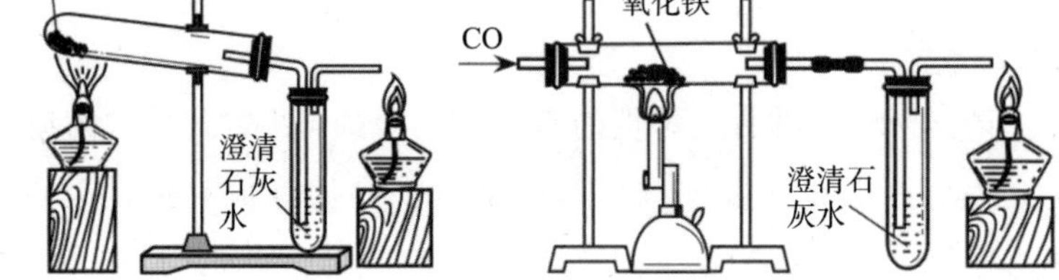

教师：反应后的黑色粉末是什么？

学生：可能是 Fe，也可能是 Fe_3O_4，它们都是黑色的。

教师：你们有什么方法验证黑色粉末中是否含有铁单质？

学生：可以向产物中加入足量稀盐酸，若有气泡生成则说明黑色粉末中含有铁单质。

学生：可以向产物中加入硫酸铜、硝酸铜、氯化铜等溶液中的一种，若有红色固体析出，则黑色粉末中含有铁单质。

教师：同学们给出的方案都利用了铁的性质，都能够验证铁单质的存在。

教师：随着社会的发展，人们对铁的需求量大大增加，炼铁工艺也在不断改进，铁的产量与质量有了很大的提升，化学知识在社会发展和工艺改进中起到了非常重要的作用。

教学反思

中国传统文化中蕴藏着丰富的科学品质、责任意识、家国情怀等思政因素，是进行课程思政教学的重要载体。通过挖掘典籍中的优秀技艺，在化学课堂教学中将课本知识、传统文化、思政教育有机融合，一方面，能让学生了解到先辈掌握的优秀技艺，感受化学知识怎样应用于生产生活，激发学生主动运用化学学科知识解决实际生产生活问题的意识和能力；另一方面，也能满足新时代下思政教育的发展需要，帮助学生坚定文化自信，培养学生的爱国情怀、生态文明意识和科学品质，发挥化学学科的育人功能。在课程思政理念下将中华优秀传统文化融入化学课堂能够推进化学学科与语文、思政等学科的交流融合，学生在学习学科知识的同时能够建立良好的世界观、人生观与价值观，增强学生对传统文化的认同感，促进学生的成长与发展。

四、学科特色活动

查阅古籍中的化学知识

一、学科特色活动目标

1.通过对古籍中有关化学内容的研读，激发学生的民族自豪感，激发对学习化学的兴趣。体悟中国传统文化独特的历史文化价值和丰富的文化内涵。培养和发展学生的化学学科核心素养。

2.通过活动掌握研究性学习的资料收集和资料整理汇报的技能。

二、学科特色活动内容

1.查阅《天工开物》中相关的化学知识。

2.查阅《梦溪笔谈》中相关的化学知识。

3.查阅本草古籍中相关的化学知识。

4.自由查阅其他古籍中相关的化学知识。

三、学科特色活动流程

1.学生分组布置任务，分别查找不同内容的素材。

2.学生组长整理素材，形成研究报告。

3.各组和指导老师研讨成果和修改方案。

4.各组将成果形成PPT或者希沃。

5.各组应用所形成的PPT或者希沃进行成果汇报。

6.所有成员完成小结和活动感受。

四、学科特色活动形式

1.网络资料收集，文献查阅。

2.讨论交流改进方案和制作报告。

3.开展成果展示交流报告会

五、教学随笔

古籍中的化学宝藏
——初中化学知识研究的探索与发现

作为一名初中化学教师，我深信化学是一门充满魅力和实用性的科学。然而，我们的教材中往往只涵盖了现代化学的基础知识，而忽略了古代化学的丰富内容。因此，我决定着手研究古籍中的化学知识，以期在教学中引入更多的历史与文化元素，激发学生对化学的兴趣与探索欲望。

一、古籍中的化学知识简介

古代的哲学家、科学家和医生们在缺乏先进仪器和技术的条件下，通过观察与实践，积累了大量有关化学的丰富知识。《黄帝内经》《神农本草经》等古籍中记录了很多有关草药的提取与制备方法，反映出古代人民对于物质的认识与利用。《天工开物》是世界上第一部关于农业和手工业生产的综合性著作，是中国古代一部综合性的科学技术著作，有人也称它是一部百科全书式的著作，涉及化学的有冶金、陶瓷、造纸、酿造、染色等多个方面，其中许多科技成就都是中国古代化学史研究的重要内容。

二、研究方法与过程

我的研究方法主要包括文献阅读、实地考察和实验重现。通过阅读古代典籍，我发现很多古籍中记载的药物制备方法与现代提取技术有着惊人的相似之处。此外，我还参观了一些历史博物馆和古代文化遗址，亲身感受到古人对于化学的探索精神。为了深入了解古代实验方法，我尝试重现了一些古代实验，如冶炼铁和制取染色剂等。这些实验让我更加深刻地体会到古代人们在实践中的智慧和勇气。

三、实践活动与案例分享

为了将研究成果应用于教学中，我设计了一系列实践活动，并与学生们分享了一些古籍中有关的化学知识。例如，在探究纸的制作过程时，我带领学生们进行手工造纸实验，并比较古代造纸方法与现代工业制纸的区别；在学习香料的制备时，我与学生们一起重现了古代香料的制作过程，让他们亲身感受到传统工艺的魅力。这些实践活动不仅帮助学生理解化学原理，还培养了他们的动手能力和合作精神。

四、学生的思考与发展

学生们在研究古籍中化学知识的过程中表现出了浓厚的兴趣和积极性。他们主动参与讨论，提出自己的观点和疑问。通过与学生们的交流，我发现他们重新审视了化学的价值，并对古代人们的智慧表示敬佩。有些学生甚至表达了想要深入研究古籍中的化学元素的意愿，这让我更加坚定了继续探索古籍中化学知识的决心。

五、教学反思与展望：

通过研究古籍中的化学知识，我深刻认识到历史与文化对于化学教学的重要性。不仅能够激发学生的学习兴趣，还能够培养学生对科学探索的好奇心和批判性思维能力。未来，我将继续深入研究古籍中的化学知识，结合现代科技手段，探索更多与古代化学相关的课题，并将这些研究成果与教学实践相结合，不断丰富化学教学的内涵。

通过研究古籍中的化学知识，我对于化学的理解也得到了深化。古籍中蕴藏着丰富的化学智慧和宝藏，它们不仅是历史的见证，更能为现代化学教学带来新的启示。在教学实践中，我会继续探索古籍化学的应用，将其融入我们的课堂中，让学生们真正感受到化学的魅力和实用性。

魅力化学，多彩生活

一、学科课程方案

（一）指导思想

普通高中化学课程是与义务教育化学课程衔接的基础教育课程，是落实立德树人根本任务、发展素质教育、弘扬科学精神、提升学生核心素养的主要载体；化学学科核心素养是学生必备的科学素养，是学生终身学习和发展的重要基础；化学课程对于科学文化的传承和高素质人才的培养具有不可替代的作用。结合我校“弘学养正”的办学理念，崇文尚武的办学特色，构建我校化学校本课程体系，为学生提供基础性，多样化和可选择的课程，有利于教师自身专业的成长。通过校本课程的学习，满足学校每个学生的不同发展需要，促进学生全面而生动的发展。

（二）课程标准

《普通高中化学课程标准（2017 年版、2020 年修订）》要求立足于学生适应现代生活和未来发展的需要，充分发挥化学课程的整体育人功能，构建全面发展学生化学学科核心素养的高中化学课程目标。通过有层次、多样化、可选择的化学课程，拓展学生的学习空间，在保证学生共同的基础下，引导不同的学生学习不同的化学，以适应学生未来发展的多样化需求，所以要设置满足学生多元发展需求的高中化学课程。同时结合学生已有的经验和将要经历的社会生活实际，引导学生关注人类面临的与化学有关的社会问题，培养学生的社会责任感，参与意识和决策能力，所以要选择体现基础性和时代性的化学课程内容。所以高中化学校本课程设置遵循以下几点：

1.指导生活（实用性）。从学生生活经验出发，选择比较有趣的问题，联系有关化学知识进行讨论，教学内容生活气息浓厚，有一定的实用性。

2.渗透观念、运用化学知识（渗透性）。要求紧密结合所讨论的生活问题，帮助学生学习或应用相关的化学知识，科学性、知识性较强。

3.价值观情感态度教育（思想性）。引导学生从化学视角讨论与化学相关的生活问题，重视化学基本观念教育和价值观教育，教学内容富有思想性。

（三）课程结构与内容

校本课程名称	对应年级	国家课程	校本课程内容	核心素养目标
《化学与营养》	高一	必修第一册 必修第二册	第一章　糖类 第二章　油脂类 第三章　蛋白质 第四章　矿物质 第五章　维生素 第六章　纤维素 第七章　水 第八章　武术运动员的营养配餐	宏观辨识与微观探析 实验探究与创新意识 科学精神与社会责任
《化学与生活》	高二	选必三	第一章　化学品的安全使用 第二章　应用广泛的金属材料 第三章　功能各异的无机非金属材料 第四章　高分子材料和复合材料 第五章　“化”说武术	宏观辨识与微观探析 实验探究与创新意识 科学精神与社会责任

（四）课程活动形式

交融拓展性。

（五）课程评价方案

1.从学生出勤情况、学生课堂表现、学生作业情况等方面进行评价。

2.评价等级分为优、良、合格和不合格共4个。其中优是出勤率为100%，遵守课堂纪律，积极举手发言，参与课堂讨论，作业情况良好。良是出勤率达到95%以上，上课能遵守课堂纪律，积极参与课堂讨论与活动。合格是出勤率达到80%以上，上课态度尚可，较积极参与课堂活动，作业完成情况一般。不合格是出勤率低于60%，上课态度较差，作业应付，完成情况较差，对课堂活动不积极参与。

3.评价形式分为教师评价占50%、小组评价占35%、学生自评占15%。

评价表

评价标准		评价		
		自评	组评	教师评
学生学时	出勤情况20%			
学业成绩	结课测验20%			
作业完成	平时作业10%			
	项目作业10%			
课堂表现	课堂发言20%			
	课堂纪律20%			
合计				

二、研究论文或案例

武术运动员的营养配餐

一、活动引言

在武术训练中，营养配餐对于运动员的体能恢复、技能提升以及心理健康起到重要的作用。因此如何结合化学知识，为武术运动员制定既科学又实用的营养配餐方案，是本次活动的核心目标。

二、活动目标

1.使学生理解营养学在武术运动员训练中的重要性。

2.结合化学知识，教授学生如何分析食物的营养成分。

3.指导学生为武术运动员设计营养配餐方案。

三、教学内容与步骤

（一）理论讲解：营养学基础与武术运动员的需求

引入营养学概念，解释碳水化合物、脂肪、蛋白质、维生素和矿物质等基本营养素的作用。深入探讨武术运动员在训练、比赛中的特殊营养需求，如高能量摄入、蛋白质补充、电解质平衡等。结合化学知识，讲解食物中营养成分的化学结构和功能，如蛋白质的氨基酸组成、脂肪的和与不饱和状态等。

（二）实验操作：食物营养成分分析

1.实验一：pH 值测定。

介绍 pH 值的概念及其在食物中的应用。

演示如何使用 pH 试纸或 pH 计测定食物样本的 pH 值，并解释 pH 值对食物营养和口感的影响。

学生分组进行实践操作，测定不同食物样本的 pH 值，并记录结果。

2.实验二：蛋白质含量测定。

讲解蛋白质的重要性及测定方法，如燃烧法、双缩脲法等。

演示其中一种方法，并指导学生如何操作。

学生分组进行实践操作，测定不同食物样本的蛋白质含量，并记录结果。

3.实验三：维生素和矿物质分析。

介绍常见维生素和矿物质的功能及其在食物中的存在形式。

使用化学试剂或试剂盒，演示如何检测食物中的某种特定维生素或矿物质。

学生分组进行实践操作，分析不同食物样本中的维生素和矿物质含量，并记录结果。

（三）营养配餐方案设计

1.设计指导。根据武术运动员的营养需求，结合之前的食物营养成分分析结果，指导学生设计营养配餐方案。强调食物种类的多样性、营养成分的平衡性以及热量的合理性。教授学生使用电子表格或专业营养软件来辅助配餐设计，如输入食物的营养成分、设定目标摄入量等。

2.分组实践。学生分组进行配餐方案设计，每组选择一名“虚拟”武术运动员（根据体重、训练强度等因素设定），为其设计一天的营养配餐方案。方案需包括早餐、午餐、晚餐和训练后的加餐，确保各种营养成分的均衡摄入。

学生需在设计中考虑食物的口感、烹饪方法以及运动员的个人口味偏好。

3.方案优化。学生在完成初步设计后，进行小组内的讨论和修改，优化配餐方案。教师和专家提供指导和建议，帮助学生完善方案。

（四）方案展示与讨论

1.方案展示。每组学生展示自己的营养配餐方案，包括设计思路、科学依据和具体配餐内容。

使用多媒体工具（如PPT、海报等）进行展示，增加互动性和吸引力。

2.专家点评。邀请体育教练和营养专家对学生的方案进行点评。教练和专家从营养学、体育训练的角度提供反馈和建议，指出方案的优点和不足。

3.互动讨论。学生根据点评和反馈进行互动讨论，探讨如何改进和完善自己的配餐方案。教师引导学生深入讨论，加深对营养配餐的理解和应用能力。

（五）总结与反思

1.活动总结。教师对整个活动进行总结，回顾学生们的学习成果和实践经验。强调营养配餐在武术运动员训练中的重要性，以及化学知识在其中的应用。

2.反思与改进。学生进行个人反思，总结自己在活动中的收获和不足。教师收集学生的反馈意见，为今后的教学活动提供改进方向和建议。

四、活动效果

通过本次活动，学生不仅能够深入理解营养学在武术运动员训练中的重要性，还能结合化学知识，亲手为武术运动员设计营养配餐方案。这不仅增强了学生的跨学科整合能力，也为其未来的职业发展（如成为营养师、体育教练等）奠定了坚实基础。

五、活动总结与展望

本次“武术运动员的营养配餐教学过程：化学与体育的跨学科特色活动”取得了显著成效。学生在实践中学习到了如何结合化学知识为武术运动员制定科学、实用的营养配餐方案。展望未来，我们可以进一步拓展此类跨学科活动。

三、教学设计

《糖类》教学设计

化学学科核心素养目标

1.宏观辨识与微观探析：①知道糖类的组成及相互关系。②了解葡萄糖的检验方法，知道葡萄糖具有醛基这一结构。

2.实验探究与创新意识：通过分组实验葡萄糖的检验及交流讨论淀粉的水解程度，记录实验信息并进行加工获得结论。

3.科学精神与社会责任：通过讨论生活中的化学问题，知道糖类与人类生活关系密切并在生产生活中的应用广泛，进而感悟化学源于生活，化学让人类生活得更美好，领会化学知识的真实价值，培养学生的社会责任感。

教学重点和难点

1.重点：葡萄糖的检验原理和方法、淀粉水解程度的检验。

2.难点：淀粉水解程度检验的实验方案设计。

教学方法

实验探究、合作学习、对比归纳。

教学设计思路

情景——问题——知识——素养。

教学过程

环节一　预习反馈

学生：回答课本相关问题。

环节二　葡萄糖的检验

问题：血糖的成分是什么？如何检测？

教师：下面就通过两个探究实验来揭开葡萄糖检测的神秘面纱。

探究实验1：在小试管里加入2毫升的2%的硝酸银溶液，同时滴加2%稀氨水，振荡，直到析出的沉淀恰好溶解为止（制得澄清的银氨溶液），再加1毫升的10%的葡萄糖溶液，在温水浴里静置加热几分钟，观察并记录实验现象。

教师：强调银氨溶液配制要点：氨水慢加，边加边振荡，直至生成的沉淀恰好溶解；安全第一，小心热水烫伤；水浴加热时不要晃动试管。

学生：分小组实验并展示实验现象，探讨个别小组失败的原因。

探究实验2：与新制的氢氧化铜溶液反应

对比实验：教师演示（非碱性条件下）——加深对反应条件的理解。

教师：银氨溶液或新制备的氢氧化铜悬浊液可用于检验葡萄糖的存在。且这两种反应必须在碱性环境下，才能成功。医学上曾用类似的反应来检验病人尿液中葡萄糖的含量是否偏高。

环节三　葡萄糖的生理氧化

小明早晨由于贪睡起床太晚，没来得及吃早饭就匆匆赶向学校，升旗仪式时小明突然感到头晕乏力，站立不稳，晕倒在地。送到医院后，医生诊断为低血糖。

问题1：血糖在人体中如何作用？

学生：联系生物所学知识回答，在学案上写出反应方程式。

教师：早饭很重要，记得一定要及时吃哦！

问题2：根据日常生活经验，出现低血糖症状时可采取哪些补救措施？

教师：结合学生回答情况归纳总结。

措施1：补充葡萄糖溶液。

措施2：口服糖果。

措施3：嚼些馒头或米饭。

环节四　淀粉的水解

问题1：淀粉转化为葡萄糖的条件是什么？

百度搜索：

1.材料一：淀粉为高分子化合物，一定条件下可以水解，可加入稀硫酸或加热。

2.材料二：淀粉在人体中的转化示意图。

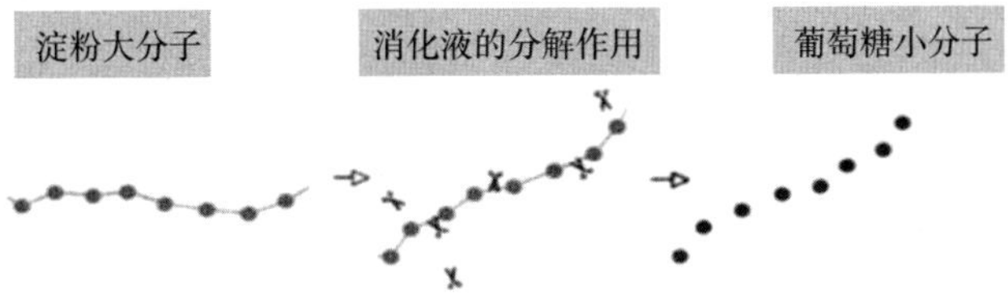

淀粉转变为葡萄糖

$$\text{淀粉}\xrightarrow[\text{胰、肠淀粉酶}]{\text{唾液淀粉酶}}\text{麦芽糖}\xrightarrow[\text{肠麦芽糖酶}]{\text{胰麦芽糖酶}}\text{葡萄糖}$$

师生互动：探究淀粉水解条件及水解液成分。

1.淀粉在人体中的水解条件是什么？

2.淀粉除了在酶的作用下能发生水解，还有什么条件可以水解？

3.上课之前我在实验室做了淀粉水解实验，得到了部分水解液，但还没来得及检验淀粉是否水解完了，你能帮我完成吗？

4.尝试设计方案验证淀粉水解液中是否真的有葡萄糖生成？

演示实验：检验课前准备的淀粉水解液。（强调碱性条件下）

设计意图：处理好有限的课堂时间与教学任务及学生的学业水平差异之间的矛盾。采取化整为零，降低难度的方法。

课堂小结：糖类物质由 C、H、O 三种元素组成，人们曾把糖类物质称为“碳水化合物”，但实际上，糖中的 H 和 O 并不是结合成 H_2O 的形式存在，糖类也不等同甜味物质，我们对糖类的概念有了新的认识。而葡萄糖中存在—CHO，能发生银镜反应，也能和新制氢氧化铜悬浊液反应生成砖红色的是 Cu_2O。蔗糖、麦芽糖、淀粉、纤维素都可以水解成葡萄糖。糖类物质之间可以相互转化，存在一定关系。我们对糖类的性质做了更多的探索。而糖类的这些性质和特点，很多都和我们的实际生活相关。化学学科，源于生活，又用于生活。

课堂练习：结合新知，学以致用。

（1）下列有机物既能在常温下溶于水，又能发生银镜反应的是（　　）。

A. 葡萄糖　　　B. 蔗糖　　　C. 淀粉　　　D. 纤维素

（2）对于淀粉和纤维素两种物质，下列说法中正确的是（　　）。

A. 二者都能水解，且水解的最终产物相同

B. 它们都属于糖类，且都是高分子化合物

C. 二者含 C、H、O 三种元素的质量分数相同，且互为同分异构体

D. 都可用（$C_6H_{10}O_5$）n 表示，但淀粉能发生银镜反应，而纤维素不能

教学反思

本节课在设计之初是迷茫的，在筛选并加工素材的基础之上，教学思路逐渐清晰。以提升学生化学核心素养为目标，用生活情景驱动化学学习，将生活问题转化成化学问题，在解决问题的过程中培养学生的问题意识，动手能力，基于证据的推理能力，实验方案的设计能力，让学生深刻领悟化学知识的真正价值，进而产生学好并利用好化学服务社会，让人类生活得更加美好的情感共鸣，增强学生的社会责任感。

要上好一节好课，需要关注细节，反复打磨，方能精益求精。例如葡萄糖与氢氧化铜悬浊液反应的实验，氢氧化钠是否过量关乎实验成败。教学实践中发现如果按课本步骤开展实验，学生对此印象并不深刻，很多同学根本无法得出相关结论。若教师对调药品顺序演示该实验，实验失败。这样能有效地帮助学生加深理解，得出需要在碱性条件下，方能成功的结论。

四、学科特色活动

高一：化学“冰箱”与冰袋

一、背景知识

现代家庭离不开电冰箱，尤其在夏天，储存食物可以长期不腐败。但外出与郊游时，需要保鲜食品或制冷饮料就成了难题，本实验使用化学试剂制冷技术，可在夏季形成 0℃—5℃低温小环境，食物一天不变味，饮料随时取用都凉爽可口。

二、实验一：实验原理

无机盐溶于水的过程包括两个部分。首先是在水分子作用下破坏原有无机盐的离子晶格，使无机盐的组成离于进入水溶液，这个扩散过程需吸热；然后离子与水分子化合形成水合离子，这个水合过程放热。无机盐溶解于水时总的热效应就由这两部分的综合效应来决定。硝酸铵等少数盐类溶解时吸热特别强烈，因而是常用的化学制冷剂。

1.实验用品：硝酸铵（NH_4NO_3）（化肥或试剂） 水保温瓶或保温饭盒 10号铁丝 量筒（100毫升） 台秤 烧杯（200毫升）

2.实验步骤：①将硝酸铵在台秤上称出几份，每份120克，分别装入小塑料袋，封口携带备用。②用10号铁丝弯成一铁丝支架，以备放置待保鲜制冷的食品。③使用时先用烧杯盛100毫升水，然后将硝酸铵全部一次倒入烧杯中，不要搅拌。④将上述烧杯放入保温瓶底部，把铁支架架在其上方，最后将饮料、食品等放在铁架上，盖好保温瓶盖，连续约5个小时瓶内可保持在5℃以下。⑤使用后硝酸铵水溶液可以再生。方法是将硝酸铵水溶液加热浓缩或在野外敞口晾晒，使水分蒸发，硝酸铵晶体析出后，可重复使用。

说明：也可以使用氯化铵等溶解时强吸热性物质作为制冷剂。

三、实验二、化学“冰袋”

背景知识：夏季储存食品离不开冰箱，但是如果家中没有冰箱，怎么办？我们可以采取化学方法制造“冰袋”，以最简单、廉价、安全的方法，取得最低0℃的温度；外出旅游、郊游时，想制冷饮料和食品更是方便。还可应用于其他得简便制冷的场合。这种便携式“冰袋”最适宜制成商品，创造经济价值。

1.实验目的：掌握某些铵盐镕解于结晶水的吸热反应，制造冰袋。

2.实验原理：几种特殊的铵盐如硝酸铵、氯化铵等，溶于水时具有强烈吸热降温的性质，它们还可以从与其相接触的晶体盐中夺取结晶水而溶解吸热，利用这种性质，可以通过简单地混合两种盐而制冷，制成化学“冰袋”。

实验用品：硝酸铵（化肥）（NH_4NO_3或NH_4Cl）、结晶碳酸钠（$Na_2CO_3 \cdot 10H_2O$）、聚氯乙烯薄膜小袋、蒸发皿、铁架台（含铁圈）、玻璃棒、酒精灯、药匙、研钵、温度计、托盘天平、封口机（或锯条与酒精灯）、细绳（讲台上）。

3.实验操作：

①称取无水碳酸钠20克，加水少许，蒸发结晶得到若干碳酸钠结晶水合物。②称取23克硝酸铵晶体并研细。③先将制得的碳酸钠晶体装入小塑料袋底部，压紧后，用细绳系住（活结）塑料袋，将碳酸钠封在袋子下半部；然后将研细的硝酸铵装在袋子上半部，再用封口机（或灼热锯条）将塑料袋封闭.即成“冰袋”。

4.使用时，只要将细绳解开，用手使袋内两种固体粉末充分混合，便可以立即产生低温，袋子最低温度可降至约0℃（可用温度计测量温度的变化）。将饮料瓶等用化学冰袋裹住降温，即可凉爽可口。

说明：不能使用无水碳酸钠（纯减）粉末，必须是含结晶水的晶体碳酸钠或成块状纯碱。可以将无水碳酸钠粉末溶于水，然后加热浓缩至晶体析出，自制晶体碳酸钠。

高二：豆腐中钙质的检验

一、知识背景

富含蛋白质的食物多属于酸性食物　蔬菜、水果多属于碱性食物。豆腐是人们公认的保健佳品，其在防病保健上的奉献是多方面的，适量地食用豆腐确实对人体健康大有好处。但是，食豆腐并非多多益善，过量也会危害健康。制作豆腐的大豆，含有一种叫皂角苷的物质，它能预防动脉粥样硬化，但又能促进人体内碘的排泄。长期过量食豆腐很容易引起碘的缺乏，发生碘缺乏病。豆腐中含有极为丰富的蛋白质，一次食用过多，不仅阻碍人体对铁的吸收，而且容易引起蛋白质消化不良，出现膨胀、腹泻等不适症状。在正常情况下，人吃进体内的植物蛋白质，经过代谢变化，最后大部分成为含氮废物，由肾脏排出体外。人到老年，肾脏排泄废物的能力下降。此时，若不注意饮食，大量食用豆腐，摄入过多的植物性蛋白质，会使体内生成的含氮废物增多，会加重肾脏的负担，使肾功能进一步衰退，不利于身体健康。

豆腐最好不要和菠菜一起煮。菠菜营养丰富，有“蔬菜之王”之称，但是菠菜里含有很多草酸，每 100 克菠菜中约含 300 毫克草酸。豆腐里含有较多的钙质，两者若同时进入人体，可在人体内发生化学变化，生成不溶性的草酸钙。人体内的结石正是草酸钙、碳酸钙等难溶性的钙盐沉积而成的，所以最好不要把菠菜和豆腐一起熬着吃。另外，单独吃菠菜也不宜一次吃得过多，因为菠菜里的草酸能够跟人体内的钙、铁质结合，从而使人体内钙、铁等元素流失，影响健康。在钙和草酸的比例为 1∶12 时，最易形成结石。若通过食物搭配破坏这个比例，则结石可以防止。例如吃菠菜时搭配着吃些含钙丰富的芝麻、牛奶或鱼，就可以克服菠菜的这个缺点。

二、实验：检验豆腐中钙质

1.实验用品：烧杯、漏斗、滤纸、铁架台（带铁圈）、pH 试纸。草酸钠、浓硝酸。

2.实验原理：豆腐中的钙质与草酸钠溶液反应便生成不溶于水的草酸钙白色沉淀。

$Ca^{2+} + Na_2C_2O_4 = CaC_2O_4\downarrow + 2Na^+$

3.实验步骤：①测定豆腐的 pH 值　豆腐的酸碱性试验取 200 克豆腐放入烧杯中，加入 20 毫升蒸馏水，用玻棒搅拌，并捣碎到不再有块状存在。过滤（注意此操作的规范性），得到无色澄清的滤液和白色的滤渣。用精密 pH 试纸测试豆腐滤液的酸碱性（一般测得的 pH 值为 6.2，显弱酸性）。②豆腐中钙质的检验取上述豆腐滤液 2 毫升于试管中，再滴入几滴浓草酸钠溶液，试管中立即出现明显的白色沉淀。说明豆腐中含有丰富的钙质，而且能溶于水，不一定与蛋白质结合在一起。

4.注意事项：①在制豆腐滤液前，一定要把豆腐捣碎，才能使钙离子溶解到水中。②由于豆腐中含有较多蛋白质，形成胶体，故过滤较慢。但蛋白质一般不易透过滤纸，所以反应。

5.问题思考：①豆腐的 pH 值是：______________________________。②豆腐中钙质的检验的原理：______________________________。你能想到的其他方法：______________________________。课后选作家庭小实验：自制豆腐。

6.实验步骤及现象：①浸泡：加 300 毫升水浸泡 24 小时（若气温较高时，中间可更换一次水），使黄豆充分膨胀，然后倒掉浸泡水。②研磨：将泡好的大豆放在家用粉碎机内，加入 200 毫升水，进行粉碎。③制浆：将研磨好的豆浆和豆渣一并倒入放有双层纱布的过滤器中抽滤，另取 100 毫升水，分多次冲洗滤饼，充分提取豆渣中的豆浆。滤液即为浓豆浆。④凝固变性：将自制的浓豆浆（或直接用市售的袋装浓豆浆）倒入一个洁净的 500 毫升的烧杯中，用酒精灯加热至 80℃左右，然后边搅拌，边向热豆浆中加入饱和石膏水，直至有白色絮状物产生。停止加热，静置片刻后，就会看到豆浆中有凝固的块状沉淀物析出。⑤成型：将上述有块状沉淀物的豆浆静置 20 分钟后过滤，再将滤布上的沉淀物集中成一团，叠成长方形，放在洁净的桌面上，用一个盛有冷水的小烧杯压在包有豆腐团块的滤布上，大约 30 分钟后，即可制成一小块豆腐。若用市售的浓豆浆为原料，制成的豆腐更为细嫩洁白。⑥保存：为了使制成的豆腐保鲜而不变质，将新制成的豆腐浸于 2%～5%的食盐水中，放在阴凉处，可使豆腐数天内保鲜而不变质。

六、教学随笔

高中化学校本课程教学中融入STS教育的策略

一、开发多元化的STS课程资源

首先，要对高中的化学教材内容与日常生活进行深入的挖掘。化学与我们日常生活中的衣食住行都有紧密的关联，在新课程改革的要求下，化学的课程内容要与日常生活更加贴近，进而帮助学生认识到化学与生活的关系，在认识到化学重要性的同时，能够有效地激发学生对化学学习的兴趣。在日常生活中有着丰富的STS课程资源，不论是生活用品、维持人体健康的微量元素还是各种各样的食物与人们所关注的食品安全问题。教师要在平日的生活与工作中主要对相关素材的搜集，将日常生活中的化学课程资源挖掘出来，根据不同的专题特色，通过化学分载体，真正地做到从生活中发现化学，从化学中发现生活。以化学的角度观察生活，能够让学生体会到化学学习的乐趣。

二、采用多样化的科学评价方式

首先，要对注重对过程的评价。过程性的评价能够对学生的学习质量进行评价，从中发现学生学习过程中的优点与不足之处，对于不足之处要让学生进行反思，及时的改进学生的学习方法，对于优点要继续的保持下去，进而有效地促进学生化学学习的持续性。在运用STS思想指导下对学习过程评价时，教师对学生评价的依据不一定是通过测试来获取的，要重视对学生日常的学习过程，可以通过问答的方式获取评价依据。对学生进行化学评价的目的在于改进教师的教学方法与学生的学习方法，促进学生的全面发展。通过对学习方式的不断纠正与调整帮助学生掌握良好的化学学习方法。其次，综合运用多种的评价方式。STS教育所采用的评价方式强调学生个人的学习经验与教师的评价观念，同时也重视具有开放性与个人特征的评价方式。融合STS教育理念的高中化学学习评价更加关注的是学生个体的能力与学习差异，倡导评价目标多元化、评价方式多样化。在具体的操作过程中，将评价的重点放在了基本概念与基本原理上，并且对学生对于化学科学、技术与社会关系的理解十分的重视，会选择具有真实情境的综合性的实体，考查学生综合运用所学化学知识对问题的分析及解决能力。

七、学生作品

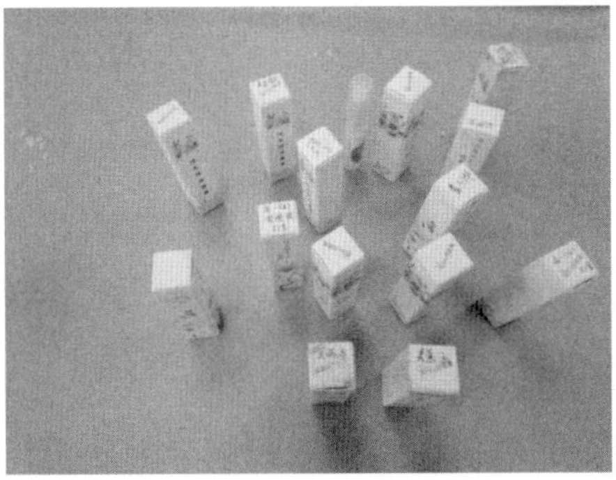

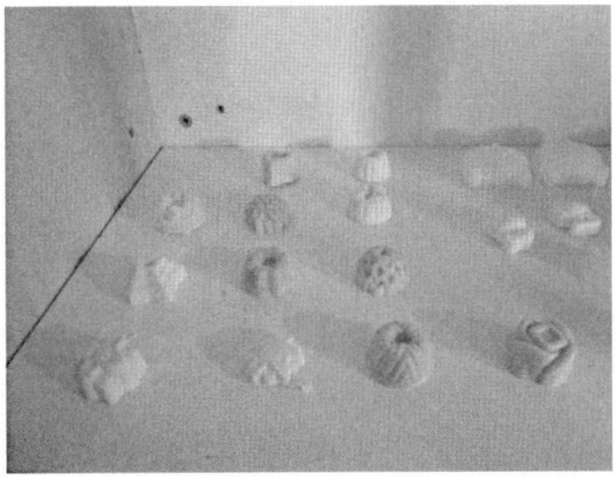

研生物知识，探生命奥秘

一、学科课程方案

（一）指导思想

以习近平新时代中国特色社会主义思想为指导，全面贯彻党的教育方针，落实立德树人根本任务，发展素质教育。立足福州第七中学“弘学养正，崇文尚武”特色办学理念，结合学生实际需要，将生物学科知识与武术运动知识相融合开发生物学科校本课程体系，培养学生的核心素养，促进学生全面发展，以达到文武育人的目标。将学校的办学理念转化为具体实践活动，使学生有理想、有本领、有担当，成长为德智体美劳全面发展的社会主义建设者和接班人。

（二）课程标准

《义务教育生物学课程标准（2022版）》中明确提出基于真实的生物学问题情境，描述生物学现象或与生物有关的特征，运用生物学的结构与功能观、物质与能量观、进化与适应观等生命观念解释产生特定生物学现象的原因，分析生物学对社会产生的影响，针对生物学相关议题进行科学论证与合理决策。能够初步形成从不同观念的视角认识和分析生物学问题的意识；初步形成基于证据、逻辑分析和解决问题的科学思维方式。形成科学态度和健康意识，并具有一定的责任担当。

（三）课程结构与内容

校本课程名称	对于年段	对应的国家课程	校本课程内容	学习目标
校园悠悠药草香	初一	《义务教育生物课程标准（2022年版）》学习主题二“生物的多样性”，大概念2“生物可以分为不同的类群，保护生物的多样性具有重要意义”中重要概念2“根据生物的形态结构、生理功能以及繁殖方式等，可以将生物分为不同的类群” 学习主题四“植物的生活”，大概念4植物有自己的生命周期，可以制造有机物，直接或间接为其他生物提供食物，参与生物圈中的水循环，并维持平衡	本校本课程内容可用5个字“识、赏、鉴、品、做”归纳。“识”即认识校园植物的基本信息。“赏”即观赏校园植物的自然之美；“鉴”即鉴别校园植物的主要特征。根据校园植物的生物学分类、形态结构特点和生活习性，用心鉴别颜形态相似植物。“品”即品味校园植物的精神意象，塑造健康人格。“做”即调查校园植物。了解校园植物四季变化、环保价值、植物与健康生活的关系	1. 学生留意身边的植物，研究身边的植物，从而获得有关校园植物的种类、形态及植物的生活习性等知识，分析这些植物资源的应用如药用价值等做出合理判断 2. 学生在学习和实践活动中掌握科学思维方法，即比较与分类、分析和综合等，初步形成基于证据和逻辑的思维习惯 3. 感受校园植物种类的丰富和环境的整洁优美，增强对学校的亲近感和自豪感；提高爱护植物、爱护地球、保护环境的意识

续表

校本课程名称	对于年段	对应的国家课程	校本课程内容	学习目标
一“物”了然未知“术”	初二	《义务教育生物课程标准（2022年版）》学习主题五“人体生理与健康”，大概念5“人体的结构与功能相适应，各系统协调统一，共同完成复杂的生命活动”及大概念6“人体健康受传染病、心血管疾病、癌症及外部伤害的威胁，良好的生活习惯和医疗措施是健康的重要保障”中次位概念“生活习惯与行为选择能够影响人体健康”	本校本课程主要是一方面介绍人体八大系统正常生理学的基础知识、基本理论和生命发展变化的基本规律；另一方面介绍武术体育运动过程中人体机能变化的规律，明确体育锻炼和运动训练对人体机能能力影响的机制	1. 学生能够从系统、器官等不同的结构层次认识人体的结构与功能，初步形成结构与功能相适应的观念 2. 学生理论联系实际，学以致用，提高身体素养，运用生物学知识提高武术运动技能 3. 形成健康生活的态度和行为习惯，学会对自己的健康负责 4. 主动传播生命安全与健康生活的观念和知识

（四）课程活动形式——主题学习型

1.课堂教学：通过讲解、讨论、案例分析等方式，传授生物学知识和技能。

2.实验教学：通过实验操作，培养学生的实践能力和探究精神。

3.课外活动：通过调查、研究等方式，拓宽学生的知识视野，提高学生的实践能力。

（五）课程评价方案

1.评价原则。树立科学的评价观，坚持核心素养导向的评价，加强过程性评价，改进终结性评价，深化综合评价和探索增值评价。将量化评价与质性评价有机结合，合理开展自评、互评和教师评价。

2.评价内容。关注学生在课堂学习、实验探究、学科活动等学习活动中的表现。关注学生的学习起点和学习过程，关注学生核心素养发展的增值情况。

3.评价方法。有实验探究、跨学科实践活动、调查报告、纸笔测验；教师观察、自评、互评、他评；学习档案、项目评级、谈话交流。

校本课程学生评价表

活动主题________________ 班级______ 姓名____________ 指导教师____________

评价指标		评价等级			评价方法
一级指标	二级指标	自评	组评	教师评	
一、参与态度	1.认真参加每一次活动				查阅考勤、小组讨论记录、活动开展过程记录，有关资料。考察活动过程中的表现进行判断
	2.努力完成自己承担的任务				
	3.做好资料积累和分析处理工作				
	4.主动提出工作设想建议				
	5.乐于合作，学会交流和分享				
二、在学习活动中获得体验	1.善于质疑，乐于探究，勤于动手				通过学生自我陈述、小组讨论记录、活动开展过程记录，以及活动过程中的行为表现和学习的结果等来反映
	2.体会科学对于自然、社会与人类的意义和作用，学会关心国家和社会的进步，关注人类与环境和谐发展				
	3.学习活动实施各阶段的“反思”情况				
	4.科学态度：认真、踏实、严谨、求实				
	5.科学道德：实事求是，尊重他人想法				
	6.意志品质：不怕吃苦、勇于克服困难				

续表

<table>
<tr><th colspan="2">评价指标</th><th colspan="3">评价等级</th><th>评价方法</th></tr>
<tr><td rowspan="4">三、学习和研究方法的掌握情况</td><td>1.多种途径获取信息，整理与归纳信息</td><td></td><td></td><td></td><td rowspan="4">考查学生查阅和筛选资料，对资料的归类和统计分析，使用新技术，对研究结果的表达与交流等情况</td></tr>
<tr><td>2.综合运用已有知识、技能和经验分析、解决问题的水平</td><td></td><td></td><td></td></tr>
<tr><td>3.各环节掌握和运用有关方法的水平</td><td></td><td></td><td></td></tr>
<tr><td>4.现代技术、新技术的应用</td><td></td><td></td><td></td></tr>
<tr><td rowspan="3">四、创新意识和实践能力的发展情况</td><td>1.求知的好奇心，探索、创新的欲望</td><td></td><td></td><td></td><td rowspan="3">考查学生在活动中从发现和提出问题、分析问题到解决问题的全过程所显示出的探究精神和能力。比较活动前后和几次活动的变化，评价学生的发展状态</td></tr>
<tr><td>2.独立思考，自主学习，敏锐地发现问题，主动地提出问题，积极地寻求解决问题的方法，探求结论</td><td></td><td></td><td></td></tr>
<tr><td>3.积极实践，发挥个性特长，施展才能</td><td></td><td></td><td></td></tr>
</table>

二、研究论文

基于“五育融合”的初中生物教学实践的策略

乐晓洁

“引导学生成长为德智体美劳全面发展的社会主义建设者和接班人”是《义务教育生物学课程标准（2022 年版）》的要求之一[1]。从“坚持德育为先，提升智育水平，加强体育美育，落实劳动教育”的育人理念出发[2]，开发校内外的课程资源，以初中生物课堂教学和实践活动为载体，将生物知识与“五育”相融合教，从而发挥生物学科育人价值，提升学生的核心素养。那么，如何在初中生物课堂教学和实践活动中融入“五育”呢？本文结合具体的教学案例，探索在初中生物教学实践中融入“五育”教育的有效策略。

一、融入德育教育

德育在生物教学中是自然渗透，潜移默化的进行。首先，教师要深度挖掘生物教材中的德育素材，通过学生易于接受的方式渗透德育。例如人教版生物教材中“科学家的故事”栏目就是很好德育资源。在八年级学习《生物的遗传与变异》时，“科学家的故事”中介绍了袁隆平与杂交水稻。学生可以通过阅读资料，了解了杂交水稻的研究艰辛曲折，认识到袁隆平院士为了实现“禾下乘凉梦”不懈努力的精神，品读民族自豪感。其次，在生物知识的教学中，要挖掘其蕴含的德育内容。如在“人的生殖”课堂教学中，设置体验“怀孕”环节。学生将书包向前背，模拟孕妇的状态，再请学生做起立又蹲下、弯腰等动作，体会母亲怀孕时的辛苦，强化感恩父母的情感。最后，开展丰富多彩的课外活动，在生物实践活动中渗透德育。结合教材中《鸟的生殖与发育》，开展《21 天见证奇迹——小鸡孵化日记》的生物实践活动。在21 天中，学生细心照料鸡蛋，每隔两天照蛋观察并记录鸡胚胎发育情况，培养学生坚持不懈的精神。学生汇报观察鸡蛋的变化，展示孵化成果，交流孵化心得。学生感受到生命的来之不易，进而激发学生对生命的敬畏意识，更加珍爱生命，强化学生的社会责任。

二、融入智育教育

智育是生物教学中重要的组成部分。它不单单是生物知识的传授，而是学生科学思维的发展，创新能力和实践能力的培养。《义务教育生物学课程标准（2022 年版）》强调“教学过程重实践”。通过实验、探究类学习活动或跨学科实践活动，加深学生对生物学概念的理解，提升应用知识的能力，发展生物学科核心素养。例如八年级上册《细菌和真菌》的教学中，以生活中常见的水果腐烂的现象为主线，激发学生的问题意识，如：“腐烂水果表面的斑点是什么?”“水果为什么会腐烂?”针对学生提出的问题，从多个层面帮助学生了解知识。从微观层面上，引导学生将腐烂水果表面斑点制成临时装片，运用已具备显微镜操作技能观察。从宏观层面，围绕水果腐烂的原因，开展科学探究，学生小组制定探究计划，通过实验结果，对问题做出合理的解释。学生在科学探究的过程中，加深了对知识的理解，熟练掌握了实验基本方法和技能，培养了科学思维，发展了智育。

三、融入体育教育

《义务教育生物课程标准（2022 年版）》的主题五强调人体健康是生活质量的重要保障，良好的行为习惯对机体健康至关重要。因此，在这个主题的教学中能很好渗透体育教育。比如在学习《呼吸道对空气的处理》这一节，以长跑时怎样健康呼吸的情境导入，结合呼吸道的作用的知识，就能够理解鼻吸口呼的科学原理。学生在平时体育运动中转变不健康的呼吸方式，达到强健体魄的效果。又如，在动物的运动学习中，教师现场演示武术套路中的基本动作——架冲拳。学生模仿体验感受骨和关节的位置变化，肌肉大小和硬度的变化。通过体验活动、思考分析等手段理解骨、关节和肌肉的协调配合。

此外，校本课程可以作为生物教学与体育融合的切入口。立足学校“弘学养正，崇文尚武”特色办学理念，结合学生实际需要，将生物学科知识与武术运动知识相融合，开设初中生物校本课程。介绍武术运动中蕴含的生物知识，并将生物知识应用于武术训练，达到强健体魄的效果。

四、融入美育教育

融入美学的生物教学促进学生生物学科核心素养和美学素质的发展。教师要充分挖掘生物教学中的美学素材，学生能感受到美，提升审美能力，进而创造美。例如在学习主题一“生物体的结构层次”时，教师可组织学生观察番茄植株果实等同一器官中的不同组织，比较番茄不同器官中的相同组织，使学生感受细胞形态、结构与功能的多样美与统一美。主题二“生物的多样性”涉及多种多样生物，教师可以展示各种生物的照片视频，使学生感受物种多样性之美，引导学生根据自己对生物之美的理解进行再创作。在这个主题的教学中，开展生物模型活动。开发学生的想象力，制作各种生物模型。再引导学生从科学性、美观性的视角对模型进行评价。最后基于同学间的评价，对模型修改。整个活动下来，不仅学生的生物核心素养得到提升，并且鉴赏美和创造美的能力都得以提升。

在生物实践活动中，也可以融入美育，为学生搭建审美能力的舞台。可以开展“制作叶脉书签，感受坚韧之美”的活动。让学生制作叶脉书签，发现叶脉的坚韧的特点，感受到自然界的神奇魅力。通过对叶脉书签的造型设计，发挥学生的能动性，开发学生创造美的能力。开展“拓花草之印，染自然之美”，这是一项兼创造性和趣味性的自然美学体验活动。学生通过敲击植物将汁液渗透到布上，留下叶片和花瓣最原始的色泽、形状和脉络。通过以上生物实践活动，学生明白如何利用生物资源创造美，从而感悟人与大自然的和谐之美。

五、融入劳动教育

教育部印发《大中小学劳动教育指导纲要（试行）》中指出：“劳动在个人与社会之间起到纽带的作用，引导学生以动手实践为主要方式，建设世界，塑造自己，从而实现树德、增智、强体、育美的目的。”[3]。由此可见，劳动教育十分重要，是立德树人的重要载体。在生物新课标中主题七“生物学与社会·跨学科实践”中充分融入劳动教育。搜集市面上酵母菌种，制作馒头。从发酵所需时间、馒头口感等方面比较不同菌种的发酵效果。在学习“种子的萌发”时，开展发豆芽的活动，让学生理解种子萌发的条件，并将豆芽烹饪成美味的食物，与家人分享劳动成果。此外，还可以开展酿制果酒、制作酸奶、嫁接多肉植物的活动。通过多种多样的实践活动，学生亲自实践生物学知识，体验了“做中学”“学中做”的乐趣，树立成就感，养成良好的劳动习惯，增强劳动意识。

六、总结

综上所述，在生物教学中，渗透“五育”教育是可行的。教师要深入研究生物课程标准，将显性课程与隐性课程相结合，将理论知识与实践活动相结合，在教学中融入“五育”教育，发挥学科育人作用。

参考文献

[1] [2] 教育部. 义务教育生物课程标准（2022年版）[S]. 北京师范大学出版社，2022：2.

[3] 教育部. 关于印发《大中小学劳动教育指导纲要（试行）》的通知 [J]. 中华人民共和国教育部公报，2020（2）：2-11.

三、教学设计或案例

第一节　松、杉、柏

设计理念

义务教育生物学课程注重探究和实践，以丰富的生物学知识为载体，通过多种教学活动展现人们认识自然现象和规律的思维方式及探究过程，反映自然科学的本质。生物学课程高度关注学生学习过程中的实践经历，强调学生的学习过程是主动参与的过程，选择恰当的真实情境，设计学习任务，让学生积极参与动手和动脑的活动。通过实验、探究类学习活动或跨学科实践活动，使学生加深对生物学概念的理解，提升应用知识的能力，激发探究生命奥秘的兴趣。本课采用“自主——探究影响听课效率——提高学生的学习效率——展示”的教学模式，营造生活化、民主化的课堂氛围，促进学生提高主动学习与发展的能力。

教材分析

《松、杉、柏》这节内容来自人教版义务教育课程标准实验教科书生物学七年级上册第三单元第一章第二节《种子植物》中的裸子植物的拓展。《松、杉、柏》这节内容，主要讲述了松、杉、柏生物学特点以及常见的裸子植物。

学情分析

裸子植物的种类以及裸子植物的特点是学生喜欢的一个点，校本教材基于这点开发了松、杉、柏这节课。校园内也有很大的裸子植物，学生每天都可以看见，但学生并没有很好地去了解和观察它们，通过这节课的学习是学生对校园内的裸子植物有一个认识。

教学策略

本节教学内容并不难，时间充裕，可适当安排学生活动，让学生更多地通过自己的观察与思考，分析与讨论获得结论。

教学目标

1.通过观看视频、校园内观察树木以及运用学过的生物学知识，解释松、杉、柏的树干、树叶、种子的特点。

2.通过校园内观察松、杉、柏植物特点，培养学生实事求是、科学客观的科学态度。

3.辩证地看待植物也是有生命的，它们的命运由大自然和人类来决定的，我们必须树立良好的生态观，树立正确的生命观念。

教学重点和难点

1.说明松、杉、柏的特点。

2.理解松、杉、柏是裸子植物。

教学准备

教师准备：多媒体课件、观察校园内松、杉、柏植物路线图。

教学过程

环节	教学内容	教师活动	学生活动	设计意图
引入	创设情境 引入课题	视频展示： 黄山风景——黄山松	学生观看，思考	激发学生的学习兴趣，导入课题
新课教学	一、松	黄山松中最有名的是迎客松，同学们通过观察思考以下问题 1. 黄山松生活的环境和其他地方环境有何不同？ 海拔高，风大，水分（雾）多，造就黄山松奇特的造型 2. 黄山松的形态结构特点 3. 松树的叶子特点和生活环境有何联系 松树叶子针状，蒸腾作用少，适合于高山缺水和高寒地带的生活 4. 松树的松果是果实吗？ 不是 5. 松子在哪个位置？为什么被称为裸子植物松子裸露在萼片上，没有果皮包被着	回顾思考、回答问题 仔细观察、分析，小组内相互交流，在教师和其他同学的启发、补充下，逐渐解决问题 回答教师提出的问题	拓展课本所学的知识，深度认识裸子植物 说明生物和环境的关系，激发学生保护环境、爱护环境的意识
	二、杉	观看视频思考问题： 1. 杉树分布在我国哪些区域 杉树主要分布在我国北方，全国大部分地区都种植 2. 杉树的木材使用在什么地方		

续表

环节	教学内容	教师活动	学生活动	设计意图
师生合作交流	二、杉	3. 杉树有哪些种类 红豆杉、冷杉、柳杉等 4. 红豆杉有哪些特点 成熟的种子红色得名、木质坚硬呈红色，是上好的木材，是保护植物	认真观看视频后回答问题，阐述自己的日常看到的杉树	通过观察校园植物，树立爱护环境、爱护自然的情怀
	三、柏	观看视频思考并回答问题： 1. 柏树的生命力如何 2. 柏树是制造家具的木材之一，深受人民的喜欢，这和柏木的木质有关，柏木的木质结构和生命有关 3. 柏树种类很多，你见过哪些种类 4. 诗人给柏树很多美好的诗句你知道的有哪些 校园观察过程中注意： 1. 这三种树木的生长情况如何 2. 学校给这些树木挂标牌了吗 3. 学校给校园内树木保护了吗		
小结	四、参观校园，认识校园内的松、杉、柏	通过本节课学习你有什么收获	通过实际行动树立爱护树木的意识 学生思考并回答	

太极拳与呼吸

学情分析

八年级学生已经对呼吸系统的基本结构和功能有了一定的了解，知道肺与外界环境之间、肺泡与血液之间能够发生气体交换，将氧气从空气中摄取输送到身体各个部分，同时将体内产生的二氧化碳排出体外。但在体育运动中，很多学生用错呼吸方式，导致没有达到预期的运动效果。

教学目标

1.理解太极拳与呼吸之间的内在练习，认识到呼吸在太极拳练习中的重要作用。

2.运用生物学知识掌握太极拳的基本呼吸方法，包括腹式呼吸和逆腹式呼吸，并将其应用于太极拳的基本动作中。

3.形成健康生活的态度和行为习惯，学会对自己的健康负责。

教学重难点

重点：太极拳的基本呼吸方法及其应用。

难点：太极拳的基本呼吸方法及其应用。

教学过程

教学环节	教师活动	学生活动
导入	播放《八式太极拳》，请学生模仿视频中的动作 引导学生关注在太极运动中呼吸的变化 太极强调调身调息调心，运动时要求呼吸和动作相互配合，通过外在体的塑过运动（动作路线以各种弧线、曲线为主），配合内在的意气运动（以意领，以思行司，使得血液畅达五脏六腑、四肢百骸，既保证了呼吸匀、细、长、深，又增加了呼吸的深度。不仅提高了肺通气量，而且还能提高新鲜空气在肺部的气体交换，从而使呼吸系统的功能得以改善和提高。 打拳中如何呼吸呢？首先我们要了解人的呼吸方式	模仿视频中的动作 学生代表上台展示 学生评价代表动作是否规范 明确太极拳运动中呼吸的重要性

续表

<table>
<tr><th>教学环节</th><th>教师活动</th><th>学生活动</th></tr>
<tr><td>呼吸方式</td><td>展示胸式呼吸与腹式呼吸，引导学生两种方式呼吸
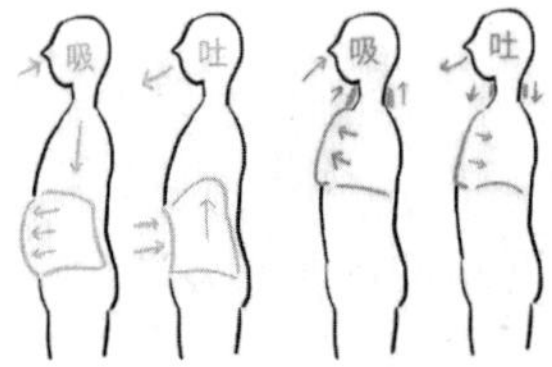
胸式呼吸是指通过调整肺部的呼吸次数、间歇时间、呼吸深度，使呼吸达到缓解均匀、自然柔和，使肺活量增大，肺通气性增强，肺的呼吸频率明显减少
腹式呼吸（顺式），呼吸时要求下腹部向外扩张，胸部和肩部保持不动。吸气时胸腹部稍有紧迫感，随着呼气，双手可轻轻压迫上腹部，帮助气体的排出。呼气后，隔膜和胸腔肌肉放松，紧迫感消失。经过反复多次的练习，加大腹肌的运动，呼吸频率可逐渐变慢，呼吸深度加大，呼吸变得有规律，自然流畅，呼吸节奏更深沉、缓慢、有力
展示资料，太极拳中常见的呼吸方式
思考：
1. 自然呼吸、顺腹式呼吸及逆腹式呼吸有何区别
2. 三者在练功中有什么作用
3. 练习太极拳应该采取什么呼吸方式

教师总结：顺腹式呼吸是在放松下的自然呼吸。吸气时小腹逐渐隆起，呼气时小腹逐渐收回，</td><td>学生体验胸式呼吸与腹式呼吸
列表对比两者
<table><tr><th>呼吸方式</th><th>利用的结构</th><th>外在表现</th><th>通气量</th></tr><tr><td>胸式呼吸</td><td></td><td></td><td></td></tr><tr><td>腹式呼吸</td><td></td><td></td><td></td></tr></table>
学生阅读资料并思考</td></tr>
</table>

续表

教学环节	教师活动	学生活动
	如人躺下或养神时呼吸的现象。它在练功中的功效是用意不用力而神形自然，周身气息顺达而有益于健身。逆腹式呼吸多有人为之意。吸气时稍用意收腹，使小腹收凹，有蓄劲护肫功效。呼气时腹部放松小腹隆起，有利于发丹田劲，发劲自然有力。二者在练功中交替使用，增强补益	
总结	结合今天所学，我们再跟着视频来练习一次八式太极拳	学生结合所学再次练习

四、学科特色活动

学段	特色活动名称
初一	调查校园植物、“拓花草之印，染自然之美”
初二	探究进行不同武术项目时心率变化

五、教学随笔

《校园悠悠药草香》校本课程教学随笔

生物校本课程开发应以国家课程标准为依据，关注学生生物学科的核心素养的培养，课程选题立足学校“弘学养正、崇文尚武”的办学理念，课程目标体现核心素养，课程内容符合学校实际。然而，七年级的学生在上学期主要学习内容是关于植物学。如何将植物学知识与“弘学养正、崇文尚武”的办学理念结合呢？本集备组查阅文献和学生问卷调查，决定以校园植物的药用价值为内容开设校本课程。福州第七中学是省级绿色学校，具有丰富的植物资源并且大多具有药用价值。通过校本课程引导学生留意身边的植物，研究身边的植物，从而获得有关校园植物的种类、形态结植物的生活习性等知识，分析这些植物资源的应用如药用价值，为今后学生在学习武术运动过程中出现跌打损伤进行急救有帮助。其次，开设这门校本课程有利于激发学生学习生物学的兴趣。校园植物贴近学生，贴近生活，贴近社会，丰富了生物课的教学内容和情趣，使学生能够在轻松愉快的学习生活中掌握知识，激发了学生学习生物学的兴趣。最后，用活校园资源，培养实践能力。开展校园动植物实地调查，考察校园内生态环境等活动，采取教室外实地教学或利用实物标本进行直观教学，为学生提供生动、具体的教学材料，增强感性认识，激发他们的探索兴趣，培养实践能力。

六、学生作品

初一“拓花草之印，染自然之美”活动学生作品

初一（2）班　熊宇翔

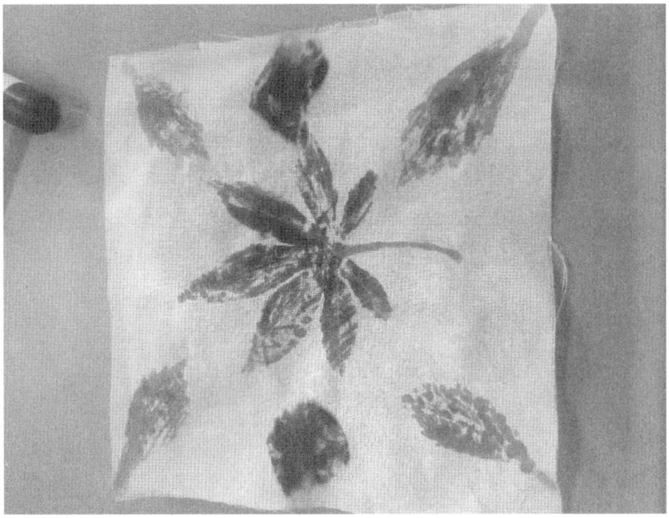

初一（5）班　杨美琳

探人体奥秘，析运动机理

一、学科课程方案

（一）指导思想

校本课程是基础教育课程改革的组成部分，是实施素质教育的有效途径。我校依据党的教育方针，国家课程实施计划的要求，以“弘学养正”为办学目标，“崇文尚武”为特色理念进行办学，尊重学生个性发展与文化需求，激发学生的学习兴趣和积极性，培养学生的自主学习能力和合作精神。在学校教育理念的指引下，生物教研组以“生物课堂延伸”为主线充分发掘利用校园中的教学资源，从课本、学生、教师、学校等多种途径获取生物与我们生活有关的多方面资料，进行筛选与归纳，开发有生物学科特色的校本课程体系，力求培养学生理论联系实际、学以致用的能力及科学探究事物规律的精神，形成正确的世界观、人生观和价值观。

（二）课程标准

学生通过本课程的学习，能树立正确的生命观念，如生物学上的结构与功能观，每一种运动都有相应的人体结构去支撑，只有正确了解了人体结构的相关知识，才能在运动中有效地避免损伤。

运用这些观念认识生命现象，探索生命规律，形成科学思维的习惯。运用已有的知识、证据和逻辑对生物学议题进行思考或展开论证。掌握科学探究的思路和方法，设计相关的生物学实验，对本课程中感兴趣的内容进行实验探究，从实践的层面探讨或尝试解决现实生活中的生物学问题。具有开展生物学实践活动的意愿和社会责任感，在面对现实世界的挑战时，能充分利用生物学知识主动宣传引导，愿意承担抵制不良生活习惯等的社会责任，为继续学习和走向社会打下认知和实践的基础。

（三）课程结构与内容

我校是省绿色学校，有丰富的植物资源，同时又是远近闻名的武术特色学校，特别重视学生的“强身健体，文武兼修”，这些都与生物学科有着紧密的联系，生物教研组就以此为核心主线，设计了初高中衔接成一体的生物校本课程体系。其中高中部分的主要内容包括：

1.健康与养生理念方面。武术中蕴含了丰富的养生智慧，如太极拳强调的“内外兼修”和“以柔克刚”。生物学科可以提供相关的健康知识，使学生在学习武术的同时，也能够更好地了解身体的健康需求和养生方法。

2.运动保健方面。武术是一种高强度的身体锻炼方式，涉及人体的肌肉、骨骼、关节等多个系统，在训练过程中很容易受伤。生物学科可以帮助学生更好地理解人体的运动机理和生理变化，从而更科学地进行武术训练，避免伤病的发生。万一出现伤病，应该如何进行急救等。

校本课程名称	对应年级	对应的国家课程	校本课程内容	核心素养目标
《运动营养学》	高一	高中生物必修一第二单元组成细胞的元素和化合物	介绍运动员在训练和比赛中的营养需求、营养摄入、营养代谢和营养效果及如何合理搭配饮食来增强身体素质等	生命观念 科学思维 科学探究 社会责任
《运动保健学》	高二	高中生物选择性必修一第二单元生命活动的调节	介绍运动实践中出现的病理和生理问题，了解人体对运动适应的生理机制，以及运动性疾病发生、发展的规律，并有针对性地进行治疗和预防	生命观念 科学思维 社会责任

运动营养学	运动保健学
第一课时　运动营养学概述	引言
第二课时　学习运动营养学的意义和方法	第一章　运动性病症
第三课时　糖类与运动	第一课时　第一节运动性应激综
第四课时　脂类与运动	第二课时
第五课时　蛋白质与运动	第三、四课时：运动性低血糖症
第六课时　维生素与运动	第五、六课时：运动性血尿
第七课时　矿物质与运动	第七、八课时：运动性中暑
第八课时　水与运动	第九、十课时：运动性脱水
第九课时　运动饮料	第十一课时：运动性猝死
第十课时　运动时的能量来源与消耗	第二章　按摩
第十一课时　运动时的能量需要量及参考摄入量	第十二、十三课时：常见按摩手法
第十二课时　运动时的能量平衡与体重	第十四课时：按摩的应用
第十三课时　食物的营养价值	第十五、十六课时：穴位的按摩
第十四课时　膳食结构与膳食指南	第三章　运动康复
第十五课时　运动员的平衡膳食	第十七、十八课时：常见慢性病的运动疗法
第十六课时　食谱的编制	
第十七课时　膳食营养调查	
第十八课时　食品安全与运动	

校本课程目录

（四）课程活动形式——主题学习型

1.课堂教学：通过讲解、讨论、案例分析等方式，传授生物学知识和技能。

2.实验教学：通过实验操作，培养学生的实践能力和探究精神。

3.课外活动：通过调查、研究等方式，拓宽学生的知识视野，提高学生的实践能力。

（五）评价方案

校本课程学科的评价上我们采用多元评价机制，强调对学生过程性的评价。

校本课程学生评价表

活动主题＿＿＿＿＿＿＿ 班级＿＿＿ 姓名＿＿＿＿＿＿ 指导教师＿＿＿＿＿＿

评价指标		评价等级			评价方法
一级指标	二级指标	自评	组评	教师评	
一、参与态度	1. 认真参加每一次活动				查阅考勤、小组讨论记录、活动开展过程记录，有关资料。考察活动过程中的表现进行判断
	2.努力完成自己承担的任务				
	3.做好资料积累和分析处理工作				
	4.主动提出工作设想建议				
	5.乐于合作，学会交流和分享				
二、在学习活动中获得体验	1. 善于质疑，乐于探究，勤于动手				通过学生自我陈述、小组讨论记录、活动开展过程记录，以及活动过程中的行为表现和学习的结果等来反映
	2.体会科学对于自然、社会与人类的意义和作用，学会关心国家和社会的进步，关注人类与环境和谐发展				
	3.学习活动实施各阶段的“反思”情况				
	4.科学态度：认真、踏实、严谨、求实				
	5.科学道德：实事求是，尊重他人想法				
	6.意志品质：不怕吃苦、勇于克服困难				
三、学习和研究方法的掌握情况	1. 多种途径获取信息，整理与归纳信息				考查学生查阅和筛选资料，对资料的归类和统计分析，使用新技术，对研究结果的表达与交流等情况
	2.综合运用已有知识、技能和经验分析、解决问题的水平				
	3.各环节掌握和运用有关方法的水平				
	4.现代技术、新技术的应用				
四、创新意识和实践能力的发展情况	1. 求知的好奇心，探索、创新的欲望				考查学生在活动中从发现和提出问题、分析问题到解决问题的全过程所显示出的探究精神和能力。比较活动前后和几次活动的变化评价学生的发展状态
	2.独立思考，自主学习。敏锐地发现问题，主动地提出问题，积极地寻求解决问题的方法，探求结论				
	3.积极实践，发挥个性特长，施展才能				

二、研究论文

生物主题综合实践活动在课堂教学中的应用

吴　建

新一轮基础教育课程改革的核心理念是“一切为了学生的发展”，综合实践活动课正是在这样的理念指导下，面向学生实际而设计的一种实践性、拓展性的课程。[1]这是一种旨在培养学生学习兴趣，锻炼学生各方面能力的活动，对学生自身发展的意义不言而喻。可由于学校自身条件的限制，再加上高考的压力和教学时间的紧迫等，教师们对此普遍不够重视，总觉得太浪费时间，没有必要。那么综合实践活动是否真的像许多人认为的那样是“鸡肋”呢？笔者并不这样认为。首先，通过活动开展过程中的文献调查，学生能获取许多生物学的新知识，极大地丰富了知识面。其次，活动开展的主要目的是培养学生主动探究式地获取知识，掌握方法，学生各方面能力都得到很大的提升。第三，活动过程是一种体验学习的过程，小组成员彼此合作，情感态度价值观也得到了提升。从以上三点来看，和常规课堂教学的三维教学目标高度吻合，这样的活动，又怎么能说是浪费时间呢？为什么不能结合综合实践活动的特点，让它成为课堂教学的“好帮手”呢？下面，笔者就结合自己学校开展的综合实践活动课题，具体来谈谈对这一问题的看法。

一、有助于提升学生学习生物学的兴趣

生物学科是一门研究生命科学的学科，是一门探索生命奥秘的学科，它的研究内容与人们日常生活息息相关，本应当是很受学生欢迎的。[2]可是课本上对于一些贴近生活的知识介绍不多，特别是高中生物必修一、必修二，学习的大都是些细胞、染色体、DNA、基因等一些抽象、微观的知识。再加上课时间短，教师在上课时也没有足够的时间去补充许多相关知识，学生很难产生出主动学习的欲望。其实，可试着利用综合实践活动这一平台来缓解这一状况。综合实践活动的开展途径之一是文献研究，教师可有意识地引导学生选择一些感兴趣的课题，再通过查阅相关的资料来了解想知道的知识，从而增加对生物学科的兴趣。兴趣是最好的老师。人对某种活动发生兴趣后，不但“心向往之”，而且“动而求之”，就会成为他们主动获取知识、形成技能的巨大推动力。如在课堂学完遗传的基本定律后，教师可提出问题：细胞质中也有基因，这些细胞质基因在生物的遗传方面是不是也发挥作用呢？如果有，和细胞核基因一样吗？有哪些实例呢？人类还有哪些性状是一定会遗传给后代的呢？让学生通过综合实践活动来查阅相关资料，并成立汇报小组给大家做介绍，从而让全体学生意识到遗传的神奇，生物学的趣味，在补充知识的同时也增加了兴趣。教师还可起到“穿针引线”的作用，把学生调查到的一些知识作为课本知识的补充而应用于课堂教学中，这样可以弥补课本知识的不足，使课堂教学生动起来，增加学习的兴趣。比如笔者学校的学生选择《了解正确饮食与身体健康的关系》作为综合实践活动的题目，他们查找了“长期不吃早饭对身体的危害”“怎样合理地减肥”“吃出来的疾病”等一系列与人体健康相关的资料，学到了很多课本上没有的知识。笔者将他们查到的知识应用到课堂教学中，比如笔者在上有关血糖调节的内容时，就引用了学生查到的“不吃早饭的危害”这一实例，在上《免疫调节》时，引用了学生查到的有关“吃生鱼片容易腹泻”的例子；在上《蛋白质的功能》时，引用学生查到的“过度减肥的危害”等。在课堂上听到教师举出他们调查中获得的知识时，学生特别激动，有的还会主动站起来介绍，课堂气氛活跃，教学效果特别好。

二、有助于课堂教学内容的补充，拓展与延伸

综合实践活动的课题分为“半开放”和“完全开放”两种。前者的要求不高，通常只是让学生通过体验探究过程去证实早已存在的生物结论；后者则要求学生对全新的题材进行真正意义上的探究。[2]对于高中学生来说，更多的是完成前者。众所周知，高考全国卷的范围广，内容多，但课堂教学时间很有限，有些内容根本来不及细讲，特别是实验。只有自己亲自动手做过的印象才深刻，如果我们改变一下教学思路，把课本上的一些探究式的实验，如《探究影响酶活性的因素》等，放在综合实践活动的时间来完成，这样既能达到实践的目的又能完成课本的教学内容，一举两得。再有，现在的生物实验题，考查的不仅是课本现有的实验，还会对某些知识点进行拓展和补充，将其变为实验设计题，并要求书写完整的实验步骤。如 2016 年，2017 年连续两年的高考全国卷都出现了类似的题目。这种题型的完成需要学生有足够的能力。如果在开展生物课题综合实践活动时，能设置有关实验设计的专题，结合课本内容，教师有针对性地对一些可能考实验设计的知识点进行挖掘，并让学生设计步骤，有可能的话再动手完成，相信一定对学生大有帮助。比如《植物的激素调节》是很容易出实验设计题的知识点，学生通过课堂学习，已经了解植物具有极性生长的特点，生长素总是从形态学上端向形态学下端运送，而不能倒过来。[3]这就是说无论茎的空间位置怎样，如果能生长，则一定在形态学上端长叶，形态学下端生根。在开展校本课程时，教师可针对这一点，引导学生利用校园现有的材料（比如绿萝枝条），设计实验去证明。如果学生真能设计并动手实验，不仅这个知识点他牢牢记住了，而且举一反三，这种类型的设计题将不再像原先那么困难。由上述可知，综合实践活动的课题不仅能作为课堂教学的补充，还能作为拓展和延伸，对学生完成实验题型，提升最终的教学效果将有很大的帮助。

三、有助于进一步提升学生的能力

新课程理念强调要着重培养学生的各方面能力，综合实践活动就是一个很好的平台。虽然高中学生开展的实践活动大多是“半开放、半封闭的准探究”，有的课题与课堂教学内容并没有什么直接的联系，但不可否认的是，在开展过程中，学生会面临各种各样的问题需要动脑筋去解决，他们的能力在不知不觉中得到了锻炼和提升。下面笔者以本校开展的一个课题为例来说明。笔者所在的学校植被丰富，是省绿色学校。为了充分利用学校已有的资源，高二学生开展了题为《校园植物药用性调查》的综合实践活动。从名称上看，该课题与课堂教学内容联系不大，其实不然，该课题需要对校园的一些草本植物进行种群密度的调查，这就需要运用高中生物必修三所学的“样方法”，这样理论联系实际的能力，数据分析能力，动手操作能力，计算能力等在实际操作时都得到了锻炼，这对学生今后解实验分析题，计算题都大有好处。该课题需要查找大量的资料，阅读后再进行筛选，这无形中锻炼了学生的阅读能力，即从大量文字中提取有效信息的能力，这对学生答题时对题目的理解，把握题目的关键字眼非常有用。该课题还需要对校园植物进行分类，不同的植物药用性调查采用不同的方法，有些还需运用简单的实验进行验证。这锻炼了学生实验设计的能力，对今后高三解实验设计题帮助很大。课题在开展的过程中，小组成员之间要相互支持，相互配合，提升了与人交流的能力，团结协作的能力，这能让学生受益终生。由此可见，一个看似与课堂教学联系不大的课题都能对学生的能力提升起到很好地辅助提升作用，可想而知，如果与课堂教学密切相关的课题呢？那起到的辅助作用绝对是不容小觑的。

四、有助于进一步树立学生的情感，态度，价值观

情感、态度、价值观是一种广泛的人文涵养，这种素质的养成，不是外部因素可以强加的，而是通过一定的实践与体验内在地生成。[4]平时的课堂教学中，教师都很重视学生正确情感态度价值观的树立，综合实践活动的开展对这一课堂教学目标的达成绝对可以起到很好的辅助作用。如课堂教学中讲到有关病毒的知识时，许多教师都会举在非洲爆发的埃博拉病毒的例子。在讲到动物的寄生时，教师可能举疟疾的例子。其实，中国的科学家在上述两种病症的研究上做出了巨大的贡献，著名的科学家屠呦呦还因此获得了诺贝尔奖，但具体的相关内容课堂上却没有时间细谈。我们可以在成果介绍类的课题如《中国生命科学的研究成果》中做进一步介绍，让学生了解这些让全体中国人自豪的成果，激发他们强烈的爱国情感。在《探究影响酶活性的因素》这一类探究实验类的课题中，通过实验步骤的设计，实验数据的处理等，学生能树立严谨，认真，踏实的研究态度和克服困难的自信心、意志力。在社会课题类如《正确认识转基因食品的安全性》开展时，可帮助学生进一步树立，相信自然，相信科学的辩证唯物主义的价值观。

综上所述，综合实践活动对课堂教学的辅助作用不言而喻。笔者认为，既然是每所高中学校都必须开展的活动，那为什么不充分利用好这个有效平台呢？为什么不能让这个平台和课堂教学“相辅相成”呢？为什么不让这个平台发挥它最大的效能呢？综合实践活动是课堂教学的不可多得的“好帮手”。相信只要根据学校的实际情况精心设计，认真准备，这个“好帮手”一定会发挥“锦上添花”的作用，从而进一步实现课堂教学的有效性！

参考文献

[1] 杨红辉. 高中生物综合实践活动校本课程的开发研究 [D]. 上海：华东师范大学，2006.

[2] 郗冬梅，马忠明. 生命科学概论课程教学的改革与探索 [D]. 山东：临沂大学，2015.

[3] 任桂英，罗洪泽. 植物生长素调节的重难点突破 [J]. 中学生物教学（下半月），2009.

[4] 李亦菲. 三维目标整合教学策略 [M]. 北京：北京师范大学出版社，2011.

三、教学设计

第 3 课时　糖类与运动

教材分析

本节内容介绍了细胞中的糖类，生物大分子的骨架——碳链，以及糖类是运动时的主要能源物质。所涉及知识与化学有较多联系，但糖类比较贴近生活，因此本节内容除了能帮助学生理解糖类的组成元素，种类，功能外，还对学生的生活产生指导作用，通过学习学生可以在学习到知识的同时把它应用到实际中去。

学情分析

学生在初中就已经学过一些相关的化学知识，也有一定的实验能力。这都为学习本节的重点知识奠定了基础，特别是难点的教学。由于学生对探究细胞奥秘存在好奇心，应激发学生的好奇心，培养学生提出问题的能力，让学生主动去探究，从而获取相关的知识信息，提高学习能力。这也符合新课程标准要求，因此教师要在这方面多做指导与启发，变灌为导，变学会为会学，调动学生的学习积极性，从而收到较好的教学效果。对于构成细胞的有机化合物的种类的认识，学生从日常生活中都已有这方面的知识，比如知道瘦肉含有蛋白质较多，水果含有较多的糖类等。如何定性地区分这些常见的有机物，可通过实验教学来进行。该实验最主要是要规范实验过程，可通过分组分别来完成一个实验，然后每一组选出一人来介绍该实验的过程以及要注意的事项，学会展示成果及共享成果。

教学目标

1.生命观念：能概述糖类的种类和作用。

2.科学思维：理解生物大分子以碳链为骨架的原因。

3.科学探究：设计并完成实验：检测运动后常喝的饮料中的糖类

4.社会责任：通过糖类种类和功能的探讨、体验获得新知识的愉悦，感受生物学与运动的密切联系。

教学重点和难点

1.教学重点：

（1）糖类的种类和作用。

（2）实验：检测运动后常喝的饮料中的糖类。

（3）生物大分子以碳链为骨架。

2.教学难点：

（1）多糖的种类。

（2）设计并动手完成实验。

（3）生物大分子以碳链为骨架。

教学方法与教学手段

列表比较：利用分类比较，把握重点、突破难点。

实例分析：让学生认识到教材知识源于生活实际。

媒体展示：通过媒体展示，提高课堂容量、拓宽学生知识面。

教学过程

<table>
<tr><th>教学环节</th><th>教师行为</th><th>学生活动</th></tr>
<tr><td>导入（情境设置）</td><td>课件展示：各种武术视频，包括拳，剑，刀，棍等，还有我校武术运动员精彩的武术表演
P30 问题探讨
1.这些武术表演结束后，我们都能看见运动员大汗淋漓的样子。可见，武术表演要能顺利完成，运动员们要消耗大量的能量，这些能量来自哪里呢
2.当你在学校参加运动会消耗了大量体力时，你认为哪些物质能尽快为你补充能量</td><td>观看视频，感受我校武术运动员的风采</td></tr>
<tr><td>讲授新知识
一、细胞中的糖类</td><td>教师举例，一些常见的糖类，如白糖、砂糖、冰糖、葡萄糖等。说明，糖类（carbohydrate）分子都是由 C、H、O 三种元素构成的
让学生阅读 P30—31 糖的分类
提问：
什么是单糖？主要包括哪些
葡萄糖是生命活动所需要的主要能源物质
什么是二糖？主要包括哪些

举例：急性肠炎患者在医院采取静脉输液治疗，问：输液中为什么含有葡萄糖？能直接输蔗糖溶液吗
多糖：由许多的葡萄糖分子连接而成。像是淀粉。作为植物体内的储能物质存在于植物细胞中。糖原则是人和动物细胞的储能物质。纤维素则是构成植物细胞壁的主要成分
归纳小结：
<table>
<tr><th>种类</th><th colspan="2">举例</th><th>分布</th><th>功能</th></tr>
<tr><td rowspan="5">单糖</td><td rowspan="2">五碳糖</td><td>核糖 $C_5H_{10}O_5$</td><td>细胞质</td><td>组成RNA</td></tr>
<tr><td>脱氧核糖 $C_5H_{10}O_4$</td><td>细胞核</td><td>组成DNA</td></tr>
<tr><td rowspan="3">六碳糖
$C_6H_{12}O_6$</td><td>葡萄糖</td><td>动植物细胞</td><td rowspan="3">葡萄糖是生命活动所需要的主要能源物质</td></tr>
<tr><td>果糖</td><td>植物细胞</td></tr>
<tr><td>半乳糖</td><td>动物细胞</td></tr>
<tr><td rowspan="3">二糖
$C_{12}H_{22}O_{11}$</td><td colspan="2">麦芽糖</td><td rowspan="2">植物细胞</td><td rowspan="3">水解为单糖，作为能源物质</td></tr>
<tr><td colspan="2">蔗糖</td></tr>
<tr><td colspan="2">乳糖</td><td>动物细胞</td></tr>
<tr><td rowspan="3">多糖
$(C_5H_{10}O_5)_n$</td><td colspan="2">纤维素</td><td>植物细胞</td><td>植物细胞壁主要的组成成分</td></tr>
<tr><td colspan="2">淀粉</td><td>植物细胞</td><td>植物细胞主要的储能物质</td></tr>
<tr><td colspan="2">糖原</td><td>动物细胞</td><td>动物细胞主要的储能物质</td></tr>
</table>
糖类是细胞的主要能源物质</td><td>糖类：
单糖：不能水解的糖，可被细胞直接吸收的糖类。有葡萄糖、果糖、半乳糖、核糖等

二糖：由两分子的单糖脱水缩合而成，二糖必须水解成单糖才能被细胞吸收。例如麦芽糖、蔗糖、乳糖等

讨论得出，人体吸收的主要是葡萄糖。而葡萄糖是细胞活动所需要的主要能源物质。多糖和二糖也要经过水解才能被吸收</td></tr>
</table>

续表

教学环节	教师行为	学生活动
实验：检测饮料中的糖类	实验：检测饮料的糖类 教师准备了包括运动后常喝的饮料，如果汁、雪碧等供学生选择 教师巡视，并指导学生实验，启发引导学生分析实验结果 教师鼓励有不同看法的学生大胆提出质疑，把自己的观点和疑问提出来与大家一起分享和分析。这时学生发现自己的设计方案，实施过程有不少漏洞，比如对照不充分，斐林试剂，滴管混用等。这样在思想的交流和碰撞中，实现了知识和能提升。同时教师要重视学生在探究活动中发现的有价值的非预设问题，通过引导学生合作学习，讨论或进一步的探究活动来解决这些问题 教师进行点评总结，科学探究的步骤：①提出问题；②做出假设；③制定计划（包括原理、材料、设备、方案、预测）④实施计划⑤分析结论⑥表达交流 （2）实验设计的原则，可重复性原则、简便性原则，单一变量原则和设置对照原则，强调单一变量原则，对照原则，并把探究的步骤和原则投影在大屏幕上 在学生探究活动基本结束时，几个小组在全班汇报交流探究报告，包括探究方法方案，实验现象，探究结论。经实验和讨论，归纳得出结论：饮料含有糖类、但还原糖含量不多，一些配料表上标注有葡萄糖的饮料却没有检测出还原糖，估计可能是以糖精代替	动手实验：检测饮料中的糖类
二、生物大分子以碳链为骨架	多糖、蛋白质、核酸等都是生物大分子，都是由许多基本的组成单位连接而成的，这些基本单位称为单体，这些生物大分子又称为单体的多聚体 每一个单体都以若干个相连的碳原子构成的碳链为基本骨架，由许多单体连接成多聚体 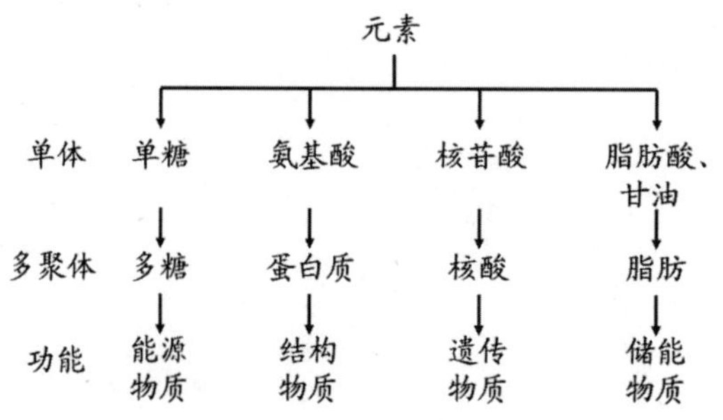	

续表

教学环节	教师行为	学生活动
总结	1. 动物有而植物没有的糖类 2.植物有而动物没有的糖类 3.动物和植物都有的糖类 4.用一句话概括糖类的功能	1. 乳糖、糖原、半乳糖 2.麦芽糖、蔗糖、淀粉，纤维素 3.五碳糖：核糖、脱氧核糖；六碳糖：葡萄糖 4.糖类是主要能源物质
布置作业	课后练习	

板书设计

第3课时　糖类与运动

1.细胞中的糖类。

单糖、二糖、多糖。

2.实验：检测运动后常喝的饮料中的糖类。

3.糖类的功能。

4.生物大分子以碳链为骨架。

四、学科特色活动

学段	特色活动
高一	在实验室测定同学们常喝的饮品中的还原糖与蛋白质含量
高二	常用的按摩方法现场演练

五、教学随笔

怎样让校本课堂生动有趣

校本课程以学校为主体，根据本学校教育资源以及学生发展需求而开发的课程。怎样让校本课堂生动有趣，让学生在每一节的校本课上都有收获呢？谈谈个人观点：

1.在学习新知识之前，帮助学生树立正确的生物学观点。树立正确的生物学观点是学习生物的重要目标之一，正确的生物学观点又是学习、研究生物学的有力武器，有了正确的生物学观点，就可以更迅速更准确地学到生物学知识。

2.注重培养学生的自主、合作和交流等各方面能力。探究性学习，有助于学生形成对生命世界的正确熟悉、对科学本质的理解和对生物学规律的领悟，增进独立思考的能力，建立多领域的、融合的合理知识结构与技能结构，养成实事求是的科学态度，体验丰富而完整的学习过程。课堂教学结合研究性学习活动的开展提高学生的探究、协作的能力。

3.教育学生注重理论联系实际。注重与现实生活的联系，融入“以学生发展为本”的理念，激发学生到生活中寻找学习生物学知识的爱好，有利于主动获取知识学习方式的建立；使学习内容更具实用性，更有利于对生物学核心知识和方法的理解，对生物学科价值的正确熟悉，帮助学生规划人生，促进全面发展。

4.精心设计课堂教学，精选有效的教学方式，从而转变学生的学习方式。积极创设问题情境，正确引导学生在学习中领会生物学知识间的内存、本质的联系，学会运用已有的学习经验学习新的知识，通过动手操作，师生交流，生生互动等方法达到事半功倍的学习效果。

5.布置实践性作业。由于部分学生在完成平时的课后作业时，缺乏学习生物的动力和热情，导致效果不好。因此，布置一些实践性的作业，如急救知识的演练等，使每个学生都能学有所得，保持长久的学习生物热情和学习干劲。

6.鼓励学生动手预备实验材料，开展验证性小实验的活动，如鉴定饮料中的还原糖，脂肪，蛋白质等，加深对知识的理解和把握。

7.及时肯定学生的点滴进步，开放课堂教学，鼓励学生畅所欲言，培养学生的胆量，敢于表达自己的观点，同时教育学生学会倾听，学会思考。

六、学生作品

汲取精神力量，培养时代少年

一、学科课程方案

（一）指导思想

以习近平新时代中国特色社会主义思想为指导，深入贯彻党的二十大精神，全面贯彻党的教育方针，遵循教育教学规律，落实立德树人根本任务，发展素质教育，着力提升课程思想性、科学性、时代性、系统性、指导性。聚焦中国学生发展核心素养，培养学生适应未来发展的正确价值观、必备品格和关键能力，引导学生明确人生发展方向，成长为德智体美劳全面发展的社会主义建设者和接班人。

（二）课程标准

1.初一：形成健康、文明的生活方式，懂得生命的意义，热爱生活。感念父母养育之恩、长辈关爱之情，能够以感恩的心与父母和长辈沟通，能够为父母分忧解难，尊重师长。自觉分担家庭责任，体会敬业精神的重要性，具有较强的责任感。认识青春期的身心特征，建立同学间的友谊，把握与异性交往的尺度。能够清楚表达自己的感受和见解，善于倾听他人的意见，自我改进。懂得生命的意义和价值，热爱生活，确立正确的人生观。正确认识自己，能够自我反思，不断完善自我。能够自主调控自身的情绪波动，具有良好的沟通能力，主动建立良好的人际关系。养成自尊、自信的人生态度，在生活中磨炼意志，形成良好的抗挫折能力。

2.初二：遵守基本的社交礼仪，理解诚信是做人的基本要求，做到言行一致。认识违法行为及其法律责任，理解犯罪的特征及后果。了解法律对国家安全的保障作用，自觉履行维护国家安全。认识青春期的身心特征，建立同学间的友谊，把握与异性交往的尺度。

3.初三：理解中华民族孝悌忠信、礼义廉耻的荣辱观念，崇尚向善、见贤思齐的社会风尚。践行中华民族自强不息、敬业乐群、脚踏实地、实事求是的思想。感悟天下兴亡、匹夫有责的担当意识，厚植爱国主义情怀。

4.高一：感悟人生智慧，过有意义的生活。以锐意进取的态度和负责任的行动促进社会和谐。具有集体主义精神。遵循规则，有序参与公共事务。理解价值观对人们行为的导向作用，探寻实现人生价值的条件和途径，践行社会主义核心价值观。继承中华优秀传统文化，形成正确的世界观、人生观和价值观。

5.高二：阐明马克思主义哲学是科学的世界观和方法论，讲述辩证唯物主义和历史唯物主义基本观点，坚持实践的观点、历史的观点、辩证的观点、发展的观点，在实践中认识真理、检验真理、发展真理。讲述社会生活及个人成长中价值判断、行为选择和文化自信的意义。为培育学生思想政治学科核心素养，奠定世界观、人生观、价值观基础。

6.高三：学会做人，道德为先，结合社会主义核心价值观体系教育，明确道德建设的重要性，并积极参与到道德实践中；通过各项伦理的学习，提升学生的道德感和伦理感，不断弘扬中华优秀传统文化，培育和践行社会主义核心价值观。

（三）课程框架和内容

政治组学科校本课程框架

序号	年级	国家课程	课程名称	核心素养目标
1	初一	《道德与法治》	汲取榜样力量，传承民族精神（道德人物）	道德修养、责任意识、健全人格
2	初二	《道德与法治》	汲取榜样力量，传承民族精神（法治人物）	道德修养、法治观念

续表

序号	年级	国家课程	课程名称	核心素养目标
3	初三	《道德与法治》	汲取榜样力量，传承民族精神（革命人物）	政治认同、责任意识
4	高一	《道德与法治》	高中文明礼仪常识	科学精神 公共参与
5	高二	必修四《哲学与文化》	先秦诸子百家的哲学思想	科学精神、公共参与
6	高三	必修四《哲学与文化》	公民道德与伦理常识	科学精神、公共参与

（四）课程活动形式（三型——主题学习型·交融拓展型·综合实践型）

初一：主题学习型。

初二：主题学习型。

初三：主题学习型。

高一：主题学习型。

高二：交融拓展型。

高三：主题学习型。

（五）课程评价方案

初中学段评价方案

校本课程的评价对课程的实施起着重要的导向和质量监控作用。评价的目的功能、评价的目标体系和评价的方式方法都直接影响着课程目标的实现，影响着课程功能的落实。结合学科实际制定了校本课程评价方案。

一、评价原则

1.科学性原则。对课程的评价要运用科学的评价方法，提高评价的效度和信度。

2.可操作性原则。评价方法要简单可行，可操作性强。

3.素质培养的原则。对课程的评价要注重考察提高学生各方面的素质，培养学生的创新意识和创新能力。

4.参与性原则。对学生的评价注重学校课程的参与情况，作为学生学分考核的依据。

二、评价标准与方法

校本课程对学生评价主要采用多维度、发展性评价。采用形成性激励评价方式，注重学生主体参与实践的过程及在这一过程中所表现出来的积极性、合作性、操作能力和创新意识。过程评价与结果评价相结合，关注学生的个体发展，尊重和体现学生个体发展。以促进实现自身评价为最终目标。在实践中，我们主要采用自我评价、教师评价相结合的评价方式，根据学生的参与程度及活动进程中的表现给予相应的等级。分别是优、良，及格。

一看学生的课程参与态度。课程参与过程中坚持不懈，不随意放弃或更改。一学期内能做到课程选择无更换、不旷课、材料准备齐全者可被评为“专注之星”

二看在学习过程中的表现。包括参与积极性、学习任务完成情况，可分为“优秀、良好、合格”三个等级，优秀者可评为“勤学之星”。在学习过程中起到模范带头作用者可被评为“管理之星”。

三看学生学习的成果展现。学生成果可通过实践操作、作品鉴定、竞赛、评比、汇报演出等形式展示，成绩优秀者予以表彰并评为“风采之星”。

高中学段评价方案

一、指导思想

我们以习近平新时代中国特色社会主义重要思想为指导，坚持“立德树人”为教育根本，坚持全面贯彻党的教育方针，认真落实《中央国务院关于深化教育改革全面推进素质教育的决定》、《国务院关于基础教育改革与发展的决定》、教育部《基础教育课程改革纲要（试行）》精神，适应时代发展的需要，立足我校实际，大力推进教育创新，努力构建理念先进，特色鲜明且充满活力的我校普通高中校本课程评价方案，促进我校全体高中学生全面而有个性的发展，助力提升我校高中教育质量和办学效益。

课程评价是实现课程目标的关键环节。正确的教育质量观是实施课程评价的关键，课程评价在课程实施过程中发挥着教育导向和质量监控的作用。我们根据普通高中教育的性质和任务，重视学生个性健康发展和人格完善，必须以尊重学生为基本前提，符合客观公正原则、全面性原则、激励性原则，根据“以人为本，持续发展”的办学理念对学生的学业进行评价。

二、评价方式

随着课程改革的不断推进，考核的方式逐渐多样化并且不断完善。根据不同选修课的内容、授课方式，我们将运用观察、交流、测验、自评与互评等不同考核方式组织考查。如学科知识竞赛、各种技能竞赛、论文写作，实际操作、作品展示、论文答辩、表演等多种方式，重点考查学生主动参与的态度以及在学习中能力的提高程度。

三、评价维度

1.道德品质：爱祖国、爱人民、爱劳动、爱科学、爱社会主义；遵纪守法、诚实守信、维护公德、关心集体、保护环境。

2.公民素养：自信、自尊、自强、自律、勤奋；对个人的行为负责；积极参加公益活动；具有社会责任感。

3.学习能力：有学习的愿望与兴趣，能运用各种学习方式来提高学习水平，有对自己的学习过程和学习结果进行反思的习惯；能够运用所学知识独立分析并解决问题；具有初步的研究与创新能力。

4.交流与合作：能与他人一起确立目标并努力去实现目标，尊重并理解他人的观点与处境，能评价和约束自己的行为；能综合地运用各种交流和沟通的方法进行合作。

5.审美与表现：能感受并欣赏生活中的美，具有健康的审美情趣；积极参加艺术活动，用多种方式进行艺术表现。

四、评价流程

1.学生自评。每个学生在学期末和毕业前根据综合素质评价的各项内容和要求，实事求是地给自己打出等第。

2.同伴互评。每个班级以小组为单位，在学生自评的基础上进行小组互评，为小组每个成员打出等

3.任课教师评价、班主任评价。在学生自评和互评的基础上，任课老师或班主任老师根据各项评价指标及要求，结合学生的实际表现及能力，对学生的综合素质进行评价。

4.学校审定及通知或公示结果。学校综合素质评价工作领导小组对每位学生五方面的素质评定给予审核，并在学期末和毕业前，以书面形式将评价结

果通知学生本人及其家长。

5.若学生及其家长对评价结果有异议，应以书面形式在公示期间向学校综合素质评价工作领导小组提出申诉或复议，学校综合素质评价工作领导小组应在收到申诉或复议之日起 7 日内给予书面答复。如学生及其家长对学校综合素质评价工作领导小组的复议仍有异议，可以通过正常的途径和程序向教育主管部门反映。

二、研究论文

关于培育我校学生法律素养的几点思考

熊金国

自人类进入现代文明社会以来，法律的地位日益凸显。时至今日，一个国家的公民法律素养的高低，已经成为衡量社会文明程度好坏的标志之一。其中，各级各类在校学生尤其是中学生的法律素养如何尤为重要，因为中学阶段是一个人成长的黄金时期，是一个孩子形成正确的世界观、人生观、价值观的重要阶段。可以说，中学生的法律素养不仅直接关系当前和未来一个时期国家的法治建设成就，而且还将影响整个社会的发展和民族的未来。因此，高度重视中学生的法律素养不仅是孩子们自身成长的需要，更是建设中国特色社会主义法治国家的迫切需要。可以说，中学生的法律素养培育工作不仅是学校和老师的事，更是全社会的大事。各级各类国家机关、企业团体、学生家庭及孩子自身均应担负起各自的责任，共同营造法度森严、秩序井然的社会大环境，特别是要在中学教育中依托学校的校规校纪教育，全程贯穿法律素养的培育，着力提升广大中学生的法治观念、健全人格，为国家培养合格的建设者和接班人。有鉴于此，依据学校具体情况，开发以学习“法治人物”为指向的校本课程，对于提高学生法律素养、推进校园和谐发展有着非常重要的意义。当然，要使校本课程的教学真正有实效，就需要对当前学生的法律素养概况有一个比较全面的调查和认识。

一、我校学生法律素养现状

衡量一个学生法律素养高低的重要标准就是其对法律知识掌握的多少和全面与否。当前我校的学生在面对升学或者说学业的巨大压力之下，接触法律知识的时间是很有限的，掌握的法律知识通常也相对片面。同时媒体几乎每年都会有关于“校园霸凌”案件的报道，这表明加强中学生法律素养培育的紧迫性。虽然在全体教职员工的共同努力下，我校学生在法律意识、法制观念等方面都得到很大的提升，但是学生对法律的认识依旧浅显，大多只停留在感性认识上。

二、培养我校学生法律素养的主要途径

（一）提升学生法律素质培养的重要性

提升我校学生法律素养，从大局说，不仅事关法治国家、法治社会的建设大计，事关国家前途、民族未来，事关几代人的共同利益，也事关我校的发展大计。从顶层设计来说，国家应当通过开展中学法律常识的教育，使得中学生逐渐拥有较高的法律素养和较强的法治文明意识，这对于提高全体国民的法律意识和法律素养，对于贯彻实施依法治国基本方略、推动我国法治化建设进程，都将产生积极而深远的影响。鉴于此，作为道德与法治的教师，应当与学生一起改变既有观念，深刻认识提高法律素养是我校学生今后成才、成功的关键因素，积极重视我校法治教育和学生法律素养的提高。

（二）积极改善校园法治环境

营造一个良好的校园法治环境对提高法律素养有着不可或缺的作用。所以要想提高学生法律素养，强化法治安全意识，就需要从学校环境开始做起。而在具体实施过程中，可以从以下几点入手。第一，学校要健全教育方面的规定。当前我国正在进一步完善法治建设，提高全民的维权意识。我校要做到根据当前形势变化，改变以往的思想、模式以及方法，在校园中要做到依法管理、依规管理。在校园建设法治环境，制定各项管理制度的时候，要根据《中华人民共和国教育法》《中华人民共和国义务教育法》《中华人民共和国教师法》等相关的法律法规，以新形势下国家的教育方针，结合不同校情，及时完善校园法治环境。第二，学校在营造法治环境时，要依据我国颁布的与教育相关的法律法规以及学校为方便管理而进行的规章制度来进行校园法治建设。学校的每一位领导干部都要有正确的法治观念，在教育教学以及管理学校中要做依法而行。学校中的每一位教师都要做到依法而行，依规而行，起到表率作用。教师在日常教学活动中也要做到言传身教，积极维护法律法规，依法而为。第三，学校结合校情、生情，开发有关法治教育的校本课程，或邀请法律人士到校开专题讲座，通过校本课程的教学和专业人士的报告会，提升学生的法律素养，培养有规矩、懂规矩的一代新人。

（三）加强法治课堂教学

加强法治课堂教学是培养学生法律素养的关键，也是培养学生法律素养的主要方式。当前社会在不断地进行改革，随之而来的是对学生法律素养的要求也越来越高。所以，我校在法治教育的教学活动中要不断创新教学模式，丰富法治教学内容，以提高学生法治学习的兴趣，进一步增强学生的法律素养。例如在教学活动中，教师应做到对教学内容中所含有的法律法规、法治观念融会贯通，在法治教学中了解其重点并进行相关教学，以宪法和法理为主要切入点，并对其他相关法律灵活讲解，让学生对其产生浓厚的兴趣，能不在不知不觉中提高自身的法律素养。

（四）构建有效实践环节

实践是检验真理的唯一标准。在提高学生法律素养的方法和路径中，最为主要的还是实践活动。开展法律实践活动最好能建设自己的实训场所（如模拟法庭等），并且保持与有关司法机关的合作，走出去也请进来，安排师生实地参观有关法律场所如两院、监狱、看守所、律所等，同时还可以邀请法律界人士到校开设专题讲座，营造浓厚的法律氛围，提升学生的法律意识，学会并践行依法规范自己的言行的要求，做一个明明白白的“法律人”。

总之，目前中学生法律意识还需要加强，法律素养还需要提升，这既是学校的事，也是学生及其家长的事，更是全社会的事。让我们一起努力，携起手来，共同为提升祖国“花朵”的法律素养、为我国的法治建设贡献心力，添砖加瓦。

三、教学设计或案例

武术传奇人物——张三丰

教学目标

1.通过介绍张三丰的生平简介，弘扬武术精神。

2.通过了解张三丰的生平事迹，学习不慕名利、心怀天下的良好品质。

3.培养学生的责任意识，树立正确的道德观。

教学重点

1.张三丰事迹学习。

2.张三丰不慕名利心怀天下的良好品质学习。

教学方法

讲授法、谈话法。

教学手段

多媒体课件教学。

教学过程

一、导入

听歌曲《偷功》，引入张三丰人物。

二、环节一

人物介绍

张三丰生于1247年，出生地在明代山西太原。他自幼聪慧过人，天赋异禀。正值那个时代陷入战乱、民不聊生之际，他经历了艰苦的小时候。由于家族的落魄，他迫不得已离开太原，开始了他的漂泊生活。在这段旅途中，他遇到了一位神秘的老道士。老道士察觉到了他身上的武术天赋，决定收他为徒。于是，张三丰成为老道士的弟子，开始接受严格的训练。在与老道士的相处中，张三丰逐渐领悟到武术之道是一门自由、柔和、兼容并蓄的学问。他开始研究以柔克刚的拳法，强调内力的运用与调和。他在领悟武术精要的同时，也对哲学、道德和自然界的规律产生了浓厚的兴趣，因此开始涉足道家学说。他以武术为基础，结合了道家思想的哲学思考，创造出了独特的武学体系。

张三丰师从老道士后，他的剑术造诣日益精湛。他带领着道士们四处云游，行走于五岳之间。然而，东岳泰山的剑派却妄图称霸武林，意图挑战张三丰的武术权威。面对这样的挑战，张三丰深知武林中暴力与恶行的危险性，决定以和为贵。他主动邀请东岳泰山的剑派负责人进行友谊比武，双方旨在友好交流，弘扬武术精神。经过多场激烈的较量，张三丰运用自己独特的剑法融入了其道家的思想，化解了剑派之间的矛盾。他以其深邃的内力和出神入化的剑术技巧，让所有观战的人惊叹不已，最终改变了他们对武术的认识。张三丰的这次行动不仅使得五岳之间和解，也成为中国武术史上的一大盛事。从此以后，张三丰的名字开始广为人知。

张三丰在嵩山建立起了一个小小的草庐，名为“武当山”。他希望能够在这里传承自己对武术和哲学的理解。在那里，张三丰接纳了许多爱好武术的弟子，以及道家学者和好奇的游客。他以个人示范、讲解和指导的方式，将自己的学问和心得传授给后辈弟子。在草庐中，他艰苦的训练自己的内功和拳法，深化了自己对武术和哲学的理解。

三、环节二

看电影片段《太极张三丰》，进一步了解张三丰的生平事迹。

师：同学们，看了张三丰的简介及电影片段，你觉得他是一个怎样的人呢？（提示：不慕名利、心怀天下、勇于创新的习武之人）

四、环节三：讲故事

1.分组讨论：请学生分组讨论张三丰的事迹和精神品质，以及如何学习他的精神。

2.小组汇报：请每组选派一位代表汇报讨论结果。

五、总结

张三丰以其独特的武术理念和深邃的哲学思想，被誉为武术界的瑰宝。他的学说和太极拳在武术界产生了深远的影响。太极拳已经成为世界范围内广泛传播的武术形式之一，被许多人视为健身、舒缓压力和修身养性的绝佳方式。

六、作业

学生根据本节课所学内容写一篇对张三丰的评价，不少于300字。

第三课　能动自觉与自强不息

教学目标

1.了解如何正确发挥自觉能动性的基本哲学观点；理解尊重客观规律是正确发挥自觉能动性进行人生选择、走好人生路的前提和基础。

2.正视现实，自强不息，尊重规律，脚踏实地。

3.把握客观规律，明确人生发展方向，做一个自强不息、勇于行动、善于行动的人。

教学重点

1.事物运动都是有规律的。

2.敢于行动，善于行动。

教学难点

1.尊重客观规律与发挥主观能动性是辩证的统一。

2.增强自信自强意识。

教学方法

案例教学法、讨论法、启发式教学法。

教学手段

多媒体课件教学。

教学过程

一、多媒体展示图片：青藏铁路的建设

设问：这是人类铁路建设史上亘古未有的穿越：跨越“世界屋脊”，是世界上海拔最高、线路最长的高原铁路，西方舆论称它“堪与长城媲美”。这个事例说明了什么？

学生：讨论，回答（略）。

教师：（小结）青藏铁路最后一排铁轨稳稳安放在拉萨河畔。自此，占中国1/8土地的西藏结束了没有铁路的历史，青藏高原1300年来的沧桑苦旅成为永恒的记忆。这是人类铁路建设史上亘古未有的穿越：跨越“世界屋脊”，是世界上海拔最高、线路最长的高原铁路，西方舆论称它“堪与长城媲美”。这是世界工程史上从未经历过的艰难：大部分线路处于“生命禁区”和冻土区，国外专家认为在这里修铁路“几乎不可能”。数万名青藏铁路建设者挑战生命极限，破解了多年冻土、高寒缺氧和生态脆弱三大世界难题，将无数奇迹定格在雪域高原。青藏铁路的成功建设正是人们充分发挥了人的主观能动性。

二、自觉能动性是人特有的能力

（一）自觉能动性的含义

幻灯片：自觉能动性的定义（教师进一步解释说明）。

自觉能动性是人区别于动物的根本特点。自觉能动性又叫主观能动性，是人的意识所具有的特点，是其他物质所不具有的特殊能力，即人类认识世界和改造世界的能力。

例如：“黑猩猩的事例”，说明无论多么聪明的动物，也只是消极地适应自然。主观能动性是人特有的能力和活动。

（二）自觉能动性的特点

首先，人类认识世界的能力以及人们在社会实践的基础上能动地认识世界的活动，突出表现为我们通常说的“想”。例如：李四光与中国石油。价值规律、万有引力、元素周期律、新陈代谢、社会发展规律的发现。

其次，人类改造世界的能力以及人们在认识的指导下能动地改造世界的活动，即通常所说的“做”。（1）人们按照自然规律改变自然物原先的形态和内部结构，创造了许多自然界原来不存在、单靠自然力量也不能产生的事物。例如：克隆羊、人造心脏、人造蛋白质。（2）利用对规律的认识，改变或创造条件，发挥其对人们有利的作用，限制其破坏作用，甚至变害为利。

例如：展示建设三峡时的图片，指出三峡的建设是人们发挥主观能动性变害为利的最好的例证。

再次，人类在认识世界和改造世界的活动中所具有的精神状态，即通常所说的决心、意志、干劲。例如：长征精神、铁人的精神、雷锋精神、两弹一星精神、98 抗洪精神、抗震救灾、北京奥运精神等。

（三）主观能动性的发挥受客观因素和主观因素的制约

1.只有发挥主观能动性，才能揭示事物的本质与规律，正确指导行动。例如：万有引力定律。

2.只有发挥主观能动性，才能利用规律，创造条件，改造客观世界。教师设疑："嫦娥奔月"是我国古代的神话，它反映了古代人对人类登上月球的向往。而今天，人类已把这个神话变成了现实，这又包含什么哲理呢？通过这个问题让学生进一步认识到只有充分发挥主观能动性才能改造客观世界。

3.只有发挥主观能动性，才能磨炼意志，鼓足干劲，战胜困难挫折。"山人"的作品，临摹、领会其用笔之妙，吸取百家之长，绘画技艺突飞猛进，不足一年就掌握了山、水、人、物、花、鸟的基本画法和技巧。

在老师的言传身教下，他苦练书法和刻印。短短几年时间，齐白石在绘画、篆刻、吟诗、书法、装裱等方面都取得了惊人的成绩，成为名满天下的书画家。

由于齐白石的不懈努力，不断提升了自己的发展能力，最终使自己从一位普通的雕花木匠转变成名满天下的书画家。

教师可以让学生谈一谈齐白石学画故事的体会。说明在人生发展的道路上，每个人只要在实践中不断反思、不断提升自己的发展能力，勇于实践，踏实肯干，持之以恒，最终就会像齐白石一样取得人生发展道路上的成功。

学生读故事，谈体会，思考哲学道理。

（四）人生发展的各种能力是在实践和认识循环往复的过程中不断锻炼提高的（板书）

材料 1：教材第 69 页"蓝领专家"孔祥瑞事例。

问题：说说孔祥瑞是如何在知行统一中不断提高人生发展能力的？

材料 2：美国发明家爱迪生是铁路工人的孩子，小学未读完就辍学，在火车上卖报度日。爱迪生是一个异常勤奋的人，喜欢做各种实验，制作出许多巧妙机械。他对电器特别感兴趣，自从法拉第发明电机后，爱迪生就决心制造电灯，为人类带来光明。爱迪生在认真总结了前人制造电灯的失败经验后，制定详细的试验计划，分别在两个方面进行试验：一是分类试验 1600 多种不同耐热的材料；二是改进抽空设备，使灯泡有高真空度。他还对新型发电机和电路分路系统等进行了研究。

爱迪生将 1600 多种耐热发光材料逐一地进行试验，唯独白金丝性能良好，但白金价格贵得惊人，必须找到更合适的材料来代替。1879 年，几经实验，爱迪生最后决定用炭丝来作灯丝。他把一截棉丝撒满炭粉，弯成马蹄形，装到坩埚中加热，做成灯丝，放到灯泡中，再用抽气机抽去灯泡内的空气，电灯亮了，竟能连续使用 45 个小时。就这样，世界上第一批碳丝的白炽灯问世了。

问题：爱迪生发明电灯的故事启发我们应该如何提高人生发展的各种能力？“蓝领专家”孔祥瑞和发明家爱迪生的成功充分表明，人生发展的各种能力是在实践和认识循环往复中不断锻炼提高的。只有在实践中不断学习，做到知行统一，才能不断提高，走向成功。

学生阅读材料，思考、讨论、汇总问题。

（五）提高人生发展的能力需要做到知行统一（板书）

综合上面李时珍、齐白石、爱迪生、孔祥瑞等成功人士的事例，说明每一个成功人士都是在实践中不断学习，做到了知行统一的。在知行统一的过程中，要注意知与行不能割裂，知而不行，只说不做，知就会丧失意义；行受知的指导，行而不知，就是盲动，效果势必受影响。

三、成功与失败伴随着人生的发展（板书）

（一）成功与失败是相互依存、相互转化的（板书）

教师通过列举一组名人从失败到成功的材料，让学生明白一个道理：失败是人生道路上的常态，每个人在一生中都会经历无数次的失败。我们要以良好的心态对待失败，要明白失败与成功是相互依存、相互转化的。

材料：蒲松龄——落第——聊斋志异。

爱迪生——8000 多次的失败——电灯泡。

袁隆平——无数次的失败——杂交水稻之父。

问题：1. 你还知道哪些名人在事业成功的道路上经历失败的故事？

2.说一说你自己失败与成功的经历。

正确对待成功与失败是本节课的教学难点，在实际教学中教师可从名人从失败到成功的事例引入话题，启发学生学会辩证看待成功与失败的关系，再由远到近，引导学生说说自己失败成功的事例，初步尝试用哲学原理分析解决自身现实问题。

（二）对待成功和失败要有正确的态度（板书）

教师先展示一幅漫画，表现人们对待失败的不同态度，通过问题引发学生谈自己对失败的态度；再通过一组名人正确面对失败的名言，帮助学生形成对成功与失败的正确态度。

材料 1：漫画——他们这样对待失败？

问题：你曾经怎样面对成功与失败？

材料 2：为了追求幸福而努力，为了实现梦想而奋斗，即使失败，也不悔今生。因为我毕竟试过了，行动过了。——贝多芬

失败也是我所需要的，它和成功对我一样有价值。只有在我知道一切做不好的方法以后，我才知道做好一件工作的方法是什么。——爱迪生

没有播种，何来收获；没有辛苦，何来成功；没有磨难，何来荣耀；没有挫折，何来辉煌。——佩恩

问题：你将以什么态度对待成功与失败？

通过漫画分析及名言解读，师生共同探讨总结对待失败与成功的正确态度与做法：失败—正视—承认—分析—排除—成功—分析—努力—失败或新的成功，并以孟子的《生于忧患，死于安乐》对学生进行励志教育。

材料 3：故天将降大任于是人也，必先苦其心志，劳其筋骨，饿其体肤，空乏其身，行拂乱其所为，所以动心忍行，曾益其所不能。人恒过，然后能改。困于心，衡于虑，而后作。征于色，发于声，而后喻。入则无法家拂士，出则无敌国外患者，国恒亡。然后知生于忧患而死于安乐也。——孟子《生于忧患，死于安乐》

（三）正确对待人生发展道路上出现的失败，学会让失败变为成功之母（板书）

教师选取来自中职学生生活的真实求职案例，帮助学生学会运用哲学思考来解决现实问题，引发学生的共鸣，激发学生不怕挫折，勇于奋斗的精神。

材料：某职业学校两位 2006 届财会专业技能优秀的毕业生先后去人才市场找工作。

甲同学多次求职遭到失败，但他并不气馁，他认真查找原因、虚心向人请教求职方法与技巧，终于找到了工作。他对待工作爱岗敬业、踏实肯干，得到了单位认可。

乙同学经历了几次求职失败后，就灰心丧气失去信心，不肯再出来找工作了。他在家终日与电脑为伴，过起了“啃老”的日子。

问题：甲乙两位同学分别怎样对待求职失败？我们可以从中得到哪些启示？

这个事例与学生息息相关，可以交给学生充分讨论，畅谈己见，教师应注意点拨学生提出的各种不同看法，以切实解决中职学生应对挫折的能力。指导学生学习应对失败挫折的方法。

四、在知行统一中体验成功（板书）

问题：高中生在实际学习与生活中如何做到知行统一？

课堂小结：利用板书，以对话方式引导学生就本节课内容进行总结，注意突出教学重点和难点。对课堂内容归纳总结，统揽全局，抓住教学主线，帮助学生把知识条理化、系统化。

学生参与小结，实现对知识地再掌握，从而提高课堂学习效果。

课堂练习：运用教材导入部分小陆的事例设计课堂练习，强化学生对哲学理论的认识，理论联系实践，运用哲理分析事例，对学生进行能力训练。

问题1：从小陆做市场营销工作成功的经历，谈谈你对要做好一件事情必须把实践和认识统一起来，做到“知行统一”的理解。

问题2：结合小陆成功的经验，我们应该如何对待在实现成功道路上出现的失败和挫折？

课堂练习紧密联系学生实际，使学生能够从贴近自己的事例中取得经验与教训。在讨论的过程中，还要提醒学生注意学习小陆的处事态度和品格，对学生进行多方面的德育渗透。

学生学以致用，结合本节课所学知识分组交流讨论、分析贴近自己生活的事例，深入思考，强化认识，渗透德育教育。

课后作业：1. 有的同学说自己只要考试成绩高，考上好大学，将来就一定会取得事业上的成功。该同学的观点是否正确？为什么？

2.参考本节课所学内容，查找自身在知行统一方面的不足，制订一份合理可行的学习与行动计划并付诸实施。

学生通过实践性作业，分层次巩固知识，提高认识。

教学反思：因为哲学问题相对抽象，学生理解起来有一定的难度，所以在教学中教师要注意创设情境，选取大量有说服力又通俗易懂的材料，从分析材料入手，提升哲学理论，再从理论回归到生活实践，指导学生在理解理论的基础上找出与生活的契合点，从而掌握知行统一观的基本观点和方法。

在教法学法上，以事例教学法、设疑探究讨论法为主，用丰富的事例贯穿全课，精心设置问题，步步深入，激趣导学，通过学习事例让学生掌握哲学知识与方法。整体教学思路清晰，理论与实际契合度高，课堂教学效果好。不足之处在于，教学中使用多个事例，需要教师具备熟练驾驭课堂的能力，否则容易使课堂发散，重点难点不突出。

四、学科特色活动

1.初一：道德模范人物故事演讲比赛。

2.初二：汲取榜样的力量，传承民族精神——法治演讲比赛。

3.初三：传承红色基因，弘扬爱国精神——“红色故事我来讲”主题演讲。

4.高一：“文明礼仪手抄报”比赛。

5.高二：“哲学智慧伴我成长”——中华哲学故事展演活动。

6.高三：“强国有我　请党放心”演讲比赛。

五、教学随笔

榜样的力量是无穷的

熊金国

学习法治人物，推进依法治国是近年来中考的热点专题之一。教学法治人物的相关背景知识起码有以下意义：有利于促进社会主义思想道德建设；有利于弘扬以爱国主义为核心的民族精神和以改革创新为核心的时代精神；有利于弘扬中华民族的传统美德，提高国民的道德素质；有利于形成良好的社会风气，促进社会和谐，从而早日实现中国式现代化；有利于构建社会主义和谐社会；是加强社会主义思想道德建设和发展先进文化的具体实践。因此，积极开展法治人物事迹的教学活动，既是全民普法的需要，也是学生备考的需要。

为因应学校要求，本学期根据学科安排，我们八年级道德与法治集备组积极组织开展了主题为“汲取榜样力量，传承民族精神”的“法治人物宣讲”校本教学活动，在为期半年的教学活动中，不仅学生受到了良好的法律素养熏陶，我作为执教者也更深刻地认识到了法治人物对于社会发展的重要性。他们的事迹不仅让我深受感动，更让我感受到了他们的精神力量和道德品质。

我想分享一下我的一个教学案例。在因疫情封城而被困武汉家中时，鄞州法官黄文娟在家里首创“移动微法院”，在没有电脑、没有案卷、没有网络、没有制服的“四无”困境下，用自己仅有的一套西服，并用借来的电脑、电子案卷、自制的支架和手机“热点”组成了一套特殊的“办公设备”，封城 50 多天，结案 50 多件，无一案件因法官被隔离而延迟开庭或审结，以实际行动诠释了守护公平正义的法官职责。这个案例让我深刻地认识到法律的力量和法治人物的重要作用。我热切地想要向学生介绍她的事迹，期盼黄文娟的这一抹凡人微光能照亮孩子们未来的前行路，让孩子们懂得如何更好地去守护公平正义。

俗话说：榜样的力量是无穷的，大凡榜样人物都是各个行业的翘楚楷模。我认为法治人物之所以能够成为社会的楷模，就是因为他们具备高尚的道德品质和高度的责任感。他们在处理案件时始终秉持着公正、公平、公开的原则，为维护法律的尊严和社会正义做出了巨大的贡献。同时，他们也注重自身的修养和素质的提高，不断学习和探索新的法律知识和技能，为社会提供更好的服务。这些高尚品质，正是我们开设这门校本课程想要感受和传递的力量。我们希望，通过法治人物先进事迹的宣讲，能引导学生积极弘扬主旋律、传播正能量，增强法治观念，养成依法办事的好习惯，做一个有内涵、有品行、有担当的好少年。

法治人物身上体现出来的榜样示范作用，是推进我国的法治国家、法治社会建设的重要力量。通过对法治人物先进事迹的宣传学习，进一步彰显了法律的威严，同时也传递着中华民族的精神力量，引领孩子们从小学会懂法守法护法用法，做新时代的有良好法律素养的建设者和接班人。提高学生的法律意识不能仅仅靠初中教材当中简单的法律知识教学，更需要教师不断提高自己的专业素养和职业道德水平，遵守法律法规和行业规范，以自身的高度法律素养为学生先行示范，为维护社会稳定和发展做自己的贡献。同时，我们也必须关注部分学生对法律知识的学习不感兴趣的问题，当然这已经不仅仅是一门学科的事情了，需要各个学科共同努力，真正发挥课程思政的作用，扭转“我还小，法律与我无关”的错误认识，推动学校的和谐发展。

总之，法治人物是社会发展中的重要力量之一，他们的精神和事迹值得我们学习和借鉴。我们可以从他们的故事中汲取力量和智慧，努力成为一名优秀的人民教师，为建设更加美好的社会贡献自己的力量。

六、学生作品

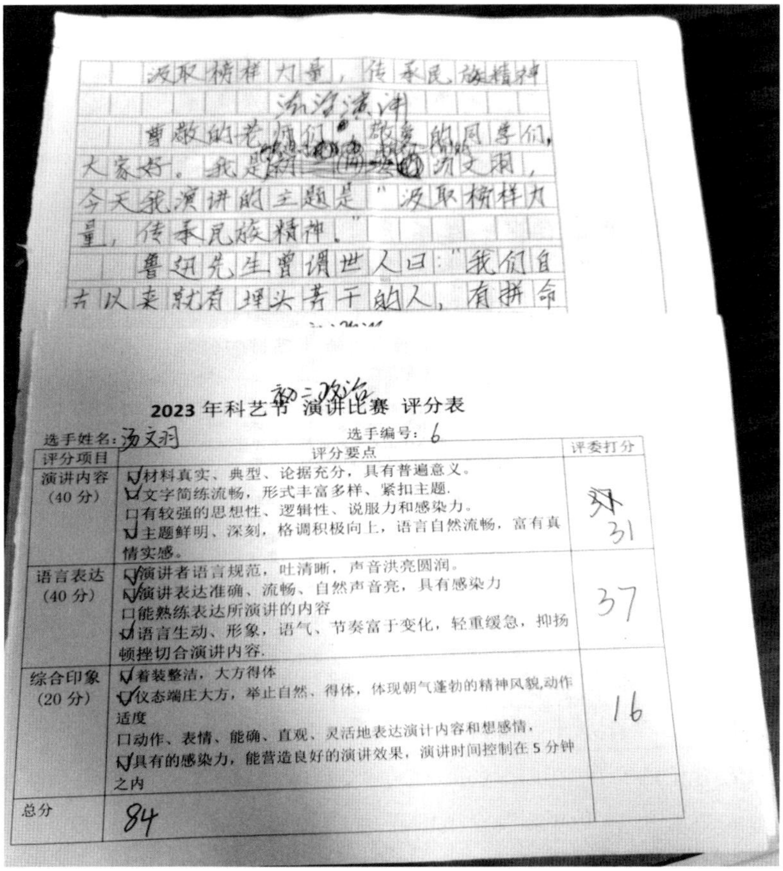

汲取榜样力量，传承民族精神

汤文羽演讲

尊敬的老师们，敬爱的同学们，大家好。我是[redacted]汤文羽，今天我演讲的主题是"汲取榜样力量，传承民族精神。"

鲁迅先生曾谓世人曰："我们自古以来就有埋头苦干的人，有拼命

2023年科艺节 演讲比赛 评分表

选手姓名：汤文羽　　选手编号：6

评分项目	评分要点	评委打分
演讲内容（40分）	☑材料真实、典型、论据充分，具有普遍意义。 ☑文字简练流畅，形式丰富多样、紧扣主题. □有较强的思想性、逻辑性、说服力和感染力。 ☑主题鲜明、深刻，格调积极向上，语言自然流畅，富有真情实感。	31
语言表达（40分）	☑演讲者语言规范，吐清晰，声音洪亮圆润。 ☑演讲表达准确、流畅、自然声音亮，具有感染力 □能熟练表达所演讲的内容 ☑语言生动、形象，语气、节奏富于变化，轻重缓急，抑扬顿挫切合演讲内容.	37
综合印象（20分）	☑着装整洁，大方得体 ☑仪态端庄大方，举止自然、得体，体现朝气蓬勃的精神风貌,动作适度 □动作、表情、能确、直观、灵活地表达演计内容和想感情， ☑具有的感染力，能营造良好的演讲效果，演讲时间控制在5分钟之内	16
总分	84	

铭记历史人物　弘扬民族精神

一、学科课程方案

（一）指导思想

《义务教育历史课程标准（2022年版）》提出以习近平新时代中国特色社会主义思想为指导，全面贯彻党的教育方针，遵循教育教学规律，落实立德树人根本任务，发展素质教育。以人民为中心，扎根中国大地办教育。坚持德育为先，提升智育水平，加强体育美育，落实劳动教育。反映时代特征，努力构建具有中国特色、世界水准的义务教育课程体系。聚焦中国学生发展核心素养，培养学生适应未来发展的正确价值观、必备品格和关键能力，引导学生明确人生发展方向，成长为德智体美劳全面发展的社会主义建设者和接班人。这样的表述包含以下课程理念：立足学生核心素养发展，充分发挥历史课程的育人功能；以中外历史进程及其规律为基本线索，突出历史发展的阶段性特征；精选和优化课程内容，突出思想性、基础性；树立以学生为主体的教学观念，注重学生自主探究的学习活动，鼓励教学方式的创新；综合运用多种评价方式和方法，发挥评价促进学习和改进教学的功能。

（二）课程标准

历史学是在一定历史观指导下叙述和阐释人类历史进程及其规律的学科。马克思主义指导下的历史学，以探寻历史真相、总结历史经验、认识历史规律、认清历史发展趋势为其重要功能。历史学是人类文化的重要组成部分，在传承人类文明的共同遗产、提高公民文化素质等方面起着不可替代的重要作用。

《义务教育历史课程（2022 年版）》是学生在马克思主义唯物史观指导下，了解中外历史发展进程、传承人类文明、提高人文素养的课程，具有思想性、人文性、综合性、基础性特点，具有鉴古知今、认识历史规律、培养家国情怀、拓宽国际视野的重要作用。历史课程的目标是落实立德树人根本任务，体现历史课程的育人功能，培养学生的核心素养，引导学生初步树立正确的历史观、民族观、国家观、文化观，明理、增信、崇德、力行。通过学习，学生初步学会在唯物史观的指导下看待历史，学会在具体的时空条件下考察历史，初步学会依靠可信史料了解和认识历史，初步学会有理有据地表达自己对历史的看法，形成对国家和中华民族的认同，具有国际视野，有理想、有担当。

选择历史人物系列作为校本课程，符合《义务教育历史课程（2022 年版）》的标准，有助于达成以上目标。尤其是福州近代史丰富的人物资源，能让学生切实感受历史的温度，拉近历史与现实的距离，培养学生热爱家乡的情感进而升华家国情怀。

（三）课程结构与内容

学段	国家课程	校本课程	学习目标（核心素养目标）
七年级	中国历史（古代史）	传统文化与民族精神——中国古代史人物	通过学习，知道中国古代史的一些重要历史人物与历史事件，了解中国历史发展的基本线索；能够识读历史图表，较为清晰地叙述相关的史事，能够阅读、理解和分析一些基本的历史材料，学会社会调查的基本方法，能够运用所学知识分析和解释历史问题；客观地论证历史事物；不断增强学习祖国历史的兴趣，激发民族自豪感，树立民族自信心和自尊心，加深对祖国历史文化的认同感

续表

学段	国家课程	校本课程	学习目标（核心素养目标）
八年级	中国历史（近现代史）	传统文化与民族精神——福州近代史人物	通过学习，知道福州近代历史的一些重要历史人物与历史事件，进一步了解近代中国历史发展的基本线索；能够运用所学知识分析各种历史材料和解释历史问题；能够客观地论证历史事物；能够认识近代中国遭受过的深重苦难是国内专制统治的腐朽黑暗和外国列强入侵造成的；认识捍卫国家主权和民族尊严是中华民族的优良传统；知道民族民主革命的艰巨性；知道“没有中国共产党就没有新中国”的道理，从而坚定为中华民族复兴而奋斗的信念
九年级	世界历史	交流促进发展，培养高尚情操——世界历史名人	通过学习，知道主要国家和地区重要的历史人物、历史事件和历史现象，了解世界历史发展的基本线索；辩证地看待人类社会不断发展和进步的总体趋势；感悟人类文化的多元性、共容性和发展的不平衡性；了解世界是一个息息相关的、多样性的整体；认识到世界各地区、各民族共同推动了人类文明的进步，他们创造的文明成就是人类的共同财富；树立起正确的国际意识，培养理解、尊敬、吸收其他民族文化精华的开放心态；初步形成崇尚科学精神的意识、历史进步意识、历史正义感和以人为本的价值观；以开放的心态和开阔的视野看待世界；树立热爱和平的观念和忧患意识，增强社会责任感和历史使命感

（四）课程活动形式（主题学习型）

编写历史人物大事年表、绘制历史人物图谱、谱系、关系图等，演讲，角色扮演，写小论文等。

（五）课程评价方案

1.评价原则。树立科学的评价观，一是坚持核心素养导向为纲，以学生历史学科核心素养的整体发展为着眼点，将评价贯穿于历史学习的整个过程。评价主要针对学生将所学历史知识与技能运用于解决具体问题时体现出的学科核心素养水平。二是准确把握学业质量水平，多维度进行学习评价，注重形成性评价和终结性评价的有机结合，既要关注学生在学习过程中的表现，也要关注学生在阶段学习完成后所达到的历史学科核心素养水平。三是注重评价主体的多元化和评价方式的多样化。教师、学生、家长等都应成为评价主体。综合运用课堂提问、纸笔测试、实践活动、自我反思、同伴互评、教师评语、家长评价等方式，多方面呈现学生的历史学科核心素养发展水平。

2.评价内容。从学生的课堂学习情况、课后实践探究活动、学习项目作业、纸笔测验等方面进行评价。要关注学生的学习起点和学习过程，关注学生核心素养的发展，比如学生是否全面、准确地掌握重要的社会知识以及社会发展的基本线索和基本特征；能否对资料信息进行有效的获取、处理和运用，对问题进行合理的和客观的解释、正确的分析和判断；对学习方法的运用程度，在学习态度、学习习惯和学习策略上的进步，在情感、态度以及观点、信念上的变化与发展的趋向；通过学习对正确的思想、道德、观念等方面的感悟、理解和认同程度，等。

3.评价方法。过程性评价与终结性评价结合，深化综合评价和探索增值评价。

评价依据为量化成果（解说词、演讲稿、模型、调查报告、小论文等学习项目成果、纸笔测验）和质性观察（个人发言、同伴交流、小组合作、师生谈话等）。

评价主体为教师评价、学生自评、小组互评、他评。

附：评价量表

评价项目		分值比例	评级				
观察和谈话	观察	10%					
	谈话	10%					
感悟或心得		10%					
调查报告或小论文		10%					
项目作业		10%					
纸笔测试		10%					
课堂表现	发言	10%					
	交流	10%					
	合作	10%					
	守纪	10%					

二、研究论文

指向家国情怀的初中历史教学实践和思考

路炳玲

家国情怀的起点在家风的涵养、家教的养成，将对家的情意凝结在对他人的大爱、对国家的担当上，人生才会圆满，而责任和担当就是家国情怀的精髓。家国情怀的基本内涵是“学习和探究历史应具有的人文追求，体现了对国家富强、人民幸福的情感，以及对国家的高度认同感、归属感、责任感和使命感”[1]。本文拟以部编版初中历史教学为例，略谈初中历史教学中培养家国情怀的教学实践和思考。

一、家国情怀教育的重要性

“国无德不兴，人无德不立。”我党历来十分重视立德问题。“立德树人是历史教育的总目标”。[2]而家国情怀有利于“立德树人”的落实。教育部在2014年颁布了《完善中华优秀传统文化教育指导纲要》，要求“开展以天下兴亡，匹夫有责为重点的家国情怀教育”。[3]家国情怀教育是弘扬中国优秀文化的需要，有助于增强文化自信；家国情怀教育是传承爱国主义精神的需要，有助于培养社会主义事业的接班人；家国情怀教育是培养国际化视野人才的需要，有助于帮助学生树立远大的目标，拥有更大的格局。因此培养学生的家国情怀教育是十分必要的。

在中学历史教学中，家国情怀的培养常被放在一个备受忽视的角落。培养家国情怀本来是历史教学的重点，学生却只能停留在浅层知识的理解上，无法深刻地感受和领悟。因此对一线历史教师来说，家国情怀的有效落实成为一个重要的探索方向。

二、初中历史教学中培养家国情怀的实践和思考

家国情怀教育的目的是培养学生做一个品德高尚、热爱祖国、心怀天下的人，要达到这一目的，可以通过人物、事件的展开，以部编版初中历史教学为例，浅析家国情怀在历史教学中的渗透与思考。（笔者在上新课之前，都要求学生对本单元做一个整体的预习，这样有利于课堂教学质量的提升。）

（一）情境教学，培育家国情怀

情境教学是根据课堂内容，采用丰富的图片、生动的文字和鲜活的视频，重现历史所描述的场景，可以让学生身临其境，激发学生兴趣，加深对历史的理解，在创设情境中培育家国情怀。以部编版七年级下册《宋元时期的科技和中外交通》一课为例，课前首先把学生分成 3 个小组，分别代表活字印刷术、火药、指南针，要求三组学生分别搜集它们的发明、应用、传播、影响等相关材料。每组任命一位负责人，负责材料的整理和成果的展示。课前学生观看一段北京奥运会开幕式的视频，提问学生看完后有怎样的收获，学生信心十足地回答道，中国古代四大发明有造纸术、印刷术、指南针、火药，这些发明是我们中国人的骄傲！一张张笑脸上洋溢着由衷的自豪感。教师展示史料：英国哲学家培根的《新工具》：印刷术、火药、指南针这三种发明已经在世界范围内把事物的全部面貌和情况都改变了，第一种在学术方面，第二种在战事方面，第三种在航海方面，并由此又引起难以数计的变化来。学生自主探究史料后非常自信地领悟到，外国学者高度肯定了中国四大发明对世界历史产生的重大影响，说明了我们的科技创新推动了世界文明的演进，凸显了中华文化的世界意义。三位负责人陆续分享了他们小组合作的成果，学生们慷慨激昂地使用了大量的图片、实物及自己用萝卜刻的小印章，清楚明了地介绍了三大发明的概况。教师依次进行点评，对孩子们的表现给予了充分的肯定。最后教师总结道，中国这个泱泱大国创造了博大精深的中国文化，为人类社会的发展做出了不可磨灭的贡献。这种情境教学有效地激发了学生对传统文化的自信心。在小组合作探究中，学生系统掌握了中国古代科技的应用和影响，思维能力和创新能力也得到一定程度的提升。

中国的优秀传统文化是中国文化中的宝贵财富，是民族发展的驱动力。由于全球化的冲击，传统文化出现了危机，所以家国情怀教育必须立足于对优秀传统文化的认同。青少年是继承和发展传统文化的主力军，教师要充分挖掘各种素材，提升学生的精神境界，这是历史教师的责任和追求。

（二）史料实证，感悟家国情怀

当下的历史教学中“家国情怀”的培养面临很多的问题，比如学生的情感体验不足，急需史料实证的介入。因此有必要从教学内容、教学语言等方面充分体现实证精神，激发学生与历史产生情感上的共鸣，感悟家国情怀。例如，笔者讲述《鸦片战争》这一课时，引用林则徐的人生格言《十无益》：“一、存心不善，风水无益；二、不孝父母，奉神无益；三、兄弟不和，交友无益；四、行止不端，读书无益；五、做事乖张，聪明无益；六、心高气傲，博学无益；七、时运不济，妄求无益；八、妄取人财，布施无益；九、不惜元气，医药无益；十、淫恶肆欲，阴骘无益。”首先师生共同探讨林则徐的修行标准，对照自身的思想言行，看看能否做到善良、行为举止端正、做事讲规矩、学会低调、学会等待、爱惜身体、修养德性等。正是由于林则徐的人生修养决定了他的博大胸襟，为国忘身。其次介绍林则徐的功绩，他领导了伟大的虎门销烟，坚决抵抗西方国家的侵略，是著名的民族英雄。再次拓展延伸，鸦片战争爆发后，因他在广东防务做的到位，所以英军无隙可乘，一路北上打到了天津大沽，道光帝惊恐万分，向英国求和，把林则徐革职查办。1841 年派林则徐赴浙江协办海防。两个月后广东战败，道光帝把责任归咎林则徐，之后发配伊犁。教师设问：“大家怎么看待这件事?”学生各抒己见，有的同学开始窃窃私语，“不是我的错，凭啥让我扛?”有的说：“皇帝老儿，我不给你干了。”教师又问：“林则徐怎么处理这件事的呢?”教师给出了一段史料：“故阳为加罪谪戍，阴实矜恤周全。圣主如是曲为成全，能不令人感激涕零，愿竭犬马之劳，以报恩遇耶！现拟周边塞外各地，先修水利，继办垦植。山地拟造林，田地拟耕种。十年之后，塞外可成富庶之区也。”——选自《林则徐家书》。学生首先阅读史料，找出关键词、关键句，然后师生共同解读史料，教师帮助学生理解：

林则徐在伊犁可谓戴罪之人，政治生涯跌入低谷，但他不顾衰龄和带病之躯，为道光帝开脱，在新疆办了很多的实事，因此为各族人民所怀念。其门生赵云汀感叹道："夫子此行，谈笑自如，太觉大度矣。"学生从中可以领悟到：遇到的困难和挫折时，应该积极面对，在逆境中前行；在个人与国家之间更应该以大局为重，做出正确的抉择。正因为有着家国情怀这一共同精神的支撑，中华大地上涌现出无数个像林则徐一样的人为国家为民族而战，我们才能安静地坐在教室里听课，拉近了历史与现实的距离。

爱国主义作为中华民族的传统美德，不是挂在嘴上的，要通过具体生动的情感体验，激发学生的认同感，使之内化为学生灵魂深处的情感需求。家国情怀教育才会取得事半功倍的效果。

（三）问题引导，升华家国情怀

问题引导式教学是指教师根据教学需要提出的问题要具有针对性和启发性，能够激起学生思维的浪花，调动学生的求知欲，引导学生进行自主学习，让学生从对问题的好奇出发进行探索，获取知识，从而升华家国情怀。例如笔者教《革命先行者孙中山》这一课第一目时，提出了这样的问题："哪位同学可以分享孙中山早期的人生规划中为什么抛弃了'医学生涯'而选择了'医国事业'?"学生很好奇，迫不及待地阅读教材，有的会从19世纪中后期中国边疆危机展开分析，有的会从孙中山的生活学习经历展开阐述，尤其是他接触资本主义国家的政治学说，也有的会从中华民族有被西方列强瓜分的危险剖析，所以孙中山最后走上了革新政治、反清革命的道路。师生共同探讨，所谓时势造英雄，由于国难当头，外患内忧，孙中山看到了世界的发展变化，也从世界的大视角看到了中国的落后，关注国人的前途命运，挽救中国的民族危亡，毅然投身于民主革命事业，这正是孙中山家国情怀的表现，从而唤起学生的责任意识，培养社会责任感。在解决的问题过程中，学生的认知水平得到提升，孙中山这种整体的世界观值得我们学习和借鉴，这也符合构建人类命运共同体的时代呼声。

家国情怀不应局限于小国小家，更应着眼于全球化的视野，对人类命运要有担当意识。在全球化纵深发展的今天，国际意识要求历史教师要引领学生在全球视野下看待中国与世界，理解不同国家的文化和差异，形成广阔的国际视野，在国际视野中彰显家国情怀。当一个人拥有了全球化视野，就站在了世界的最高处，也就拥有了更大的格局。

从以上案例可以看出，通过情境教学，容易调动学生的积极性，以及对内容的关注度，有利于家国情怀的培育；史料实证，还原历史的本真，通过史料辨析提高思辨能力，进而感悟家国情怀；问题引导，侧重激起学生的探索热情，问题的解决有利于家国情怀的升华。基于学生的认知水平，这三者之间，是一个相互融合、不断深入的过程，最终促进家国情怀的生成。

三、结束语

在当前的时代背景下，家国情怀教育是社会发展的主题，青少年则需要从家国情怀中汲取前行的力量。因此在初中教学中，教师应该自觉地将家国情怀“润物细无声”地渗透在历史教学中，帮助学生树立文化自信，培养爱国主义精神，养成“天下情怀”，培养学生正确的人生观、价值观、世界观，少走弯路或者不走弯路，这是历史教师神圣的使命。践行“立德树人”的教育目标，任重而道远，需全体同人共同努力！

参考文献

[1] 中华人民共和国教育部. 普通高中历史课程标准（2017 年版）[s]. 北京：人民教育出版社，2018：5.

[2] 尹海胜. “立德树人”——历史教育中的真善美 [J]. 中学历史教学研究，2014 (2)：60-64.

[3] 教育部. 完善中华优秀传统文化教育指导纲要 [Z]. 2014-03-26.

三、教学设计或案例

感知中国古代思想家，传播中国精神

路炳玲

教材分析

1.了解中国古代思想家。

2.了解他们的作用和影响。

学情分析

初一学生知识的积累还较少，因此让他们去理解历史上错综复杂的史实概念，掌握历史发展的规律成了教学中的难点所在。本节课教学中将问题探究方法、归纳总结法结合起来，充分运用图片，注重现代信息技术与历史教学的整合，利用多媒体、网络组织教学，使学生能够直观、形象的学习、掌握本课知识。

核心素养

历史学科五大核心素养分别是唯物史观、时空观念、历史解释、史料实证、家国情怀。本课教学活动主要通过讲解、自主学习、课堂探究讨论的方式，进行问题探究教学，以此培养学生史料实证、历史解释的核心素养。

1.唯物史观，思想是社会变革的前提，也是政治经济发展的产物。

2.时空观念，按朝代顺序分析中国古代史上的著名的思想家，了解他们的贡献及影响。

3.历史解释，人不应只关注生命的长度，更应在乎自己是否做了对社会有意义的事。

4.史料实证，通过大量中国古代思想家图片和史料，体会他们为中国历史的发展做出了重要的贡献。

5.家国情怀，学习思想家们关心国家的发展为己任，以身作则的精神。

教学方法与手段

1.教学方法：采用图示法、问题导入分、兴趣激励法。

2.教学手段：多媒体 PPT。

教学重难点

1.重点：春秋战国时期思想家的贡献。

2.难点：了解思想家对历史发展的影响。

教学过程

导入：中国历史悠久，传统文化辉煌灿烂。古代的思想家在文化的传承、创新和发展方面起到重要作用。春秋战国时期诸子百家的言论，影响了社会各个阶层，甚至对国家政策的制定和推行都有深远的影响，对文化、教育、礼仪等方面也产生深远影响。

生命的大智者——老子

问：老子的个人信息？

答：老子（前 600 年左右—前 470 年左右），姓李名耳，字伯阳，汉族，楚国苦县人，是我国古代伟大的哲学家、思想家，道家学派创始人，世界文化名人。老子又名老聃，相传他一生下来就是白眉毛白胡子，所以被称为老子。

问：老子的三大思想主张是什么？

答：老子思想核心是朴素的辩证法。在政治上，老子主张无为而治、不言之教。在权术上，老子讲究物极必反之理。在修身方面，老子是道家性命双修的始祖，讲究虚心实腹、不与人争的修持。

问：老子西出函谷关所著作品？

答：老子晚年乘青牛西去，并在函谷关前写成了五千言的《道德经》。《道德经》分为上下两册，共81章，前37章为上篇道经，第38章以下属下篇德经，全书的思想结构是：道是德的“体”，德是道的“用”。上下约5000字。

问：哲理故事——老子与石头的内容以及故事启示？

答：传说老子骑青牛过函谷关，在函谷府衙为府尹留下洋洋五千言《道德经》时，一年逾百岁、鹤发童颜的老翁招招摇摇到府衙找他。老子在府衙前遇见老翁。

老翁对老子略略施了个礼说：“听说先生博学多才，老朽愿向您讨教个明白。”老翁得意地说：“我今年已经106岁了。说实在话，我从年少时直到现在，一直是游手好闲地轻松度日，与我同龄的人都纷纷作古，他们开垦百亩沃田却没有一席之地，修了万里长城而未享辚辚华盖，建了4舍屋宇却落身于荒野郊外的孤坟。而我呢，虽一生不稼不穑，却还吃着五谷；虽没置过片砖只瓦，却仍然居住在避风挡雨的房舍中。”“先生，是不是我现在可以嘲笑他们忙忙碌碌劳作一生，只是给自己换来一个早逝呢？”老子听了，微然一笑，吩咐府尹说：“请找一块砖头和一块石头来。”老子将砖头和石头放在老翁面前说：“如果只能择其一，您是要砖头还是愿取石头？”老翁得意地将砖头取来放在自己的面前说：“我当然择取砖头。”老子抚须笑着问老翁：“为什么呢？”老翁指着石头说：“这石头没棱没角，取它何用？而砖头却用得若呢。”老子又招呼围观的众人问：“大家要石头还是要砖头？”众人都纷纷说要砖而不取石。老子又回过头来问老翁：“是石头寿命长呢，还是砖头寿命长？”老翁说：“当然石头了。”老子释然而笑说：“石头寿命长人们却不择它，破头寿命短，人们却择它，不过是有用和没用罢了。天地万物莫不如此。寿虽短，于人于天有益，天人皆择之，皆念之，短亦不短；寿虽长，于人于天无用，天人皆摒弃，倏忽忘之，长亦是短啊。”老翁顿然大惭。

这个故事给我们的启示：生命的意义在于对社会的价值，老子用砖头和石头进行比喻，形象生动地告诉我们一个道理：人不应只关注生命的长度，更应在乎自己是否做了对社会有意义的事。

永远的“至圣先师”——孔子

问：孔子的个人信息？

答：孔子（前551年9月28日—前479年4月11日）名丘，字仲尼，春秋末期鲁国陬邑人，汉族。孔子是我国古代伟大的教育家和思想家，儒家学派创始人，世界文化名人。

问：孔子的儒家思想包括哪些内容？

答：1. 政治思想：其核心是“礼”与“仁”，在治国的方略上，他主张“为政以德”，用道德和礼教来治理国家是最高尚的治国之道。这种治国方略也叫“德治”或“礼治”。这种方略把德、礼施之于民，实际上已打破了传统的礼不下庶人的信条，打破了贵族和庶民间原有的一条重要界限。孔子的仁说，体现了人道精神，孔子的礼说，则体现了礼制精神，即现代意义上的秩序和制度。人道主义这是人类永恒的主题，对于任何社会，任何时代，任何一个政府都是适用的，而秩序和制度社会则是建立人类文明社会的基本要求。孔子的这种人道主义和秩序精神是中国古代社会政治思想的精华。

2.教育思想：孔子首次提出“有教无类”，认为世界上一切人都享有受教育的权利。在教育实践上他提出了很好的建议：教师在教书育人的过程中应该“诲人不倦”，“循循善诱”，“因材施教”。他认为学生应该有好的学习方法如“举一反三”“温故而知新”；学习还要结合思考“学而不思则罔，思而不学则殆”，好学“三人行必有我师”；学习态度要端正. 孔子的教育思想，至今仍然有启发和教育的重要意义。

3.美学思想：孔子的美学思想核心为“美”和“善”的统一，也是形式与内容的统一。孔子提倡“诗教”，即把文学艺术和政治道德结合起来，把文学艺术当作改变社会和政治的手段，陶冶情操的重要方式。并且孔子认为，一个完人，应该在诗、礼、乐修身成性。孔子的美学思想对后世的文艺理论影响巨大。

问：孔子对中国文化的贡献有哪些？

答：孔子是第一个在民间创办私学的人。当时社会上没有学校，只有在首都有一个太学，只有很高级的达官贵人的孩子才有可能接受教育，所有的老百姓都是睁眼瞎。他当时整理和修订了“六经”：《诗》《书》《礼》《易》《乐》《春秋》，并把它们整理成教科书，保存上古文化流传万代，是中华民族的一大功臣。古人有一句话叫作“天不生仲尼，万古如长夜”，意思是孔子的儒学把我们中国人的心点亮了，孔子最重要的思想是“仁者爱人”，孔子之学是修身，齐家，平天下的要道，所以他也成为中华民族的第一个圣人，做“至圣先师”。

民本思想的先驱者——孟子

问：孟子的个人信息？

答：孟子（前 372—前 289），汉族，山东邹城人；名轲，字子舆，又字子车、子居。中国古代伟大的思想家。战国时期儒家代表人物之一。

问：孟子的主要思想是什么？

答：孟子主张施仁政，行王道，倡导“民为贵，社稷次之，君为轻”的民本思想。反对暴政虐民，反对掠夺战争，重视后天的教化和环境对人的影响。

问：《孟子》一书主要记录了什么？

答：《孟子》一书是孟子的言论汇编，由孟子及其弟子共同编写而成，记录了孟子的语言、政治观点（仁政、王霸之辨、民本、格君心之非，民贵君轻）和政治行动，属儒家经典著作。

问：南宋时朱熹称“四书”指哪些？

答：南宋时朱熹将《孟子》与《论语》《大学》《中庸》合在一起称“四书”。

问：《孟子》是四书中篇幅最大的部头最重的一本，有 35000 多字，一直到清末，包括哪几篇？

答：《孟子》有七篇十四卷传世：《梁惠王》（上下卷）；《公孙丑》（上下卷）；《滕文公》（上下卷）；《离娄》（上下卷）；《万章》（上下卷）；《告子》（上下卷）；《尽心》（上下卷）。

问：《孟子》中有多篇语段选入语文教科书，都有哪些？

答：《孟子》中有多篇语段选入语文教科书，如《得道多助，失道寡助》《鱼我所欲也》《王顾左右而言他》《生于忧患，死于安乐》《富贵不能淫》等。

问：孟母三迁的故事及启示？

答：孟子小的时候，父亲早早地去世了，母亲守节没有改嫁。孟子的母亲对孟子的教育很是重视，管束甚严，希望有一天孟子能成才为贤。一开始，他们住在墓地旁边。孟子就和邻居的小孩一起学着大人跪拜、哭号的样子，玩起办理丧事的游戏。母亲看到了，就皱起眉头："不行！我不能让我的孩子住在这里了！"母亲就带着孟子搬到市集。到了市集，孟子又和邻居的小孩，学起商人做生意吆喝的样子。母亲说："这个地方也不适合我的孩子居住！"母亲又带着孟子去靠近杀猪宰羊的地方去住。孟子便学起了买卖屠宰猪羊的事。母亲知道了，又皱皱眉头："这个地方依然不适合我的孩子居住！"于是，他们又搬家了。这一次，他们搬到了学校附近。每月夏历初一这个时候，官员到文庙，行礼跪拜，互相礼貌相待，孟子见了一一都学习记住。母亲很满意地点着头说："这才是我儿子应该住的地方呀！"于是在此居住了。

这个故事告诉我们，人的性格和生活的环境有着很大的联系，我们生活在一个互相联系的世界中，时时刻刻都在受到周围人和物的影响。因此，周围的人和物会对我们产生或好或坏的影响。人总是要往好的方面发展的，所以，人们尽量避免不利的环境。孟母也是一样，她不希望不利的环境对她儿子产生影响，就几次搬家。近朱则赤，近墨则黑，就是这个道理。

积极而潇洒的退守者——庄子

问：庄子的个人信息？

答：庄子（约前369—前286），汉族，名周，字子休（一说子沐），战国时期宋国蒙（今安徽省蒙城县，又说今河南省商丘县东北民权县境内）人；著名思想家、哲学家、文学家，是道家学派的代表人物，老子哲学思想的继承者和发展者，先秦庄子学派的创始人。

问：庄子的主要思想内容？

答：庄子的思想包含着朴素辩证法因素，认为一切事物都在变化，他认为"道"是"先天生地"的，从"道未始有封"（道是无界限差别的）。主张"无为"，放弃一切妄为。认为一切事物的本质虽然有着千差万别的特点，但其"一"本同，安时处顺，逍遥无待，穷天理、尽道性，以至于命。在政治上主张"无为而治"，反对一切社会制度，摈弃一切假慈、假仁，假意等大伪。

问：《庄子》一书的主要内容、表现形式及其文学价值的表现？

答：《庄子》约成书于先秦时期。《汉书·艺文志》著录52篇，今本33

篇。其中内篇七，外篇十五，杂篇十一。所传33篇，已经郭象整理，篇目章节与汉代亦有不同。全书以“寓言”“重言”“卮言”为主要表现形式，继承老子学说而倡导自由主义，蔑视礼法权贵而倡言逍遥自由，内篇的《齐物论》《逍遥游》和《大宗师》集中反映了此种哲学思想。

《庄子》具有很高的文学价值，其文汪洋恣肆，想象丰富。气势壮阔。行文汪洋恣肆，瑰丽诡谲，意出尘外，乃先秦诸子文章的典范之作。

问：轶事典故《庄周梦蝶》的内容及启示？

答：原文：昔者庄周梦为蝴蝶，栩栩然蝴蝶也。自喻适志与。不知周也。俄然觉，则蘧蘧然周也。不知周之梦为蝴蝶与？蝴蝶之梦为周与？周与蝴蝶则必有分矣。此之谓物化。

译文：庄周梦见自己变成一只蝴蝶，飘飘荡荡，十分轻松惬意。他这时完全忘记了自己是庄周。过一会儿，他醒来了，对自己还是庄周感到十分惊奇疑惑。他认真地想了又想，不知道是庄周做梦变成蝴蝶呢，还是蝴蝶做梦变成了庄周？庄周与蝴蝶一定是有分别的。这便称之为物我合一吧。

这个故事给我们的启示，庄子运用浪漫的想象力和美妙的文笔，通过对梦中变化为蝴蝶和梦醒后蝴蝶复化为己的事件的描述与探讨，提出了人不可能确切的区分真实与虚幻和生死物化的观点。在这里，庄子提出一个哲学问题——人如何认识真实。如果梦足够真实，人没有任何能力知道自己是在做梦。比喻扑朔迷离的情景，或对往事的追忆。

课堂总结

总体来说，在社会变革中，古代思想家们发挥的作用和影响是多方面的。他们引领人民的思想，改进社会制度，促进文化的发展，传承文化遗产，为中国数千年的文化传承和社会变革做出了重要的贡献。在当今社会，虽然许多思想和观念已经过时，但我们应该铭记是古代思想家传承和发扬了中国文化的精髓。

校本作业

课后请同学搜集其他时期的思想家史料，下节课进行分享。

四、学科特色活动

编写历史人物大事年表、绘制历史人物图谱、历史人物关系图等。

通过校本课程历史人物系列的课堂学习示例，学生学会编写历史人物大事年表、绘制历史人物图谱、历史人物关系图等，活化知识示意图、思维导图等各种图表，进一步提高学生历史学科核心素养。

五、教学随笔

《林肯》教学随笔

黄通平

在历史课程中教授亚伯拉罕·林肯的内容，总是充满了挑战与机遇。林肯作为美国历史上最伟大的领袖之一，他的故事不仅包含了政治和军事的复杂性，也揭示了人性的光辉与阴暗面。在教授这部分内容时，我深刻体验到了教学的魅力和挑战。

林肯的生平本身就是一部丰富的历史教材。他从一个贫苦的肯塔基州农民家庭出身，通过自己的努力和才能，最终成为美国的总统。这个故事本身就能激励学生们去追寻自己的梦想，并相信通过努力和坚持，一切都是可能的。

然而，在教授《林肯》的过程中，我也遇到了一些挑战。林肯的政治生涯充满了争议和冲突，尤其是在南北战争期间，他面临的决策和抉择，往往没有简单的答案。这让我意识到，历史并不仅仅是关于过去的事实，而是关于如何理解和解释这些事实。因此，我试图引导学生们去深入思考这些历史事件，而不是仅仅接受表面的解释。

此外，林肯的领导风格也给了我很多启示。他在面对困难和挑战时，总是能够保持冷静和坚定。他擅长倾听他人的意见，但同时也能够做出果断的决策。这种领导风格让我意识到，一个优秀的领导者不仅需要有智慧和才能，更需要有勇气和决心。

在反思我的教学过程时，我认为我成功地激发了学生们对林肯的兴趣和好奇心。他们积极参与课堂讨论，提出了很多有深度的问题。然而，我也意识到，我还需要进一步提高我的教学技巧，以更好地引导学生们去深入理解和思考历史。

总的来说，教授林肯的过程是一个充满挑战和机遇的旅程。通过反思我的教学过程，我深刻认识到了教学的魅力和挑战，并决心继续努力提高自己的教学水平，为学生们提供更好的学习体验。

六、学生作品

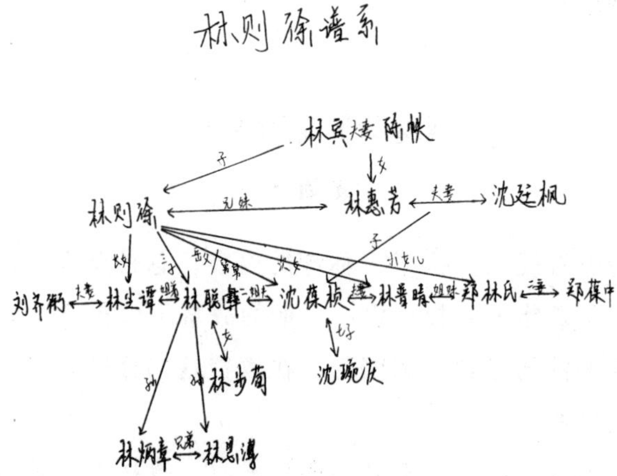

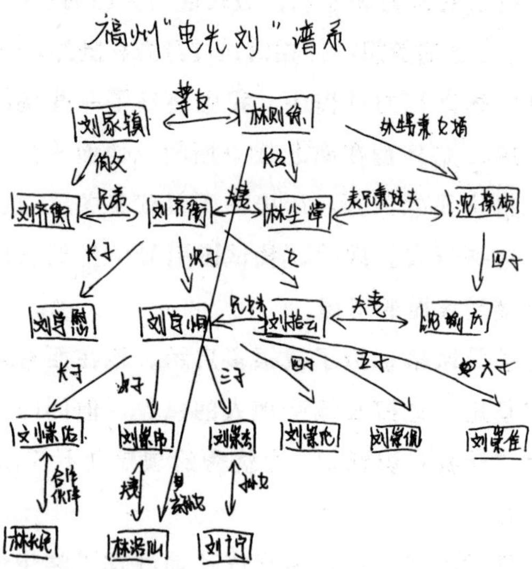

浮仓史话

一、学科课程方案

（一）指导思想

2020 年修订的《普通高中历史课程标准》提出，全面贯彻党的教育方针，落实立德树人根本任务，发展素质教育，推进教育公平，以社会主义核心价值观统领课程改革，着力提升课程思想性、科学性、时代性、系统性、指导性，推动人才培养模式的改革创新，培养德智体美劳全面发展的社会主义建设者和接班人。高中历史课程强调的基本理念为以立德树人为历史课程的根本任务、坚持正确的思想导向和价值判断和以培养和提高学生的历史学科核心素养为目标。

（二）课程标准

历史学是人类文化的重要组成部分，在传承人类文明的共同遗产、提高公民文化素质等方面起着不可替代的重要作用。普通高中历史课程，是在义务教育历史课程的基础上，进一步运用历史唯物主义观点，以社会形态从低级到高级发展为主线，展现历史演进的基本过程以及人类在历史上创造的文明成果，揭示人类历史发展的基本规律和大趋势，促进学生全面发展的一门基础课程。

普通高中历史课程的目标是坚持落实立德树人的根本任务。学生通过高中历史课程的学习，形成历史学科核心素养，得到全面发展、个性发展和持续发展。除了掌握必备的历史知识，能够了解唯物史观的基本观点和方法，知道特定的史事是与特定的时间和空间相联系的，知道史料是通向历史认识的桥梁，能够区分历史叙述中的史实与解释，知道对同一历史事物会有不同解释，并能对各种历史解释加以辨析和价值判断，树立正确历史观，形成对国家民族的认同感和正确的国家观、民族观。

选择校史为切入点，通过《我学校史》与《丝绸之美》构建福州市第七中学高中历史校本课程《浮仓史话》，立足于福州市第七中学浮仓山的地理位置、80 多年砥砺前行的校史以及独特的考古成果——南宋黄昇墓发掘的宋代丝绸宝库，提供了大量实物史料供学生体悟时空变迁、培养史料实证与历史解释等核心素养，更是在多种形式学习校园历史文化的过程中，积淀了深厚的爱校、爱乡、爱国的情感。厚重的历史托举着轻柔精美的质感，感受历史与现实如此的亲密，这样的家国怎能让人不欢喜感动。家国情怀激发了，正确的世界观、人生观、价值观树立了，国家观、民族观、历史观也不差了，历史视野拓宽了，拥有了广阔的国际视野。

（三）课程结构与内容

学段	国家课程	校本课程	学习目标（核心素养目标）
高一年级 高二年段	中外历史纲要（上、下） 国家制度与社会治理 经济与社会生活 文化交流与传播	浮仓史话	通过学习，学生能够运用唯物史观的基本观点，理解不同时空条件下历史的延续、变迁与发展，学习史料实证的基本方法，能够在此基础上对历史做出正确的解释；深化对中华民族多元一体发展趋势的认识，认同社会主义核心价值观和中华优秀传统文化；通过多种形式学习校史，开阔学生视野，激发学生学习历史的积极性，激励学生好好学习，树立为七中添砖加瓦的信念，激发学生热爱学校、热爱家乡、热爱祖国的情感；培养学生的世界观、人生观、价值观，树立集体观念和对社会、家庭、学校的责任意识和奉献精神；通过学习黄昇墓的考古挖掘成果，了解考古研究的基本方法以及考古成果对于史学研究的重要性，认识史料的价值和史料鉴别和考证的重要性；知道这座丝绸宝库折射出的宋代政治、经济、文化与社会生活；能感受、鉴赏丝绸之美，愿推介、弘扬丝绸之美，在传统文化与现代文明的结合中促进人文与社会发展。

（四）课程活动形式（主题学习型）

1.我学校史：校史讲解员、校史时间轴、校园手绘地图、校园摄影大赛及照片展、校园建筑模型还原等。

2.丝绸之美：参观博物馆、采访、实践探究、撰写小论文等。

（五）课程评价方案

1.评价原则。树立科学的评价观，一是坚持核心素养导向为纲，以学生历史学科核心素养的整体发展为着眼点，将评价贯穿于历史学习的整个过程。评价主要针对学生将所学历史知识与技能运用于解决具体问题时体现出的学科核心素养水平。二是准确把握学业质量水平，多维度进行学习评价，注重形成性评价和终结性评价的有机结合，既要关注学生在学习过程中的表现，也要关注学生在阶段学习完成后所达到的历史学科核心素养水平。三是注重评价主体的多元化和评价方式的多样化。教师、学生、家长等都应成为评价主体。综合运用课堂提问、纸笔测试、实践活动、自我反思、同伴互评、教师评语、家长评价等方式，多方面呈现学生的历史学科核心素养发展水平。

2.评价内容。学生的课堂学习情况、课后实践探究活动、学习项目作业、纸笔测验等。要关注学生的学习起点和学习过程，关注学生核心素养的发展，比如学生是否全面、准确地掌握重要的社会知识以及社会发展的基本线索和基本特征；能否对资料信息进行有效的获取、处理和运用，对问题进行合理的和客观的解释、正确的分析和判断；对学习方法的运用程度，在学习态度、学习习惯和学习策略上的进步，在情感、态度以及观点、信念上的变化与发展的趋向；通过学习对正确的思想、道德、观念等方面的感悟、理解和认同程度等。

3.评价方法。

（1）过程性评价与终结性评价结合，深化综合评价和探索增值评价。

（2）评价依据为量化成果（解说词、演讲稿、模型、调查报告、小论文等学习项目成果、纸笔测验）和质性观察（个人发言、同伴交流、小组合作、师生谈话等）。

（3）评价主体为教师评价、学生自评、小组互评、他评。

附：评价量表

评价项目		分值比例	评级				
观察和谈话	观察	10%					
	谈话	10%					
感悟或心得		10%					
调查报告或小论文		10%					
项目作业		10%					
纸笔测试		10%					
课堂表现	发言	10%					
	交流	10%					
	合作	10%					
	守纪	10%					

二、研究论文

福州市第七中学校史文化铸魂育人实现路径研究

唐　续

一、研究背景与意义

福州市第七中学作为福州市的一所历史悠久的名校，具有深厚的校史积淀和丰富的文化底蕴。学校一直秉承着“育人为本”的办学理念，致力于培养学生成为德、智、体全面发展的人才。传承和发扬校史文化，是福州市第七中学办学的重要内容之一。通过研究福州市第七中学校史文化的铸魂育人实现路径，探讨如何在传统文化和现代教育相结合的框架下，实现学校办学目标的更好达成，为教育改革与发展提供有益借鉴。通过这项研究，有助于挖掘学校的传统优势，凝聚校园的向心力和凝聚力，激发师生的学习热情和创新潜能，全面提升学校的办学品质和教育教学水平。同时，这也对学生的人格修养和综合素质培养产生积极的影响，为他们的未来发展奠定坚实的基础。深入研究福州市第七中学校史文化的铸魂育人实现路径，对于推动学校办学的创新和优质发展具有十分重要的意义[1]。

二、文化铸魂的理论基础

福州市第七中学作为福建省的重点中学之一，拥有悠久的历史传统和丰富的校史文化[2]。校史文化是学校的灵魂和传统，承载了学校的优良传统和精神内涵。福州市第七中学校史悠久，起源于19世纪末，经过历史悠久的发展，形成了独特的校训和精神风貌。校史文化的内涵丰富多元，体现了学校的办学理念、教育理念、师生关系和学术氛围等方面的特点。福州市第七中学的校史文化凝聚着一代代福州市第七中学人的心血和汗水，是学校的宝贵财富和精神支柱。通过对福州市第七中学校史文化的深入挖掘和传承，可以更好地激励师生团队的学习热情和创新意识，推动学校的发展和进步，实现教育育人的目标[3]。

福州市第七中学作为福建省的一所重点中学，承载着悠久的历史传统和丰富的校史文化。这种校史文化是学校的灵魂和传统，蕴含着学校的优良传统和精神内涵。福州市第七中学的校史源远流长，经过发展，逐渐形成了独特的校训和精神风貌。这种校史文化内涵丰富多元，展现了学校的办学理念、教育理念、师生关系和学术氛围等方面的独特特点。

福州市第七中学的校史文化凝聚着一代代福州市第七中学人的心血和汗水，是学校的宝贵财富和精神支柱。在这份传承中，揭示着学校的辉煌成就和发展历程。每一个福州市第七中学人都承载着这份校史文化的责任和使命，他们共同努力，共同奋斗，为学校创造了无数个闪亮的辉煌时刻。

通过对福州市第七中学校史文化的深入挖掘和传承，可以更好地激励师生团队的学习热情和创新意识。这种传承不仅是对学校历史的尊重，更是对先贤的敬意和对未来的期许。只有牢记校史文化的精神内核，我们才能不忘初心，牢记使命，为福州市第七中学这所具有历史悠久的历史的学府增添新的光辉。福州市第七中学的发展和进步离不开校史文化的传承和发扬光大，只有如此，学校才能真正实现教育育人的宗旨，培养出更多优秀的人才，为社会和国家的发展贡献力量。

三、福州市第七中学校史文化铸魂育人实现路径分析

（一）学校文化价值观念的传承与弘扬

在福州市第七中学，校史文化承载着丰富的历史底蕴和文化传统，是学校的精神支柱和灵魂所在。学校一直秉承着“明德、笃行、博学、求是”的

校训，以培养德智体美劳全面发展的优秀人才为办学宗旨，不断传承和弘扬着学校独特的文化价值观念。这种文化传统在学校的教育教学实践中得以体现，通过学校课程设置、校园文化建设、师生活动等多种途径，学生在这种文化氛围中接受教育，潜移默化中逐渐形成了具有传统文化底蕴和现代社会需求相结合的人文精神和道德情操。

福州市第七中学历史教学组组织培养校史讲解员，设计具有吸引力的校史时间轴、校园手绘地图等，指导学生还原校园建筑模型，展示学校的重要历史事件、建筑、校园风貌等信息；举办展览或讲座，如组织校史展览活动或专题讲座，邀请校友、教职员工和社区参与，分享学校的历史故事和成就；创意视频或短片，如制作短视频或纪录片，以生动的方式展现学校的发展历程和重要里程碑，可以在校内活动中播放或通过社交媒体分享；线上资源分享，如利用学校网站、社交媒体平台和数字化渠道，发布有关学校历史的内容，如老照片、学术论文、采访视频等，吸引更多人了解学校的过去；举行校庆活动，如定期举办校庆活动，庆祝学校的建校周年纪念日，通过校园游园会、音乐会、戏剧表演等形式向公众展示学校的历史与荣耀；编写校史书籍，如撰写学校历史的书籍或文章，记录学校的发展轨迹、著名校友及相关事件，让人们深入了解学校的过去和现在。学校文化的传承和弘扬并非一蹴而就，而是需要学校全体师生共同努力，通过实践活动和教学实践等形式，将文化价值观念融入学生的学习和生活中，引导学生成为具有文化自觉和文化认同的人才。这种文化价值观念的传承和弘扬，不仅是学校办学的理念和目标，更是学校内涵发展的重要保障和源泉。通过持之以恒的努力和不懈的探索，福州市第七中学将不断完善和发展自身的文化教育体系，不断提升学生的文化素养和综合素质，为培养社会主义建设者和接班人做出更大的贡献[4]。在学校文化的传承与弘扬过程中，学生将逐渐形成积极向上、勇于创新的学习态度和品质。学校文化的熏陶与引导，使学生在日常生活中注重修身齐家治国平天下的传统美德，并能够在现代社会中灵活应对各种挑战和变化。在这种文化氛围的熏陶下，学生们不断培养坚韧不拔的意志和勇攀高峰的决心，在面对困难和挫折时能够沉着冷静，迎难而上。学校文化的传承与弘扬也为学生提供了广阔的视野和充分的发展空间，激发了他们对知识的渴望和对未来的无限憧憬。学校通过丰富多彩的教学实践活动和文化交流活动，引导学生走向社会、走向世界，培养他们具有国际视野和全球胸怀的综合素质。在学生的成长过程中，学校文化的力量不断地激励和鞭策他们超越自我、不断追求进步，使他们成为具有辨识力、创新力和领导力的时代新人。学校文化的传承与弘扬，不仅促进了学生的全面发展和个性塑造，更为学校的可持续发展奠定了坚实的基础。在学校全体师生共同努力下，福州市第七中学将继续深化文化教育改革，不断完善教育教学体系和管理机制，进一步提升学校的办学水平和教育质量[5]。通过不懈地探索和努力，学校将不断开拓创新，为培养更多具有社会责任感、团队协作能力和创新精神的优秀人才做出更大的贡献。福州市第七中学还将继续传承和弘扬优秀的校训与文化传统，引领学生走向美好未来，实现学校办学目标的持续发展。

（二）教师队伍的建设与文化传承

福州市第七中学作为一所历史悠久、文化积淀深厚的学校，一直致力于塑造优秀的师资队伍，不断提升教师的业务水平和专业素养。通过不懈努力，学校建立了一支具有高学历、高科研水平、高教学能力的优秀教师队伍。这些教师不仅拥有扎实的学科基础和丰富的教学经验，更注重个人修养和道德素质的培养，以身作则，为学生树立了良好的榜样。

同时，在教师队伍的建设过程中，福州市第七中学注重文化传承的工作，倡导师生共同参与学校传统文化的传承和弘扬。校史文化作为学校的灵魂和根基，被学校融入各个方面的教育和管理中，形成了独具特色的办学理念和校园文化氛围。教师们通过学习和传承学校的校史文化，增强了对学校的认同感和责任感，也使教育教学工作更富有情怀和使命感。

在福州市第七中学，教师队伍的建设与文化传承是相辅相成、相互促进的。通过建设优秀的师资队伍，学校得以保障高质量的教育教学工作；而文化传承的不断深化，则为师资队伍的成长提供了内在动力和精神支撑。教师们在学校校史文化的熏陶下，不断提升自我修养，传承学校的优良传统，肩负起铸魂育人的重任，为培养德智体美劳全面发展的优秀学生而努力奋斗。

教师队伍的建设与文化传承是福州市第七中学实现教育目标的重要保障和基础，也是学校不断发展壮大的源泉和动力[6]。通过教师队伍的建设与文化传承，福州市第七中学将继续传承和发扬学校的校史文化，不断推动学校的教育事业取得更大成就，为培养更多优秀人才做出更大贡献。

（三）学生成长路径与校史文化相融合

福州市第七中学校史文化源远流长，积淀着丰富的历史底蕴和文化内涵。

校史文化是学校的灵魂和精神支柱，也是学生成长道路上的精神指引和力量源泉。学校通过挖掘和传承校史文化，让学生在校园中感受到传统文化的熏陶和力量的激荡，进而促进他们的自身成长和发展。

1975年，福建省博物馆考古队在浮仓山（现为福州市第七中学操场）挖掘出一座宋代古墓，墓主是宋太祖赵匡胤第十一世孙赵与骏之妻黄昇，该墓葬出土器物共436件，成件的服饰及丝织品多达354件，其中服饰201件、整匹高级织物及面料153件、罗制的裙子就达15件。福州市第七中学历史教学组组织学生到福建省博物馆参观相关文物，领略丝绸之美，通过采访相关人员进行实践探究，再发挥历史学科素养撰写小论文等，引发学生对传统文化的热爱，重美育，促成长。

学生成长是一个全面发展的过程，融合校史文化元素，可以使学生成长过程更加丰富多彩，更具有独特性和深刻性。福州市第七中学致力于将校史文化内化于学生心灵深处，通过校史文化的铸魂育人，让学生成为具有时代责任感和家国情怀的人才。塑造学生校史情怀与国家大事联系起来，培养他们具有责任感和使命感，更好地担当起时代赋予的责任，实现个人价值与社会价值的统一。校史文化的铸魂育人实现路径不仅仅是学生自身成长路径的体现，更是学校教育发展的必然要求和选择[7]。只有将校史文化与学生成长路径相融合，才能真正实现学生成长与校史文化的有机结合，推动学生全面发展，促进学校教育事业的蓬勃发展。通过不断深化校史文化与学生成长路径的融合，福州市第七中学能够走出一条富有特色和传承精髓的办学之路，为培养更多德智体美劳全面发展的社会栋梁做出更大的贡献。

四、结语

在研究福州市第七中学校史文化的铸魂育人实现路径的过程中，学校积极探索传统文化与现代教育的结合，旨在更好地实现学校办学目标，提升学校的办学品质和教育教学水平。学校注重校史文化的传承和发扬，通过培养学生具有时代责任感和家国情怀的人才，实现个人价值与社会价值的统一。同时，学校注重教师队伍的建设和文化传承的相互促进，为高质量的教育教学工作提供保障，推动学校教育事业的蓬勃发展。通过将校史文化与学生成长路径相融合，福州市第七中学将走出一条富有特色和传承精髓的办学之路，为培养更多德智体美劳全面发展的社会栋梁做出更大的贡献。

参考文献

[1] 黄素婷. 福州本土文化融入大班幼儿爱家乡归属感教育的实践研究 [J]. 教育界，2021，(01)：78-79.

[2] 邓焰. 启智润心："双诚"背景下初中历史主题式教学的实践创新——厦门市邓焰名师工作室福建省级教学开放活动 [J]. 中学历史教学，2022，(09)：74.

[3] 王翠霞. 润心入情力行——厦门双十中学"1246"浸润式党史学习教育模式建设省思 [J]. 福建教育，2021，(28)：16-17.

[4] 陈学锦. 开展海绵城市项目式学习培育地理学科核心素养——以福州八中海绵城市建设为例 [J]. 福建教育学院学报，2023，24 (08)：45-47+80.

[5] 孙广召，沈雪松. 福流心育生态模式：班华心育思想在高中的活态转化 [J]. 江苏教育，2023，(34)：32-35.

[6] 张艳军. "七色光"校本课程的建构与实践 [J]. 湖南教育（A 版），2022，(06)：46-47.

[7] 黎志勇. 高校课程思政"铸魂育人"路径探析 [J]. 教育观察，2021，10 (21)：23-25+32.

三、教学设计或案例

从南宋古墓说起到丝绸之路的古与今

唐苏奕

教学目标

通过阅读，了解张骞出使西域的史实，阅读教材及地图结合所学能说出丝绸之路的路线，正确认识丝绸之路在东西方经济文化交流中的作用。通过分析，描述丝绸之路的路线图，培养学生的识图能力和表达能力；阅读史料，培养学生分析，概括，归纳的能力。了解张骞的事迹，学习其报效祖国，不畏艰险、百折不挠的民族气节，强化学生的爱国思想和开拓进取的意识。

教学重点

浮仓山上的丝绸宝库、丝绸之路。

教学难点

理解丝绸之路和“一带一路”在中外交流中的作用。

教学过程

一、浮仓山上的丝绸宝库

福州北郊的浮仓山，历来相传是汉时闽越王无诸的米粮仓，可没听说过有什么丝绸库。不过别误会，此库实乃一座古墓。

孤峰突起，远山环抱的浮仓山，自汉唐以来，被先人视为吉地。一直到开辟作校园时，仍有不易暴露的墓圹深埋地下。1975 年 10 月，福州市第七中学师生们在扩建山北操场时，发现了一座墓穴。考古工作者闻讯前来，经过一番挖掘，才弄清了轮廓和墓主的身世。

这是一座三圹并列的长方形夫妻合葬墓。中圹墓主是宋太祖赵匡胤第十一世孙赵与骏，左右分别是其原配黄昇和续弦李氏。赵、李二圹遗存无几，黄昇圹则保存完整。打开黄昇墓圹棺盖，尸骨已朽，但尸殓及包袱等随葬品未见扰乱。共捡得服饰及丝织品 300 余件，现存福建博物院，被誉为镇馆之宝。其与湖南长沙马王堆汉墓、新疆吐鲁番唐墓同列为古代丝绸考古的重要发现。

黄昇墓随葬丝织品中，衣料考究的纱、绢、罗、绮，既有来自江浙一带的时髦种类，又有福建本地的名优特产。印花、彩绘和刺绣技法精湛，图案设计奔放写实，五颜六色，穷极纤丽，服装款式更是不胜枚举。

随葬品如此丰厚，显示身份是不同凡响的。墓志上说，黄昇是福州状元黄朴的女儿，黄朴官至泉州知州兼提举市舶司。黄昇自幼知书达礼，“婉婉有仪，柔淑之声闻于市井”。16 岁那年，嫁赵与骏为妻。赵与骏本人没有什么大出息，不过依仗上辈关系做过连城县尉。其祖父赵师恕，晚年担任过掌管宋室亲族的官员，赵与骏与黄昇的婚事就是他一手操办的。南宋淳祐三年(1243)，赵师恕告老还乡，见孙媳“确守姆训，法度无违”，家事无忧，甚是欢喜。岂料是年初秋，黄昇命薄而亡，赵师恕感伤之余，为她择地埋葬并亲自撰写墓铭，希望“为尔之宫，万古犹今”。

黄昇随葬品中，包括了父亲为她精心准备的陪嫁和夫家添置的四季衣裳。这位 17 岁的贵族少妇，带去了她生前的穿戴，却给今人留下了一份丝绸瑰宝。

二、丝绸之路古代背景

丝绸之路是起始于古代时期的中国，连接亚洲、非洲和欧洲的古代陆上商业贸易路线，最初的作用是运输古代中国出产的丝绸、瓷器等商品，后来成为东方与西方之间在经济、政治、文化等诸多方面进行交流的主要道路。

1877 年，德国地质地理学家李希霍芬在其著作《中国》一书中，把“从公元前 114 年至公元 127 年间，中国与中亚、中国与印度间以丝绸贸易为媒介的这条西域交通道路”命名为“丝绸之路”，这一名词很快被学术界和大众所接受，并正式运用。其后，德国历史学家郝尔曼在 20 世纪初出版的《中国与叙利亚之间的古代丝绸之路》一书中，根据新发现的文物考古资料，进一步把丝绸之路延伸到地中海东岸和小亚细亚，确定了丝绸之路的基本内涵，即它是中国古代经过中亚通往南亚、西亚以及欧洲、北非的陆上贸易交往的通道。

丝绸之路主要分为陆上丝绸之路、海上丝绸之路和南方丝绸之路。

陆上丝绸之路，是指西汉汉武帝派张骞出使西域开辟的以首都长安（今西安）为起点，经凉州、酒泉、瓜州、敦煌、中亚国家、阿富汗、伊朗、伊拉克、叙利亚等到达地中海，以罗马为终点，全长6440千米。这条路被认为是联结亚欧大陆的古代东西方文明的交汇之路，而丝绸则是最具代表性的货物。

海上丝绸之路，是指古代中国与世界其他地区进行经济文化交流交往的海上通道，最早开辟也始于秦汉时期。从广州、泉州、宁波、扬州等沿海城市出发，经南洋到阿拉伯海，甚至远达非洲东海岸。

随着时代发展，丝绸之路成为古代中国与西方所有政治经济文化往来通道的统称。南方丝绸之路泛指历史上不同时期四川、云南、西藏等中国南方地区对外连接的通道，包括历史上有名的蜀身毒道和茶马古道等。南方丝绸之路的早期通道如何打开，目前难以考证。据英国人哈维的《缅甸史》、霍尔的《东南亚史》等著作记载，公元前 2 世纪以来，中国的丝绸从缅甸经印度到达阿富汗，远及欧洲。

南方丝绸之路总长有大约2000千米，是中国最古老的国际通道之一。它以成都为起点，经雅安、芦山、西昌、攀枝花到云南的昭通、曲靖、大理、保山、腾冲，从德宏出境，进入缅甸、泰国，最后到达印度和中东。“一带一路”为南方丝绸之路传奇注入新的时代内涵。打通这条中国和南亚各国相联系的陆路大通道，有利于增强中国和南亚各国经济合作和文化沟通。

三、古代丝绸之路的兴衰过程

展示与玉门关、阳关相关的诗句，让学生思考，由诗句可见，西域的自然环境如何？当学生得出西域自然环境恶劣的结论后，再出示三则材料，以小组形式讨论问题，即张骞为什么要前往西域？从材料可见，当时西汉初的西域，小国林立，受到匈奴的控制和奴役；匈奴从西域不断向中原发动进攻，使汉王朝十分被动；因此张骞才会奉汉武帝之名，想联络大月氏夹击匈奴。

（一）西汉时期开通陆海两条丝绸之路

西汉开始，因张骞出使西域而开通，在历史上被称为“凿空”。这条通道以西汉首都长安为起点，经甘肃、新疆，到中亚、西亚，并连接地中海各国。中国丝绸远销亚洲、欧洲，为中国赢得“丝国”的誉称。运送丝绸产品的商路被后世称为“丝绸之路”。这时期陆上丝绸之路和海上丝绸之路已经并存，中外贸易、文化交往逐渐发展起来。

以《齐民要术·种蒜篇》中对葡萄等植物进入汉朝土地的描述开始引入，让学生开始关注丝绸之路的具体路线。紧接着出示丝绸之路主要路线图，请学生说说丝绸之路的途径地区。路线中涉及很多我们不熟悉的西域小国，那么以今天大洲地理分区的概念来看，这些小国属于哪些分区？通过一系列的指引，让学生最终得出一条较为清晰的陆上丝绸之路路线。

（二）唐宋元时期陆海丝绸之路的演变

唐朝前期，陆上、海上丝绸之路并举，唐朝后期以后，北方局势不稳，对外贸易交往主要转为海上运输，瓷器大量输出国外，广州成为重要外贸港口，政府在广州设有市舶使，专管对外贸易。南宋时，海外税收成为国库重要财源。两宋时，中国同东南亚、南亚、阿拉伯半岛以至非洲的几十个国家进行贸易。

（三）明清时期丝绸之路的萎缩

通过海上丝绸之路，瓷器对外的销量更大。明朝初期，为防止东南沿海倭寇与流亡海上的敌对势力勾结，威胁统治，明太祖下令实行“海禁”，对外贸易只能在官方组织下进行。清初，为了对付东南沿海的抗清斗争，政府厉行“海禁”，禁止官民私自出海，实行“闭关锁国”政策。

“海禁”和“闭关锁国”政策导致中外贸易逐渐萎缩。不仅妨碍海外市场的开拓，抑制资本的原始积累，阻碍了资本主义萌芽的滋长，而且使中国与世界隔绝，逐渐落后于世界潮流。

四、当代“一带一路”

“一带一路”是“丝绸之路经济带”和“21 世纪海上丝绸之路”的简称，2013 年 9 月和 10 月由中国国家主席习近平分别提出建设“新丝绸之路经济带”和“21 世纪海上丝绸之路”的合作倡议。依靠中国与有关国家既有的双多边机制，借助既有的、行之有效的区域合作平台，“一带一路”旨在借用古代丝绸之路的历史符号，高举和平发展的旗帜，积极发展与沿线国家的经济合作伙伴关系，共同打造政治互信、经济融合、文化包容的利益共同体、命运共同体和责任共同体。

（一）时代背景

当今世界正发生复杂深刻的变化，国际金融危机深层次影响继续显现，世界经济缓慢复苏、发展分化，国际投资贸易格局和多边投资贸易规则酝酿深刻调整，各国面临的发展问题依然严峻。共建“一带一路”顺应世界多极化、经济全球化、文化多样化、社会信息化的潮流，秉持开放的区域合作精神，致力于维护全球自由贸易体系和开放型世界经济。共建“一带一路”旨在促进经济要素有序自由流动、资源高效配置和市场深度融合，推动沿线各国实现经济政策协调，开展更大范围、更高水平、更深层次的区域合作，共同打造开放、包容、均衡、普惠的区域经济合作架构。共建“一带一路”符合国际社会的根本利益，彰显人类社会共同理想和美好追求，是国际合作以及全球治理新模式的积极探索，将为世界和平发展增添新的正能量。

共建“一带一路”致力于亚欧非大陆及附近海洋的互联互通，建立和加强沿线各国互联互通伙伴关系，构建全方位、多层次、复合型的互联互通网络，实现沿线各国多元、自主、平衡、可持续的发展。

“一带一路”的互联互通项目将推动沿线各国发展战略的对接与耦合，发掘区域内市场的潜力，促进投资和消费，创造需求和就业，增进沿线各国人民的人文交流与文明互鉴，让各国人民相逢相知、互信互敬，共享和谐、安宁、富裕的生活。

当前，中国经济和世界经济高度关联。中国将一以贯之地坚持对外开放的基本国策，构建全方位开放新格局，深度融入世界经济体系。推进“一带一路”建设既是中国扩大和深化对外开放的需要，也是加强和亚欧非及世界各国互利合作的需要，中国愿意在力所能及的范围内承担更多责任义务，为人类和平发展做出更大的贡献。

（二）共建原则

“一带一路”建设秉承共商、共享、共建原则。恪守联合国宪章的宗旨和原则。遵守和平共处五项原则，即尊重各国主权和领土完整、互不侵犯、互不干涉内政、和平共处、平等互利。坚持开放合作。“一带一路”相关的国家基于但不限于古代丝绸之路的范围，各国和国际、地区组织均可参与，让共建成果惠及更广泛的区域。坚持和谐包容。倡导文明宽容，尊重各国发展道路和模式的选择，加强不同文明之间的对话，求同存异、兼容并蓄、和平共处、共生共荣。

坚持市场运作。遵循市场规律和国际通行规则，充分发挥市场在资源配置中的决定性作用和各类企业的主体作用，同时发挥好政府的作用。坚持互利共赢。兼顾各方利益和关切，寻求利益契合点和合作最大公约数，体现各方智慧和创意，各施所长，各尽所能，把各方优势和潜力充分发挥出来。

落实古丝绸之路的基础史实后，借古思今，让学生对当前实施得如火如荼的“一带一路”政策有基本认知。此后让学生结合历史和新闻，谈谈对“一带一路”建设的感想，令学生感受丝绸之路在当今焕发的生机，感悟自己在未来发展中担当的责任，将本课的情感态度价值观加以提升。

布置作业：参观博物馆，结合所学内容写一篇与丝绸相关的小论文。

六、学科特色活动

举办福州市第七中学校园摄影大赛及照片展览活动

1.照片准备，面向全体师生员工，以及离退休教师、历届校友和社会各界热心人士，征集福州市第七中学老照片以及照片背后的历史故事，作为展览的素材积累。

2.开展摄影大赛，邀请评委对收到的新摄原创照片进行评选。

3.设计新老照片展览，分主题布览，有怀旧、有展望，贯穿80多年的学校发展史，即：卷1岁月留痕浮仓源、卷2春风送暖浮仓缘、卷3初心不忘浮仓情、卷4追风少年浮仓秀、卷5莘莘学子浮仓扬、卷6秋实芬芳浮仓彩、卷7继往开来浮仓梦。

4.校史讲解员讲述照片背后的历史：一座古墓、两棵古榕、每一个校园建筑……一个人、一群人、更多人……

福州市第七中学拥有悠久的历史传统和丰富的校史文化，校史文化凝聚着一代代福州市第七中学人的心血和汗水，是学校的宝贵财富和精神支柱。通过多种形式学好校史，深入挖掘和传承校园历史文化，可以更好地激励学生的学习热情和创新意识，推动学校的发展和进步，实现教育育人的目标。福州市第七中学的校史文化凝聚着一代代福州市第七中学人的心血和汗水，是学校的宝贵财富和精神支柱。在这份传承中，揭示着学校的辉煌成就和发展历程。每一个福州市第七中学人都有传承校史文化的责任和使命，今天我以七中为荣，明天七中以我为荣。

七、学生作品

校园手绘地图

领略地理之美，感受文化之韵

一、学科课程方案

（一）指导思想

以习近平新时代中国特色社会主义思想为指导，全面贯彻党的教育方针，遵循教育教学规律，落实立德树人根本任务，发展素质教育。以人民为中心，扎根中国大地办教育。坚持德育为先，提升智育水平，加强体育美育，落实劳动教育。反映时代特征，努力构建具有中国特色、世界水准的义务教育课程体系。聚焦中国学生发展核心素养，培养学生适应未来发展的正确价值观、必备品格和关键能力，引导学生明确人生发展方向，成长为德智体美劳全面发展的社会主义建设者和接班人。

（二）课程标准

地理课程目标要围绕核心素养，体现课程性质，反映课程理念。核心素养是课程育人价值的集中体现，是学生通过课程学习逐步形成的正确价值观、必备品格和关键能力。地理课程要培育的核心素养，主要包括人地协调观、综合思维、区域认知和地理实践力等，是中国学生发展核心素养在地理课程中的具体化，体现了地理课程对培育有理想、有本领、有担当的少年的独特价值。地理课程要培育的核心素养是一个相互联系的有机整体。人地协调观是地理课程内容蕴含的最为核心的价值观，综合思维和区域认知是学生建立人地协调观所需要的重要思维方式和能力，地理实践力则是学生秉持人地协调观、运用综合思维和区域认知方法，在分析和解决地理实践中遇到的问题时所具备的行动力和意志品质。

文化地理学的意义在于揭示人类文化与自然环境的相互关系和影响，以及文化在人类适应和改造环境过程中的作用。通过研究文化地理，学生能够理解地理事物和地理现象是由地理要素在不同时空条件下相互作用形成的，更好地理解人类文化的多样性和复杂性，为人类更好地适应和改造环境提供理论指导和实践依据。

本门课程以学生已有地理知识和地理常识为基础，涉及服饰文化、建筑文化、饮食文化、武术等多种文化元素与地理环境之间的关系，在课程中教师将生活中的地理以“接地气”方式让学生领悟真实存在的地理知识，而不是课本中抽象分散的知识点，扩宽学生的知识面，增强其地理实践力和地理审美情趣，增强运用地理知识和能力解决生活中的问题的能力，培养其综合分析地理问题的能力。锻炼学生思辨能力和综合思维，树立正确的人地协调发展观念。

（三）课程结构与内容

学段	校本课程	国家课程
初一	主题一：传统民居与自然环境的关系 主题二：二十四节气与地理 主题三：多彩民俗文化与地理 主题四：中华民歌与地理	七上第四章第三节《世界的聚落》 七上第一章第二节《地球的运动》 七上第四章第二节《世界的语言和宗教》
初二	主题一：地方饮食与自然环境的关系 主题二：足球文化与地理 主题三：古诗词与地理 主题四：中华武术与地理 主题五：福建武术地域文化特征	八上第四章第二节《农业》 八上第一章第三节《中国的民族》 八下第八章第一节《西北地区的自然特征与农业》 八下乡土地理

（四）课程活动形式

主题学习型，通过不同主题，每个主题 2 个课时，认识中国不同空间尺度的区域，以及人们生产生活与区域地理环境的关系。在不同的主题中贯穿地理工具应用和地理实践活动，突出地理课程的实践性。

（1）课堂教学。将某一地理事物或地理现象作为主线，利用链式设定问题的方法制定问题，提供相关的阅读材料，小组组织讨论分析整理，引导深入思考和交流，提高学生的思维能力和表达能力。

（2）地理实验。通过地理实验探究地理现象和原理，更深入理解地理知识。

（3）互动游戏。设计地理知识互动游戏，让学生在游戏中学习地理知识，增强学习的趣味性。

（4）模拟旅行。模拟不同地区的旅行，让学生了解当地地理环境、文化背景等，增强学生的跨文化意识和地理思维能力。

（五）课程评价方案

1.从学生出勤情况、学生上课回答情况、学生作业情况等方面进行评价。

2.评价等级分为优、良、合格和不合格共 4 个。其中优是出勤率为 100%，遵守课堂纪律，积极举手发言，参与课堂讨论，作业情况良好。良是出勤率达到 95%以上，上课能遵守课堂纪律，积极参与课堂讨论与活动。合格是出勤率达到 80%以上，上课态度尚可，较积极参与课堂活动，作业完成情况一般。不合格是出勤率低于 60%，上课态度较差，作业应付，完成情况较差，对课堂活动不积极参与。

3.评价形式分为教师评价占 50%、小组评价占 35%、学会自评占 15%。

评价表

<table>
<tr><th colspan="2" rowspan="2">评价标准</th><th colspan="3">评价</th></tr>
<tr><th>自评</th><th>组评</th><th>教师评</th></tr>
<tr><td>学生学时</td><td>出勤情况 20%</td><td></td><td></td><td></td></tr>
<tr><td>学业成绩</td><td>平时测验 20%</td><td></td><td></td><td></td></tr>
<tr><td rowspan="2">作业完成</td><td>平时作业 10%</td><td rowspan="2"></td><td rowspan="2"></td><td rowspan="2"></td></tr>
<tr><td>项目作业 10%</td></tr>
<tr><td rowspan="2">课堂表现</td><td>课堂发言 20%</td><td></td><td></td><td></td></tr>
<tr><td>课堂纪律 20%</td><td colspan="3"></td></tr>
<tr><td>合计</td><td colspan="4"></td></tr>
</table>

二、研究论文

渗透诗歌，激活初中地理课堂

张　阳

一、概述

美国教育家布鲁纳认为："要想让学生学好一门学科，教师要尝试各种方法，深入挖掘教材，搜集各种课程资源，找到能点燃学生心灵上兴趣之火的手段。"[1]在地理教学中运用诗歌就是一种很好的点燃学生学习兴趣的手段。诗歌作为中华文化的瑰宝，我们从牙牙学语时就有接触，诗歌一般篇幅较小，朗朗上口，便于记忆。学生最早接触诗歌是从语文开始，但是往往只知其表而不知道其背后的地理原因。在地理课堂中，教师引用诗歌，往往能够给学生提供想象的源泉，创设良好的情境，激活学生的思维，犹如给沉闷的课堂注入一股清泉。诗歌中所描绘的地理景观或者现象能给予学生生活化的既视感，同时从中发现的地理规律或者地理原理又能化抽象为具体，使学生茅塞顿开。此外，教师创设一种诗情画意的地理课堂，也能够提高地理课堂的吸引力，增进师生之间的精神共鸣。

二、诗歌中的初中地理知识

诗歌中的地理知识主要包括阐述地理现象和反映地理原理等两个方面。本人结合初中地理教学的主要知识归纳出以下几个方面：

（一）诗歌中的自然地理知识（如表一）

1.诗歌中的地球运动知识。在七年级上册地球与地图的教学中，引用毛泽东《送瘟神》中的"坐地日行八万里，巡天遥看一千河"引发学生思考其中蕴含着哪些地理知识。教师可以问问学生，我们现在是静止的，为什么能日行八万里？坐在福州能日行八万里吗？坐在哪里可以日行八万里？通过创设情境引发思考，帮助学生理解地球自转的相关知识。

在讲到地球公转的地理意义，可以通过诗歌"冬至阳生春又来"解释冬至后正午太阳高度将要变大，太阳直射点将会北移，天气也会逐渐回暖迎来春天和新一轮的四季更替。

2.诗歌中反映了自然地理各要素的联系。诗歌中往往涉及了大气圈（天气与气候)、岩石圈与水圈（海陆变迁)、地形与河流、气候等相关知识，而这些自然地理要素又是相互影响，相互联系的。在分析这类型的诗歌时，学生需要运用综合的，发展的思维去思考问题，把诗歌语言“翻译成”地理语言。这样知识得到了很好的迁移，地理和文学相互渗透，很好地提升了学生的文学素养和地理核心素养。

表一

类别	诗歌	诗歌背景	知识解析
地球运动	坐地日行八万里，巡天遥看一千河	毛泽东《送瘟神》	八万里是指赤道周长，由于地球的自转才能坐地日行八万里
	天时人事日相催，冬至阳升春又来	唐杜甫《冬至》	对于北半球来讲，冬至过后正午太阳高度逐渐变大，将要迎来春天，季节的更替
海陆变迁	欲就麻姑买沧海，一杯春露冷如冰	唐李商隐《谒山》	沧海桑田出自古书《神仙传麻姑》。麻姑曾三次看到东海变为桑田。海陆变迁是因为地壳运动和海平面的升降
天气	空山新雨后，天气晚来秋 夜来风雨声，花落知多少	唐王维《山居秋暝》、孟浩然《春晓》	表述的都是天气现象。前者还蕴含着高中的知识，冷锋过境，天气转好。后者反映了天气是短时间的大气变化状况
气候	北风卷地白草折，胡天八月即飞雪	唐岑参《白雪歌送武官归京》	根据胡天，知道这里是塞外新疆。八月飞雪，八月是指农历，公历为九月，北风是指西北季风，飞雪是因为受冬季风的影响
	人间四月芳菲尽，山寺桃花始盛开	唐白居易《大林寺桃花》	地形是影响气候的因素之一，平原地区温度较高，桃花开的早。而海拔较高的山区，气温较低，温暖的季节到来的时间往后推迟，花开的晚

续表

类别	诗歌	诗歌背景	知识解析
地形	蜀道难，难于上青天	唐李白《蜀道难》	川渝一带，四川盆地，四周高山环抱，地形险峻，阻断对外的交通
	两岸猿声啼不住，轻舟已过万重山	唐李白《朝发白帝城》	巫山横截了长江形成了三峡，在我国第二、三级阶梯交界处，落差大，水流速度快，江中行船速度也快
河流	君不见，黄河之水天上来，奔流到海不复回	唐李白《将进酒》	天是指巴颜喀拉山脉，也可以理解为大气降水。“不复回”引发质疑，初中虽然不会讲到水循环，但是在解释我国降水的水汽来源时，我们会说来自海洋的夏季风，湿润气流从海洋输送到内陆，形成降水又补给河流
	九曲黄河万里沙，浪淘风簸自天涯	唐刘禹锡《浪淘沙·九曲黄河万里沙》	黄河水文特征，万里沙形象地描述出黄河的含沙量之大。描述出黄河气势磅礴的画面
	滚滚长江东逝水	明杨慎《临江仙·滚滚长江东逝水》	长江的流向，也反映了我国地势西高东低，众多河流滚滚向东流
	欲渡黄河冰塞川，将登太行雪满山	唐李白《行路难》	秦岭淮河以北河流有结冰期，反映黄河水文特征，有结冰期和凌汛现象

（二）诗歌中的人文地理知识（如表二）

诗歌往往反映了人们对自然地理环境深刻认识，汇聚了人类改造自然，利用自然的智慧。诗歌中常常反映了人们如何因地制宜发展农业，如何利用河流促进经济的发展。因此在地理教学中，适时适度地引用诗句，可以联系生产生活实际解释地理现象。

表二

类别	诗句	诗句背景	知识解析
农业	橘生淮南则为橘，生于淮北则为枳	《晏子春秋·杂下之十》	气候对农业的影响，秦岭淮河以南是亚热带，适合柑橘的生长
农业	日啖荔枝三百颗，不辞长作岭南人	宋苏轼的《惠州一绝—食荔枝	惠州位于广东省，古代岭南主要指广西广东和海南一带。岭南在古代是南蛮之地，是中国亚热带和热带的分布区，盛产荔枝
交通	蜀道之难，难于上青天。尔来四万八千岁，不与秦塞通人烟	唐李白《蜀道难》	我国地形复杂多样，山区往往阻碍了交通，在古代往往成为天险和对外联系的障碍

三、运用诗歌激活地理课堂实例分析

（一）诗歌导入，创设情境，激发兴趣

在人教版八年级下册第八章《西北地区》的教学实践中，笔者利用希沃软件中的游戏功能，设计了一个“诗话西北”的导入游戏，让学生点出屏幕中描述西北地区自然环境的诗歌。通过设计一些干扰项（如图一），如描述南方地区的诗歌：“绿树村边合，青山郭外斜”“无边落木萧萧下，不尽长江滚滚来”等。这其中包含了南方的河流与湖泊、庐山与巫山，反映了南方山清

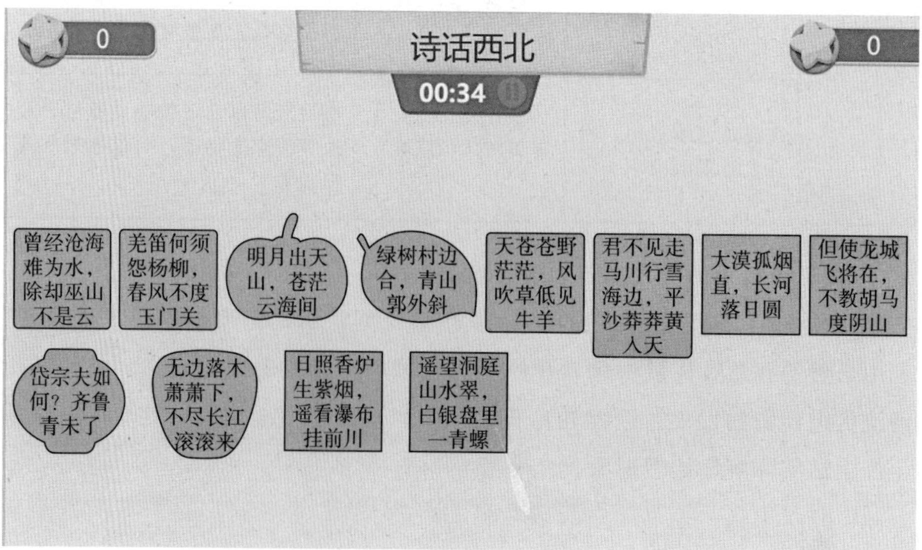

图一

水秀的自然景观，通过渗透诗句培养学生的区域认知。描述北方的诗句“岱宗夫如何，齐鲁青未了”，从诗句中能判断出描述的是山东省的泰山，蕴藏着对北方省级行政单位和著名山脉的认识。学生主要是通过诗句中反映的大漠和草原，地形等自然景观来判断描述的是西北地区。其中一些学生不了解的古代山脉的名称教师要给学生做出说明。比如“明月出天山，苍茫云海间”，这个天山实际是指祁连山。通过游戏，诗歌点燃学生的地理学习激情，丰富了学生脑海中关于四大地理区域画面感的想象，创设了良好的情境，既对区域进行识别，也起到了区域对比，加深认识的作用。

（二）描述现象，质疑探究，阐明原理

在西北地区干旱原因的综合分析中，引入唐代诗人王涣之《凉州词》中的“羌笛何须怨杨柳，春风不度玉门关”并结合地图展开思考，分析为什么春风不度玉门关。学生结合玉门关的位置、中国地形图、中国降水量分布图展开探究和小组讨论，最终阐明原因。玉门关位于甘肃省敦煌市，因为远离海洋，并且被山岭重重阻隔，来自海洋的夏季风难以到达，因此降水稀少，气候干旱。西北地区位于我国的非季风气候区，春风是指夏季风。教师还可以吟诵诗句“劝君更尽一杯酒，西出阳关无故人”，结合丝绸之路的历史，让学生感受西北大漠的苍茫之美和璀璨的历史文化。在讲到西北地区气候类型时，为了阐明温带大陆性气候，年温差大可以引用“胡天八月即飞雪”，说明西北冬冷夏热，气温年较差大。为了解释西北地区“昼夜温差大”这一特点，通过引用“早穿皮袄午穿纱，围着火炉吃西瓜”这句诗，让学生理解到气候对人们生活的影响，从而培养学生从生活中发现地理，学习地理的兴趣。

（三）吟诵诗歌，渗透情感，培养家国情怀

在西北地区的教学中，教师也可适时地渗透家国情怀。西北在古代是塞外之地，唐宋的边塞诗中有很多体现征战沙场，保家卫国的诗句，比如王翰的“醉卧沙场君莫笑，古来征战几人回”和王昌龄的“黄沙百战穿金甲，不破楼兰终不还”，这些都反映了不畏艰难险阻保家卫国的决心。

除了古诗词，现代诗歌也饱含着深厚的家国情怀。比如在八年级下册《祖国的神圣领土——台湾省》的教学中，让同学吟诵余光中的诗歌《乡愁》，学生们能感受到海峡两岸骨肉相连的情意，使学生能从血缘和地缘等方面理解台湾是中国不可分割的领土。在八年级上册《民族》的教学中，播放《爱我中华》这首歌，学生们很自然地就跟唱了起来。在优美的旋律中，浓浓的民族团结之情油然而生。地理教师懂得恰如其分地，不喧宾夺主地引用诗歌，可以让地理课堂活起来。

（四）精炼知识，总结归纳，便于记忆

诗歌朗朗上口的韵律之美，能让学生快速记忆，同时又能够总结地理知识。但是蕴含地理知识的古诗词是有限的，有一些也并不是很有价值和代表性，因此教师平时可以发动身边的同事和学生，一起编写一些容易记忆的诗歌或者顺口溜。

比如在讲到西北地区优质农产品时，可以编写这样的诗句："夏季气温高，昼夜温差大，新疆的瓜果甜蜜蜜，南疆的长绒棉人人夸。"比如在进行七大洲四大洋的教学中，按照面积大小编写七大洲的顺口溜"亚非北南美，南极欧大洋"，把这个口口相传，学生马上就记住了。在《中国疆域》的教学中，为了让学生能快速记住我国四至点名称，可以引用这样的诗句："头上顶着黑龙江，脚踩曾母暗沙岛，嘴喝两江汇合水，帕米尔高原摆摆尾巴。"

总之，诗歌丰富了地理教学语言，调节了课堂气氛。但是诗歌的运用需要教师深入挖掘并提升自己的文学修养。教师要不断地尝试并有原则性地使用，才能达到事半功倍的效果。

参考文献

[1] 周美然. 追求新课程的崇高使命 [M]. 黑龙江教育出版社，2010.

三、教学设计或案例

二十四节气与地理

课标要求

1.运用模型或软件，演示地球的公转运动，说出地球的公转方向、周期。

2.结合实例，说出地球公转产生的主要自然现象及其对人们生产生活的影响。

核心素养目标

1.运用模型，结合地球公转运动原理，明确二十四节气的划分方法。（地理实践力）

2.结合某个节气的太阳直射点位置，理解二十四节气与地球运动的关系。（综合思维）

3.了解二十四节气对人类活动的影响，树立人地协调观。加强对中国传统文化的热爱，增强民族自豪感。（人地协调观）

教学重点

1.二十四节气与地球运动的关系。

2.了解二十四节气对人类活动的影响，树立人地协调观。

教学难点

结合某个节气的太阳直射点位置，理解二十四节气与地球运动的关系。

课时安排

2 课时。

课前活动任务

任务一：以小组为单位。制作二十四节气位置模型。（1、2 小组合作完成）

制作方法指导。

（1）用网球表示太阳，用乒乓球表示地球，用硬纸表示黄道面。

（2）将“太阳”固定于“黄道面”的中央，并刻画出黄道轨迹。

（3）在黄道上，以春分为起点（黄道经度为 0°），沿逆时针方向每隔 15°对应一个节气，标出 24 个节气的位置和度数，重点标注二分二至的位置。

任务二：通过上网、走访等搜集关于二十四节气的谚语和习俗。（3、4 小组完成）

教学过程

<table>
<tr><th>教学环节</th><th>学生活动</th></tr>
<tr><td>第一课时</td><td></td></tr>
<tr><td>新课导入：
2022 年 2 月 4 日，恰逢立春之日，北京冬奥会的开幕式上，用二十四节气倒计时的创意令人印象深刻，中国人的时间图腾——二十四节气再次被带到世人面前
问题：你能说出二十四节气歌谣或者节气名称吗
播放二十四节气视频
二十四节气歌谣春雨惊春清谷天，夏满芒夏暑相连；秋处露秋寒霜降，冬雪雪冬小大寒；上半年是六廿一，下半年来八廿三；每月两节日期定，至多相差一两天

公元2023年二十四节气表
<table>
<tr><td>立春</td><td>2月04日</td><td>雨水</td><td>2月19日</td><td>惊蛰</td><td>3月06日</td></tr>
<tr><td>春分</td><td>3月21日</td><td>清明</td><td>4月05日</td><td>谷雨</td><td>4月20日</td></tr>
<tr><td>立夏</td><td>5月06日</td><td>小满</td><td>5月21日</td><td>芒种</td><td>6月06日</td></tr>
<tr><td>夏至</td><td>6月21日</td><td>小暑</td><td>7月07日</td><td>大暑</td><td>7月23日</td></tr>
<tr><td>立秋</td><td>8月08日</td><td>处暑</td><td>8月23日</td><td>白露</td><td>9月08日</td></tr>
<tr><td>秋分</td><td>9月23日</td><td>寒露</td><td>10月08日</td><td>霜降</td><td>10月24日</td></tr>
<tr><td>立冬</td><td>11月08日</td><td>小雪</td><td>11月22日</td><td>大雪</td><td>12月07日</td></tr>
<tr><td>冬至</td><td>12月22日</td><td>小寒</td><td>1月06日</td><td>大寒</td><td>1月20日</td></tr>
</table></td><td>学生试着说出节气歌，并按顺序说出各节气名称</td></tr>
<tr><td>思考：
1.查表可知距离今天最近的节气是
2.下表中的日期是阳历日期还是阴历日期？为什么
一、地球运动与二十四节气
引导阅读课本图文资料及小视频。回答以下问题
1.说出地球公转的中心、方向、周期
2.地球公转运动有何特点
3.地球公转产生了哪些地理现象？(结合课本内容和亲身感受)
小结：1. 地球公转中心——太阳，方向——自西向东，周期——一年
2.①是倾斜着身子围绕太阳公转，地轴与公转轨道面成 66.5°的倾角；②是地轴倾斜的方向始终不变，地轴的北端总是指向北极星附近
3.季节的变化、昼夜长短的变化、正午太阳高度角的变化、四季的变化、五带的划分
【学生活动 1】运用模型演示二十四节气是如何确定的？一个节气大约多少天
小结：古人根据太阳一年内的位置变化以及所引起的地面气候的演变次序，把一年 365 天分成 24 段，分列在 12 个月中，以反映四季、气温、气候、物候等情况，这就是二十四节气。每月分为 2 段，月首叫“节”，月中叫“气”。现在人们已经把“节气”和“中气”统称为“节气”。一个节气一般 15 天左右
根据模型归纳总结二分二至时太阳直射点变化和昼夜长短变化，完成表格</td><td>学生结合 2023 年二十四节气表，思考并回答问题
学生阅读课本，回答问题
学生上台利用模型演示二十四节气划分方法。
学生结合黑板板图进一步思考回答</td></tr>
</table>

续表

教学环节	学生活动
太阳直射点的移动导致地球上纬度不同的地方，在同一时间里，受到的太阳照射也不相同，冷热也有差异，形成了不同的温度带，人们将其划分为五带 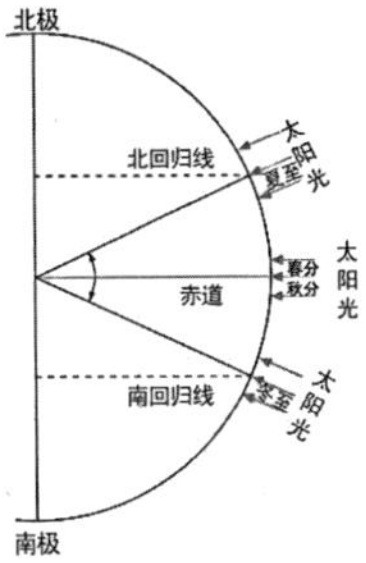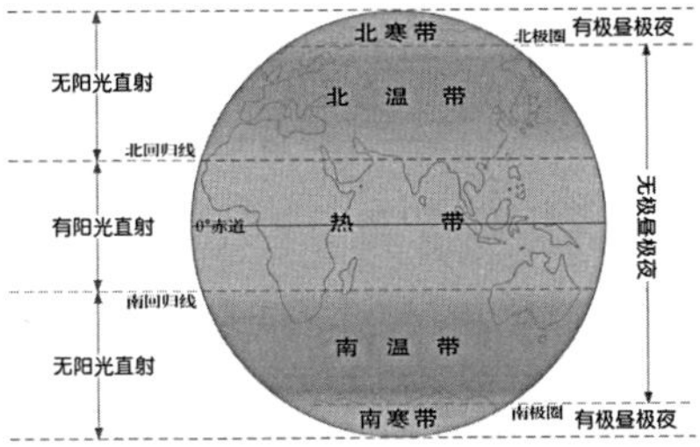 小结： (1) 五带名称由北向南依次是北寒带、北温带、热带、南温带、南寒带 (2) 五带分界线由北向南依次是北极圈（66.5°N)、北回归线（23.5°N)、南回归线（23.5°S)、南极圈（66.5°S) (3) 寒带终年严寒，有极昼极夜现象；温带四季分明；热带终年炎热，一年中阳光直射两次	学生根据模型归纳总结完成表格内容 学生记忆地球五带
【探究一】春分时太阳直射点所在的位置，推测小满时太阳直射点所在的位置（在图上标出） 方法总结：以二分二至为参照，推断某一节气的太阳直射点位置 【步步深入】小满时福州市的昼夜长短情况？此后福州市昼夜长短及正午太阳高度的变化情况 小结：通过这节课学习，我们了解了二十四节气，二十四节气和地球运动的关系，地球不仅在自转还在围绕太阳进行公转，以致产生了昼夜更替和四季的变化，学会辨别不同节气下，太阳直射点的大致位置，福州的昼夜长短变化和正午太阳高度的变化	学生归纳总结 学生思考回答
第二课时	
复习导入： (1) 在左图上写出二分二至节气的名称 (2) 右图画出太阳直射点的回归运动图 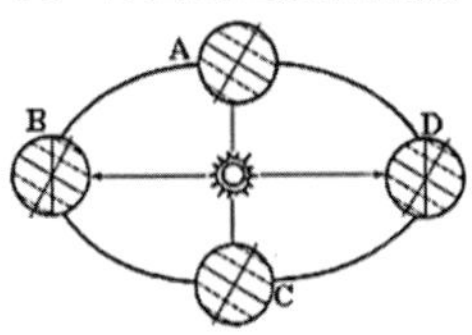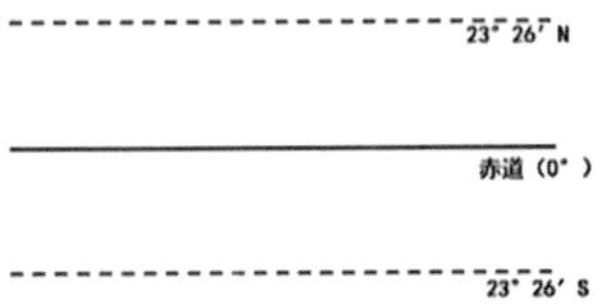 中国是农业发达的文明古国，农业社会的春耕、夏耘、秋收、冬藏是一件大事，因此勤劳智慧的劳动人民根据对天气和季节变化的长期观察，总结出一套规律方法来指导农业生产。二十四节气是与天气和地理有关流传时间最久、效果最佳的谚语内容。二十四节气对人类活动影响深远	一位同学上黑板画图，其他同学在学案上完成

续表

教学环节	学生活动
二、二十四节气如何影响人类活动： 1.二十四节气与气象规律 【探究二】说出能反映以下现象的节气： （1）反映气温变化的节气？（5 个） （2）反映降水和水汽凝结现象的节气？（7 个） （3）反映物候变化现象的节气？（4 个） 【补充知识】： A 物候是指自然界的花草树木，飞禽走兽，按一定的季节时令活动，这种活动与气候变化息息相关. 它包括两个方面： 1.各种植物（包括农作物）的发芽，展叶，开花，叶黄和叶落等现象； 2.候鸟，昆虫以及其他动物的飞来，初鸣，终鸣，离去，冬眠等； B 清明：阳光明媚、草木萌动、百花盛开，自然界呈现一派生机勃勃的景象 反映温度变化的有小暑、大暑、处暑、小寒、大寒 5 个节气。反映天气现象的有雨水、谷雨、白露、寒露、霜降、小雪、大雪 7 个节气。反映物候现象的有惊蛰、清明、小满、芒种 4 个节气	
2.二十四节气与农事活动 【学生活动 2】搜集二十四节气关于农业的谚语？你明白其中的道理吗 【能力挑战】：对比华中与华北地区种棉和收麦谷时间的早晚？从农业区位因素的角度解释原因 棉花播耕：华北“清明早，小满迟，谷雨种棉正当时” 华中“清明前，好种棉”；麦类收获：华北“麦到芒种谷到秋（分）” 华中“麦到立夏收，谷到处暑黄” 【步步深入】芒种代表麦子成熟，结合二十四节气的概念思考芒种为什么不适用于华中地区 二十四节气与诗歌 【学生活动 3】结合诗歌内容，说出诗歌反映的是哪个节气？ 好雨知时节，当春乃发生。——杜甫 清明时节雨纷纷，路上行人欲断魂。——杜牧 黄梅时节家家雨，青草池塘处处蛙。——赵师秀 大暑三秋近，林钟九夏移。——元稹 探春漫道江梅早，盘里酥花也斗开。——陆游 课堂小结：播放刘德华的《小满》视频，与学生共勉。	学生回答反映相应现象的节气 学生积极发言，说出自己知道的相关民俗
板书设计 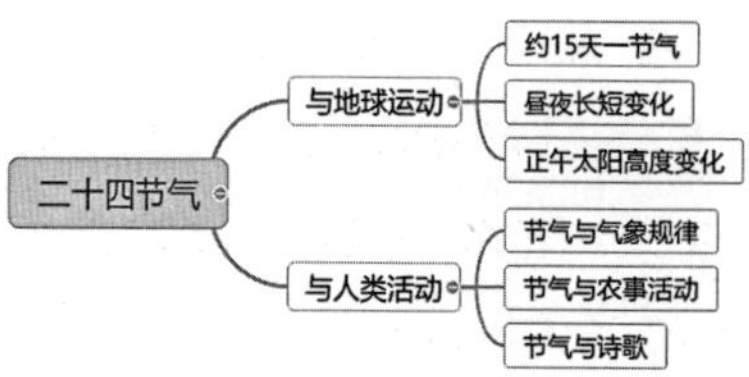 	学生结合板书，说说本节课的收获

四、学科特色活动

创作、表演“一方水土一方人”情景剧

1.活动目标：通过创作、表演情景剧，体会不同区域的差异和地理环境对人类活动的影响。

2.活动过程：(1) 分组收集中国不同区域自然地理特点和具有地方特色的民俗、文化传统等素材，如以人们的衣食住行、人们的生产活动等为素材。(2) 各组选取其中感兴趣的内容创作情景剧并分角色进行扮演。(3) 各组在全班展演创作的情景剧，分享活动感受。

3.活动成果：以小组为单位创作、表演情景剧。

4.活动评价：小组合作创作的地理情景剧是否完整、合理，表演是否流畅、有趣；采用观众（教师、学生等）投票的方式，评选优胜小组和单项奖获得者。

五、教学随笔

节气是我们的祖先用敏锐的洞察力，历经千百年对气候、物候变化与农业生产关系的观察，总结出来的宝贵科学遗产。它被列入联合国人类非物质文化遗产名录，被誉为“中国的第五大发明”，其传承的重要性和必要性不言而喻。学生对节气的了解并不多，尤其是对于节气的概念、由来和划分这类地理性强的知识方面存在认识欠缺和理解欠缺。不过，学生对每个节气的含义的理解就显得容易得多，但因为有二十四个节气，所以学生也不能面面俱到，在本堂课里重点介绍了春分和冬至两个节气。本节课首先观看一段介绍二十四节气的视频，每个节气的具体解说，配有文字动画、音乐，生动形象地让学生了解二十四节气的内涵。随后结合地球运动讲解了二十四节气中对应的二分二至，以及北半球昼夜长短的变化，这部分知识相对抽象，通过动画的形式分段讲解，让学生说出具体时间节点，理解昼夜长短变化，气候变化，有助于后续讲解二十四节气与人类活动的关系，体现了人地协调发展观。最后通过诗歌中的二十四节气，让学生从文学的角度进一步学习了二十四节

气。总体来说课堂教学形式多样，对于教学难点通过信息技术做到有效突破，诗歌中的二十四节气也让学生的文学素养得到提升。值得改进的地方最后诗歌中的二十四节气过渡衔接方面不够自然，一些同学的沟通意识不强，讨论问题不深刻，观测技能、分析技能还需进一步加强。另外，课堂容量较大，节奏较快，训练时间较少，同学的落实不到位。

品一方水土，学地理知识

一、学科课程方案

（一）指导思想

融合校本课程的高中地理课程是反映地理科学发展、适应社会生产生活需要，引导学生弘扬科学精神和人文精神，培养创新意识和实践能力，增强社会责任感，强化人口、资源、环境、社会相互协调的可持续发展观念，这是时代赋予高中地理教育的使命。

遵循我校“弘学养正”办学目标，“崇文尚武”特色理念的高中地理校本课程是具有时代性和基础性的高中地理课程的重要组成，提供未来公民必备的地理知识，增强学生的地理学习能力和生存能力。关注人口、资源、环境和区域发展等问题，以利于学生正确认识人地关系，形成可持续发展的观念。满足学生不同的地理学习需要。建立富有多样性、选择性的高中地理校本课程，重视课程资源的开发利用，是全面深化地理课程改革，落实“立德树人”的根本任务，促进我国地理教育事业持续健康发展。

（二）课程标准

地理学是研究地理环境以及人类活动与地理环境关系的科学，具有综合性和区域性等特点。地理学兼有自然科学和社会科学的性质，在现代科学体系中占有重要地位，对于解决当代人口、资源、环境和发展问题，建设美丽中国，维护全球生态安全具有重要作用。高中地理课程是与义务教育地理课程相衔接的一门基础学科课程，其内容反映地理学的本质，体现地理学的基本思想和方法。地理课程旨在使学生具备人地协调观、综合思维、区域认知、地理实践力等地理学科核心素养，学会从地理视角认识和欣赏自然与人文环境，懂得人与自然和谐共生的道理，提高生活品位和精神境界，为培养德智体美劳全面发展的社会主义建设者和接班人奠定基础。

1.培养学生必备的地理学科核心素养。通过高中地理学习，使学生强化人类与环境协调发展的观念，提升地理学科方面的品格和关键能力，具备家国情怀和世界眼光，形成关注地方、国家和全球地理问题及可持续发展问题的意识。

2.构建以地理学科核心素养为主导的地理课程。围绕地理学科核心素养培养的要求，构建科学合理、功能互补的课程体系，坚持基础性、多样性、选择性并重，满足不同学生自身发展的需要；精选利于地理学科核心素养形成的课程内容，力求科学性、实践性、时代性的统一，满足学生现在和未来学习、工作、生活的需求。

3.创新培育地理学科核心素养的学习方式。根据学生地理学科核心素养形成过程的特点，科学设计地理教学过程，引导学生通过自主、合作、探究等学习方式，在自然、社会等真实情境中开展丰富多样的地理实践活动；充分利用地理信息技术，营造直观、实时、生动的地理教学环境。

4.建立基于地理学科核心素养发展的学习评价体系。准确把握地理学科核心素养的水平划分，以学业质量标准为依据，形成过程性评价与终结性评价相结合的学习评价体系，科学测评学生的认知水平，以及价值判断能力、思维能力、实践能力等的水平，全面反映学生地理学科核心素养的发展状况。

（三）课程结构与内容

校本课程名称	对应年级	对应的国家课程	校本课程内容	核心素养目标
高一《福地拳理》	必修一	第二章《地球上的大气》	由于地球大气运动导致不同区域形成了不同类型的气候。而地处中低纬度的福建形成了亚热带季风气候，从而影响了生物的分布。而有些拳法正是模仿某种生物的动作习性所形成的，例如“白鹤拳”就是模仿鹤的动作习性发展而来	区域认知、综合思维、人地协调观、地理实践力
		第四章《地貌》	不同地貌类型条件下人们的性格秉性与社会文化往往不同，“八山一水一分田”的福建由于地貌类型多样而形成了不同的拳法	
		第五章《植被与土壤》	植被生长受土壤和其他自然因素的影响，而植被分布又进一步影响动物的分布。因此，植被土壤与仿生拳有着深厚的内在关联	
		第六章《自然灾害》	福建省地处东南沿海，台风、洪涝、干旱、滑坡、泥石流等自然灾害多发，自然条件所催生的忧患意识是福建武术拳派发展的助推器	
福地拳理	必修二	第一章《人口》	了解练习拳法人员的时空分布特征及变化；认识人口迁移对各大拳派技巧及文化的传播、交流、融合作用	区域认知、综合思维、人地协调观、地理实践力
		第二章《乡村和城镇》	认识地域文化在特定的地域范围内形成，理解各大拳派的拳法、服饰、精神等与地域环境的关系	
		第三章《产业区位因素》	从时间维度认识到：农业社会生产力低，习拳的主要目的为防身和御敌；现代社会经济发展，人们习拳的目的转变为强健体魄、修身养性、传承文化等。同时，拳法的练习和演出也促进了当地特色旅游的发展	
		第四章《交通运输布局与区域发展》	了解交通的发展对各大拳派技巧及文化的传播、交流、融合作用	
		第五章《环境与发展》	认识各大拳派承载的中华民族文化精华，及其可持续发展的措施	

高二地理校本：《这里是中国》——观视频学地理

第一章　中国从哪里来

第一节　大碰撞造就中国地理大格局

第二节　高原“风机”重塑中国气候

第三节　“超级水塔”改变中国水系

第四节　生命之舟

第二章　山河篇

第一节　天山脚下

第二节　长白山

第三节　长江

第四节　黑龙江

第三章　遗产篇

第一节　中国最伟大的走廊——河西走廊

第二节　中国人的家——传统民居

第三节　中国空中第一楼阁——悬空寺

第四节　哈尼梯田

第四章　工程篇

第一节　世界最大港口——宁波舟山港

第二节　点亮中国的超级水电站

第五章　省市篇

第一节　新疆维吾尔自治区

第二节　海南省

第三节　黑龙江省

第四节　河南省

（四）课程活动形式（主题学习型）

主题学习型，通过不同主题，每个主题1课时，从不同角度来认识中国，以及人们生产生活与区域地理环境的关系。在不同的主题中贯穿地理工具应用和地理实践活动，突出地理课程的实践性。

1.课堂教学。将某一地理事物或地理现象作为主线，利用链式设定问题的方法制定问题，提供相关的阅读材料，小组组织讨论分析整理，引导深入思考和交流，提高学生的思维能力和表达能力。

2.地理实验。通过地理实验探究地理现象和原理，更深入理解地理知识。

3.互动游戏。设计地理知识互动游戏，让学生在游戏中学习地理知识，增强学习的趣味性。

4.模拟旅行。模拟不同地区的旅行，让学生了解当地地理环境、文化背景等，增强学生的跨文化意识和地理思维能力。

（五）课程评价方案

1.评价原则。

2.评价内容。

3.评价方法。

二、研究论文

在高中地理教学中对传统文化的教育渗透尝试

方志英

地理教材中包含丰富的优秀传统文化内容，是培养学生文化自信和民族自豪感的有效资源。但是在当前的高中地理教学中，传统文化教育和地理教学是分离的，这不利于培养学生的综合地理素养，削弱了地理教学的实践性。通过融合高中地理教学和传统文化知识，能发展学生地理学科方面的关键能力和品格，让学生用世界眼光和家国情怀来看世界，引导学生准确理解地理知识。

一、筛选优秀的传统文化素材

在高中地理课堂教学中，教师需要选择合适的传统文化素材进行教学，这是提升课堂教学质量的关键。在《完善中华优秀传统文化教育指导纲要》中，要求教师在课程教学中渗透传统文化，鼓励教师充分利用和发掘地方传统文化教育资源。对此，教师应具备筛选优秀传统文化素材的能力，结合当前的课程改革方向，遵循以下筛选原则：第一，地理性原则。教师选择的传统文化资源需要具备地理味。比如地理课程教学中包括区域地理、人文地理和自然地理的知识，而中国传统文化中有许多记录自然地理现象的古代文集，这些都是有效的教学资源。比如《徐霞客游记》中可以看到对于我国喀斯特地貌的描绘，《汉书》中记载了关于太阳黑子的资料，古诗词中也有大量描写我国自然地理现象的诗句。在选择传统文化素材的过程中，关注传统节日、生活习惯、民族服装和古代建筑物等内容。在区域地理方面，也可以选择丰富的内容，比如中国古代交通有着“南船北马”的特点，各地习俗和建筑风格都有差异，此外还可以加入陕西秦腔、巴蜀川剧等传统文化内容，这些都是有地理味的教学素材。第二，探究性原则。《新课程标准》对于地理课堂教学的探究性提出了要求，教师需要引导学生的深度学习，创设真实的传统文化情境，让学生结合问题进行科学探究、合作学习和独立思考。学生经过思维磨炼，能掌握解决地理问题的方法，加深对于我国传统地理文化的认识。

二、探寻优秀传统文化中的原理

许多传统文化中包含着丰富的地理知识，教师可以结合某个传统文化现象引导学生探究，让学生以文化为载体探寻原理。在探寻过程中，学生能体会传统文化的魅力，感受到地理知识是无所不在的，不仅可以领悟传统文化的精髓，还可以巩固相关的知识点。例如在课堂中加入“安徽宣城造纸业”方面的内容，开展有针对性的地理教学活动，学生以基本规律和基本原理为落脚点，构建网络化的地理知识体系。宣纸有着经久不脆、容易保存的特点，使用了特殊的木材。围绕这个传统文化内容，引出我国农业区位方面的知识，让学生结合区域地理知识来分析安徽宣纸业发展的有利条件。学生通过分析能发现，安徽地区以山地、丘陵为主，林业比较发达，还有着温暖湿润的气候条件，水源充足，这样的地理环境条件适合青檀树生长。接着，教师借助多媒体设备展示地理知识信息，利用图文结合的方式，呈现宣纸产业发展的有利条件，包括水质、气候、原料等方面的因素。在观看宣纸诞生视频的过程中，学生感受到了我国传统造纸业的繁荣，从材料选择、漂白到验纸、剪纸，一共需要经过 108 道工序，天时、地利、人和一个条件都不能缺少。但是，在大机器背景下，传统手工业受到了巨大的影响。此时，教师为学生呈现文本材料，同时提出探究问题，让学生思考解决区域产业发展问题的解决策略。

材料一：制作宣纸需要经过 108 道工序，制作过程成本高。

材料二：在互联网技术和科学技术发展的背景下，异地文化和企业涌入，出现了本地宣纸人才流失问题和劣质产品充斥市场的问题，低质量的宣纸严重影响了传统的宣纸业发展。

材料三：近些年来主要的宣纸材料产量逐渐减少，种植和采集的经济效益降低。

材料四：安徽本地的宣纸制造企业严重污染本地环境。针对以上的材料，要求学生思考问题；针对这些现实问题，宣纸业如何才能可持续发展？这种基于主题情境的地理探究教学活动中，学生了解了丰富的区域地理知识，借助自己掌握的地理知识解决了新问题。同时，在探寻原理的过程中发展了解决地理问题的能力[1]。

三、在复习中融入传统文化素材

因为国家政策的影响，我国在不断调整和改革高考命题思路。在高考中出现了较多关于我国优秀传统文化的题目[2]。比如根据传统民居主题，设置自然地理环境的题目，让学生分析自然地理环境在哪些方面影响人类活动。又有的题目以山水画为主题，考查学生利用地理知识解决问题的能力，要求学生解读和获取信息[3]。还有的题目以茶文化为主题，考查学生论证和探究地理问题、阐释和描述地理现象的能力[4]。在地理复习课堂中融入传统文化素材，能让学生拓宽自己的视野，让学生善于分析传统文化中体现的地理现象和知识。例如二十四节气是我国古人观察太阳周年活动总结的规律，其中体现了物候、气候和时令方面的地理知识，能有效指导社会实践。都江堰则是我国的著名水利工程，古代成都平原有恶劣的自然地理环境，每到雨季，洪水都会引发严重灾害，在干旱季节，百姓的种植也会受到严重影响。在李冰父子的领导下，建设了知名的都江堰，有着航运、灌溉、防洪功能。借助这样的素材，能让学生巩固相关的地理知识。

四、发掘教材中的传统文化元素

地理教材是主要传统文化教学载体，其中的传统文化元素和人文内容较多，有着综合性和复杂性特点。教师需要深度发掘其中的文化内容，为学生呈现其中的地理思想和地理知识，在恰当的时机引入传统文化内容。例如对于“地表形态”的内容，教师需要发掘教材中包含的传统文化内容；同时，利用互联网或者图书馆等途径查阅相关的资料，补充课堂教学的内容。对于“地壳运动带来的变化”内容，许多教师常常使用珠穆朗玛峰上的海洋化石案例来说明知识内容。这样的案例脱离了学生的生活实践，因此，教师可以引入宋代著名科学家沈括关于太行山海洋化石的描述和记录，利用这种新鲜的案例来佐证地理教材中的知识点。再比如，在教学“居住文化的地域性”知识时，为学生展示内蒙古毡包、岭南地区吊脚楼、华北地区四合院、河南地区的窑院等。学生在了解传统民居建筑的过程中，能体会到各族人民的创造力和智慧[5]。

五、用传统文化进行情感教育

第一，借助传统文化能开展爱国情感教育。如对于地球运动的知识，为学生介绍日晷等天文仪器，让学生了解古人如何借助阴影来确定节气和方向。引入谚语和古诗，能提升课堂教学内容的丰富性，激发学生的情感共鸣。例如，“风溜进黑夜，无声地润湿东西”中体现了地域地理特征。学生除了钦佩古人，还会产生对祖国的热气之情。第二，借助传统文化培养爱乡之情。通过发掘地理乡土文化，学生能提升对于家乡的认可。比如为学生呈现农业耕作资料、名胜古迹景点等，让学生了解本地旅游热点、本地风俗和地方历史文化，分析其中蕴含的地理知识，以此加深学生对家乡认识，培养学生的爱乡之情。此外，还可以组织实践活动，引导学生了解家乡辉煌悠久的历史文化，鼓励学生自主了解本地特色景观和农业种植文化。

综上所述，高中地理中蕴含了丰富的传统文化内容和元素，一方面能让学生掌握地理常识，另一方面能培养学生的人生观和积极生活态度。我国的名胜古迹、非物质文化遗产、古代的耕作文化等等，都是优秀的传统文化，能有效丰富高中地理课堂教学，提升教学质量。

参考文献

[1] 李东升．人文地理教学中如何渗透传统文化［J］．高考，2020（14）：134．

[2] 周健．高中地理课程中融入中华优秀传统文化教育［J］．吉林教育，2020（04）：5-6．

[3] 杨振华．传统优秀文化在地理教学中养成性探索分析［J］．文化产业，2020（03）：130-131．

[4] 喻玲玲．高中地理教学中传统文化的渗透探赜［J］．成才之路，2018（04）：99．

[5] 侯福海．中国传统地理学在高中地理教学中的渗透［J］．基础教育研究，2017（19）：71-73．

“崇文尚武”教育理念下的校本课程设计探索

——以高中地理校本课程《福地拳理》为例

潘　霞

党的二十大报告强调，坚持为党育人、为国育才，全面提高人才自主培养质量，着力造就拔尖创新人才[1]。加强中华优秀传统文化教育，是落实立德树人根本任务和引导学生树立文化自信的重要途径。武术作为中华优秀传统文化，具有很高的育人价值。福建省复杂多样的自然地理环境和人文变迁历史孕育出了极具区域特色的七大拳派。福州市第七中学以中华武术为载体，践行“崇文尚武”教育理念。本文尝试结合学校原有的中华武术传统文化教育基础和特色，设计具有校园文化特色的校本课程。

遵循福州市第七中学“弘学养正”办学目标和“崇文尚武”特色理念的高中地理校本课程是具有时代性和基础性的高中地理课程的重要组成，提供未来公民必备的地理知识，增强学生的地理学习能力和生存能力。关注人口、资源、环境和区域发展等问题，以利于学生正确认识人地关系，形成可持续发展的观念。满足学生不同的地理学习需要。建立富有多样性、选择性的高中地理校本课程，重视课程资源的开发利用，有助于全面深化地理课程改革，落实“立德树人”的根本任务，促进我国地理教育事业持续健康发展。

一、课程目标设计

遵循福州市第七中学“弘学养正”办学目标和“崇文尚武”教育理念设立了校本课程《福地拳理》，旨在聚焦铸魂育人。在课程目标设计上，以弘扬优秀传统文化、加强体育教育、培育地理学科核心素养及培养家国情怀 4 个具体的目标，展示了《福地拳理》课程“立德树人”的价值取向。

一是弘扬优秀传统文化。中华武术是中华优秀传统文化中的瑰宝。学习区域性武术福建七大拳法有利于加强学生对福建武术的认识，引导学生用地理的眼光认识武术、分析武术，并将武术的思想哲理和健身技能运用到学习和生活中。让学生在日常的学习生活中弘扬优秀的武术文化，增强文化自信。

二是加强体育教育。武术作为福州市第七中学的育人特色项目，已经落实到学生日常的课间操与体育课当中。本课程将引领学生从一个全新的角度去分析自己所熟知的武术。相较于机械地将武术作为一种体育项目，引导学生悟出其中原理能加深其对武术的热爱，进一步加强体育教育。

三是培育地理学科核心素养。本课程将传统武术融入地理校本课程，通过探究传统武术的源起与自然环境的关系，分析传统武术的传承与发展是如何受人口变动、产业发展及可持续发展的影响。引导学生悟武术原理，体会人与自然和谐共生的人地关系理念。在研究福建七大拳法的过程中培养学生的综合思维素养、地理实践力素养、区域认知素养与人地协调观。努力发挥校本课程在学生综合素质培养中的积极导向作用。通过校本课程助力拔尖创新人才的培育，落实立德树人的教育目标。

四是培养家国情怀。通过学习研究福建七大拳法，增强学生对家乡的认同感，培养爱国主义和民族气节。使学生能在具体的武术体验中升华家国情怀，主动学习并掌握地理和武术相关知识与技能、优化思维水平、完善能力结构、发展核心素养，为成为“德才兼备”的时代新人奠定坚实基础。

二、课程内容设计

在课程内容设计上，学校遵循自身办学理念和育人目标内核，注重关于立德树人的个性化价值表达与功能释放；注重育人资源甄别与育人特色呈现；注重与时俱进地传承并弘扬以武术文化为主的优秀传统文化教育。在此基础上，本课程设计了如下四个板块的内容。

（一）福建地理与武术概况

福建境内峰岭耸峙，丘陵连绵，河谷、盆地穿插其间，山地、丘陵占全省总面积的80%以上，素有“八山一水一分田”之称。福建属于暖热湿润的亚热带海洋性季风气候，热量丰富，雨量充沛，光照充足，气候条件优越，适宜人类聚居以及多种作物生长。福建水系密布，河流众多。武夷山、龙岩梅花山、三明格氏栲林和龙栖山、建瓯万木林等自然保护区都保存有连片的原始森林，动植物资源十分丰富。由于福建位于东海与南海的交通要冲，由海路可以到达南亚、西亚、东非，是历史上海上丝绸之路、郑和下西洋的起点，也是海上商贸集散地，和中国其他地方不同，福建沿海的文明是海洋文明，而内地客家地区是农业文明。

中国武术在华夏土地上延绵了数千年，历史悠久并植根于民间。福建武术源远流长，其门派繁多，内容丰富、风格独特、技法全面、功法完整，形成了系统科学的理论和技术体系，是我国南方一座无可复加的历史文化宝库。据统计，在八闽大地上流行广、影响大、历史悠久、体系完整的传统拳种有：五祖拳、太祖拳、罗汉拳、永春白鹤拳、连城拳、地术犬法等十大拳种。这些拳种风格鲜明、特点突出、技法完整、功法全面，普遍高马硬技、短打实用。保持着古朴刚阳、步稳势烈、以气催力，发声助势等特点，形成了鲜明的南派武功特色，是我国武术文化遗产中的灿烂瑰宝。

（二）福建拳法源起与自然地理环境

大自然是人类赖以生存发展的基本条件。福建武术的源起体现了人们尊重自然、顺应自然、改造自然的人地关系理念。人类活动与区域的气候、地形、水源、土壤、生物等自然环境条件息息相关。福建七大拳法正是福建自然地理环境所孕育出的地方性拳法。有些福建武术拳种，是以地名或动物特点而命名的。例如，以模仿动物的特征、技能，仿形会物而命名的有永春白鹤拳、福州鹤拳、龙尊、虎尊、狗举（地术犬法）、猴拳、邱鹤拳、五兽拳、牛拳、鸡拳、金狮拳、鱼法、蚓法等。地术犬法，简称“地法”或“地术”，俗称“狗拳”，则以动物名称命名。虎尊古称“永福虎尊”，是南拳中的一种，是仿生学在武术中运用的一个典范。连城拳、安海拳，走廊拳、开元拳、青龙江拳等则是以地名命名的拳种。还有以物命名的五梅拳、花拳、梅花拳等。武术使用的很多器械也是取材于当地的植物，如竹竿和木棍。因此，福建拳法源起与当地的自然地理环境有很强的关联性，体现了地理学中人地和谐共生的理念。

（三）福建拳法源起与自然灾害

福建民间习武、尚武的传统主要缘于福建独特的地域环境。首先，福建地区虽雨量丰富，但降雨时间不均，加上山地存水困难，导致旱灾频发。在旱情严重时，农民的温饱得不到保障，往往村民或村落之间发生冲突打斗。《福建史稿》载，宋代福清“自唐天宝间壅流灌田凡数万亩，岁久，沟湖为豪右所侵，遇旱干，民挺刃争水，讼不绝。”两宋时期是福建人口剧增期，到明嘉定十六年（1223），福建人口已过万，比唐后期元和年间增加了 9.2 倍[2]。出现了“土地迫狭，生籍繁夥，虽硗确之地，耕耨殆尽，亩直浸贵，故多田讼”[3]的局面。其次，明中叶起福建私人海上贸易兴起，由于沿海贸易恶性竞争，“强弱相凌，自相劫夺”的海上暴力事件时有发生。在这种情况下，船民必须掌握一定的武艺，以防身自卫。此外，自古以来，福建就是兵灾倭患的重灾区。兵寇混杂，烧杀抢掠，民不聊生。为求生存，福建农民纷纷加入武装起义的行列，并在农闲时加强习武练武，以备自卫保家之需。因此，我们可以从“天灾”和“人祸”两个角度分析福建武术源起。

（四）人口变动、地域文化与福建拳法

本部分主要引导学生了解练习拳法人员的时空分布特征及变化；认识人口迁移对各大拳派技巧及文化的传播、交流、融合作用。福建的早期历史是

一部移民史，其文化亦是一种移民文化，其形成的时间约在宋或更早。伴随移民而来的中原武术成为福建武术的上源活水，福建武术文化的形成伴随着大批移民而不断积累、发育与成熟。闽西武术作为客家文明的见证，可通过它深入研究客家人的发源与发展，客家文化的形成、发展与传播以及客家人奇异的民风民俗。五祖拳发源于泉州，在泉州南少林拳系中最具有代表性，是福建省七大拳种中历史最悠久、传播地域最广的优秀拳种。五祖拳盛行于闽南和中国南部各省，随着华侨的足迹，又传播至东南亚各国，随后五大洲也都流传开了。研究人口变动、地域文化与福建拳法，有利于强化人口、资源、环境、社会相互协调的可持续发展观念。

（五）产业、交通与福建拳法

福建拳法在不同时期不同产业背景下具有显著的差异。从时间维度上看，农业社会生产力低，习拳的主要目的为防身和御敌；现代社会经济发展，人们习拳的目的转变为强健体魄、修身养性、传承文化等。同时，拳法的练习和演出也促进了当地特色旅游的发展。福建武术在海外的传播，也是伴随着经济全球化和交通条件的改善而逐步形成的。晋代的晋安港、宋元之际的泉州港、明代漳州月港都是当时闻名世界的商贸港口，自然也是中西文化的汇聚交融之地，福建武术正是沿着这条条“海上丝绸之路”而流播四方的。

（六）福建拳法的传承与发展

为了更好地传承和发展福建武术，我们需要采取一系列措施。首先，我们应该加强对福建武术的宣传和推广，让更多的人了解和认识福建武术的价值和意义。其次，我们应该加强对福建武术的研究与保护，挖掘和整理福建武术的历史渊源和文化内涵，加强对福建武术的保护和传承。同时，应该加强对福建武术的教育与培训，培养更多的武术人才，为福建武术的传承和发展注入新的活力。

三、课程实施路径设计

在课程实施路径设计上，强调内容与形式的丰富多彩、理论修养与生活实践的相辅相成，既关照学生的共同需要，又兼顾其个性诉求，形成立体推进的四条实施路径。

（一）立足课堂教学，夯实福建地理与武术基础

通过“福建拳法源起与自然地理环境”“人口变动、地域文化与福建拳法”“产业、交通与福建拳法”等课程教学，夯实学生的知识理论基础；通过在课堂教学中有机融入地理知识与武术知识，不断提升学生的地理核心素养与文化自信。

（二）开展专项活动，丰富福建地理与武术教育内涵

搭建“福建地理与武术”活动平台，让学生动手制作福建地理与武术融合的地理模型，或者编写、演绎福建地理与武术融合的小品或者话剧，通过多样的融合活动，落实校本课程的教学。

（三）深化研学实践，提升校本课程教育品质

探寻武术文化，深究地理知识。学生结合福建地理与福建武术特征，到福建武术相关的科研机构或博物馆进行走访学习，向资深老师和专家请教福建地理和福建武术相关的知识，并将自己研究心得展开分享与交流。在行动中升华理论知识。

四、课程评价设计

在课程评价设计上，突出“立德树人”总要求落实的前提，立足“弘学养正、崇文尚武”育人目标的达成，确立科学评价指标，坚持三原则。

一是过程性原则。综合评价学生在《福地拳理》课程学习过程中的表现和发展状况，将学生的感悟、体验和成果有机结合起来。

二是发展性原则。以发展的视角看待评价结果，不以一次评价结果下定论，充分重视学生的可塑性和发展的广阔空间。

三是多元性原则。一是评价依据多元化，在评价过程中充分尊重学生的个体差异，重视对学生成长变化的评价，肯定学生的进步，鼓励学生发挥自己的优势潜能，实现多样化和个性化发展；二是评价主体多元化，对学生《福地拳理》课程学习效果的综合考察由学生、家长、教师等共同参与；三是评价方式多元化，将定量评价与定性评价相结合，将“成长记录评价”与“协商研讨式评价”相结合。

五、结语

将学校特色武术与地理教学相结合，设计《福地拳理》校本课程，让学生将所学的地理知识运用到福建武术的分析过程中来，也为学生提供一个生活当中处处有地理的真实案例，引导学生学会用所学知识解决现实世界中的复杂问题，从而培养核心素养，增强文化自信，落实立德树人的教育目标。

参考文献

[1] 习近平. 高举中国特色社会主义伟大旗帜 为全面建设社会主义现代化国家而团结奋斗：在中国共产党第二十次全国代表大会上的报告 [N]. 人民日报，2022-10-26 (1).

[2] 厦门大学历史研究所，中国社会经济史研究室. 福建经济发展简史 [M]. 厦门：厦门大学出版社，1989：7.

[3] 脱脱. 宋史：卷八十九 [M]. 北京：中华书局，1977：2210.

三、教学设计或案例

第五章 省市篇：新疆篇

课题	航拍中国：新疆篇	课型	新授	时间	
备课组成员	吴虹、方志英	主备	方志英	课时	
教材分析	新疆是中国陆地面积最大的省份，南有昆仑山，北有阿尔泰山，中部是天山，这三座大山之间环抱着中国最大的两个盆地。空中旅程从天山开启，探寻水孕育生命的奥秘，在海拔 5000 米之上，亲近博格达峰，在冰雪之中，造访天池，向西飞进新疆最大的草原，走进新疆的棉花种植基地，最后参观了坎儿井 这是一部从空中俯视新疆自然、人文的纪录片，立体化展示大美新疆的自然景观和丰富多彩的生态环境，彰显经济建设的辉煌成就 本课时学生需要掌握区域地理的学习思路，要学会从各个自然要素出发，掌握相关知识				
学情分析	高二学生对于地理系统知识还比较薄弱，校本课程的学生既有文科也有理科，程度也参差不齐。在观看影片的过程中需要不断的暂停和讲解，在问题的设置上也要尽量符合学生的学情，精简容易，让学生都能参与其中讨论				
核心素养	1. 了解新疆自然人文特征各方面的不同 2.了解新疆位置、地形、气候、水文等各方面的差异和成因 3.通过小组讨论合作探究新疆棉花品质好的原因 4.通过对新疆的系统学习，让学习正确认识新疆，用辩证的思维去分析地理原因，激发学生学习地理的兴趣				
教学方法与教学手段	1. 教学方法：启发式、探究式、讨论式等 2.教学手段：教材、地理视频、多媒体投影仪				
重　点	分析新疆棉花品质好的原因				
难　点	分析新疆棉花品质好的原因				

续表

教学过程		
教师活动	学生活动	设计意图
1. 看视频描述准噶尔盆地的自然环境特征	准噶尔盆地位于新疆境内，天山山脉和阿尔泰山脉之间，平面形态南宽北窄，略呈三角形，面积约 13 万平方公里。降水少，多内流河，地表以荒漠和草原为主	让学生初步了解并掌握区域地理的学习思路，为其他区域的学习打下基础
2.说明新疆维吾尔自治区的地形特征	山脉与盆地相间排列，盆地与高山环抱，俗称“三山夹二盆”，北部阿尔泰山，南部为昆仑山系，天山横亘于新疆中部，把新疆分为南北两半，南部是塔里木盆地北部是准噶尔盆地	
3.描述塔克拉玛干沙漠的特征，说明其形成原因	塔克拉玛干沙漠位于新疆南疆的塔里木盆地中心，是中国最大的沙漠，也是世界第十大沙漠，同时亦是世界第二大流动沙漠。整个沙漠东西长约 1000 千米，南北宽约 400 千米，面积达 33 万平方千米。平均年降水不超过 100 毫米，最低只有四五毫米；而平均蒸发量却高达 2500 毫米—3400 毫米。因为深居内陆，降水稀少，沙漠广布，沙丘绵延，受风的影响，沙丘时常移动	通过探究学习，提高归纳知识的能力
4.描述新疆瓜果品质好的原因	“一年四季有瓜果，来到新疆不想家”，这里自古就有“瓜果之乡”的美誉，极大的温差和充足的日照，加上坎儿井的浇灌与滋养，创造出葡萄沟的“甜蜜”奇迹	提高读图能力
5.说出图示地貌的名称，并指出其形成的主要外力	自然以风蚀、水蚀为刻刀，在戈壁滩上雕刻出雅丹地貌，地面上形成条条龙脊，座座城堡，神秘莫测的“龙城”“风城”“魔鬼城”，让人心驰神往、赞叹不已	
6.就图示地区野驴等野生动物保护提出合理性措施	建立自然保护区，减少人类在该地区的活动等	
7.分析哈萨克族成为世界上搬家最多的民族的原因	哈萨克族是游牧民族，所以在不同季节随着放牧区域的不同，放牧需要转场，牧民需要搬家	
8.分析新疆坎儿井的形成条件	新疆地形复杂，既有高山峻岭，又有广袤的平原和盆地。吐鲁番盆地是一个典型的地堑盆地，在天山南麓，周围环山，中间低地。盆地内洪积而成的第四纪沙砾层和土层，厚达好几十米，含有钙质胶结，坚实牢固，不易崩塌，给开挖坎儿井提供了条件。吐鲁番盆地内水资源主要来自北部博格达山的高山冰雪融水。吐鲁番盆地内博格达峰海拔 5000 多米，中心艾丁湖海拔则低于海平面，且艾丁湖距离博格达峰仅几十千米，巨大的地势落差使得天山冰雪融水顺势流向艾丁湖方向。坎儿井正是利用地势落差引导水流沿着暗渠流向盆地	培养分析能力与合作探究精神
教学反思：		

地域文化与城乡景观

课程标准

结合实例，说明地域文化在城乡景观上的体现。

教学目标

1.结合不同地区的地理环境特点，理解地域文化的含义和特点及影响。（区域认知、地理实践力）

2.结合实例，理解不同区域地域文化的差异及成因。（综合思维）

3.通过地理环境对地域文化的影响树立正确的人地协调观。（人地协调观）

教学重点

1.结合实例，理解不同区域地域文化的差异及成因。

2.通过地理环境对地域文化的影响树立正确的人地协调观。

教学难点

结合实例说明城乡景观如何体现自然环境与人类活动的协调关系。

教学过程

一、导入新课

教师课件展示瓦尔帕莱索的视频或图片及文字介绍，瓦尔帕莱索位于智利首都以西，是南美洲太平洋东岸的重要海港城市。该城市的房屋依山而建，每一户人家都把自己的住房涂上颜色，赤橙黄绿，异彩纷呈。

然后提问：瓦尔帕莱索这种五颜六色的建筑景观与当地的地域文化有何关联？

引导学生联想思考：我们自己的家乡有什么让你印象深刻的地域文化？

过渡：这节课就让我们一起来认识地域文化与城乡景观。

二、新课探究

（一）地域文化

教师引导学生自学以下内容：

1.我们每天从报纸、电视、互联网等媒体中看到世界各地的文化现象，它们可能与我们身边熟悉的文化有许多不同。这说明文化具有地域性，俗语所云“十里不同风，百里不同俗”，说的就是这个道理。

2.地域文化在特定的地域范围内形成，可以是物质方面的，如建筑、服饰、饮食等，也可以是非物质方面的，如价值观、制度、习俗、语言、艺术等。

3.感受地域文化，我们可以从景观入手。景观有自然景观和人文景观之分。行云飞瀑、高山流水是自然景观，较少受到人类的直接影响或未受人类的影响。人文景观也称文化景观，是人类的文化留在地球表面上的印记，是人类为了满足某种需要，利用自然物质加以创造的结果。农田、村落、矿山、道路、建筑、雕塑等都是人类所创造的文化景观。

4.城乡景观既包括聚落整体，又包括聚落内的建筑、道路等。我们可以从城乡景观的角度来探寻地域文化及其影响。

教师举例展示地域文化的典例：云南“娃娃出门男人带”。云南地处我国云贵高原，地形崎岖不平，外出大多要翻山越岭，女人体力较弱，不适于长时间的负重行走，所以出现“娃娃出门男人带”的现象。这说明了地域文化（风俗习惯）深受地理环境的影响。

广州的骑街老楼。跨在街道或胡同上的楼，楼房向外伸出遮盖着人行道的部分，底下可以通行，如巴金《秋》的序：“我和几个朋友蹲在四层洋房的骑楼下。”它是湿热多雨的自然环境下，我国南方文化与海外文化相融合的结果。

教师引导学生阅读教材第43—44页的“活动”材料，结合下列图片回答问题：

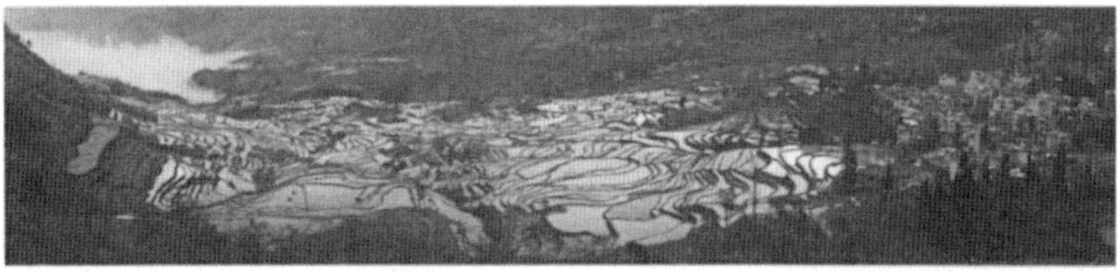

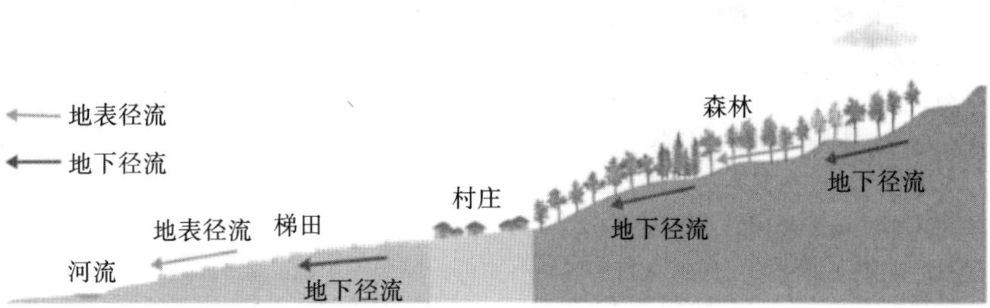

1.从材料中，找出体现红河哈尼梯田以下几个方面地域文化的描述。

生产活动，用水、用地制度，价值观、审美情趣。

2.讨论这些地域文化是否可以在代际之间传承、不同地方传播。

（二）地域文化与乡村景观

教师引导学生自学以下内容。

1.较之城镇，乡村的主要经济活动与自然的关系更为直接，其景观所体现的人地和谐理念更为鲜明。

2.乡村景观除了能够体现人们顺应自然、趋利避害的生活智慧外，还能够体现当地人们的社会组织形态、精神追求等。

教师讲解乡村景观典例：特色民居建筑——福建客家土楼。

分布：主要分布在闽西山区，已被列入《世界遗产名录》。

特点：其是大型夯土民居建筑，体现了迁徙文化的特征。

客家文化是植根于古代中原地区传统汉族文化，在长期移民生活中适应了南方山区地理环境，并融合当地少数民族文化而形成的独树一帜的地域文化。福建客家土楼是客家文化的典型代表，是当地自然环境和社会经济生活共同的产物。

（三）地域文化与城镇景观

教师引导学生自学以下内容。

1.地域文化同样体现在城镇景观中。相比很多现代城镇都是钢筋混凝土、玻璃之类的灰色调，有一些城镇因其深厚的文化底蕴，会有自己的色调、色彩，例如，我国江南城镇的粉墙黛瓦、意大利佛罗伦萨的黄橙交织。智利瓦尔帕莱索老城区住房的颜色五彩缤纷，就与该港口城市同欧洲的贸易往来有很大关系。

2.城镇中的各种建筑，不单纯是为某种用途而建造的，它还反映了某种文化意识和审美情趣。

3.一所民居有其文化意蕴，而一座城镇的空间格局，或整体或局部，也能反映某种价值追求。

教师：课件展示教材第 47 页“北京老城的四合院”图片及补充文字材料，四合院又称四合房，是一种中国传统合院式建筑。四合的“四”指东、西、南、北四个方向，“合”即四面房屋围在一起，形成一个“口”字形的结构。通常由正房、东西厢房和倒座房组成，从四面将庭院合围在中间，故名四合院。北京正规四合院一般以东西方向的胡同而坐北朝南，基本形式是分居四面的北房（正房）、南房（倒座房）和东、西厢房，四周再围以高墙形成四合，开一个门。中间是庭院，院落宽敞，可在院内植树栽花，饲鸟养鱼，叠石造景。居住者不仅享有舒适的住房，还可分享大自然赐予的一片美好天地，引导学生完成下列各题：

（1）北京的四合院如何体现“合”的内涵？

（2）四合院的建筑格局体现了北京人的什么性格特征？

（3）试从北方气候的角度入手，分析四合院的建筑格局及形成原因。

学生：阅读图文资料，交流讨丨料论，学生代表回答问题。师生共同总结。

教师课件补充拓展：

世界城市景观差异与形成

城市建筑		表现	原因
建筑格局	美国城市	市中心区摩天大楼高耸入云，四周建筑物错落其间	城市发展历史短，移民影响大，经济发展快
	欧洲城市	市中心区一般很少建现代化高楼大厦，高大楼群聚集的情况更为少见	城市发展历史悠久，城市格局与主体建筑风格已经形成
建筑风格	杭州	将城市有组织地融入自然环境之中的“山水城市”	“天人合一”哲学思想的影响
	北京	皇宫建筑群雄踞城市中心，其他重要建筑物则沿城市中轴线排列	显示皇权的至高无上
	华盛顿	国会大厦居于高处	体现了资产阶级所标榜的民主与法制精神
建筑结构	中国	围墙是中国建筑的主要景观，中国园林讲究含蓄、显而不露、引而不发、忌直求曲、忌宽求窄	中国文化具有很强的内向性、封闭性
	西方	美国建筑绝少有围墙，西方园林强调整齐划一、直率敞朗、和盘托出	西方文化以外向、开放著称

三、活动探究

教师：课件展示图片（西安、巴黎、纽约，中国园林、欧洲园林，北京四合院、伦敦别墅），引导学生观察并回答下列问题：

（1）西安、巴黎、纽约三个城市空间布局有什么差异？

（2）城市空间布局的差异体现了各自怎样的文化背景？

（3）中国园林与欧洲园林在建筑风格和布局形式上有何不同？体现了哪

些地域文化差异？

(4) 北京四合院、伦敦别墅反映了哪些文化差异？

学生：学生认真观察图片资料，思考问题，分析原因。分组讨论，相互交流。

设计意图：让学生对比图片，感受世界范围内各城市的空间布局和建筑风格所体现的人类文化内涵，加强对世界文化多样性的理解。

四、课后实践活动

你所在的地区有哪些独特的地域文化？有哪些代表性的城镇或乡村景观？这些文化景观是否得到了妥善的保护？请参考下面的步骤，以“当地特色文化景观及其保护”为题展开调查。

1.选择一处能反映家乡地域文化特点的景观，以小组为单位进行实地调查，填写表一。

表一　××文化景观调查

考察地点	
小组成员	
考察时间	
景观名称	
景观特色	
历史沿革	

2.查找资料，分析该景观如何反映当地的地域文化。

要点提示：景观形成的自然因素和人文因素有哪些？景观体现的地域文化是什么？景观形成后如何影响当地人的生活？

3.该景观是否受到了保护，受到保护的程度是否足够？

要点提示：目前该景观是否存在破损情况？该景观是否经历过翻修？由谁负责保护？是否进行了旅游开发，开发的程度是否恰当？

4.每组根据调查结果制作一张墙报，在班级或校园里展示。

要点提示：墙报不仅要突出主题，图文并茂，还要进行艺术性的设计。墙报在形式上可以采用手绘画、地图、照片等，还应配有图片的解说词。墙报在内容上应当完整地呈现调查结果。

五、作业布置

地域文化是一定地域人类活动的产物，建筑物作为物质文化景观，最能体现一定的地域文化特色。广州西关大屋和北京四合院分别是中国岭南和北方最具地域文化特色的民居。

1.（区域认知、地理实践力）请查阅相关资料，分析广州西关大屋和北京四合院共同反映了中国地域文化的哪些特点。

2.（人地协调观、综合思维）中国的方言多得数不清，尤其是南方比较繁杂，你知道是什么原因造成的吗？

四、学科特色活动

探多彩大地，析万物之理

——地理模型制作

经天纬地，求知明理。从巍峨的山川到广阔的海洋，从高空的气流到地底的震波；从抬头仰望所见的日月盈昃、辰宿列张，再到身边随处可见的泥土沙砾、一草一木，无不是地理研究的对象。时间上，千万年的历史被刻入名为地层的书页，等待人们来翻阅；空间上，产业的布局、扩散与集聚，蕴含着发展阶段的更迭、区域经济的增长。可以说，我们生活中所能触及的一切，都能与地理有关。

你学习过什么样的地理？是浩瀚无垠的广阔宇宙，还是延绵不绝的高大山脉；是碧空万里的垂直大气，还是神秘莫测的地下溶洞？地理学科具有属于自己学科独特的魅力。高一地理的教与学，应尽可能尝试运用多种手段开展对地理事物的直观表达，从而激发同学们对地理学科的兴趣，在表达地理的过程中，愉快地习得了地理的基本知识和基本原理，提升了学习效率。制作地理模型过程是一种复杂的、具有创造性的思维建构过程，同学们在动手制作的过程，本质也是探究、理解、运用地理知识和原理的过程，促进学生综合素养的提升，因此，近期高一地理教学组组织了“制作地理模型”的学科特色活动。纸上得来终觉浅，绝知此事要躬行。本次地理模型制作比赛为学生搭建了一个施展才艺的平台，巍巍高山，潺潺溪流，深邃宇宙，神秘溶洞，师生将地理知识化为捧在手中的具体模型，知地明理，以理释地。

本次活动得到了同学们的积极参与，收集到了大量优秀作品。地理教学组全体教师组成的评委团从科学性、创新性、美观性等角度对作品进行了讨论和评审。

天有日月星辰、地有山川陵谷、仰以观于天文、俯以察于地理。地理实践力是地理学育人过程中所要培养的核心素养之一，指学生在考察、实验和调查等地理实践活动中所具备的意志品质和行动能力。本次制作地理模型活动的本意是让学生在思考、设计、制作地理模型的过程中加强对知识的理解，锻炼自己的动手能力，提升地理学科核心素养。模型的形式可以让知识具现化，更直观有趣的展示学科知识，加强学生的理解。在这次活动中，我们并没有限制模型的题材和形式，让学生充分发挥各自的想象力和创造力，结果涌现出了不少出人意料的作品。

地理是一门综合性和实践性较强的学科，蕴藏着丰富的劳动教育素材。巧手妙制地理模型，创意无限探寻真知，福州市第七中学地理教学组在高中地理教学中融入劳动教育是落实地理学科核心素养培养的重要途径，能够让学生在提升地理实践力的同时养成热爱劳动的习惯，掌握相应的劳动技能，形成尊重劳动成果的意识。我们相信，学科活动不仅是帮助学生培养相应的学科素养，更应该服务于学生综合素质的提升，达到德、智、体、美、劳五育并举的目的。

五、教学随笔

高一地理校本

通过《福地拳理》校本课程的学习，进一步提高学生的科学精神和人文素养，也带给学生一双发现美的眼睛，感受天地辽阔，解读祖国壮美河山，使学生知祖国、爱祖国，增强了家国情怀。作为一名教师，我不仅教授知识，同时还肩负着培养学生综合素养和培养他们成为独立思考者的使命。在这个过程中，我不断地得到启发和感悟，不断地点亮每一颗星星。

我明白每个学生都是独特的个体，他们拥有不同的学习方式、兴趣和能力。因此，在教育教学中，个性化的教学是非常重要的。我努力去了解每个学生的需求和特点，根据他们的差异性来设计课程和教学方法。这样做不仅可以提高学生的学习成绩，更重要的是能够激发他们的学习动力和自信心。

有效的教学离不开良好的教育环境。创设积极、和谐的课堂氛围对于学生的发展至关重要。在课堂上，我鼓励学生积极参与讨论和互动，倡导尊重和合作的价值观。当学生感受到这种积极的氛围时，他们更愿意表达自己的想法、提出问题，并且愿意尝试新的学习方式和方法。

在与学生的互动中，我发现了学生们的力量。很多时候，学生们给予我的反馈和回馈成为我进一步成长和改进的动力。他们的兴趣、困惑、时刻提醒着我去关注每一个学生的成长和需求。在教育过程中，我不仅是一个知识传授者，更是一个倾听者和引导者。通过与学生建立信任和互动，我能更好地理解他们的思维方式、兴趣和潜能，从而更有效地引导他们的学习

身为教师，我也要不断学习和提升自己的教育能力。教育是一个不断发展的领域，新的教育理念和方法层出不穷。为了跟上时代的步伐，我积极参加各种教育培训和学术研讨会，与同行进行交流和合作。通过这些学习和实践，我不断更新自己的教育观念和教学策略，以更好地满足学生的需求。

总之，教育教学是一项伟大而充满挑战的事业。在日常的工作中，我时刻保持对教育的热爱和执着。通过个性化教学、创设良好的教育环境、不断学习提升以及培养学生的综合素养。我坚信可以更好地引导学生成长，点亮每一颗星星，也点亮他们的人生！

地承山河万物，理蕴千古人文

从近几年的阶段性测试河高考命题的系统梳理和研究中，可以发现地理考题越来越“生活化”。其中不少考题的情境素材都取材于优质地理纪录片，如《航拍中国》等，而现用的地理教材资源有限，对中国大好河山的介绍较为有限。因此，在整个地理教学组不懈努力下，编写了本地理校本课程《这里是中国》。

纪录片等视频中蕴含了丰富的地理素材，以其科学性、真实性的特点，直接记录自然万物或真实生活，具有很高的审美价值、文化价值和育人价值。它立体化展示中国历史人文景观、自然地理风貌及经济社会发展，全景式俯瞰一个大家既熟悉又新鲜的美丽中国、生态中国、文明中国。

本课程是在观看航拍中国、星球研究所等系列纪录片视频的基础上，通过问题引导，自主探究、合作学习等方式，让学生学会应用高中地理知识，来解释视频中所涉及地理现象。从中国地理大格局出发，引导学生感受中国不同区域变化，认识自然地理环境的变迁，分析人类发展与环境的关系。既

形象生动又能充分培养与调动学生学习地理的积极性，同时开阔学生的视野，增加课题趣味性，激发学生学习热情，使学生对地理知识做到学以致用，学习生活中的地理。

在每课时学习之后，由教师提供研究课题，例如伊犁河谷薰衣草种植的可行性分析、青藏高原对季风的影响等，学生以小组的形式选择感兴趣的课例进行合作探究，并将成果制作成 PPT 进行讲解。

六、学生作品

武韵风华

一、学科课程方案

（一）指导思想

以习近平新时代中国特色社会主义思想为指导，全面贯彻党的教育方针，遵循教育教学规律，落实立德树人根本任务，发展素质教育。以人民为中心，扎根中国大地办教育。坚持德育为先，提升智育水平，加强体育美育，落实劳动教育。反映时代特征，努力构建具有中国特色、世界水准的义务教育课程体系。聚焦中国学生发展核心素养，培养学生适应未来发展的正确价值观、必备品格和关键能力，引导学生明确人生发展方向，成长为德智体美劳全面发展的社会主义建设者和接班人。

（二）课程标准

初一阶段，强调以学生为中心，关注学生的全面发展。通过本课程的学习，学生不仅能够掌握基本的体育知识和技能，提高身体素质和运动能力，还能够培养良好的团队协作精神和意志品质，树立正确的体育观念和生活态度。

初二阶段，学生应该掌握基本的体育知识和技能，包括运动解剖学、运动生理学、运动心理学等方面的知识，以及各种运动技能和技巧。学生应该对体育产生浓厚的兴趣，养成经常参加体育锻炼的良好习惯，具备自主锻炼的能力。

通过体育课程的学习，学生应该提高身体素质，包括力量、速度、耐力、灵敏、柔韧等方面的能力，增强体能水平。学生应该了解团队协作的重要性，学会与他人合作，同时培养竞争意识，积极参与各种体育比赛和活动。

初三阶段，包括耐力、力量、速度、灵敏度和柔韧性的训练，形式可以是跑步、力量练习、体操等。球类运动有篮球、足球、排球等，重点在于培养学生的团队精神和协作能力。民族传统体育有武术、跳绳、毽子等，弘扬民族文化，增加学生的体育活动多样性。健康知识在于教授学生基本的健康知识，如合理饮食、预防运动损伤等。体育竞赛规则与欣赏则让学生了解各类体育项目的规则，提高他们对体育赛事的欣赏能力。

高一阶段，包括跑步、跳跃、投掷等基础体能训练，提高学生的身体素质。根据学生的兴趣和特长，选择篮球、足球、羽毛球等项目进行技能学习。健康教育包括运动生理、运动损伤预防与处理等方面的知识，提高学生的健康素养。通过团队游戏、拓展训练等方式，培养学生的团队协作能力，通过心理讲座、心理咨询等方式，帮助学生解决心理问题，提高心理素质。

高二阶段，根据学生的身心发展特点、兴趣爱好和运动需求，设置多样化的课程内容。主要包括体能训练、球类运动、游泳等技能性运动和健身操、瑜伽等休闲性运动。在课程内容的选择上，应注重培养学生的运动兴趣和技能水平，同时强调运动的科学性和安全性。

高三阶段，包括力量、速度、耐力、灵敏度和柔韧性的训练。根据学生兴趣和学校资源，开设篮球、足球、羽毛球等专项技能课程。教授学生基本的运动科学知识，如人体生理特点、运动营养等。加强对学生健康生活习惯的培养和心理问题的关注与疏导。

（三）课程框架和内容

1.初一校本课程：武术理论与基本功。

2.初二校本课程：七中南拳。

3.初三校本课程：长拳与器械。

4.高一校本课程：武术理论与基本功。

5.高二校本课程：太极拳基本功法。

6.高三校本课程：健身气功。

（四）课程活动形式

1.初一：主题学习型。

2.初二：主题学习型。

3.初三：综合实践型。

4.高一：主题学习型。

5.高二：综合实践型。

6.高三：综合实践型。

（五）课程评价方案

初一：校本课程评价方案

武术是中国传统体育项目，拥有悠久的历史和深厚的文化底蕴。为了更好地推广武术，提高习武者的技术水平，制定一套科学、合理的武术理论与基本功评价方案至关重要。本方案旨在为习武者提供一个全面、客观、公正的评价标准，以促进武术的健康发展。

一、评价内容

1.理论评价。理论评价主要包括对武术基本概念、技术原理、战术策略等方面的知识掌握情况进行评价。具体包括：（1）武术基本概念，如武术的定义、起源、发展历程等；（2）技术原理，如拳法、腿法、身法、器械运用等方面的技术原理；（3）战术策略，如攻防转换、战术运用等方面的知识。

2.基本功评价。基本功评价主要包括对习武者在力量、速度、柔韧性、协调性等方面的基本素质进行评价。具体包括：（1）力量，如推、拉、举、压等力量的表现；（2）速度，如反应速度、动作速度等；（3）柔韧性，如关节活动范围、肌肉伸展程度等；（4）协调性，如动作连贯性、节奏感等。

二、评价标准

1.理论评价标准。理论评价标准采用笔试形式，以客观题为主，包括选择题、填空题、简答题等题型。根据题目的难易程度和知识点的覆盖面，制定相应的评分标准，确保评价结果的客观性和公正性。

2.基本功评价标准。基本功评价标准根据各项基本素质的要求，制定相应的评估指标和评分标准。具体指标可根据不同武术流派的特点和要求进行调整，以确保评价结果的科学性和实用性。

初二：校本课程评价方案

一、目的

本评价方案旨在为南拳的评估提供一个全面的标准，确保评估的客观性、公正性和科学性。通过此方案，我们可以全面了解南拳的技能水平、身体素质和实战能力，从而为学员的成长和发展提供有力的支持。

二、评估标准

1.基础技术，包括拳法、腿法、身法等基本技能的掌握和运用，要求动作规范、准确、流畅。

2.身体素质，包括力量、速度、耐力、柔韧性等方面的评估，以适应南拳高强度的实战需求。

3.实战能力，通过模拟实战、对抗练习等方式，评估学员的战术意识、实战技巧和心理素质。

4.理论知识，了解南拳的历史、文化、技战术理论等方面的知识，培养学员的文化素养和武术修养。

三、评估方法

1.观察法，通过观察学员的训练过程，评估其基础技术、身体素质和实战能力等方面的表现。

2.测试法，定期进行身体素质测试，记录学员的力量、速度、耐力等方面的数据，以便进行横向和纵向的比较。

3.对抗法，组织学员进行对抗练习，观察其在实战中的表现和技术运用能力。

4.问卷调查法，对学员进行问卷调查，了解其对南拳理论知识的掌握情况和学习态度。

四、评估流程

1.制定评估计划。根据学员的学习进度和训练计划，制定相应的评估计划。

2.实施评估。按照评估标准和方法，对学员进行全面的评估。

3.数据分析。对评估结果进行统计和分析，找出学员的优缺点和提升空间。

4.结果反馈。将评估结果及时反馈给学员和教练，以便进行调整和改进。

5.定期复评。根据学员的训练情况和进度，定期进行复评，确保评估的实时性和有效性。

初三：校本课程评价方案

一、概述

长拳是一种以肢体长度攻击为主的武术套路，强调力量与技术的结合。器械则是在长拳基础上，通过使用各种器械进行攻防练习。为了更好地评估长拳与器械的学习效果，制定本评估方案。

二、评估内容

1.长拳技能评估。具体有：（1）姿势评估，评估站姿、步法、身法等基本功是否标准、规范。（2）动作评估，评估长拳动作的规范性、流畅性和力量表现。（3）组合动作评估，评估组合动作的连贯性、协调性和攻防意识。

2.器械技能评估。具体有：（1）器械基本功评估，评估持械姿势、步法、身法等基本功是否标准、规范。（2）器械动作评估，评估器械动作的规范性、流畅性和力量表现。（3）器械组合动作评估，评估器械组合动作的连贯性、协调性和攻防意识。

三、评估方式

1.教师评价。由专业教师根据评估内容对学生的学习情况进行全面评价。

2.学生自评。学生根据自身学习情况进行自我评价，反思学习过程中的不足。

3.同学互评。同学之间相互评价，共同提高学习效果。

四、评估标准

1.长拳技能评估标准：根据长拳动作的规范性、流畅性和力量表现进行评分，分为优秀、良好、中等、及格和不及格 5 个等级。

2.器械技能评估标准：根据器械动作的规范性、流畅性和力量表现进行评分，分为优秀、良好、中等、及格和不及格 5 个等级。

高一：校本课程评价方案

武术是中国传统体育项目，拥有悠久的历史和深厚的文化底蕴。为了更好地推广武术，提高习武者的技术水平，制定一套科学、合理的武术理论与基本功评价方案至关重要。本方案旨在为习武者提供一个全面、客观、公正的评价标准，以促进武术的健康发展。

一、评价内容

1.理论评价。理论评价主要包括对武术基本概念、技术原理、战术策略等方面的知识掌握情况进行评价。具体包括：（1）武术基本概念，如武术的定义、起源、发展历程等。（2）技术原理，如拳法、腿法、身法、器械运用等方面的技术原理。（3）战术策略，如攻防转换、战术运用等方面的知识。

2.基本功评价。基本功评价主要包括对习武者在力量、速度、柔韧性、协调性等方面的基本素质进行评价。具体包括：（1）力量，如推、拉、举、压等力量的表现。（2）速度，如反应速度、动作速度等。（3）柔韧性，如关节活动范围、肌肉伸展程度等。（4）协调性，如动作连贯性、节奏感等。

二、评价标准

1.理论评价标准。理论评价标准采用笔试形式，以客观题为主，包括选择题、填空题、简答题等题型。根据题目的难易程度和知识点的覆盖面，制定相应的评分标准，确保评价结果的客观性和公正性。

2.基本功评价标准。基本功评价标准根据各项基本素质的要求，制定相应的评估指标和评分标准。具体指标可根据不同武术流派的特点和要求进行调整，以确保评价结果的科学性和实用性。

高二：校本课程评价方案

太极拳是中国传统武术中的一种，具有悠久的历史和深厚的文化底蕴。它注重内外兼修，强调身心的和谐统一，对身体健康、心理调节以及精神修养具有很好的效果。为了更好地推广和评价太极拳的效果，本方案制定了以下具体的评价标准和方法。

一、评价标准

1.技术水平，包括太极拳的基本功、招式、套路、劲力等方面的技术水平。

2.动作规范性，主要评价太极拳的动作是否规范、标准，是否符合太极拳的基本要求。

3.身体协调性，评价练习者在太极拳动作中身体的协调性和流畅性。

4.内在修养，评价练习者的精神状态、心理调节以及道德修养等方面的内在修养。

5.健康效益，评价太极拳对练习者身体健康的改善情况，如身体各项指标是否有所提高。

二、评价方法

1.技术水平评价，采用专家评价法，邀请专业人士对练习者的技术水平进行评估。

2.动作规范性评价，通过观察练习者的动作，对其规范性进行评估。同时可以采用视频分析的方法进行评估。

3.身体协调性评价，通过观察练习者的动作，对其身体的协调性和流畅性进行评估。可以采用专家评价法和视频分析法相结合的方式进行评估。

4.内在修养评价，采用问卷调查和专家评价法相结合的方式进行评估，了解练习者的精神状态、心理调节以及道德修养等方面的内在修养情况。

5.健康效益评价，通过对比练习者练习太极拳前后的身体各项指标，对其健康效益进行评价。可以采用数据统计和分析的方法进行评估。

高三：校本课程评价方案

一、目的和意义

健身气功是我国传统养生文化的重要组成部分，具有悠久的历史和深厚的文化底蕴。为了进一步弘扬中华文化，推广健身气功，提高人民群众身心健康水平，制定本评价方案。

二、评价原则

1.科学性原则，评价方法应遵循科学规律，确保评价结果的客观性和准确性。

2.全面性原则，评价内容应涵盖健身气功的各个方面，包括功法、理论、实践等。

3.实用性原则，评价方案应具有可操作性，便于推广和应用。

三、评价内容与方法

1.功法评价，对健身气功的基本功法和套路进行评价，包括动作的规范性、连贯性、协调性等。可以采用现场观察、视频分析等方法进行评估。

2.理论评价，对健身气功的理论知识进行评价，包括气功的基本原理、练功要领、养生理念等。可以采用笔试、论文撰写等方式进行评估。

3.实践评价，对健身气功的实践效果进行评价，包括练功者的身体状况、心理状态、社会适应能力等。可以采用问卷调查、跟踪观察等方法进行评估。

四、评价标准与等级

1.评价标准，根据评价内容和方法，制定具体的评价标准，包括各项指标的权重和评分标准。

2.等级划分，根据评价结果，将健身气功划分为不同的等级，如初级、中级、高级等。等级越高，表示健身气功的水平越高。

五、评价程序与周期

1.评价程序，建立完善的评价程序，包括报名、审核、评价、公示等环节，确保评价过程的公正、公平、公开。

2.评价周期，根据实际情况，制定合理的评价周期，如每年一次或每两年一次。

二、研究论文

关于中学武术套路课教学的探讨

陈　禄

武术既能强健体魄，又有技击性能，还有形式多样，内容丰富，在我们的生活中发挥着积极的文化意义。武术已经成为最广泛和最受欢迎的运动之一。多年来，通过各种国际体育赛事和活动的交流，中国武术在世界各地流行起来，并逐渐得到世界各国人民的青睐。

一、中学武术套路课的教学现状

（一）学生缺乏对武术套路学习的兴趣

教师对武术套路的教学缺乏系统训练，在教学上，大多数体育教师采取教学方式会比较枯燥和单一，如学习、复习、反复重复相应的动作，课堂形式枯燥，造成学生的逆反心理，形成内容单一的武术套路课。缺乏对单个或基本动作的有趣练习。在教学过程中，大多数教师忽视了从最基础的武术基本知识中教育学生。学生接触到的武术大多是电影、电视和武侠小说中的中国武术。在这些渠道中被“神化”的那种功夫。它误导了学生对中国武术的正面理解，使学生望而却步。此外，学生不了解学习武术的作用和意义。因此，学生学习兴趣不高，自信心不足。

（二）缺乏武术基本功的训练

武术的基本功是习武的基础，教师在教学过程中往往直接教授武术套路。由于缺乏武术的基本技能，一些复杂的组合动作和日常动作中有点难度的动作都做不出来。此外，武术强调武术的“精、气、神”。强调的是节奏感和手、眼、身法、步的紧密配合。在短时间内，学生因缺乏各种素质而无法做出。因此，有一种“害怕学习”的情绪。

（三）教材内容单一

教材内容以五步拳、少年拳等套路为主。武术教材的内容并不多，甚至只有少数简单的组合动作。而这些组合动作也是老师按照自己掌握的武术套路教给学生的。因为缺乏一些系统性的武术基础知识普及，学生在接受武术套路的学习上只是一些动作的记忆而已，对武术套路的学习兴趣逐渐散失。

（四）师资不足

学校体育教师中，武术专业较少，能教授武术的非专业教师相对较多。大多数教师都不能胜任武术教学任务。还有，武术套路课的教学本身较于田径、球类就比较辛苦，体育教师在主观意识上就有些许的排斥。另外，从中学生的生理和心理角度来看，他们更具模仿性，这就要求教师表现出较强的语言水准和鲜明的语言形象，以及规范的武术动作。反之，武术套路教学课的效果甚差。

二、武术套路课教学方法

学校武术套路课上，讲解示范法、分解完整法、纠正错误法等传统的教学方法至今仍是学校武术教学的主要方法[1]。同时，也是体育各个项目教学的主要方法。正确的教学方法是武术常规教学成功的第一步。将会让学生形成规范完整表象、到初步定型、再到动态定型观念。

（一）示范法

在学校武术教材的教学过程中采用了几乎都会用到示范法。其中武术套路教学的示范包括：一套动作的演示示范、到部分动作示范、个别动作示范、单个动作分解示范、等。在示范面的应用中，武术常规教学中常用的演示面包括前、后、侧面等方位进行示范。同一个动作也可以采用多个示范面，如武术套路教学中，领做套路动作时通常采用背面示范。这些在武术教学中的示范方法是武术教学的主要手段。

（二）完整与分解教学法

简单动作可进行完整地教授，但是复杂的动作需要先分解教学，再完整教学[2]。如太极拳套路的教学步法和步型是关键，步型、步法掌握好了，再配合上肢动作，并注意动作路线，然后、在马上进行完整动作教学，加强学生头脑里形成的完整表象。用完整教学法，有利于学生对动作形成完整的表象，形成整体记忆的动作，在教学中使用完整教学法，要求教师的语言上要言简意赅，突出重点，讲清楚动作路线（包括眼神是路线）。而在使用分解教学法的时候，更应该强调的是动作的细节，让学生了解动作细节，便于学习，提高学习武术套路的效率。

（三）边讲解边示范法

武术套路课的教学是以动作中的进攻或防守展开的，这也是武术套路课教学的一大主要特点。在武术套路的教学中，不仅要讲解动作要领和规格，还应该注重对动作攻防含义的讲解，并加以做示范动作。这样学生既会感觉生动有趣，而且还会对该动作印象深刻。例如五步拳的弓步冲拳，抱拳于腰间后，眼神要先向进攻方向看，左手向左前方前搂后收拳于腰间，代表将敌人拽过来，接着，右手出拳，代表是将拽过来的目标，进行进攻。这样学生便一目了然，再并结合具体动作，配合上呼吸，反复练习、不断体会。

（四）信息技术融合教法

教师制作希沃白板武术课件，将一些较难掌握的动作，通过控制播放速度，使学生建立运动表象。也可以播放一些武术大赛获奖套路的视频，其中各武林拳派的套路表演给学生看，解读中华武术的深邃内涵，形体及技术要求。还可以给学生讲解长拳的具体动作，指出哪一些是中学生可以学会的，哪一些动作是中学武术套路中很难学会的，并示范榜样的力量，直观地激发学生学习武术的兴趣，让学生知道什么是真正的武术套路，从而学生对武术套路的认知程度大大提高了，同时也激发了学习兴趣。

三、对武术套路课教学的建议

（一）重视武术套路基本功的教授

武谚曰："练拳不是练功，到头一场空。"其指的是武术基本功的重要性。中学生是人体力量、速度、柔韧、耐力等身体素质是发展的比较快的一个阶段，在这一阶段中抓紧练习武术套路的基本功，将为武术套路课的学习打下基础[3]。另外，教师要给学生灌输不怕吃苦，不怕累，习武中必须要有坚强的意志这种的思想。单纯的武术基本功的练习会显得比较的枯燥，教师可以安排一些趣味的活动将武术基本功融入进去。如在体育课上热身活动，"贴膏药"游戏。在游戏当中，A、B 两位学生进行相互追逐。设定为 A 学生追 B 学生，在这过程中教师加一个条件，这个条件是，A、B 学生在跑之前必须要做一个武术基本的动作，动作必须规范；接下来 A 学生必须要模仿 B 学生做的基本动作，只有 A 学生模仿好 B 学生所做的基本功动作后，才能继续追 B 学生。通过这种武术套路基本功融入游戏的方式，不仅学生练习到了基本功，同时，也不觉得枯燥，提高了武术学习的趣味性。

（二）武术教材信息化

学校可以根据学生的情况，"量身打造"出可教授的武术套路校本教材。在教材中，对每个对应动作名称附上一小段小视频解说的链接，如太极拳的左右野马分鬃——弓步分掌，即右腿轻轻提膝，脚跟前放，左脚碾地，上身缓慢右转，右腿成高弓步；两手向右上、左下分开，右腕与肩同高，肘微屈，手心斜向上；左手按再左胯附近，手心朝下，手指朝前；眼看右手。在这个动作要领的后面添加一个二维码，学生通过扫描二维码，看弓步分掌的规范动作后，在头脑当中形成该动作的完整表象，再通过文字的解读，学生可以对该动作进行自学，在武术套路课上教师只需再讲解示范，注意形神搭配，学生学起来可谓是事半功倍。

四、结语

武术套路教学是中学体育健康教材的主要内容，在中学武术教学中发挥着重要作用。武术常规课程的发展促进了武术向校园的发展。弘扬民族文化，增强人民体质，弘扬民族精神，对弘扬和普及武术发挥着极其重要的作用。相信在各级教育部门和体育教师的共同努力下，武术套路课将会越上越好！

参考文献

[1] 徐吉源，赵兵. 中学武术套路课教学方法和策略 [J]. 运动，2012 (02)：123-124.

[2] 蔡金明. 普通高校武术选项课教学探析 [J]. 山西师大体育学院学报，2002 (2)

[3] 王晓玲，杨新. 浅谈现代教育技术在武术教学中的应用 [J]. 湖北体育科技，2003 (1).

三、教学设计或案例

水平四（初中） 武术—南拳教学设计

主题：武术—南拳

学情分析

初中阶段的学生处于身体发育的关键时期，体能与技能水平会直接影响他们的运动表现。初中学生还不具备很好的体能基础，其中爆发力、耐力、柔韧性等素质仍需加强。在技能方面，学生们的运动技能尚不全面，需要鼓励他们在兴趣基础上发展多项运动技能。初中学生对体育活动的兴趣和动机是影响其参与度和投入程度的重要因素。大多数学生对体育活动持有积极态度，乐于参与各种体育活动。

教材（内容）解析

南拳以其独特的技术特点而著称。它注重桩功，以练坐桩为主，还有丁桩、跪桩等。南拳的基本特点是门户严密，动作紧凑，手法灵巧，重心较低。它体现出以小打大、以巧打拙、以多打少、以快打慢的技击特色。南拳的上肢动作绵密迅疾，极富变化，有时下肢不动，拳掌可连续击出数次，力求快速密集，以快取胜。在发力时，南拳大多要呼喝作声，吐气催力，以增大爆发力。

课时设计理念

本课以《普通初中体育与健康课程标准》为依据，遵循“健康第一”的指导思想，贯彻落实立德树人根本任务，培育学生的核心素养。教学中以学生的全面发展为中心，结合思政教育进课堂及学生的身心发展特点，积极探索“教会、勤练、常赛、适评”的教学模式。

教学目标

根据教材特点和学生学习能力及身心特点制定以下四个教学目标：

1.认知目标。通过教学，使学生塑造强健的身形体态和朝气蓬勃的尚武精神，并对南拳有进一步的认识。

2.技能目标，通过学练，进一步掌握南拳基本动作，熟练南拳套路，能够进行完整套路练习，增强学生的体质。

3.体能目标，通过学练发展学生爆发力、协调性、灵敏性等身体素质练习。

4.情感目标，通过练习和比赛，使学生关注民族传统文化，增强民族自豪感，培养其奋勇向上的进取精神和坚忍不拔的意志品质。

教学重点和难点

1.教学重点：南拳套路动作的规范及动作线路的掌握。

2.教学难点：南拳的劲力和威势。

教学方法与策略

妙用媒体，深度融合，提高课堂效率。信息媒体的合理运用，有利于技能学习、课堂组织，促进课堂教学效率提升。本课利用电子白板，将教师动作示范及组织方式的直观展示，帮助学生了解形神拳的动作结构，便于学生观察与模仿，同时通过直观的练习形式和方法的呈现，帮助教师简化教学组织。

学习评价

武术南拳课堂教学评价表

评价内容	冲拳有力	动作连贯	动作路线正确	完成情况	
				自己评价	同伴评价
星数					
要求：完成自己的星数统计。（3 星：优秀，2 星：良好，1 星：合格）________					

教学效果预计

1.预计通过教学与练习，90％的学生通过武术套路的学习能够基本掌握武术运动基本技术技能，10％学生可以较好地理解南拳健身价值及单个动作的攻防含义。

2.预计本课学生的运动强度为中等，最高心率 140 次/分，平均心率 140—160 次/分，群体练习密度 75％，个体练习密度 50％。

场地器材的布置回收

1.场地器材：大操场、音响扩音器 1 套、动作分解挂图 4 块。

2.场地布置：课前对场地器材进行安全检查、科学布置，明确学生练习队形和组织调动及要求，队形组织详见课时教案。

2.器材回收：课后安排小组长协助教师整理场地、收拾器材。

体育与健康课教案

陈　禄

教学内容	南拳 第一式：起式 第二式：并步抱拳 第三式：抱拳震脚 第四式：平马步抱拳	重点	南拳套路动作的规范及动作线路的掌握
		难点	南拳的劲力和威势
教学目标	1.认知目标：通过教学，使学生塑造强健的身形体态和朝气蓬勃的尚武精神，并对南拳有进一步的认识 2.技能目标：通过学练，进一步掌握南拳基本动作，熟练南拳套路，能够进行完整套路练习，增强学生的体质 3.体能目标：通过学练发展学生爆发力、协调性、灵敏性等身体素质练习 4.情感目标：通过练习和比赛，使学生关注民族传统文化，增强民族自豪感，培养其奋勇向上的进取精神和坚忍不拔的意志品质		

续表

课的结构	教学内容	教学活动方式与组织措施	运动负荷		
			次数	时间	强度
开始热身部分	一、课堂常规 1.体委整队，清点人数 2.宣布上课师生问好 3.体委报告人数 4.宣布任务 5.安排见习生 二、热身活动 慢跑成两路纵队饶篮球场慢跑两圈 三、徒手操 1.头部运动 2.扩胸活动 3.腹背运动 4.弓步压腿 5.侧压退 6.膝关节运动 7.腕、踝关节活动 四、武术专项 1.正踢腿 2.侧踢腿 3.里合腿 4.外摆腿 5.压腿	1.组织成四列横队集合，如下图所示 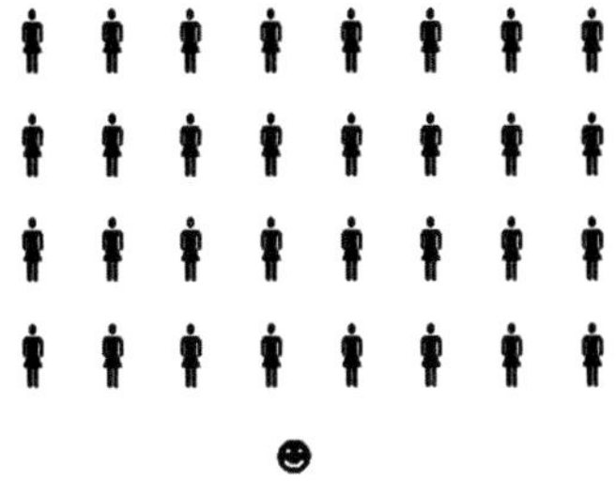 2.要求：精神饱满，注意力集中。见习生场边听课 教师 1.师生问好 2.讲内容要求 学生 1.向老师问好 2.认真听内容和	1次	5分钟	低

续表

课的结构	教学内容	教学活动方式与组织措施	运动负荷		
			次数	时间	强度
学习提高部分	动作要领 一、起势 面向场地正前方，两脚并立，两手垂于体侧，目视前方 二、并步抱拳 1.两掌经腋下向正前方插掌，两掌掌心相对（立掌） 2.两掌握拳，屈肘收于胸前 3.两臂外旋，两拳经上向下挂并顺势抱于两腋下，目视前方 三、抱拳震脚 1.两腿委屈，两脚挑起下落双震脚 四、平马步抱拳 1.左脚向右前方迈步，右脚绕经左脚前向左盖步，左脚向前上步成马步，双脚开立，稍宽于肩，双腿略屈，双脚脚尖向前，两手抱拳于腋下 重点：南拳套路动作的规范及动作线路的掌握 难点：南拳的劲力和威势	一、复习基本手型拳、掌、勾；基本步型弓步、马步 二、教法 1.教师示范动作 1—2 遍 2.教师边示范边讲解动作 1—2 遍 3.教师领做并讲解动作 3—4 遍 4.教师口令指挥学生集体练习 5.学生分组练习教师个别指导 6.纠正错误动作，强调动作要领 7.学生再集体进行练习 4—5 遍 8.教师讲解动作的攻防含义 9.学生分组练习体会 三、学法 1.学生认真听、看正确的示范和讲解 2.模仿老师动作 3.跟随老师一起练习 4.学生间相互探讨，不断完善动作	1次1次	35分钟	高

续表

课的结构	教学内容	教学活动方式与组织措施	运动负荷		
			次数	时间	强度
恢复整理部分	1.放松 2.集合整队 3.教师点评总结 4.师生再见 5.回收器材	教师 1.进行放松活动 2.教师点评和总结以表扬和鼓励为主 3.师生再见 学生 1.放松身心 2.向老师再见 3.归还器材	1 次	5 分钟	低
场地器材	武术馆				
预计运动负荷	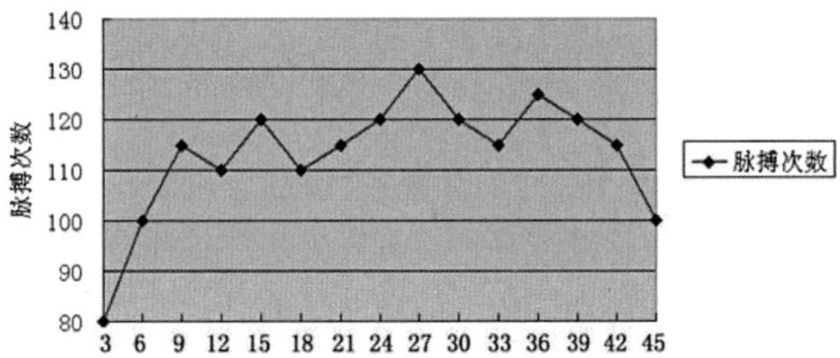	课后反思			

四、学科特色活动

1.七年级特色活动：武术操比赛。

2.八年级特色活动：南拳套路比赛。

3.九年级特色活动：长拳与器械会演。

4.高一特色活动：武术操比赛。

5.高二特色活动：太极拳比赛。

6.高三特色活动：健身气功会演。

五、教学随笔

太极拳教学反思

官美端

作为一名人民教师，教学是我们的任务之一，我们可以把教学过程中的感悟记录在教学反思中，那么大家知道正规的教学反思怎么写吗？以下是笔者为大家整理的太极拳教学反思，供大家参考借鉴，希望可以帮助到有需要的朋友。

一、太极拳教学反思一

太极拳是中国具有浓郁特色的传统体育项目，同时也是国家一项宝贵的文化遗产。它是我们先辈在长期的生活实践中创造出来的一种有效锻炼身体的养生拳种。但在教学过程中，如何使学生更快掌握与领会，并真正起到强身健体的促进作用，在这两个月的教学实践中，笔者根据学生的身心特点及时性接受能力，总结反思如下：

（一）结合武术攻防技法，改变单一的健身意识

太极拳具有养神、静心、促进血液循环、缓解疲劳、对各种慢性疾病有良好的调节作用。在太极拳动作徐缓而舒畅，均匀而细致的同时，人们往往忽视了太极拳具有相当实用的自卫防身作用。在教学过程中，结合基本防卫术，可改变单一的健身意识，同时也提高学生的学习兴趣，更好地达到劲力内蓄的涵养。

在学习过程中，笔者发现学生总认为太极拳是老年人锻炼的一种手段，导致学习及练习的积极性不高，从而影响了教学效果。作为教师，一方面要从全民健身的认识高度去教育学生端正认识，另一方面也要结合基本防卫术，因势利导；让学生明确，在一个个徐缓的太极拳动作中，充满了我要民族文化武术运动的博大精深，以此提高学生学习和练习太极拳的兴趣和积极性，往往可收到事半功倍的效果。

（二）利用多种教具和教学手段，增强学生练习的直观效果

合理的运用不同的教具及优化教学手段是教学的基础。从教学实践体会，仅用单一的动作示范是不够的，在教学中要充分考虑学生的接受能力，利用图画、多媒体、篮球等其他多种教具作为教学手段，可以加深学生直观意识。

如教“左右野马分鬃”时有双手体前“抱球”似的动作；仅是口头提示

往往不能起到较好的作用。但在示范时，运用篮球，“抱”于体前，就能使学生更明确动作的要领；再如“白鹤亮翅”“手挥琵琶”，等形象的提示，促进学生的想象思维，加深动作概念的理解，以利动作的掌握。要根据不同的动作合理的运用，在教学中应注重示范的位置及示范面等，还要根据教学中所反映的实际情况，予以变化与改进。从而提高动作质量用教学效果。

（三）音乐渗透教学过程，激发学生学习情趣，能有效调节学习气氛

简练的口令术语提示在教学中是必不可少，但在整套动作基本学成之后，就会变得枯燥乏味，缺少练习情趣。而在练习中，有目的地选择乐感舒缓，曲调内容健康，具有一定特色的音乐，代替口令与节奏，融于太极拳的教学与平时的练习之中，其效果更佳。在教学与练习中，也培养了学生的乐感素质。同时也能多层次欣赏和吸收我国民族音乐的精华，对激发学生学习兴趣提高练习的热情，促进身心健康与审美能力均有较好的作用。

（四）持之以恒，每天坚持练习，巩固中自有提高

“拳一天不练手生”太极拳教学，应突出一个重点，即“练”，光学不练，起不到好的效果。俗话说“拳练千遍，身法自现”就是这个道理。在学生基本掌握全套动作后，教师要有意识地利用体育课的准备阶段与结束前加以强化练习。在促使学生熟练掌握动作技术，不断提高动作质量的同时也能丰实校园体育文化生活。另外也要多注意加强对学生全民健身意识的培养及教育，提高学生自觉参与练习的积极性，为今后踏入社会，为形成终身体育锻炼打下扎实的基础。使教与学有效地结合，从而真正达到教学目的。

从实践角度回顾，以上几点教学方法是基本可行的，具有一定的可操作性。希望能给教太极拳同学带来一点启示和帮助。

二、太极拳教学反思二

太极拳是我们国家一项宝贵的文化遗产，它既是一种行之有效的身体锻炼方法，又是克服器材少的一种手段。但在教学过程中，如何使学生更快掌握与领会，并真正起到强身健体的促进作用，笔者在学习与教学实践中，根据自身和学生的身心特点及时性接受能力，总结设计了以下教学教法，收到较好的效果。

（一）结合地方特点，增强健身意识

大部分中学生总认为太极拳是老年人锻炼的一种手段，导致学习及练习的积极性不高，从而影响了教学效果。作为教师，一方面要从全民健身的认识高度去教育学生端正认识，一方面也要结合基本防卫术，因势利导；让学生明确，在一个个徐缓的太极拳动作中，充满了我要民族文化武术运动的博大精深，以此提高学生学习和练习太极拳的兴趣和积极性，往往可收到事半功倍的效果。

太极拳具有养神、益气、固肾、健脾、通径脉、创气血、养筋骨、利关节的作用。在太极拳动作徐缓而舒畅，均匀而细致的同时，人们往往忽视了太极拳具有相当实用的自卫防身作用。在教学过程中，结合基本防卫术，可改变单一的健身意识，并更能领会太极拳中所含的棚、履、挤、按、采、列、肘、进、退、顾、盼、定的基本特征，同时也提高学生的学习兴趣，更好地达到劲力内蓄的涵养，以二十四式“简化太极拳”为例，第一组起势动作实际上就是一个典型的防守解脱动作。

（二）充分利用图片、媒体和优化教学手段，增强直观效果

合理的运用图片、媒体和优化教学手段是教学的基础。从教学实践体会，仅用单一的动作示范是不够的，在教学中要充分考虑学生的接受能力，利用挂图，并用电视录像等先进的电化教学手段，加深直观意识。同时还要利用多种教具，为教学所用。如教“左右野马分鬃”时有双手体前“抱球”似的动作，只是提示往往不能起到较好的作用，但在示范时，运用篮球，“抱”于体前，就能使学生更明确动作的要领。又如“双峰贯耳”等教学动作，同学间可相互演练。这样教学，学生学地积极，领会掌握动作更快，且不易遗忘。再如“手挥琵琶”,“白鹤亮翅”等形象的提示，促进学生的想象思维，加深动作概念的理解，以利动作的掌握。此外辅助教学的方法还很多，要根据不同的动作合理的运用，在教学中应注重示范的位置及示范面等，还要根据教学中所反映的实际情况，予以变化与改进，从而提高动作质量用教学效果。

（三）课堂引入舞蹈教学，激发学生学习情趣

为了避免枯燥乏味，缺少练习情趣，在课堂开始与结束部分，有目的地选择了与太极拳动作一样舒缓，曲调内容健康，具有一定特色的广场舞蹈，代替常规课的部分活动，激发学生学习积极性。舞蹈教学融于太极拳的教学与平时的练习之中，其作用不可小视。

太极拳主张有身心合修，要求“以心行气，以气运身”，拳论用“运劲如抽丝”“自始至终，绵绵不断”,“行云流水”等形象的采纳，以求匹配，往往能够合二为一，收获意想不到的共鸣效果。在教学与练习中，也要培养学生的乐感素质，同时也能够多层次欣赏和吸收我国民族音乐的精华，对激发学生学习兴趣提高练习的热情，促进身心健康与审美能力均有较好的作用。

（四）培养学生持之以恒的精神，注重巩固与成效

“拳一天不练手生”，太极拳教学，应该突出一个重点，即“练”，光学不练，起不到好的效果。往往会导致“教过，学过，过段时间似风吹过”。在学生基本掌握全套动作后。教师要有意识地利用体育课的准备阶段与结束前，加以强化练习。在促使学生熟练掌握动作技术，不断提高动作质量的同时也能丰富校园体育文化生活，进而从多方位，多角度地开展学校体育文化，促进学生的多面素质提高，有利于加强学生的综合素质。另外也要多注意加强对学生全民健身意识的教育及培养，提高学生们自觉参与练习太极拳的积极性，为今后踏入社会、树立终身体育锻炼打下坚实的基础，使教与学有效地结合，从而真正达到教学目的。

“音”你而美，“乐”动校园

一、学科课程方案

（一）指导思想

音乐课程标准中强调，音乐课的基本价值在于通过聆听音乐、表现音乐和音乐创造活动，使学生充分体验蕴含于音乐中获得美和丰富的情感，并与之产生强烈的情感共鸣。本课音乐教学设计，围绕以审美为核心，以兴趣为爱好为动力的基本理念。面向全体学生，注重学生的个性发展，积极引导学生参与各项音乐活动，鼓励学生在音乐活动中的创造。

（二）课程标准

中小学音乐课程标准中对初中学生歌唱教学的要求是“激发学生富有情感地演唱”，以情带声，声情并茂，重视加强合唱教学，使学生感受多声部音乐的丰富表现力，演唱的自信心，使他们在歌唱表现中享受到美的愉悦，受到美的熏陶。福州第七中学是以“武术”作为学校的教学特色，因此在音乐课程的安排中，会结合校本课程，渗透对武术精神的理解和诠释。

通过不同的发声练习来规范学生的声音、进一步提高学生的演唱水平和演唱技巧。训练为了提高，提高为了表现；训练要有手段。通过练唱中外优秀歌曲，来提高学生的音乐修养和自身素质。

（三）课程结构与内容

序号	学段	校本课程	国家课程	核心素养目标
1	初一		1.以音乐审美为核心 2.以兴趣爱好为动力 3.面向全体学生，着重个性差别	1.扎实音乐基础知识 2.培养学生综合能力
2	初二		1.以音乐审美为核心 2.以兴趣爱好为动力 3.面向全体学生，着重个性差别	1.构建人文环境 2.获得良好的审美体验
3	初三		1.以音乐审美为核心 2.以兴趣爱好为动力 3.面向全体学生，着重个性差别	1.个性空间的展现 2.塑造内心情感世界
4	高一	唱响浮仓	1.着重音乐作品的聆听与反响 2.创设优异的审美教学 3.以兴趣爱好为动力	1.扎实音乐基础知识 2.培养学生综合能力
5	高二	唱响浮仓	1.着重音乐作品的聆听与反响 2.创设优异的审美教学 3.以兴趣爱好为动力	1.扎实音乐基础知识 2.构建人文环境
6	高三	唱响浮仓	1.着重音乐作品的聆听与反响 2.创设优异的审美教学 3.以兴趣爱好为动力	1.音乐创造力培养 2.培养学生音乐基本素养

（四）课程评价方案

1.评价原则。本音乐课程的目标是培养学生对音乐的兴趣和欣赏能力，提高其音乐表达和创造能力，培养其音乐审美情趣，促进学生全面发展。

2.评价内容。关注学生在课堂学习、日常训练排练以及校外演出活动中的表现。关注学生的学习起点和学习过程，关注学生核心素养发展的增值情况。义务教育阶段的音乐课程是培养学生艺术素养的重要途径之一，通过音乐教育，可以开发学生的想象力、审美力和创造力，促进他们的身心健康发展，培养他们的情感表达和团队合作能力。

3.评价方法和指标体系。

(1) 评价方式。本音乐课程将采用综合评价的方式，包括学业水平评价和综合素质评价。

（2）学业水平评价。学业水平评价主要考查学生在音乐理论、乐器演奏、歌唱等方面的掌握程度。

（3）综合素质评价。综合素质评价主要考查学生在音乐表达、音乐欣赏、音乐创作等方面的综合能力和素质。

（四）指标体系

本音乐课程的评价指标体系包括以下几个方面：

评价星级量化表

评价项目		分值比例	星级				
教学与示范	听课	10%					
	表演	10%					
音乐作品演绎		10%					
小组表演合作		10%					
音乐特长		10%					
期末考试		10%					
音乐表现	声音	10%					
	肢体	10%					
	声部	10%					
	纪律	10%					

二、研究论文

中学音乐教学中合唱能力的培养策略论文

现阶段，受传统教育模式的影响，教师只注重对学生专业知识的培养，而放弃了对兴趣的培养。虽然现阶段各中小学都相继开设了有关音乐、体育等方面的课程，但是学生的学习效果不佳，尤其是中学期间学生的合唱能力还有待提高，对此我们将具体论述。

一、培养学生对合唱的兴趣

中学音乐教学的效果之所以不显著，其中一个主要原因就是学生不重视音乐这门课程，还有一些学生对音乐提不起兴趣，导致本来应该生气勃勃的音乐课堂变得死气沉沉，尤其是在合唱上。中学生正处于青春期，思想正趋于成熟，并且正是建立正确的人生观、价值观的时刻。这时候的中学生最需要一些事情去激发他们的潜能，一旦潜能被激发出来，那么对中学生未来的发展将具有重要意义。因此，在中学教学中培养学生的合唱能力最根本的方式就是培养学生对合唱的兴趣。合唱最重要的就是“合”，要让学生的声音合为一处，就要求学生心里要有团结的意识。为了培养学生的团结意识，需要教师或者学校多组织一些集体活动，比如团体比赛或者一些团体游戏等活动，以增强学生之间的默契感，让学生彼此熟悉起来。另外，在音乐教学上，我们可以采用分组合唱的方式，先进行小范围合唱兴趣的培养，当小组中的学生充分具备了合唱兴趣以及合唱能力的时候，再将课堂上的每个小组组合成一个大的合唱团体，这样的方式能够更好地培养出学生对于合唱的兴趣，也能更好地培养学生的合唱能力。

二、提高学生的音乐情感

培养学生的音乐情感也是中学开设音乐教学的一大目标。学生对于音乐的情感，直接影响着学生在合唱中的积极性。当学生对音乐表现出了热爱情感的时候，学生的合唱就是器宇轩昂的。因此，提高学生的音乐情感是非常重要的。但是怎样提高中学生的音乐情感呢？这就需要学校多增设音乐课程，教授给学生一些音乐方面的文化知识，让学生在音乐知识的陶冶中，了解音乐文化和音乐的发展史。另外，教师也应该学会解读歌曲。

三、加强教师引导

教师是中学生接触音乐的引路人甚至是主导人。教师在教学中需发挥领导与指导的能力，要充分发挥领导的作用，让他们从心底喜欢上合唱这个艺术形式，并在合唱中起到带头的榜样作用，让学生能够多加效仿教师的一举一动，最后也同教师一样喜欢上合唱。另外，教师也要经常带领学生进行合唱训练，及时指出学生在练习中出现的错误，让学生及时地更正错误，防止错误的再次发生。处于青春期的学生，有的喜欢安静，有的好动。这就需要教师要对学生的特殊性进行考察。对于喜欢安静的学生就让他们多听一些合唱名曲，培养他们的积极性，让他们从心底对合唱产生兴趣。对于那些好动、注意力不集中的学生来说，要让他们多进行一些激昂曲目的练习，以发挥他们心中的潜能，学会扬长避短，这样才能发挥出合唱的力量。

四、注重学生音乐艺术性审美的培养

美的感觉是社会真正追求的。只有教会学生学会音乐艺术的审美，才能引起学生对于音乐产生共鸣。音乐是通过人们的感知，使人们对相应的影音作品中的人物形象产生联想、想象，进而引起倾听者共鸣的艺术形式。在合唱能力的培养中，要教会学生通过看音乐、欣赏音乐作品，大脑能够随音乐而动。这样对于音乐艺术美的欣赏才能够留到学生心底，并在今后的合唱练习中表现出来。这个过程不仅能够提高学生的主观能动性，还能够丰富学生的艺术审美，让学生能够爱上各种形式的音乐，并在学生综合素质的培养上发挥出不可替代的作用

五、学校多组织合唱比赛活动

要想培养中学生的合唱能力，就要让学生积极参与到合唱中来，通过积极地参与从而有效提升他们的合唱能力。但是在现有的音乐教学中，学校最缺乏的就是各种各样的合唱活动，这会严重制约中学生对合唱的兴趣，使学生越来越不爱参与到学校的活动中。因此，需要学校大力开展一些大型的合唱比赛，让中学生在比赛中体会到合唱带给自己的乐趣，并且还要鼓励学生参加一些合唱团的活动，让学生在交流的过程中爱上合唱。另外，学校不仅要积极开展一些活动鼓励学生参与到学校的合唱中去，还要鼓励那些热爱合唱的学生自己组团参加校外的一些大型比赛，充分调动起学生对于合唱的兴趣，提高学生的合唱能力。总而言之，要想提高中学生的合唱能力，就需要学生、教师、学校三方面共同努力。积极提高学生对于合唱的兴趣是提高合唱能力的最终途径，无论是提高学生的音乐情感、艺术审美还是鼓励学生参加比赛，目的都是为了提高学生的积极性。只有学生真正喜欢上了合唱这种音乐形式，才能够提高其自身的合唱能力，才能促进中学生综合素质的提高。

参考文献

[1] 李丽. 中学音乐教学中学生自主学习能力培养的分析 [D]. 辽宁师范大学，2006.

[2] 蒋邦飞. 中学开展流行音乐教学的现实意义和策略分析 [D]. 苏州大学，2009.

[3] 简雪清，中学音乐鉴赏教学中学生创新能力的培养 [J]. 家教世界，2013 (6).

[4] 王毅. 论中学音乐课中的多声部合唱教学 [D]. 鲁东大学，2014.

三、教学设计或案例

第二单元 《飞翔的翅膀》

第一课时 唱歌《小鸟，小鸟》

核心素养

1.审美感知。通过音乐要素分析歌曲，学唱歌曲《小鸟，小鸟》。

2.艺术表现。学唱歌曲二声部片段，感受合唱艺术的和谐美。

3.文化理解。通过分析和学唱，让学生感受小鸟雀跃和展翅高飞的形象，激发学生乐观向上的生活态度。

教学重难点

1.通过音乐要素分析歌曲，认识音乐的造型功能。

2.歌曲《小鸟，小鸟》的二声部片段学唱。

教学过程

1.导入。老师用音乐符号描画一幅简笔画，让学生们猜一猜老师画的是什么动物。

2.设计意图。在轻松愉悦的氛围中引出本节课学习的主题，并且复习了一下以往所学的音乐符号知识。

3.探究新知。

老师播放歌曲《小鸟，小鸟》，老师：歌曲分为几段？歌曲的情绪是怎样的？

学生表达自己的听赏感受。（略）

老师：这首歌曲名字叫《小鸟，小鸟》，是一部电影的主题歌曲。歌曲分为两段，A 段旋律活泼，轻快，B 旋律流畅，更加抒情，接下来我们完整欣赏歌曲，同学们可以自由地身随琴动。

身随琴动，思考问题。

老师：乐曲通过哪些音乐要素描绘小鸟形象？

（教师引导性听赏，注意 6/8 拍身体律动）

学生回答：（略）

老师：（列表分析音乐要素）结合音乐要素分析，分段范唱歌曲，引导学生分析歌曲旋律，对乐曲旋律有更深刻的了解。

4.学习歌曲。

节奏练习：6/8 拍节奏练习，展示节奏片段，用拍掌表示音符，用拍腿表示休止，小组间互相配合。

A　　小鸟欢快跳跃的节奏（提示 6＼8 节奏的强弱规则）

XX | XOXX XOXX | XOXX XO

蓝天里有阳 光树林里 有花香

B　　小鸟自由飞翔的节奏

XX | X XX X X | XXXXXX X XX |

啦啦 啦啦啦 啦啦啦 啦啦啦啦啦啦啦啦 啦啦

开嗓练习：用“咪、呀”做跳音和连贯性的开嗓练习（出示谱例）

12　34　54　32 | 1— — — |（感受跳音，腹部用力）

咪—呀—

13　51　53 | 1— — |（注意气息连贯）

咪—　—　—

旋律哼唱：跟随钢琴学习歌曲旋律，熟悉歌词，并带入旋律。

感受二声部。学唱 B 段二声部旋律片段。

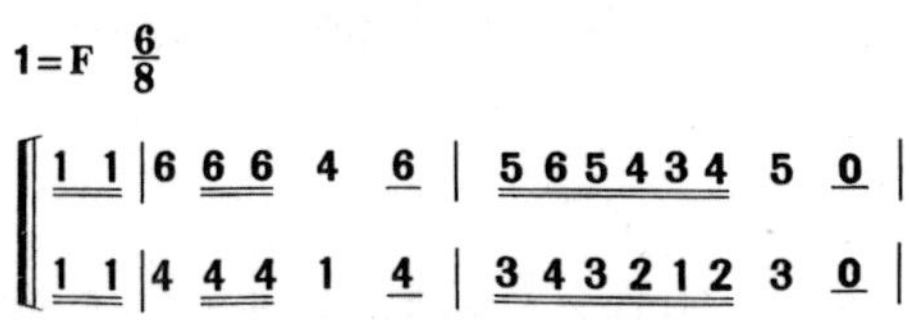

加入二声部片段的练习，选取学生自愿参加面对面分为两组，先唱熟低声部，再把高声部加入，让全体学生感受合唱乐曲的魅力。

小结，第一段是跳跃、活泼、快乐的声音要富有弹性，第二段舒展、自由，小鸟在天空自由翱翔。

注意对歌曲休止符和力度记号的处理，全曲可用 mp——f——mp 的力度记号来处理。

完整歌唱，跟随钢琴伴奏练习，完整演唱歌曲。

课堂互动（即兴创编）

1.器乐伴奏。加入打击乐的伴奏，在钢琴伴奏下演唱歌曲。

2.成果展示。学生小组展示创编成果。

3.拓展延伸：这首歌通过优美的旋律告诉我们什么道理？

4.课堂总结：同学们，你们现在就是小鸟，是雏鹰，是祖国未来的希望。我们要好好学习，以梦想为翅膀振翅高飞，实现自己的梦想。让我们一起努力吧！

课后反思

初一（15）班的学生们很活泼、热爱音乐，在音乐课上敢于勇敢表现自我，因此在学唱的过程中通过正确的引导，有助于激发学生对音乐的热爱之情，以及面对困难勇往直前的人生态度。因此在上课的过程中应该注意引导学生，减少对问题答案的设定，这样可以更好地激发学生的自主思考能力。

《天才音乐家莫扎特》教案

教材分析

本节课选自人音版《音乐鉴赏》第十三单元《古典音乐的殿堂》第二十四节《莫扎特》。本课通过欣赏莫扎特的经典歌剧作品《费加罗的婚礼》，引导学生了解欧洲古典音乐时期代表音乐家莫扎特的音乐创作风格，感悟其歌剧作品的深刻内涵。

“了解西方音乐不同发展时期的简要历史”是《普通高中音乐课程标准》要求每个高中生达到的内容标准之一。莫扎特一生创作了大量的音乐作品，而且涉及的体裁比较多，本课将欣赏莫扎特的歌剧作品《费加罗的婚礼》，结合莫扎特的个人生平经历，通过聆听与分析作品，了解莫扎特的艺术人生，增进学生对古典音乐的兴趣。

学情分析

高二（1）班的学生在课堂上的自主性相对较高，有一定的歌唱、模唱能力，以及一定的音乐鉴赏基础。在欣赏方面，对莫扎特的歌剧作品不熟悉或者知之甚少，学生不知道音乐美在哪里，就很难激发学生欣赏音乐的情绪，达不到预期的目标。因此我设计让学生在课堂上通过对主题旋律的欣赏和模仿，增强对作品的理解。

核心素养

1.审美感知。聆听歌剧《费加罗的婚礼》选段《你们可知道》，感受音乐感情真挚、内涵深刻，体会艺术作品内容和形式的完美统一；感受莫扎特音乐的风格特点。

2.艺术表现。通过练习音乐作品主题的节奏和旋律，感知音乐要素在树立音乐形象、传递情绪情感方面的作用；学唱咏叹调《你们可知道》一个音乐主题片段，体会作品的艺术情感。

3.文化理解。体会莫扎特将生活的深刻性与音乐的美好相结合，是其作品具有率真气质、刚毅品质和强大力量的真正原因。

教学重难点

1.教学重点：认真聆听欣赏莫扎特歌剧《费加罗的婚礼》选段《你们可知道》，结合莫扎特的生平，体会古典主义音乐的风格特征。

2.教学难点：提高学生对音乐作品的欣赏能力，通过聆听、歌唱、模仿、认知音乐作品的表现手法，通过表达自身的听赏感受，了解莫扎特的个人经历对他音乐作品风格的影响，培养学生分析评价音乐作品的能力。

教学过程

（一）情景导入

老师用三角钢琴奏出莫扎特D大调回旋曲的旋律片段，为课题的引入营造出神秘的气氛。老师以倒叙的手法，通过观看《莫扎特传》电影片段，富有故事性地开启对天才音乐家“莫扎特”的探索之旅。

设计意图：创设情境，激发学生的学习兴趣，引入新课教学。

（二）新课教学

1.古典主义时期回顾。

古典主义时期是在1750年至1820年之间，以海顿、莫扎特、贝多芬“维也纳三杰”为代表人物。相比于巴洛克音乐，古典时期的音乐有了更多的力度、节奏、速度和情绪变化，但又不像浪漫时期的音乐那么自由。古典时期的音乐往往有着巧妙的平衡和协调，在精巧的结构中蕴含细腻的情感，音乐语言朴素精练，以严谨和谐的形式表达淳朴真挚的感情。莫扎特的钢琴奏鸣曲旋律优美、纯真，浑然天成，无斧凿痕，达到了中国艺术所希望的最高境界——清明高远、大音希声。

2.莫扎特生平介绍。

（1）初露锋芒。莫扎特，奥地利作曲家，生于萨尔兹堡。自幼随父亲学习音乐，4 岁公开演奏古钢琴，5 岁开始作曲，7 岁在德国、比利时、巴黎、伦敦、荷兰等欧洲各国巡回演出，8 岁创作第一交响曲，12 岁创作第一部歌剧。

设计意图：介绍莫扎特生活的社会背景，从莫扎特的人生轨迹，引导学生去追寻莫扎特的创作意图

（2）成熟时期。这时已经成人的莫扎特，对自己奴仆地位感到不满。为了争取人身与创作的自由，他经过激烈的斗争，终于在 1777 年 9 月获得大主教的同意，离开了萨尔茨堡，跟母亲进行了两年的旅行演出。

这一时期莫扎特的作品严谨，在内容上反映了当时狂飙运动思潮的影响，在形式上出现了新的要素，例如在第 1、2 乐章间，有了强烈的力度对比等等。这些手法，增强了他的音乐作品的戏剧性，使古典奏鸣曲式进一步形成。

（3）维也纳时期。莫扎特再也无法忍受大主教的凌辱，毅然向大主教提出了辞职，到维也纳谋生。他是奥地利历史上第一个有勇气和决心摆脱宫廷和教会，维护个人尊严的作曲家。生活的磨难对他的思想和创作产生了深刻的影响，在维也纳的 10 年，成为他创作中最重要的 10 年。作品《费加罗的婚礼》正是他在维也纳时期创作的重要作品。

3.感受歌剧魅力。

（1）讲述歌剧《费加罗的婚礼》的剧情，欣赏歌剧经典选段《你们可知道》。

（2）教师教唱歌剧选段《你们可知道》，将节奏和意大利语歌词结合在一起。

（3）师生协作完成钢琴伴奏表演唱，让同学们更加直观地感受歌剧的艺术魅力。

设计意图：了解歌剧的内容，通过欣赏获得视听感受，课堂实践、师生互动，激发学生对歌剧的兴趣，了解不同音乐体裁的音乐作品。

讨论探究

师：通过了解莫扎特的音乐人生，欣赏了他的歌剧作品《费加罗的婚礼》，是否从他的作品中感受到更加深刻的内涵？

生：（略）

师总结：莫扎特的钢琴奏鸣曲是和谐、简单、平衡的，它平易近人、纤细而又充满着种种复杂的感情。莫扎特一生贫困潦倒，自己得不到抚慰，却用音乐去抚慰别人；现实中得不到幸福，却在他的音乐中表现了视患难如无物、超越于一切考验之上的积极的人生观。他崇尚的人文主义思想使其音乐充满着对人类的爱，充满着生命的活力。他用音乐抚慰着人们的心灵，唤起了人们对和谐世界的追求。

设计意图：通过自主学习，小组讨论，师生共同探究合作，让学生了解莫扎特的生平，并且通过它的人生历程了解他音乐创作的深刻内涵。

板书设计（略）

课堂小结

莫扎特的创作依托于当时的欧洲文化，他崇尚的人文主义思想使其音乐充满着对人类的爱，充满着生命的活力。他用音乐抚慰着人们的心灵，唤起了人们对和谐世界的追求。莫扎特的音乐作品中蕴涵的人文精神值得我们去深深思索、细细研究。具有人文主义思想的莫扎特用美妙的音乐来表现社会、表现人、表现自然。他用心灵去创作，用音乐中透露出来的人性的纯真去表现平凡的世态，去追求音乐形象的生命，因而引起不同时代的人们的共鸣。

教学反思

通过本次的市级公开课，我认为我需要提高的是对教材的把握，因为是新教材，对课本和教参还不是特别熟悉，所以选择了歌剧为切入点，较少以课本要求的《序曲》为重要内容。新课标要求要以音乐为主体，在分析完不同旋律，对比聆听后，最好让学生完整复听旋律，加强对音乐的理解。在音乐切入点选材上，要注意教材的前后衔接，同时注意把握教学用语的严谨性。在今后的公开课上我会注意这些细节，争取更大的突破。

四、学科特色活动

校园好声音选拔活动（初中学段）

一、指导思想

为了全面推行素质教育，丰富学生的校园文化生活，启发学生学习音乐的兴趣，培养学生的音乐审美能力、艺术修养及表现能力，弘扬学生个性发展，营造和谐的校园文化氛围，特成立学校合唱队。

二、活动安排

为了使合唱活动顺利高效地开展，现将本学期活动情况进行安排。

（一）活动主题

包括学生学习良好的歌唱姿势、正确的呼吸方法、自然圆润的发声、清晰的吐字、咬字及音高、节奏训练等。使他们打下良好的声乐基础，并自然地运用到歌曲的演唱当中。通过排练好每一首歌曲，培养学生的听觉和乐感，发展学生的综合音乐素质。

（二）活动目标

1.通过不同的发声练习来规范学生的声音、进一步提高演唱水平和演唱技巧。

2.通过练唱合唱歌曲，来提高学生的音乐修养和自身素质。

3.进一步宣传我校的素质教育和精神风貌。

（三）参加对象

在学校的所有学生中进行选拔，人数在30—40人。

（四）活动时间

活动的时间定于每周下午第三四节校本课。

（五）活动地点

养正楼七楼音乐教室。

（六）活动准备

提前五分钟到位做好准备工作。课前认真收集资料、钻研教法，并为学生复印好歌纸。

（七）活动要求

1.作为合唱队成员要自觉遵守学校合唱队的各项要求，遵守纪律，注意安全，建设健康向上、温馨和谐的合唱队；

2.每位队员要爱护公物、乐器及各种设施；

3.每位队员要按时参加活动，不迟到、早退，有事请假；

4.每位队员要尊重他人劳动，听从指导教师指挥，上课时不说话、嬉笑；

5.每位队员将合唱团发给的资料要妥善保管、不要随意乱丢，以备不时之需。

2023 年科艺节活动方案（高中学段）

（主题：魅力校园，青春风采）

<table>
<tr><td>主办单位</td><td colspan="3">福州第七中学教育集团</td></tr>
<tr><td>项目名称</td><td>2023 福州第七中学科艺节音乐社摊位活动</td><td>项目负责人</td><td>林丹</td></tr>
<tr><td>项目组成员</td><td colspan="3">福州第七中学音乐社</td></tr>
<tr><td>时　间</td><td>12 月 29 日上午</td><td>地　点</td><td>操场指定地点</td></tr>
<tr><td>参加对象</td><td>高二八班尹善熙、高二六班杨晨晞、高二七班吴悠、高二七班陈梓涵、高二四班黄觅尔、高一七班杨晨希、高一三班吴姝瑶、高一六班肖伟城、高一五班马向荣</td><td>参加人数</td><td>9 人</td></tr>
<tr><td>其　他</td><td colspan="3">无</td></tr>
<tr><td>活动（或比赛）概述及具体内容</td><td colspan="3">文化艺术节活动策划方案
一、指导思想
为进一步丰富学生的校园文化生活，深化学校的艺术教育工作，为学生提供更多展现自我才华和提高自身素质的空间，促进学风建设，推动和加强校园精神文明建设，促进学生全面发展。经研究决定，我校将面向全体学生开展艺术节，要求班班开展，人人参与，让每个孩子的艺术才能都得到展示
二、活动时间
2023 年 12 月 29 日
三、参加对象：全校教师和学生
四、活动主题：魅力校园，青春风采
五、活动项目
六、艺术表演类：
1.集体项目：群体朗诵/合唱（全校会演）
2.个体项目：小合唱、重唱、独唱；独舞、双人舞、三人舞；独奏、小合奏或重奏
七、其余社团活动（操场）
社团在操场摆摊进行卖唱活动
观众随机点歌或指定点歌　每首歌 2 元
（禁止儿歌，语种不限）</td></tr>
<tr><td>奖项设置</td><td colspan="3">一等奖___1___名（10%）
二等奖___2___名（20%）
三等奖___3___名（30%）</td></tr>
<tr><td>活动安全注意事项及预案</td><td colspan="3">场地内禁止吸烟，禁止使用明火，请勿携带易燃易爆等违禁物品进入场地
请携带好您的随身物品，以防丢失
请注意操场场地内环境卫生，请勿乱丢垃圾、随地吐痰
本次活动最终解释权归福州第七中学教育集团所有</td></tr>
</table>

五、教学随笔

初中学段：音乐课教学随笔

一直以来，音乐课被称为副课。随着素质教育的不断深入以及音乐在发展学生智力等方面所发挥的不可估量的重要作用，使人们对音乐课越来越刮目相看。而作为一名音乐教师如何不负众望，更好地完成好教学任务，最大限度地让音乐放射出它应有的光彩。我发现影响上好一节音乐课的因素虽然很多，但以下这几方面更不容忽视。

常言道：“学生是老师的一面镜子，有什么样的老师就有什么样的学生。”作为老师首先要重视自己的课堂教学，要自尊自爱，对任何一节课都要一丝不苟，认真负责，使学生无形中受到感染和影响。针对那些态度不端正的学生，老师要了解学生，把握他们的思想脉搏。否则，只一味地想怎么设计课堂教学花样，只能抓住学生一时的心，却不能让学生从内心深处改变对音乐课的态度。所以一旦发现有学习不端正的学生，我就利用上课几分钟的时间让大家讨论：音乐课到底有什么作用？音乐课究竟会给同学们带来什么？没有音乐课会怎样？同学们马上七嘴八舌，大讲特讲其好处所在。通过这一环节，使学生更进一步了解了老师工作的意义，也使他们更多更好地知道学好这门课的意义，从而自觉自愿的完成学习任务。

高中学段：音乐课教学随笔

在实际工作中，我不只一次地发现，同样的班级，如果这节课我鼓励赞扬的话语多了适当了，学生的情绪便会异常地高涨，他们的行为也会与我紧密配合默契。相反，我有意将注意力集中在了那几个所谓的调皮学生身上，批评多了，学生唱歌的情绪马上让人觉得无精打采，心不在焉。这一点特别是在高中省中的表现尤其明显。

比如学习《我和我的祖国》这首歌曲，节奏较难，除了切分节奏，还有全音符八分音符多次的交替出现。学生很容易产生厌烦情绪。我除了采用各种教唱的方法之外，重点放在给学生心理暗示上，激发他们的学习激情。整个教唱过程中，我时不时，地赞扬激励他们："你们真棒，这么难唱的句子都难不住你们，老师真为你们的聪明能干高兴！你们的声音真是太美了，我真想再欣赏一遍！""你们愿意吸收老师加入你们的合唱队吗？"一节课下来，不但不觉得累，反而会让你身心愉悦兴致更高。无数次的实验证明：越是轻松有趣的教学氛围，学生的学习积极性越高，学习效果也就越好。当然必要的批评也要有，不过要考虑课堂气氛及学生的承受能力，讲究语言艺术

音乐老师不仅是普通的教育工作者而且还是美的传播者，在实际教学中，我不止一次地发现：当我身体不舒服、精神面貌欠佳时，学生上课也是懒洋洋的，歌唱时很难进入状态。同样的班级，当我富有激情地和他们一起活动、一起唱时，学生不仅学得快，对作品的理解也到位。同时，我和其他老师都发现，学生把音乐老师当成了美的标杆。

艺境之旅，武韵飞扬

一、学科课程方案

（一）指导思想

以马克思列宁主义、毛泽东思想、邓小平理论、“三个代表”重要思想、科学发展观、习近平新时代中国特色社会主义思想为指导，以关注学生全面发展为目的，全面落实新课程理念，大力推进素质教育，丰富学校的课外活动，全面提高学生综合素质，培养学生的核心素养，使他们掌握基本的绘画技能技巧，增强审美意识，为向往艺术的学生提供广阔的发展空间，同时立足本校“弘学养正，崇文尚武”特色办学理念，结合学生实际需要，实现全面发展的目标。培养德智体美劳全面发展的社会主义建设者和接班人。

（二）课程标准

普通高中美术课程是艺术学习领域中的必修课程，既与义务教育阶段美术课程相衔接，又具有自身的特点。其根本任务是：立德树人，以美育人，培育健康审美观念，陶冶高尚情操；认识文明成果，坚定文化自信，树立正确的文化观；激发想象力和创造力，培养创新精神，促进学生全面而有个性地发展。

1.高一阶段。

（1）从材料、工具、技法或题材等方面区分不同的美术门类，并在现实情境中加以识别；知道中外美术史的基本脉络和重要风格、流派的代表人物及代表作。了解美术创作的基本过程，学习美术作品审美构成的造型元素和形式原理，并用于分析、理解和解释美术作品。

（2）辨析美术作品中存在的不同文化、品位和格调的差异，形成健康向上的审美情趣。理解中国优秀传统书画和民间美术的造型语言、创作观念及文化内涵，并能将其综合运用于鉴赏过程之中。

（3）运用比较法分析中外传统美术在材料技法、语言风格和创作观念等方面的不同。通过了解不同历史阶段美术的社会功能与作用，理解美术创作与现实生活的关系、艺术家的社会角色与文化责任。

2.高二阶段。

（1）识别不同的画种，了解其不同的工具和材料；根据题材内容对绘画进行分类，认识其各自的特征。通过整体而细致的观察、分析和比较，认识造型、色彩、比例、构图和情境营造等方面的艺术匠心，以及作品的形象特征、表现方式和结构关系。通过训练，了解一般的绘画写生步骤和相关的绘画技巧，初步掌握1—2种绘画方法，运用线条、明暗和色彩基本准确地表现对象的形体、比例、结构、空间、色彩关系及人物动态。

（2）通过对当地或其他地区各种工艺品的认知和鉴赏，识别工艺的品种与艺术特色，加深对工艺和工匠精神的理解，形成对中国传统工艺，尤其是非物质文化遗产的兴趣和认同。认识不同工艺品的材质、造型、色彩和制作方法，探索其与功能性、审美特征和现代生活的关系。

（3）了解一种或多种手工艺（如陶瓷工艺、木工工艺、剪纸工艺、纸浮雕工艺、印染工艺、编织工艺和金属工艺等）的造型规律和独特技艺，学会使用至少一种手工艺的制作工具，合理使用材料，按照工艺流程，运用基本技能进行制作，形成使用手工艺语言进行设计和制作的能力。

（三）课程结构与内容

序号	学段	国家课程	校本课程	核心素养目标
1	初一	《美术》七年级		能运用传统与现代的工具、材料和媒介，以及习得的美术知识、技能和思维方式，创作平面、立体或动态等表现形式的美术作品，提升创意表达能力

续表

序号	学段	国家课程	校本课程	核心素养目标
2	初二	《美术》八年级		能创作平面、立体或动态等表现形式的美术作品，创造性地表达对自然与社会的感受、思考和认识，发展创造性思维能力
3	高一	《美术鉴赏》	《泥与火的艺术》	认识陶瓷工艺的材质、造型、色彩和制作方法，探索其与功能性、审美特征和现代生活的关系
4	高一 高二	《绘画》	《星空漫社》	通过训练，了解一般的绘画步骤和相关的绘画技巧，初步掌握1—2种绘画方法，运用线条、明暗和色彩基本准确地表现对象的形体、比例、结构、空间、色彩关系及人物动态
5	高二	《工艺》	《造物之美—工艺美术赏析》	通过对当地或其他地区各种工艺品的认知和鉴赏，识别工艺的品种与艺术特色，加深对工艺和工匠精神的理解，形成对中国传统工艺，尤其是非物质文化遗产的兴趣和认同

（四）课程活动形式

1.主题学习型：《星空漫社》。

2.交融拓展型：《造物之美—工艺美术赏析》。

3.综合实践型：《泥与火的艺术》。

（五）课程评价方案

1.校本课程不采用书面的考试或考查方式，但要作考勤评价记录。

2.教师根据每个学生参加学习的态度进行评价。可分为："优秀""良好""中""合格"等级，并作为"优秀学生"评比条件。

3.学生成果通过作业、参赛、评比等形式得以展示，例如让每一位学生将最满意的作品进行统一展示。

二、研究论文

新时代视阈下文化自信教育在中学美术课堂的融入

姜涵琳

一、文化自信融入美术课堂的必要性

（一）时代背景

习近平总书记在党的二十大报告中做出“推进文化自信自强，铸就社会主义文化新辉煌”的重大部署，提出“增强中华文明传播力影响力”的任务要求，为新时代新征程提升文化软实力、加强国际传播能力建设、推动中华文化更好走向世界，指明了前进方向，提供了根本遵循。

党和国家对文化自信教育的重视程度在不断提高，青少年儿童也逐渐成为弘扬优秀文化、坚定文化自信的主体。美术作为人类精神文明的重要组成部分、作为优秀传统文化的载体，在传播和弘扬优秀文化的过程中起着重要作用。“求木之长者，必固其根本；欲流之远者，必浚其泉源。”感受中华优秀传统文化并在肯定民族和国家文化基础上产生的荣誉感和自豪感，是青少年茁壮成长的“根本”和“泉源”。将“文化自信”融入美术课堂，顺应了时代潮流，展现了应有的责任和担当。

（二）美术学科特性

在历史文化长河中，美术则是一个非常重要的范畴，而人们要理解和观察世界，则不可缺少它。同时，美术对于促进人类本身进化、完善都起着非常重要的作用。而通过美术这一学科，则可以向学生传递审美、技巧、欣赏体验以及启发智慧。“美术方面的教育可以适应人们传递美术思想、延续社会文化、倾诉内心感受、提高审美水平的愿望，而且伴随社会进步以及人类发展而逐渐成熟。”现在，学生学习美术不仅仅停留在技术，而更在于对“美”的理解、思考与创造。因此，美术学科所传递的是知识、情感、审美的“文化”，并且它有着多层次的、多学科结合的特性。

美术作品是文化的载体，美术课堂是文化传播的重要途径之一，为了让学生在课堂中不仅仅学习到美术相关知识，因此要求美术老师在课堂教学中有意识地融入多元知识，从而培育学生的文化自信的精神。

二、文化自信融入课堂的价值

（一）课程的创新价值

现阶段的中学美术教材大部分还未强调文化自信的观念，更多的是在传授美术理念与专业技法。以《我们的风采》这节课为例，课程本身的目标要求仅仅是掌握校园服饰的设计技巧，涵养学生的爱校情感，激发学生的创造动力等。将文化自信融入这节课既能够达成课程目标，又是一种课程的创新，同时满足了社会的需要，以此作为课程内容。

（二）个人的培养价值

将文化自信教育融入中学美术课堂，能够在提高学生专业知识水平的同时，提供真正有助于学生个人个性培养和人格营造的经验。文化自信对于传统中学美术课堂的融入是坚持个人发展和知识传授的综合取向。这样还能够实现知识服务于社会、服务于个人，个人与社会和谐共生的理想状态。

三、文化自信融入课堂的过程逻辑

文化自信在课堂中的融入应是从内而外的协作发展，“应遵循‘认知——喜爱——内化’的过程逻辑，通过具象化的文化教学过程，使学生在真实情景中找寻文化自信”。

（一）认知

认知心理学是当代心理学发展的主流，它认为“学习是学习者已知的、所碰到的信息和他们在学习时所做的之间相互作用的结果”。这意味着，学习是在学生对信息加工的认知中产生的。所以，学生头脑中的认知结构和信息加工的过程对学生的学习极为重要。对于文化自信相关知识的有效理解，需以学生头脑中的认知规律为前提，从而激发出其内在的认知动力，要让学生积极主动地参与到学习活动中去。

为此，要让学生能够更加全面、主动的学习到新的美术知识，不再是填鸭式的灌输知识，从而由内而外的增加文化自信在《我们的风采》这堂课课前，对学生进行随机采访，并发布全员问卷，引发学生对于校服的讨论，初步建立学生们对校服的审美感知，并了解服装设计的基本知识，提高学生对着装美的鉴赏能力和审美情趣。同时总结了本校校服的优缺点，为课上的校服设计做出了基础铺垫。

另外，还可以在元认知视角下引导学生学习，在课堂上创设较为个性化、流动化的教学情境。在教学设计上给学生提供灵活、多动能的自选式文化空间，使学生得以在课堂上更加沉浸地体验服装文化。例如在本课的课堂上设置了创意实践游戏：教师在多媒体设备上准备了不同的校服矢量图片，让学生上台拖动图片，完成校服的搭配。通过这样的课堂活动，有助于培养学生设计技能、审美美感的实践能力。学生在活动中展开联想、选择校服款式的过程，有助于学生掌握校服款式表现，认识到校服与学生生活的联系，增强学生的形象思维能力、涵养及对学校的热爱。同时，在游戏活动中还激发创新意识。推动后续运用所学过的知识，设计出思路新颖、实用并具有个性文化特色的校园服装。

（二）喜爱

认知心理学的另一个观点认为："有效学习的发生需要内部条件和外部条件的相互作用，两者缺一不可，其中外部条件通过内部条件发挥作用。"我认为，这里所阐述的内部因素除去已有的知识准备，也包括积极的心理因素与学习动机。这种正向心理动机可以通过培养学生对校服的喜爱之情来产生。一旦学生对于事物产生了喜爱之情，必然会主动全力以赴，沉浸于探索活动之中。

现阶段的学生校服大都千篇一律，不具特色。《我们的风采》课程以此为突破口，通过对敦煌四中的校服欣赏，提供外部刺激，造成认知冲突，让学生主动产生对美丽校服的喜爱，产生迫切学习的需求，从而引发思考：为何此件敦煌校服能够出圈？对于此问题的思考和表达的过程，也是学生对特定文化——敦煌文化中人文内涵的感悟、领会和阐释。敦煌四中校服上的衣领绽放花朵，衣袖飘动卷草，这是莫高窟壁画第三十一窟团花卷草纹藻井图中的部分元素。学生通过阐释敦煌四中校服与当地文化之间的关系，感悟到艺术作品所反映的敦煌文化内涵，同时也明白校服实际上是文化创意和地域特色的体现，是别具一格的文化传承，也得以领悟到敦煌莫高窟壁画对于文化发展的贡献和价值。让学生明白如此博大精深的优秀传统文化，是我们的底气、骨气，从而感受到由内而发的文化自信。

（三）内化

心理学家维果茨基认为，人类的心理发展具有这样重要的特点：“人所特有的新的心理过程结构最初必须在人的外部活动中形成，随后才可能转移至内部，成为人的内部心理过程的结构。”从他的理论可以看出，从一种文化物质内化为文化自信精神，需要借助外部的活动。而这个活动可以借由美术实践环节来完成。何为实践？实践实际上就是创作，是对自己思想观念的一种表达，在强烈的表达面前，甚至连技术都是次要的。中学美术的实践作业更要鼓励、引导学生勇于表达自己的文化理解，这种对创作的内驱力有助于学生文化自信的内化与生成。

在本课的课堂实践环节中，让学生能够做到联系自身：“我们学校的校服该如何体现文化及地域特色？”引导学生从造型和颜色等方面进行思考，由此完成文化理解层面的教学目标：“通过设计具有本土文化的学生装，激发学生热爱生活，热爱学校，热爱传统文化的情感。”这一实践活动，就全面体现了美术知识的内化过程，从而增加了学生的文化自信。

在《我们的风采》的课堂作业呈现上，教师有意识引导学生关注传统文化的传承与创新传承是让学生们了解思想文化，明白民族的精神，拥有家国情怀。而创新并不是简单的否定，而是为了更好地弘扬中华民族的精气神，让传统文化更好地和现代审美、现代生活相结合。

比如，中国传统服饰中的盘扣，它具有丰富的民族文化内涵，寓意万事如意，象征团结和谐。在这节课的作业呈现上，有学生将此元素运用在了自己的校服设计上，隐喻同学们团结合作、和谐相处，也祝愿同学们的学业能够圆满顺利。通过这堂课的作业，学生领悟了盘扣元素在服饰设计中的运用，同时也是对传统文化的传承与创新。

但是，从另一方面来说，盘扣的应用局限性较大，通常用于传统服饰。而随着社会的发展，人们的审美变化与校园生活的适配，使现代校服推陈出新。若以传统的盘扣加以使用，则难以融入。所以在设计校服盘扣时，不使用其固定衣襟的传统作用，而将其创新为校服的装饰元素。这样既保留其传统艺术内涵的同时，更具使用价值，适合作为学生装的日常使用。这也是文化的传承与创新的体现。

此外，通过多媒体视频，还给学生欣赏了中国百年校服发展史。中国百年校服发展史体现着人类文化知识积累和创新的成果。学生通过欣赏，重温百年校服发展史，了解不同背景及不同时代的作品特征，得以形成正确的文化观与世界观，增强文化自信。

四、结束语

中华文明源远流长、博大精深，是中华民族生生不息、发展壮大的丰厚滋养，也为人类文明进步做出了重大贡献。文化和教育息息相关，在当代的中学美术课堂中，将“文化自信”作为一个重要主题，成为美术教师们义不容辞的责任。通过文化自信在美术课堂的融入，激励学生向上向善、向真向美，培育其个人文化自信的价值信仰和行动指南，成长为担当民族复兴的时代新人。

参考文献

[1] 陈瑞雪. 美术教育课程与教学方法探究 [M]. 北京：研究出版社，2020，8.

[2] 范卿泽，郑智勇，谭铄纱. 新时代中小学生文化自信培育机制的三重审视 [J]. 西南大学学报（社会科学版），2023，7，6：192.

[3] 黄天元. 当代认知心理学的“学习观”及教学启示 [J]. 晓庄学院教育科学学报，2002（4）：109.

[4] 鲍银霞. 有效学习发生的条件及其对教师教学的要求 [J]. 青年导刊，2005. 9：14.

三、教学设计或案例

手捏成形法——制作武术套路动作剪影

核心素养

1.审美感知。理解陶艺的成型方法，能够手工成型方法进行成型。

2.艺术表现。通过制作武术套路剪影，了解陶艺的形式美特点并能够运用到实际制作中。

3.文化理解。作为一种传统艺术形式，蕴含着丰富的文化内涵。通过学习学生更深入地理解和欣赏优秀的陶艺文化，增强对传统文化的热爱和尊重。

教学重点

掌握手工成型方法。

教学难点

了解陶艺的形式美特点，将陶艺的形式美特点运用到实际制作中。

教学手段

1.讲述式教学。

2.示范演示。

3.实践操作。

4.小组讨论。

教学过程

一、手工成型的基本概念

教师介绍手工成型的基本概念和方法。

手工成型是指通过手工操作将泥坯塑造成所需形状的过程，包括以下基本方法：

1.挤压：用手或工具将泥坯压扁或压成特定形状；

2.拉伸：用手或工具将泥坯拉长或拉宽；

二、手工成型的技巧

教师讲解手工成型的技巧，包括挤压、拉伸等方法

以下是一些手工成型的技巧。

1.挤压：控制手的力度和方向，避免泥坯破裂或变形；

2.拉伸：逐渐增加拉伸的力度和长度，避免泥坯突然断裂；

三、示范演示手工成型的方法

教师进行手工成型的示范演示，并引导学生进行实践操作。

教师应详细演示手工成型的全过程，包括如何选择和使用工具、如何控制手的力度和方向、如何观察和调整泥坯的形状等，并在学生实践操作时给予及时的指导和反馈。

四、小组讨论与总结

学生分组讨论手工成型的优缺点及适用范围，总结出各自的结论。

学生分组讨论手工成型的优缺点和适用范围，例如手工成型可以灵活塑

造各种形状和细节，但效率较低，适用于小批量和个性化制作；机器成型则可以快速大批量生产，但形状和细节可能较为单一。

五、课堂实践

结合我校校园文化特色，以手工成型的方法制作一个有武术套路动作剪影。

六、教师引导学生对本节课学到的知识进行总结和反思

教师引导学生回顾和总结本节课学到的知识和技能，鼓励学生提出自己的问题和想法，并对未来的陶艺学习进行规划和展望。

四、学科特色活动

五、教学随笔

在陶艺教学的过程中，我深刻体会到陶艺这门艺术对学生综合素质的培养所起的作用是很重要的。在课堂上，我看到了学生对陶艺的热爱和执着。他们用心地塑造每一个作品，将自己的创意和情感融入其中。这种专注和投入让我感到无比欣慰。

陶艺教学不仅仅是传授技能，更是培养学生的创造力、观察力和耐心。通过陶艺制作，学生学会了用双手去表达自己的想法，感受到了创作的乐趣。同时，他们也在制作过程中培养了细心、耐心和坚韧不拔的品质。为了激发学生的创作热情，我会给他们提供丰富的素材和灵感。通过展示各种陶艺作品，讲述陶艺的历史和文化背景，让学生了解到陶艺的多样性和魅力。这样，他们在创作时能够有更多的选择和发挥空间。在教学过程中，我也注重培养学生的合作精神和团队意识。通过小组合作制作作品，他们学会了相互协作、分享经验和共同进步。这种团队合作的经历对他们今后的学习和生活都将产生积极的影响。

总的来说，陶艺教学是一门充满乐趣和意义的课程。它不仅培养了学生的艺术素养，还锻炼了他们的动手能力和综合素质。我相信，通过陶艺教学，学生们能够收获更多的成长和快乐。

六、学生作品

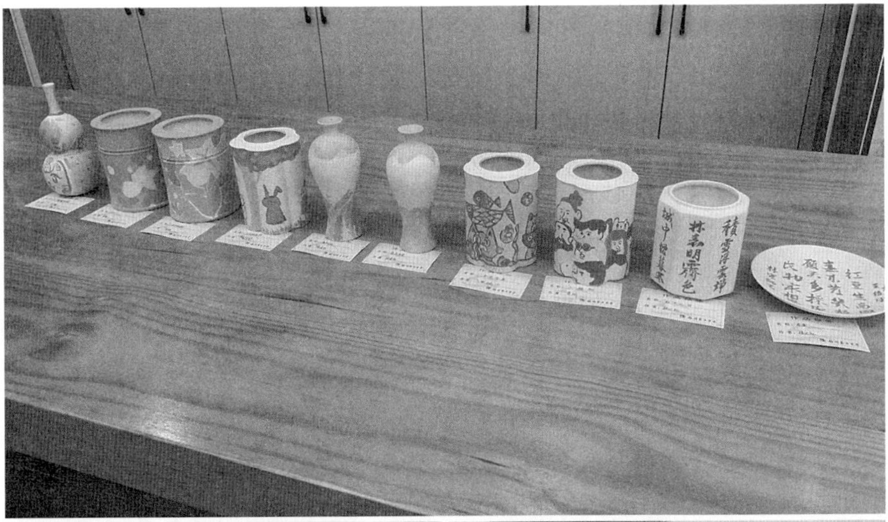

精于技，匠于心

一、学科课程方案

（一）指导思想

以习近平新时代中国特色社会主义思想为指导，力求提高学生技术素养，积极促进学生全面而富有个性的发展，坚持基础性、通用性、选择性与时代性的高度统一，注重教育理念与教育实践相结合、教育传统与未来发展需要相结合。课程的建设立足我国国情、体现未来走向、具有中国特色、富于开拓创新的新构架的同时，注重培养学生对技术的思想和方法的领悟与运用，对技术的人文因素的感悟与理解，引导学生在技术学习中的探究、试验与创造，也为学生应对未来挑战、实现终身发展奠定基础。

（二）课程标准

1.高一阶段：《走近中国制造》课程，旨在引导学生感悟中国传统制造和现代智能制造的不同魅力。从学生的生活需求出发，秉持一定的价值理念，运用各种物质及装置、工艺方法、知识技能与经验等，实现一定使用价值的创造性实践活动。课程通过技术的设计、制作和评价，以及技术思想和方法的应用及实际问题的解决，为学生展示创造力提供广阔的舞台，培养学生创新精神和实践能力，鼓励学生在实践中严谨、求真、精益求精，努力成为高技能的创新人才，争做能工巧匠、大国工匠。

2.高二阶段：中国有5000年文明史，有辉煌和灿烂的历史文化，中国历史上的儒学、释学、道学对中国古建筑文化有着长期的和深刻的影响，并在中国古建筑实践中得到充分的表现，形成了丰富的建筑形式和风格。《中国古建筑文化与鉴赏》旨在让学生继承和弘扬中国古建筑文化的精髓；了解博大精深的中国古建筑文化；普及和传承中国古建筑知识，增强保护意识；提高对优秀中国古代建筑的鉴赏能力；汲取中国优秀传统文化精粹，创造中国的文化独特性；传承中国宝贵的非物质文化，提高民族自信，做有底蕴的中国人。

（三）课程结构与内容

序号	年级	对应国家课程	校本课程	核心素养目标
1	高一	职业技术基础	走近中国制造	创新设计、工程思维、图样表达、物化能力
2	高二	技术与设计1、技术与设计2	中国古建筑文化与鉴赏	技术意识、工程思维、创新设计、图样表达、物化能力

（四）课程活动形式

综合实践型

（五）课程评价方案

1.从学生出勤情况、学生上课实践情况、学生作业情况等方面进行评析。

2.评价等级分为优、良、合格和不合格共4个。其中优是出勤率为100％，遵守课堂纪律，积极举手发言，参与课堂讨论，作业情况良好。良是出勤率达到95％以上，上课能遵守课堂纪律，积极参与课堂讨论与活动。合格是出勤率达到80％以上，上课态度尚可，较积极参与课堂活动，作业完成情况一般。不合格是出勤率低于60％，上课态度较差，作业应付，完成情况较差，对课堂活动不积极参与。

3.评价形式为教师评价占50％、小组评价占35％、学会自评占15％。

评价表

评价标准		评价		
		自评	组评	教师评
学生学时	出勤情况 20%			
学业成绩	平时测验 10%			
作业完成	平时作业 10%			
	项目作业 30%			
课堂表现	课堂发言 10%			
	课堂纪律 20%			
合计				

二、研究论文

3D 开发学具助力通用技术课堂教学

蔡梅芳

近年来，随着 3D 打印技术进入中学校园，3D 技术用于开发学具、服务于课堂教学成为时下备受探讨的问题。与传统制造方法相比，3D 打印技术有着低成本、易成型、方便操作等特点。笔者经过多次的开发与实践，发现利用 3D 开发学具助力通用技术课堂教学是一种不错的选择。因此，本文从 3D 技术与通用技术学科的融合入手，阐述 3D 技术开发符合学科特点、适合学生年龄的学具，[1]助力通用技术的课堂教学。

一、3D 打印技术的优势

3D 打印是快速成型技术中的一种。在无须借助其他辅助工装夹具下，3D 打印就能直接将三维模型快速加工制造成实体模型。当今，3D 打印在许多领域得到广泛的应用，例如航空航天、建筑、汽车和医疗等。3D 打印技术原理有很多种，常用的有激光粉末成型法、熔融塑料成型法、光敏树脂成型法等。大多数学校配置的 3D 打印机是采用熔融成型技术法，这种技术是通过层层堆积材料的方式制造出几何实体，操作方便、成本低廉、无污染。教师要先选择一款建模软件（如 3Done），利用建模软件设计出符合学科特点、适合学生年龄的学具模型，然后分层切片，再用3D打印出来，为课堂教学提供设备保障。

二、与通用技术学科的融合

《普通高中通用技术课程标准（2017年版）》明确指出，技术发展日新月异，大数据、人工智能、虚拟现实、新材料、新能源技术等开始走进日常生活，通用技术课程内容应与时俱进。因此，3D技术开发通用技术学具是应运而生。笔者经过实践发现，依托3D打印技术与通用技术学科的融合，创设通用技术学科学具，突破教学条件局限，丰富教学手段。主要优势如下：

（一）打造可视化模型

1.教学中发现问题。在《技术与设计1》（苏教版）第六章第二节《常见的技术图样》的教学中，笔者发现学生绘制三制图时畏难情绪有点严重，轴测图转化为三视图的空间思维能力不足，[2]对零件形体的视图表达不完整。在技术工程上，三视图是设计交流与表达的一种常用技术语言，识读与绘制简单的三视图是高中学生应具备的通用技术学科素养。

2. 3D学具优化教学条件。在《简单三视图的绘制》的教学中，笔者发现三视图的辅助教学手段，不论采用多媒体的课件，还是借助硬纸板制作零件模型，都有利于学生空间思维的构建，能够达到一定的教学成效，但不是最理想的效果。在教学实践中，笔者先收集学生易错的三视图典型案例，然后应用3D打印技术将典型案例制成实物模型，再把实物模型分配给学生去观察、去分析，从而优化了课堂教学条件，突破了教学上的瓶颈。3D学具不仅便于学生全方位观察零件形体，还有助于学生领悟三视图的形成原理及投影规律。这样，教学任务得以顺利地完成情况下，进一步培育了学生技术图样表达的学科核心素养。

（二）提高学具的精度

1.原教材试验内容。在《技术与设计2》中，为了引导学生探究结构强度与构件的截面形状有怎样的关系时，教材安排了测试试验，内容为：用周长相同的纸质材料自制测试构件，截面分别为三角形、圆形、正方形的纸筒作为悬梁结构来进行测试，看看哪种截面形状的悬梁结构承受最大的力？

2. 3D学具改进试验内容。在教学实践中，笔者发现，用纸质材料制作测试构件。在折叠过程中，可能力度分配不均衡或者黏合剂用量不一样，这些都会导致测试纸筒尺寸有所偏差，测试构件规格不统一、不规范，甚至弯曲强度也会不一致，从而影响试验的测试结果。而利用3D技术设计并制作不同形状截面的悬梁来做测试构件，则先应用电脑软件建模，然后3D打印出测试构件，这样能做到构件尺寸精确、误差较小。试验结果自然而然会更科学、更合理、更有说服力。因此，应用3D打印的测试构件进行试验是一种可行的方案，也是值得推广的学具制作方法。具体步骤如下：

第一步，学会如何运用3D技术自制测试构件。

第二步，需要考虑选用什么形状的截面构件进行测试比较合适？

在苏教版教材中，选用周长相同的三角形、圆形、长方形截面作为测试构件，显然这个试验测出来的结论是在同等周长的情况下，圆形构件的强度最好，三角形构件的强度最弱。为了让这个测试试验与实际生活紧密联系，更具现实意义，比如房屋的横梁为何采用高度＞宽度？桌椅的横杆大多采用高度＞宽度？基于这些现象，则选用截面积相等的构件，形状分别是正方形、圆形、宽高比0.5的矩形、宽高比2.0的矩形。探究同种规格材料做成不同截面形状的构件，哪种形状的构件抗弯强度最大？

第三步，需要考虑测试构件的件数要多少合适？

教师提供给每小组的测试构件件数要适量。如果测试构件过多的话，不单单会造成材料的浪费、增加学具的开发经费，在课堂上还会耗费学生许多测试时间；如果测试构件过少的话，容易出现测试的偶然性，试验数据会产生很大的误差。综合这些因素，同一种形状的截面构件各测试三次，求其平均值，避免了随机误差的发生，这样得出的数据合理、真实。

（三）增加创新方案的物化率

1.现实条件的限制。创新方案的物化需要依托一定的工艺方法才能实现。掌握工艺方法之前，学生需要熟悉材料的属性、学习工具和设备的使用方法、了解工艺的流程等。这些前期的准备时间较长，往往不利于创新方案的物化实施。而更多创新方案无法物化，是因为找不到合适的材料，或缺乏应有的加工工具，或加工场地的限制，或物化的成本过高。

2. 3D技术促进物化。例如有的学生设计了厨房护指套，设计目的是为了保护厨师在切菜时手指不会受到伤害。设计时主要考虑使用者穿戴舒适，为了适合不同大小手指的人群，有不同型号供选择；材料采用食品级。

这款厨房护指套，如果采用传统加工方法来物化，不仅需要熟悉多道工艺流程，还需要掌握较多的工具使用方法，比如裁剪工具、测量工量、打磨工具。而借助3D打印技术，学生可以较方便把方案在3Done建模软件上设计表达、修改，直至打印，测试。初步测试完，还需要对模型的厚薄、长短、大小进行多次的调整，这些操作只要在建模软件直接修改设计参数就能实现。甚至方案的调整，也可以类似操作。3D打印技术进行创新方案的物化是方便又可期的。这种技术无须其他工具或学习其他工艺，就能增加创新方案的物化率，实现学与做的一体化模式。

三、3D学具在课堂教学中的应用

（一）模仿体验式的课堂

模仿体验式的课堂，是借助3D打印技术开发学具，模拟现实情境，引导学生角色扮演，利用角色效应，学生在体验过程中主动学习，充分发挥自我潜能，运用所学知识分析问题、解决问题。学生在角色情境的体验中，学科技术素养进一步得到培育，个性也得到充分的发展。

例如在绘制三视图的教学中，借助3D学具模型，巧设情境，课堂上赋予学生工程师的使命，让学生带着使命去完成三视图的绘制任务。学生扮演角色热情高，参与绘制任务主动积极。在小组成员团结协作下，学生探讨完成任务。由于3D学具模型的直观性，学生畏惧的绘制任务变得形象、具体了。在绘制三视图的过程中，学生领略技术图样表达的魅力，养成了细致、严谨的技术学科态度。

（二）合作探究式的课堂

合作探究式的课堂，是学生以小组进行合作，教师充分利用3D学具搭建学习平台，引领学生对身边事物充满好奇心、关注未来和未知世界，启发学生要敢于质疑、勇于探究，在试验探究过程中发现事物规律，把握事物本质特征的教学活动。

例如在探究结构强度与截面形状之间的关系时，利用3D打印技术开发学具，将试验条件进行优化，试验内容进行拓展，创设与学生生活息息相关的问题情境，彰显技术学科的社会价值，激发学生探究试验的热情。纸上得来终觉浅，绝知此事要躬行。学生在亲历试验的过程中，分组合作测得形状截面分别为：正方形、圆形、宽高比0.5的矩形、宽高比2.0的矩形构件所能承受的最大载荷，在表格上记录翔实数据，计算其平均数据，对比、分析得出宽高比0.5的矩形截面构件在这四种中抗弯强度最强，进一步诠释了房屋采用宽高比<1的承重横梁现象的本质特征。学生亲历探究，在探究中得出答

案，将认知的困苦变为求索的乐趣，学习的负累变为思维的享受。[3]

（三）作品展示型的课堂

通用技术课程倡导学生在“学中做，做中学”的理念，教师鼓励学生平时多动脑、勤动手，勇于创新，把技术创新的构思、方案积极表达出来。借助3D打印技术，学生能够较方便地把自己的创新方案进行物化，然后不断优化、改进，再物化，最后创新设计作品汇聚在课堂进行展示交流。学生上台分享设计目的和意义，交流制作技巧与心得，相互借鉴、取长补短，实现了技能互动和思维互动的课堂。正如萧伯纳说的：“倘若你有一种思想，我也有一种思想，我们彼此交流这些思想，我们每个人将有两种思想。”

例如有的学生展示了服药提示器，专为患有慢性病的老人按时服药而设计，其功能设有提示音、屏幕显示器、分装三餐药品的空间。课堂由多位学生展示作品，这样展示型的课堂，面向全体学生，给学生创新设计提供了交流与借鉴的舞台，拓宽了学生的视野，实现了技术创新源于生活、服务于生活的目标。

四、结束语

目前，大多数中学配置的3D打印机，在开发学具时，其成型的长、宽、高尺寸在30厘米以内，其打印精度是±0.1—0.2毫米，这样参数适合用于制作配合精度要求不高、尺寸不宜过大的学具。如果要开发带有传动系统的学具，那么传动装置的配件只能去购买，或者个性化3D设计后去网上找代理打印。虽然有一定的局限性，但是3D技术开发学具还是有着广阔的前景，需要教师进一步的探索、挖掘与实践。

参考文献

［1］章初，丛敏．乐高设备在通用技术教学中的应用［J］．福建教育学院学报，2016，17（5）：116-118.

［2］沈伟春，范建荣．运用3D打印技术解决“正投影与三视图”教学的困境［J］．中国信息技术教育，2019（1）：80-82.

［3］余文森．核心素养导向的课堂教学［M］．上海：上海教育出版社，2017.

三、教学设计或案例

《3D笔筒制作》教学设计

蔡梅芳

教学内容与学情分析

三维设计是新一代数字化、智能化的设计。它是在二维设计的基础上，让设计目标更立体化，更形象化的一种新兴设计方法。根据学校的教学环境和学生的认知能力和水平，我选择使用3Done三维设计软件。3DOne是基于“搭建积木”的方式，让学生们快速建立自己的模型，然后利用软件提供的各种命令和特殊变形功能来实现自己的创意设想。

教学目标

核心素养为工程思维、物化能力、创新设计。

1.熟悉3DOne界面中的各个模块和功能，为今后3D创意设计打下基础。

2.能灵活使用软件中的圆柱、移动、扭曲、阵列等命令进行其模型的创建，知晓物化的另一种途径，为创意设计的发挥打开另一种思路。

教学重点、难点

阵列命令基本操作及圆柱体的减法运算。

教学准备

1.硬件：多媒体网络教室，3D打印机，3D打印的笔筒模型。

2.软件：3Done家庭版、3D模型、教学课件、学生学习导学案。

教学过程

教学环节	教师活动	学生活动	设计意图
情境导入（2分钟）	本学期将带领大家使用一个简单易用的三维设计软件，轻松构建出大家的创意和想法，然后用3D打印机打印出实物呈现出来，让“创客”离我们不再遥远。教师节即将来临，本节课让我们一起设计一个简易笔筒，你还可以随意发挥设计出各种个性化的笔筒送给老师	学生倾听、思考	情境设置，激发学习兴趣

续表

<table>
<tr><th>教学环节</th><th>教师活动</th><th>学生活动</th><th>设计意图</th></tr>
<tr>
<td>3DOne
基本介绍
（3 分钟）</td>
<td>3DOne 的设计界面非常简洁，这种简洁舒适的友好交互界面，让设计的过程变得更加轻松愉悦。
3DOne 操作界面，如下图

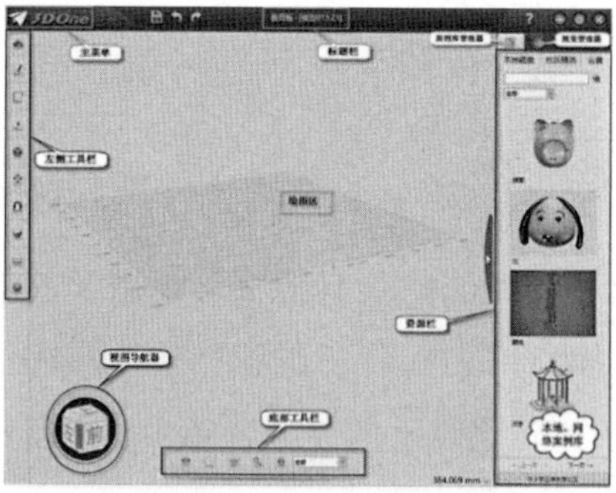

视图导航器如下图

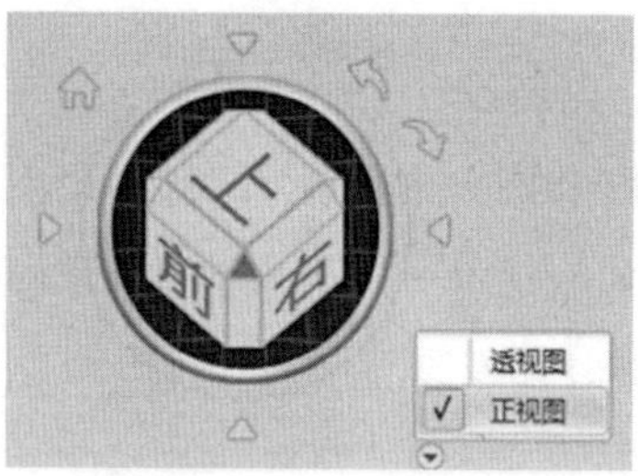

视图导航器（骰子）可控制模型有不同的角度查看视图，直接用鼠标点选骰子上的点、线、面，就可以更加快捷、方便地从不同角度查看模型
鼠标操作简介

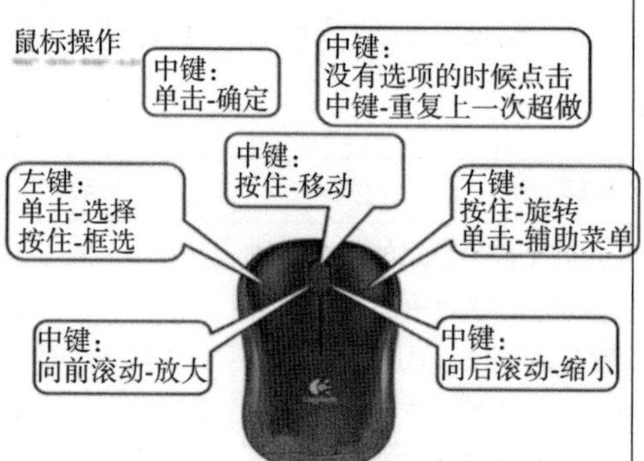

</td>
<td>学生倾听、思考、操作练习</td>
<td>学生操作练习，熟悉软件界面、视图导航器、鼠标操作键，为下一个环节制作笔筒做准备。</td>
</tr>
</table>

续表

教学环节	教师活动	学生活动	设计意图
笔筒的 制作 （20分钟）	设计笔筒步骤： 1.单击【基本实体】→【圆柱体】，在网格面上绘制如下图所示的圆柱体 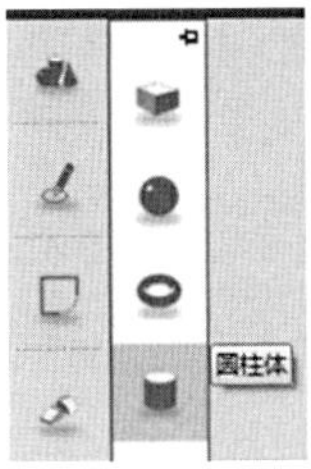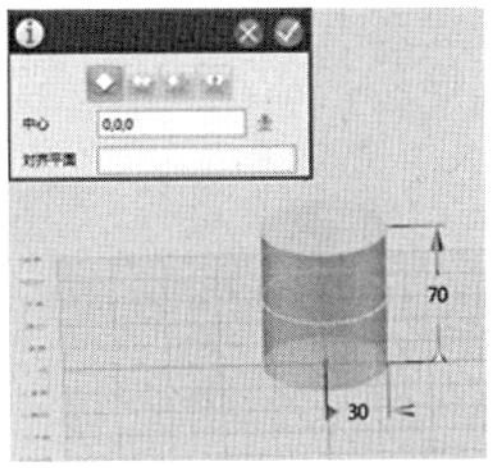 2.单击【基本实体】→【圆柱体】，在如下图所示的圆柱体右侧中心位置创建细长的圆柱体，尺寸可自定也可参考图示 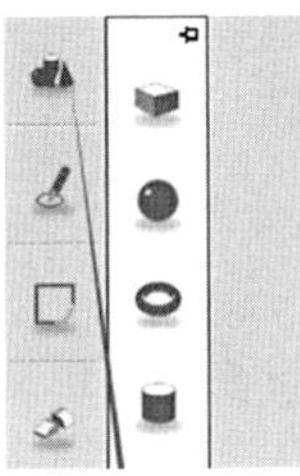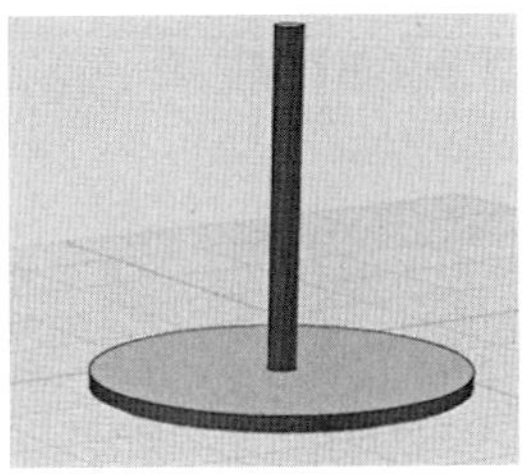 3.单击圆柱体，并移动圆柱体如下图所示，在对话框中选择【扭曲】命令，然后单击圆柱即可产生沿其中心轴向的扭曲 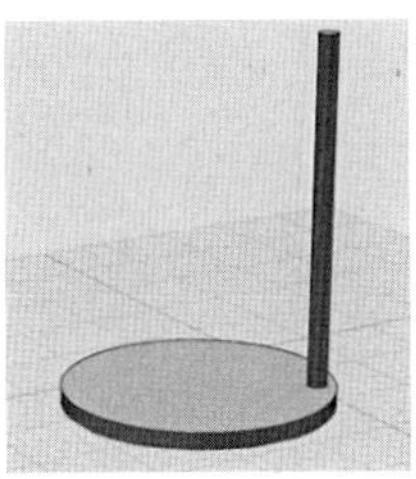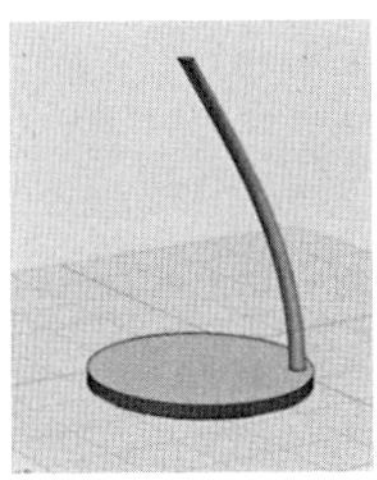	学生倾听、思考、操作练习	

续表

教学环节	教师活动	学生活动	设计意图
	4.在对话框中选择【圆形】阵列方式，然后单击圆柱外表面即可产生沿其中心轴向的旋转轴，设置恰当的个数后单击对话框下方的【添加选中实体】（即加运算）按钮，单击【确定】按钮效果如下图 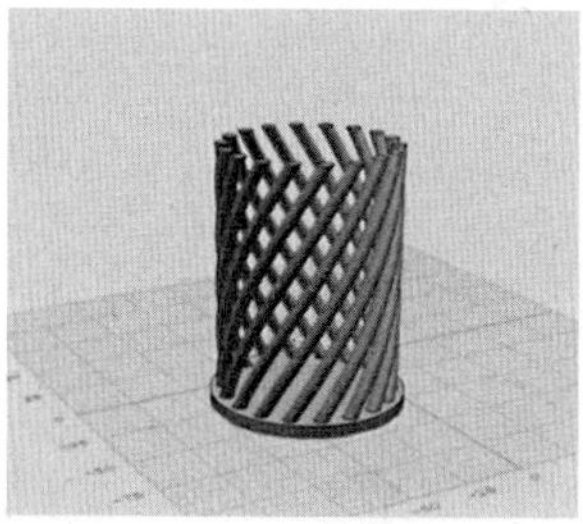 5.继续利用阵列的线性命令制作笔筒盖，再利用圆柱体的减法运算制作中空的笔筒盖  6.再利作圆角命令，把笔筒口做成圆角的 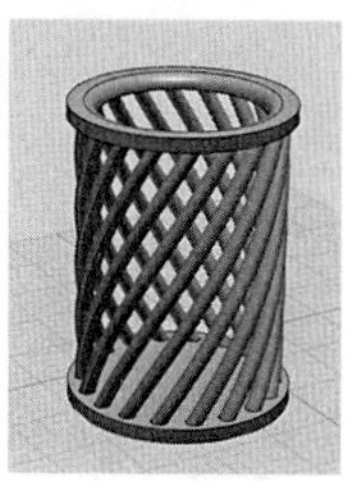		

续表

教学环节	教师活动	学生活动	设计意图
	7.给模型进行颜色渲染　单击【材质渲染】命令或利用右侧【视觉管理】→【材质】，从颜色对话框中选择喜欢的颜色进行渲染 8.亦可对每个面分别渲染不同颜色　适当滚动鼠标滚轮放大视图，首先双击选中要进行颜色渲染的面，然后单击【颜色渲染】按钮对其进行颜色渲染，效果会有所不同的	学生倾听、思考、操作 练习 学生倾听、思考、操作 练习	学生实践操作，并直观感悟到不同方法的物化方法，进而体悟到创造美好生活的神奇魅力
拓展提升 （8 分钟）	若做成下图所示的镂空效果，需要改变以上操作中的哪些步骤？或者你有什么不同造型的设计，请表达出来 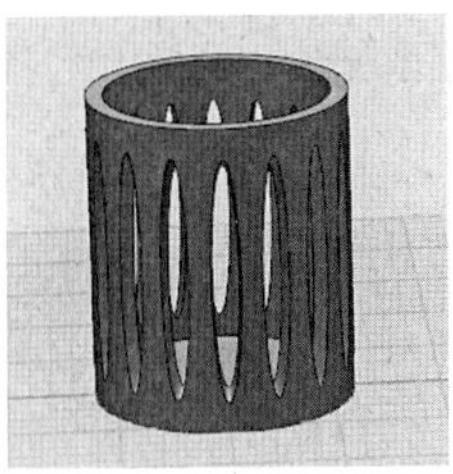	学生实践 尝试设计不同方案的作品	激发学生的思维，引导学生把不同的创意表达出，或者根据自己的需求、他人的需求而创作，进而获得创造之快乐
保存文件 （2 分钟）	保存文件：推荐保存在个人云盘中，一是不必使用 U 盘方便省事，二是快速下载方便继续编辑 步骤：单击 3DOne 大图标，然后选择【保存】→【云盘】，进行相应设置单击【确定】按钮 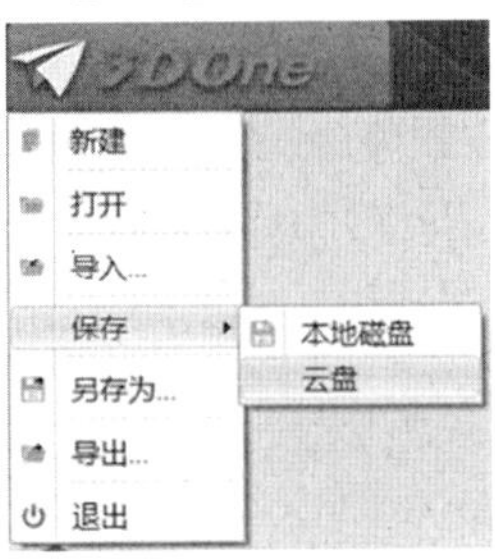	学生实践、练习保存	保存作品，引导学生学会收集、留存创作成果
展示、评价与总结 （10 分钟）	1.展示作品与评价 2.谈一谈在制作笔筒的过程中的感想或心得。印象最深刻是哪个环节？这次笔筒的设计给你有什么启发？你还想设计怎样款式或什么功能的笔筒	学生评价，并回答教师提出的问题	评价并总结；引导学生对笔筒设计进行思考与创新

四、学科特色活动

走进中国制造
——3D创意设计美好生活

一、学科特色活动目标

1.在学习3D打印技术的基础上，进一步深入了解3D打印在不同领域、不同行业的应用与发展前景。

2.通过活动引导学生把创意设计方案用3D软件进行图样表达，并物化出实物、测试等从而体验为人们创造的快乐和成就感。

3.通过活动掌握探究学习资料收集和资料整理、汇报的技能，经历作品的评价提升作品的鉴赏力。

二、学科特色活动内容

1.查阅3D打印技术的发展史。

2.在3DONE软件下进行物品的创意设计，并在3D设备上打印出物品。

3.查阅资料了解3D打印技术的应用领域和发展前景。

4.查阅资料明确3D打印技术在各个领域的突破和成就。

三、学科特色活动流程

1.学生分组完成创意设计任务，分别绘制纸质设计图样。

2.学生组长整理素材，形成设计报告。

3.指导老师研讨成果并指导学生在3DONE软件上完成设计图样的电子稿方案。

4.各组将成果打印成实物，测试等。

5.各组应用所形成的PPT或者希沃进行成果汇报。

6.所有成员完成小结和活动感想。

四、学科特色活动形式

1.网络资料收集，文献查阅。

2.讨论交流改进方案和制作报告。

3.学习并制作作品，测试、修改、完善。

4.开展成果展示交流报告会。

中国古建筑文化与鉴赏

一、学科特色活动目标

1.通过对中国结构建筑体系的介绍以及对北京故宫总体布局、主要建筑的屋顶形式和色彩的运用等方面的分析，了解中国古代建筑的主要特色。

2.通过中国古代园林的典型实例的欣赏，了解中国古代园林艺术的主要特征。

二、学科特色活动内容

通过本课教学，使学生对中国古代建筑艺术的重要成就及其特点，有所了解，有所认识，达到开阔眼界，增长知识，陶冶情操，培养欣赏中国古代建筑艺术的能力，提高艺术欣赏水平，树立正确的审美观点。

三、学科特色活动流程

1.学生分组布置任务，分别查找不同内容的素材。

2.学生组长整理素材，形成调查报告。

3.各组和指导老师研讨成果和修改方案。

4.各组将成果形成 PPT 或者希沃。

5.各组应用所形成的 PPT 或者希沃进行成果汇报。

6.所有成员完成小结和活动感受。

四、学科特色活动形式

1.网络资料收集，文献查阅。

2.讨论交流改进方案和制作报告。

3.开展成果展示交流报告会。

五、教学随笔

走近 3D 创意，体悟造物之美

蔡梅芳

3D 创意设计，该章节是以三维设计软件 3DOne 的学习为基础，引导学生通过项目学习，自主设计简易模型并运用 3D 打印机将设计模型实体化的过程。通过三维设计课程的学习，促进学生在真实的学习情境中提高设计能力、合作能合和实践创新能力，进而体悟造物之美。

3D创意设计是一门实践性很强的软件课程，在本次教学过程中采用了以学生动手操作学习为主，理论讲解为辅的教学方法，循序渐进地讲授了建模、渲染等知识要点。由于软件实战操作性强，课程模块时间短，担心部分同学在学习过程中会产生一些畏难的情绪，所以在讲解过程中分步骤演示操作，力求能解决课堂的学习重点和难点。在上机操作的习题布置上，让学生从简单的模型开始，由易到难，逐渐适应操作界面和操作命令，掌握模型制作到渲染的一套制作程序。

在课程安排上，我们每2～3节课让学生设计制作一个作品，增加学生的成就感；通过“做中学”“学中做”活动环节，将各种操作、命令、设置等软件功能让学生更加乐于学习和掌握。教学内容除了三维实体设计的技能和方法外，还特别注意了学生创新能力和创意的培养，在通过案例掌握基本的操作技能后，鼓励学生创新的设计和创意，同时也考虑了情感态度和价值观的引领。最终结合3D打印机的制作工艺，将学生们的作品制作出来，形成一个完整的设计与制作的流程，加深学生对三维设计和制作的兴趣。

通过三维设计与3D打印课程把学生培养成有思想、有创意的思考者与设计者，让学生历经一个探索、思考、操作、实现的完整过程，为学生开辟一种全新的思维通道，体悟造物之美与神奇魅力。

中国古建筑鉴赏

卓凌颖

《中国古建筑鉴赏》是一系列富有深刻文化底蕴的建筑欣赏和评述课。按教学大纲的规定，本课的内容主要是对中国古建筑的欣赏。先介绍中国古代建筑的两大特点：木质结构和庭院式的组群布局。然后欣赏故宫，欣赏完后让学生总结故宫建筑的特色，体会故宫在总体布局、屋顶样式和装饰彩画中所体现的封建王朝严格的等级制度。

接着将中国古代的园林艺术简略讲解一下，并欣赏相关的图片，让学生明白中国古代园林的精髓是诗情画意和建筑的结合。讲述时用多媒体课件辅助讲解。在教学中，为体现欣赏课的特点，我在教案的设计中大量的运用现代教育技术手段，如多媒体课件、录像等；同时穿插传统的教学手法，如板书、出示挂图等，使课堂上的教学形式更多样，更吸引学生的注意力。

大部分学生没有去过故宫，但是在生活中通过书本、影视、网络等还是能了解一点故宫的信息，因此对于本课，在学生兴趣的基础上，充分调动学生主动探究的积极性，学习中国古代建筑方面的知识。从故宫的布局、屋顶样式等方面的介绍，让学生体会皇权的威严，进而理解中国古代建筑的艺术特色。这些知识通过课上的图文并茂的讲解，学生都能掌握，在最后的讨论总结中，学生能系统的讲解。

课后拓展部分，是用本课学到的知识去鉴赏另一个古代建筑作品天坛，但是最终的目的是希望通过本课的学习，激发学生的民族自信心和自豪感，激发学生的爱国之心，能对以后的生活起到积极的作用。

六、学生作品

作品类型	作品	简介
3D 作品		3D 打印技术支持下的笔筒与花瓶作品，为生活带来一些美好

智能起航

一、学科课程方案

（一）指导思想

以习近平新时代中国特色社会主义思想为指导，全面贯彻党的教育方针，遵循教育教学规律，落实立德树人根本任务，发展素质教育。以人民为中心，扎根中国大地办教育。坚持德育为先，提升智育水平，加强体育美育，落实劳动教育。反映时代特征，努力构建具有中国特色、世界水准的义务教育课程体系。聚焦中国学生发展核心素养，培养学生适应未来发展的正确价值观、必备品格和关键能力，引导学生明确人生发展方向，成长为德智体美劳全面发展的社会主义建设者和接班人。

（二）课程标准

1.初一阶段：课程对学生的人工智能启蒙为主，让学生能自主识别出生活中无处不在的人工智能，调动学生深入学习人工智能的积极性，为后续深度学习以及综合性项目式学习打下基础。课程内容包含但不限于人工智能启蒙知识、编程初步知识和语音识别知识等。

2.初二阶段：课程主要从计算机视觉、机器人和语音识别等主要模块带领学生架构出对人工智能初步地认识和了解。人工智能基础课程内容包含但不限于计算机视觉和智能车控制。

3.高一阶段：课程主要让学生可以了解人工智能相关概念，掌握计算机程序设计基础知识和 Python 编程语法；同时对诸如机器学习、语音识别等人工智能重要应用领域的基本思想和方法有一定了解。人工智能提高课程内容包含但不限于人工智能概览、智能车编程、图像处理基础、机器学习初探、语音识别与人机交互等。高一课程也是面对零起点的学生对象。

4.高二阶段：课程从人工智能发展、编程数据处理、人工智能核心应用（图像、语音、机器人）到人工智能基础原理等均有涉及，进一步让学生由浅入深、系统全貌地理解和应用人工智能。人工智能进阶课程内容包含但不限于人工智能未来的发展、编程应用、数据处理、回归与分类、图像处理、图像理解、深度学习和视频分析等。

（三）课程框架和内容

序号	年级	国家课程	校本课程	学习目标（核心素养目标）
1	初一	信息技术	人工智能初步	1.了解人工智能对信息社会发展的作用，具有自主动手解决问题、掌握核心技术的意识 2.通过案例分析，理解人工智能。根据学习与生活需要，合理选用人工智能，比较使用人工智能和不使用人工智能处理同类问题效果
2	初二	信息技术	人工智能基础	1.在实践应用中，熟悉网络平台中的技术工具、软件系统的功能与应用 2.在学习过程中，选择恰当的数字设备支持学习，改变学习方式，具备利用信息科技进行自主学习和合作学习的能力 3.通过体验人工智能应用场景，了解人工智能带来的伦理与安全挑战，合理地与人工智能开展互动，增强自我判断意识和责任感。遵循信息科技领域的伦理道德规范，明确科技活动中应遵循的价值观念、道德责任和行为准则

序号	年级	国家课程	校本课程	学习目标（核心素养目标）
3	高一	数据与计算	人工智能初步	1.观察、探究、理解互联网对社会各领域的影响。体验互联网交互方式，感受互联网和物联网给人们的学习、生活和工作方式带来的改变 2.根据学习需要，有效搜索所需学习资源，探究信息科技支持学习的新方法、新模式，借助信息科技提高学习质量
4	高二	信息系统与社会	人工智能基础	1.应用互联网时，能利用用户标识、密码和身份验证等措施做好安全防护。会使用加密软件对重要信息进行加密，能使用网盘进行信息备份 2.在物联网应用中，知道数据安全防护的常用方法和策略，保护个人隐私，尊重他人隐私。了解自主可控对国家安全以及互联网和物联网未来发展的重要意义 3.主动利用数字设备开展创新实践活动。根据任务要求，借助在线平台，与合作伙伴协作设计和创作作品。在创新实践活动中，认识到原始创新对国家可持续发展的重要性

（四）课程活动形式（三型——主题学习型·交融拓展型·综合实践型）

综合实践型。

（五）课程评价方案

1.校本课程的评价原则。

（1）科学性原则。对课程的评价要运用科学的评价方法，提高评价的效度和信度。

（2）可操作性原则。评价方法要简单可行，可操作性强。

（3）素质培养的原则。对课程的评价要注重考察提高学生各方面的素质，培养学生的创新意识和创新能力。

（4）参与性原则。对学生的评价注重校本课程的参与情况，作为学生学分考核的依据。

2.校本课程的评价内容。

（1）关注学生是否遵守规则、是否具备法治素养。

（2）注重学生对资料信息进行有效的获取、处理和运用，对问题进行合理客观地解释、正确地分析和判断。

（3）注重学生对学习方法的运用程度，在学习态度、学习习惯和学习策略上的进步。

（4）关注和把握学生在情感、态度以及观点、信念上的变化与发展的趋向。

（5）注重学生通过学习对正确的思想、道德、观念等方面的感悟、理解和认同程度。

3.评价方法为教师观察、小组内部评价、项目作业等项目评级。

附：评价量表

评价项目		分值比例	评价等级（A　B　C　D）（注：A—10 分　B—8 分　C—5 分　D—2 分）				
教师观察	观察	10 分					
	谈话	10 分					
课堂表现（小组内部评价）	发言	15 分					
	交流	15 分					
	合作	15 分					
	守纪	15 分					
资料收集		10 分					
项目作业评价		10 分					
项目创作	创新分	10 分					

二、研究论文

初中信息技术校本课堂数字化学习实践

魏玲捷

随着信息技术的快速发展，数字化学习已成为教育发展的重要趋势。特别是在基础教育阶段，信息技术课程承担着培养学生信息技术素养的重任。如何在信息技术校本课堂实现数字化学习，成为一个重要的研究课题。本论文以初中信息技术校本课堂为研究对象，探讨其数字化学习环境的构建与应用，以期能为相关研究与教学实践提供一定的参考与推进。

一、初中信息技术校本课堂数字化学习环境的创设

初中信息技术校本课堂数字化学习环境的创设首先需要完备的硬件设施，包括微机、投影仪、音频设备等。有效的网络环境也是必不可少的，宽带网络可以更好地支撑数字化学习内容的传输与交互。

在软件平台方面，学校需要部署统一的数字化学习平台，整合各种数字化学习资源，实现资源共享。平台可以集成面向初中学生的学习应用软件，如文字编辑、图像处理、动画制作等软件。平台还需要具备在线编程、机器人编程等功能，以满足信息技术课程的教学需求。

在硬件和软件确保的基础上，学校应建设数字化学习内容，包括选用优质的数字化学习教材、建设教师自编教材的制作环境、搭建教材检索与管理系统等。特别需要建设与本地课程标准和教材相匹配的数字化学习资源。

平台与内容建设完成后，教师的专业发展是关键所在。学校应加强教师数字化教学能力的培训，组织教师研发数字化学习课程和教材。教师作为数字化学习的设计者和引导者，应熟练掌握各种教学应用软件和平台，并能够根据课堂实际选择和组织最合适的数字化学习资源进行教学。

总之，初中信息技术校本课堂数字化学习环境的创设需要硬件、软件、内容和师资四个方面的条件保障。只有在环境搭建的基础上，依托教师的引导带动，学生的数字化学习才能真正开展和产生效果。

二、初中信息技术校本课堂数字化学习环境下的学习引导方法

在数字化学习环境下，教师应转变教学观念，学会运用数字化学习资源和工具引导学生学习。具体可以从以下几个方面进行。

首先，教师要合理选取和组织数字化学习资源，引导学生进行探究和实践。教师可以选择 simulations、虚拟现实、数字视频等富媒体资源，带领学生进行探索性学习。教师也可以组织一定的数字化学习任务，引导学生动手操作和实践。

其次，教师要注重学习过程的引导与反馈。除资源提供外，教师要积极与学生互动，引导学生分析问题、总结规律，并给予及时反馈。反馈可以帮助学生检验学习成果，避免数字化学习中存在的“黑箱”效应。

第三，教师要培养学生的数字化学习能力与策略。教师不但要教授技能，更要教会学生如何通过网络获取信息、如何利用工具进行学习等。这需要教师对各种网络资源、软件工具、学习方法进行勾勒与指引。

第四，教师还应创建开放的数字化学习氛围。教师可以鼓励学生分享网络资源，设计数字化学习互动活动，组织线上线下相结合的合作学习，营造开放、协作的学习氛围。

综上，教师应在选取数字化学习资源与工具的基础上，通过互动反馈、学习方法指导、氛围营造等方式引导学生进行数字化学习。教师的引导直接影响学生的学习效果与学习体验。

三、初中信息技术校本课堂数字化学习资源的收集、管理与应用

数字化学习资源的收集与管理是实现资源共享的基础。教师可以从各大教育网站、内容提供商处收集资源，亦可自行开发制作。收集的资源包括学习课件、电子书、模拟软件、数字视频等。

资源收集后，需要建立资源管理机制。可以建立资源元数据描述规范，对资源进行分类标注、关键词编目等。还可以开发资源管理系统，实现资源的存储、检索与调用。资源管理要实现资源的整合与统一，方便教师选取。

在具体的教学实践中，教师要根据课程内容与要求选择和应用适当的数字化学习资源。教师可以将资源应用于课前预习、课堂导入、讲解示范、练习实验、课后拓展等教学环节。但资源的选择与应用必须引导学生进行主动探究，避免过度依赖某一特定资源。资源的灵活应用还需要教师具备一定的资源开发与改编能力。

总之，资源的有效管理与灵活应用是实现数字化学习的重要环节。这需要教师投入大量时间对各类资源进行评估、选择与应用。学校也应加大对教师该方面的培训与支持。合理使用高质量的数字化学习资源，必将产生很好的教学效果。

四、初中信息技术校本课堂数字化学习工具的使用策略

随着信息技术的发展，各种数字化学习工具层出不穷。初中信息技术课程要积极利用这些工具，促进学生的数字化学习能力培养。

教师可以利用在线视频演示工具，如录屏软件等，制作教学视频。教师也可以选择虚拟仿真软件，如编程环境等，组织学生进行编程实训。利用协作工具如微博等，可以组织学生进行协作创作。运用头脑风暴工具，可以收集学生创意。

在工具选择与应用上，教师应遵循的原则是：第一，工具的选择要与学习内容和要求相匹配；第二，注重工具的灵活适度应用，避免过度依赖某一工具；第三，关注工具应用效果的评估与反馈；第四，合理利用工具，培养学生的工具使用能力。

学生在教师的引导下，也应主动探索各种工具的使用，并在学习中灵活运用。随着工具熟练度的提高，学生可以更加自主地选择工具进行创作、实践和探究。这有助于学生形成数字化学习的习惯与动机。

总之，数字化学习工具的选择与使用需遵循一定的教学原则与策略，这需要教师和学生的共同努力，实现工具的有效整合与应用。合理使用数字化学习工具，必将提高课程的实践性与兴趣性。

五、结论与建议

初中信息技术校本课堂数字化学习需要构建包括硬件设施、网络环境、软件平台、数字化学习资源等在内的数字化学习环境。在此环境的基础上，教师作为数字化学习的引导者和促进者，应不断提高自身的信息技术与教学能力，熟练运用各类数字化学习资源与工具，并善加引导学生开展学习活动，培养学生的数字化学习能力。

未来，初中信息技术课程的数字化学习是一个快速发展，值得期待的一个方向，需要社会各界不断关注、投入与合作，逐渐成长的一个领域，可以从几个方面进一步推进：首先，加大对教师数字化教学能力的培养，鼓励教师开发更丰富的数字化学习资源；其次，完善数字化学习环境，提供更加便捷和交互式的数字化学习条件；第三，发展个性化数字化学习，运用大数据等技术实现学习内容与学习路径的精准推荐；第四，加强学习评价，开发在线测试、作业评阅等教学质量监测手段，并引入相应的学习考核机制。

以上结论与建议希望能为我国初中信息技术课程数字化学习的进一步推进提供一定的理论与实践参考。随着信息技术的更新换代，数字化学习也将不断深化，对其研究与实践需保持持续关注，在实践中总结经验，在经验的基石上不断创新，为数字化学习带来新的征程。

参考文献

[1] 武蓬蓬，基于教师引领的数字化学习与创新素养培养实践［J］. 中国信息技术教

育，2021（4），54-56.

[2] 刘东玉，初中信息技术教学科学利用数字化学习资源的探究［J］. 林区教学，2021（6），119-121.

初中信息学科培养学生数字化教学和创新能力的策略探析

程颖芳

在信息时代的大背景下，信息技术已成为推动社会发展进步、提高教学质量和效率重要因素。而数字化教育是现代信息化建设中不可或缺的一部分。因此我们要重视对学生课程知识、学习方法以及思维方式等方面能力培养与训练工作，让信息技术真正成为促进信息发展创新能力提高教学质量提高效果显著手段之一。初中信息技术教学中，教师有意识融入数字化内容，与学科教学高度匹配，学生接受起来不存在什么障碍，能够形成更多教学启动点，对学生形成心理冲击，其助学效果会更为显著。

一、整合教学资源，创设数字化学习情境

信息技术课程本身便带有数字化特征，教师要有教学资源整合意识，对教材内容做梳理和归结，对校本课程和网络信息进行合理利用，组成科学的教材内容体系，这样可以为学生带来更多创造性学习的机会。教师借助数字化手段创设学习情境，能够为学生带来更多学习触动和激励，学生直观思维比较发达，教师借助更多辅助手段进行教学设计，能够有效激活学生学科思维，展开互动性学习，在实践探索中建立学科认知。导入是课堂启动环节，教师需要对辅助方法做优化处理，将学生带入学习核心。传统信息技术的教学中有些理论知识难以理解，而练习枯燥乏味。如今学生生活在由数字世界和真实世界相融的环境中，教师应注重教学方法的选择，从新课导入部分就让学生应用数字化学习的方法来探究问题，提高学生的学习兴趣。

（一）游戏导入法

学生对计算机游戏情有独钟，教师借助电子游戏做教学导学设计，能够快速激活学生学习思维，对学生心理带来冲击。喜欢游戏是学生天性决定的，教师抓住学生学习心理展开设计，在学科教学之前推出一些游戏内容，不仅能够调动学生参与热情，还能够快速形成对接，信息技术和电子游戏有太多关联，教师巧妙设计，可以让学生在不知不觉中进入学科学习环节。游戏导

入方法的合理应用，体现教师教学设计的用心和创意，如何对电子游戏做整合处理，让其发挥应有的作用，这是教师需要重点研究的问题。例如在教授《程序基本结构》过程中，通过谷歌公司的 blocky gamesde 迷宫游戏中的积木块拖拽实现迷宫闯关，自然引入本节课的教学内容，不仅激发了学生的好奇心，还激活了课堂学习气氛，促使学生顺利进入到学习核心，对学习内容展开深入研究，自然启动学科思维，为学科教学程序顺利展开奠定基础。

（二）问题导入法

问题导入法是最为常见的，教师对教材内容做深度研究，找到问题设计切点，针对学生学习关注点展开问题设计和投放，能够对学生学习心理形成冲击，也能够为学科教学注入丰富动力。学生对一些关心的问题有主动思考和探索的热情，教师结合学生学力基础、学习兴趣、探索思维展开问题设计，能够快速调动学生主动性，建立教学启动点。学生思考研究问题时，教师需要有跟进指导的意识，适时地提醒，组织学生展开互动交流，都能够为问题解决提供助力支持。在课堂教学中，教师合理利用问题导学手段，能够让学生感受信息技术的魅力，并能起到举一反三、融会贯通的目的。例如在《正确获取网络资源》一课中，以一段武夷山的旅游视频进入新课，学生欣赏完视频，对武夷山心生向往，引出第一个问题，即去武夷山旅游需要的旅行攻略需要包含哪些内容？欣赏了武夷山的美景，学生很快进入设定的好情境，代入自身，提出自己的看法，攻略中需要有天气情况、旅游路线、特色美食等内容，进而引出下一个问题，需要怎样快速准确地找到这些信息？问题层层递进，激发了学生的问题思维，教师做出辅助指导，确保学生学习思维顺利展开，赢得学习主动权。教师正确使用搜索引擎搜索信息，创设真实又有趣的问题情境，更容易激发学生探索热情，而数字化技术的广泛应用，其助学价值会更为突出。

二、优化教学指导，组织数学化学习活动

想要学生对数字化学习有更多热情，教师需要做教学资源整合，也需要改进教学引导，及时做学法传授，为学生顺利展开学习创造良好条件。信息技术学科教学注重上机操作，教师在组织学生展开学习实践时，要对学生学习基础，以及思维特点有一些了解，这样才能为学生带来更多学习机会。在具体教学组织时，教师需要从指导学生利用数字化资源展开自主学习；成立数字化学习小组，展开多种形式的互动学习；在数字化学习中，教师要进行科学管理，培养学生自律性等方面展开探索和研究。

（一）利用数字化教学培养学生自主性学习能力

信息技术教学中，教师对教材内容做梳理和归结，找到数字化教学活动组织的契机，针对学生学习需要做任务布设，让学生主动进入到自主性学习环节。学生大多有一定学力基础，对数字化学习内容也有一些了解，为自主性学习奠定基础。教师对学习任务做筛选处理，针对学生学习需要做布设，适时引入任务驱动模式，组织学生展开创造性学习。特别是创客模式的应用，为学生带来更多学习启示，教师设计具体的学习目标，对任务做优化处理，都能够激发学生学习主动性，为学生学科能力成长带来更多助力支持。

教师整合数字化资源信息，确定活动内容和目标，组织学生展开多种形式的学习和实践，都能够创造一些学习起点，让学生自然进入数字化学习核心，在自主性探索学习中建立学科认知基础。教师在教学设计时，要将数字化应用作为重要取点，借助数字化手段对重点、难点做讲解，也可以进行操作实践的演示视频，还能拓展延伸组织，让学生自主学习探索，进行分层教学。如果教师能够将自己所教内容通过网络、多媒体等多种方式传递给学生，其教学组织效果会更为丰富。

例如在教授《创建写字动画》一课时，教师可以直接展示写字动画，并将相关操作内容通过 Camtasia 软件录制成一个的具体的操作视频，学生通过视频演示自学创建写字动画，遇到问题，不局限于让老师解答，可查看教师下发的相关数字化资源，也可使用搜索引擎自主查找答案，让学生更好地掌握相关技能，提高信息素养；同样，在上 PHOTOSHOP 通过录制一个微课，将图层比喻成多个透明的纸，直接展示图层：每一张都保持独立，他们的内容不会相互影响，可以进行独立的操作，同时又可以将它们合成一个完整的图像。

同样，在《数制与信息编码》一课中，对于不同类型数据的二进制编码，有不同的编码规则，课堂上只讲了 ASCII 码表的相关内容，对于国标码只是一笔带过，对此感兴趣的学生，可以自主观看教师制作的国标码相关视频，同样，常用的进制除了十进制，二进制外还有十六进制，学生可以根据自己的需求，选择观看部分视频，达到分层学习的效果。当然，数字化资源不仅于此，教师要根据课程和学生来选取合适的数字化资源进行教学，在教学过程中，教师针对学生学习需求做优化设计，能够为学生带来更多实践体验。建设学科班级网站，需要更多数字化学习认知的支持，教师组织学生展开学习研究，对相关知识做梳理，对技术应用做研究，对网站需要的内容素材做整合搜集，对网站维护管理做讨论，都属于信息技术学科学习范畴，而且带有数字化特征。教师借助网络运行，组织学生展开信息交互，也能够为学科教学带来更多辅助，学生在网络经营管理中获得的学习成长会更为显著。

数字化学习资源极为丰富，教师组织学生结合生活实际做网站建设和管理，为学生带来更多探索性学习的机会。学生在数字化学习过程中，能够调动创造思维，展开独立的思考和探索，教师适时做出辅助和引导，能够帮助学生顺利进入到学习核心，在卓有成效的探索中完成学科认知的构建。

（二）在数字化学习过程中提高学生协作学习能力

传统的课堂教学在学习过程中的小组，组内成员相互交流、相互激励，激发学习兴趣，但传统教学往往分工不明确，组内成员尽管花了很多时间讨论问题或实践操作，成果却往往不怎么好，而数字化学习扩大了交互性、共享性。小组合作学习组织时，教师需要有分工意识，明确成员的责任，设计具体的学习任务，组织多重信息交互活动，在充分研讨中建立学习共识。如果有需要，教师要与学生一同行动，积极参与到学生的学习互动环节，在直接对话交流中给学生传递一些有价值的信息，让学生在创造性学习中建立学科认知。

比如，教学《认识 Flash 动画》一课中，为了更好地了解 flash 软件的相关知识，传统的教学这样分工，分组以上机机房座位就近划分，每个小组四人，一人查找 flash 软件的相关资料，一人查找 flash 软件的应用，一人查找 Flash 软件被停止支持的原因，最后一位同学进行汇总。起初教师用讲述的方式介绍分工，但许多学生还没有听清楚问题，一头雾水，无法分工，导致小组合作学习产生了障碍。之后，运用希沃白板加上超链接文件夹的形式开展小组分工模式教学：白板课件展示小组的任务，每个小组都建立一个超链接文件夹；打开每个小组的文件夹即可看到组内每个组员负责的任务及成果；将任务明确布置下去，组内自行分工、查找资料，总结知识。看到文件夹内逐渐充实的成果，能激发学生小组的组内合作热情。

（三）在数字化教学中进行监督性学习

在数字化学习中，教师对学生学习情况有客观评估，适时给予必要的监管，能够对学生形成一种心理约束，对培养学生学习自律性是有积极帮助的。学生大多没有信息甄别能力和意识，教师指导学生对网络信息做筛选，能够起到很好的监管的作用。网络信息极为丰富，教师组织学生做信息整合时，需要做出必要的引导，设定关键词，帮助学生做信息屏蔽和筛选，都能够为学生带来有益帮助。例如《程序设计基础》一课中，课件展示了使用c++计算 a=b+1 的程序和运行过程，提出问题，让学生上网查找使用其他编程语言编写该问题的程序和过程，学生可能下意识就会使用搜索引擎，教师可以先提供多个编程语言，让学生选取一个进行查找，明确目标，并提供几个相关的编程网站，CSDN，博客园等不局限于使用搜索引擎，避免出现信息干扰情况。教师需要借助一些鲜活的案例展开对应指导，让学生学会辨别信息，自然建立意识屏障，自觉接受健康的信息，规避一些不良信息的干扰，进而养成正确的审美观。

三、创新教学训练，组织数字化学习评价

在学科训练设计时，教师需要有创新探索，借助数字化信息，组织更多探索性学习任务，让学生在数字化应用之中建立学科认知。教师还要对学生数字化应用情况做跟进观察，对学生学习表现做客观评价，以提升学生学习主动性和自律性，这对促进学生学科核心素养成长有一定帮助。自评、互评是最常见方式，教师还需要展开创新设计。在课堂上，学生完成实践操作后将作品上传到教师端平台。在平台上可以看到每一位学生的作品，教师可以开放评论权限，让学生们在喜欢的作品下留下评价，欣赏他人的优秀作品，学生能直接看到其他人对自己作品的评价，能够发现自身在学习过程中存在的不足之处，学习他人的长处，并对自己的作品进行进一步改进及创新。还可以把学生作品上传到网络平台，让更多人看到，更多人评价，不局限于课堂，这样学生可以把评价作为促进自我发展、自我教育的有效方式。除此之外，还可以通过问卷星网络平台，对课堂的知识点对学生进行测试，通过问卷星自动生成的数据更好的关注学生学习过程和学习表现，对学生学习做科学评价，能够充分发掘学生学习潜力，赢得教学主动权。

在信息技术教学中，教师对数字化学法应用展开深度探索，为学生顺利进入学习创造良好条件，在学生展开数字化学习过程中，适时传授一些学习方法，组织学生进行互动性探索行动，对学生学习做科学管理和监督，都能够确保数字化学习的顺利展开。培养学生数字化学习意识，提升学生数字化操控水平，这是信息技术教学的核心追求，教师需要有整合优化意识，对学生学习态度、学习效果、学习表现做综合考评，推出更多数字化探索任务，让学生在不断探索、学习、交流中建立学科认知。

参考文献

[1] 罗伟强. 信息技术数字化学习与创新能力的培养 [J]. 福建电脑，2020 (11)：62-64.

[2] 王武. 初中信息技术教学中应用数字化学习资源的策略 [J]. 天津教育，2022 (3)：147-149.

[3] 赵慧臣. 智能时代数字化学习资源质量评估研究——基于用户体验的视角 [J]. 现代教育技术，2022 (1)：75-84.

[4] 雷海燕. 浅谈机器人教学与初中信息技术创新教学的融合 [J]. 试题与研究，2021 (29)：87-88.

[5] 项威. 立足计算思维培养的初中信息技术创新教学 [J]. 教育界，2021 (26)：55-56.

三、教学设计或案例

项目实践：魔力风扇教学案例

教学目标

认识物联网；知道工程的核心是设计；知道工程设计的基本步骤包括共情需求、定义问题、构思方案、原型制作和测试迭代等。

通过头脑风暴提出自己的想法，构思物联网风扇制作方案，培养发散思维。能从日常生活中发现可以借助物联网技术解决的简单问题。

教学重点

了解工程设计师解决问题的流程；能站在用户角度考虑其需求，并根据需求定义问题。

教学难点

能够在头脑风暴中尽可能提出多的想法。

活动材料

教学课件、任务卡、学习指引、套件、便利贴。

活动时长

45 分钟。

活动步骤

一、导入：创设情境，共情需求（7 分钟）

组织学生进行分组：建议 3—4 人一组，向学生说明本学期的任务将以小组合作形式进行。发放“我们小组的成员”任务卡，请学生填写小组信息。

（一）指导要点

1.分组形式由教师决定，可选择让学生自由分组，或者可选择按教师的安排进行分组。

2.分组应该考虑成员的能力和擅长的领域，提醒学生注意小组的人员组合：这学期需要用到金属件、电子元器件等搭建模型，对动手搭建能力有所要求；需要设备和网络连接使得模型实现效果，对设备调试能力有所要求；小组合作进行学习，需要较好领导能力的同学进行组内成员的协作。

3.若班级学生人数较多，分组耗时会较长，建议教师可在课前引导学生完成分组。

（二）创设情境，共情需求

出示各种使用家用电器的图片，提出以下问题，请学生结合经验自由回答：你自己有或者有看过其他人图片中这样开启家电吗？图中的方法可以方便使用吗？你有什么好办法使家电的使用变得更加方便和灵活吗？

二、展开任务：明确工程设计流程、构思方案（18 分钟）

请布置任务后发放任务卡和便利贴。

1.明确工程设计流程：如图一，说明这是工程设计师解决问题的流程，我们要以工程设计师的思维去解决问题，即五个环节：共情需求→定义问题→构思方案→原型制作→测试迭代。刚才已经明确了问题，接下来以头脑风暴的形式构思设计方案。

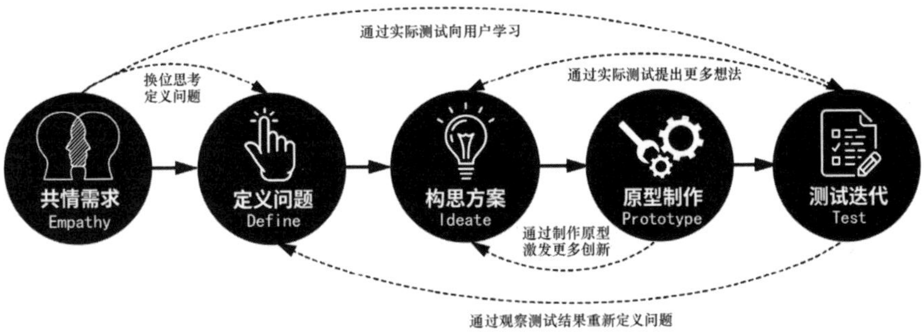

图一　工程设计流程

注：图一　工程设计流程参考自斯坦福大学 d. loft STEM 课程和附录参考文献。

2.头脑风暴、构思方案。了解头脑风暴规则：以团队的想法为基础；不要评判别人的想法或你自己的想法；尽可能提出多的想法；一次只能有一个人说话；每个想法尽量简短，不要写太长；抓住自己的每一个想法。

（1）出示任务卡：展示设计方案填写示例（如图二），明确填写规范。

测试记录表

请运行程序，进行测试，将风扇的运行情况记录在下方，至少测试三次。

（如果未正常实现效果，请查找原因，思考解决方法，可阅读学习指引8）

测试功能	物联网远程控制风扇启动与关闭			
测试员		测试日期		
测试次数	风扇运行情况		猜测未实现的原因	解决方法
	输入指令“on”	输入指令“off”		
1				
2				
3				
可进行补充				

图二 “魔力”风扇设计方案填写规范示例

（2）布置任务。先个人独自进行头脑风暴，基于套件中的材料和零件，大胆创想扫地机器人的功能，写在便利贴上。然后再进行小组头脑风暴，分享自己的想法，最后以小组为单位对设计方案进行补充，想法越多越好。

时长为15分钟。

（3）进行任务。教师可以提示学生从扫地机器人移动机构和清扫吸尘装置两方面进行思考。小组头脑风暴环节，需要保证所有学生都分享了自己的想法，同时，所有学生都不会对这些想法的质量加以评价（无论正面或负面评价）。

（4）指导要点。头脑风暴中，内向者不太容易开口说话。这不仅是因为他们害羞，还在于产生新想法需要独立思考的时间，而教师没有给予时间充足的思考时间。学生通过单独思考开始各自的头脑风暴还可以让他们在接下来的小组头脑风暴过程中能够发出自己独特的声音。

三、分享评价（10分钟）

1.分享方案。教师展示每组的设计方案，请各组之间互相学习借鉴，可对方案是否符合示例规范做评价，不评价方案中的功能能否实现。

2.教师总结。项目任务是制作物联网风扇。从下一节课起，将进入到风扇原型制作阶段，将从风扇的组件连接和网络调试两个方面来进行制作。

3.课后延伸。请各位同学阅读学习指引，加深对物联网的了解（有时间可在课堂上阅读）。

4.进行评测。请学生对自己本节课的表现进行自评及小组间进行互评，教师对每个小组的表现进行评价。

（5）整理归纳。上交任务卡（和套件），收拾好自己的物品。

（6）课堂活动照片。

四、学科特色活动

（一）初一：编程猫写故事

初中学生在信息技术课堂外，利用校本活动在计算机教室里学习编程猫软件，通过对项目的分析，进行相应的编程、调试，验证。

（二）初二：快乐童芯派

童芯派专为人工智能物联网与 Python 教学而设计，配套慧编程软件，可实践入门到精通的人工智能物联网应用，并把学生们带入好玩有趣的 Python 编程。无论是创新科技应用还是编程普及，童芯派都能完美适配“趣”学。在连接童芯派的项目实践学习中，将 AI 和数据科学的学习推向了下一个台阶。

（三）高一：虚拟机器人线上挑战

面向初次接触虚拟仿真软件的学生。学生通过在虚拟的世界里学习设计搭建和编程控制机器人进行模拟仿真这一过程，逐步掌握基础操作、传感器原理与应用、机器人运动、编程结构与算法等知识。

组织学生参加各级各项的虚拟仿真机器人赛事，以比赛带动技能的掌握与练习，获得学习成就体验。

（四）高二：解决问题工程赛

依托积木类编程机器人套装，配有声敏、颜色、触碰、光电、彩灯、超声波、摄像头等多种传感器以及丰富的积木零件。学生可以发挥自己想象构建出各种各样的积木机器人，并使用图形化编程软件对机器人进行编程，体验动手创造的快乐。器材零件大体分成六大类：第一，电子元件。通电后有特定功能的器件。第二，梁件。条状，多用于受力支撑的零件。第三，销件。用于连接不同部分器材的零件。第四，轴件。配合轮件使用用于传动的零件。第五，块件。连接方向多样，连接不同方向的零件和部分。第六，轮件。移动、传动等。以解决各类具体问题为实际学习目标，利用手边的零件器材，组合搭建设备，配合图形化编程完成问题的解决，实现 steam 项目体验。

五、教学随笔

高中信息技术课堂提问的研究体会

江凌瀚

教学论专家余文森教授说："课堂教学的有效性是指通过课堂教学活动，学生在学业上有收获、有提高、有进步。具体表现在：学生在认知上，从不懂到懂，从少知到多知，从不会到会；在情感上，从不喜欢到喜欢，从不热爱到热爱，从不感兴趣到感兴趣。"学业上有收获，懂了、会了，产生兴趣了，课堂教学就是有效的了。

信息技术学科在学生心中有着非常尴尬的地位，学生表面上喜爱这门学科，其实他们心中热爱的是信息课堂上的计算机能玩游戏，并没有真地关注到学科知识。同时一周仅两节课的安排和初中延续的观念，让学生很容易就把信息学科归为副科，学习态度也就懒散了。因为要想提高信息技术学科在学生心中的位置，首先要做的是要学生展示信息技术学科的魅力，吸引学生的关注，提高学生的学习积极性。我采取的策略是在开学初积极推行相对固定的课堂教学模式，重新规范学生的信息学科意识，同时结合教材尽量在课堂上展示学科前沿知识，展示学科魅力。

课堂提问是课堂上最自然平常的师生互动，有效的课堂提问能激发学生思考，教师能及时收集反馈学生信息。我观察到高一的学生思维活跃，他们欣赏语言精练，废话不多的课堂表达。太随意太低级的，答案显而易见的提问会打击学生的思维积极性，甚至轻视这一节课的内容，久而久之将与我们学科渐行渐远。课堂提问的设计，除了传统上对教学重点的提问，教学难点的提问，学生易错点的提问之外，我尝试换一个角度设计课题提问。

一、新内容导入的提问设计

从学情出发，在课堂教学实践中，我总结出，对于学生比较熟悉或者自以为熟悉的教学内容，我们应该找学生的兴趣点提问，这样容易激发出学生的新鲜感。而对于学生比较陌生的领域，我们要寻找学生的好奇点设计问题吸引学生，这样才会让学生不畏难，有信心进行探究学习。比如在高一必修的《人工智能》这一节内容，表面上学生通过科幻片和新闻自以为了解人工智能，对人工智能深一层次的知识剖析又觉得肯定很深奥不属于我的学习内容，于是在这一节课一开始，我改变以往通过小视频导入新课的环节，直接用问题导入新课。第一个问题“大家对人工智能是什么态度？是欢迎还是抵制？”利用这个问题开启我们的课堂探究。学生一下子觉得这是一个很严肃的问题，他们被当作成熟的社会人来思考这样问题，极大满足了高一学生希望被成年人的世界承认的心理需求，非常好地调动了学生思考，是个很有效的课堂提问。

二、学生学习难点的提问设计

当学生学习活动遇到难处是，是不是就是我们老师大展身手，答疑解惑的好机会了呢？我感觉，在这时候还有可以利用一系列有逻辑的，递进地提问，帮助学生自行寻找到答案。还是以教学《人工智能》为例，学生的讨论很容易引发更多的问题，在一大堆混乱而没有答案的问题中学生很难自行找到头绪。比如对人工智能的态度，很多学生会钻进科幻电影角色里，想象人工智能的觉醒然后引来人机大战……如果任由这样的问题继续讨论就会偏离我们的课堂而且没有结果。这个时候就需要我们老师的介入。等在这个路口的问题是“影片中的各种机器人的人工智能智能在哪里？目前已经实现的有哪些？”然后跟在的问题是“你们有注意到这些人工智能技术在我们日常生活中有怎样的应用吗？”在对这两个问题的讨论学习过程中大部分同学会注意到，人工智能不是电影中描述的那样神秘，它已经悄然地和我们的生活密不可分了，这时候在回到课堂最初一片混战的那个问题，没有人觉得需要给它标准答案了。这一节课在“技术的光环”中美好的结束了。教的意图很好地转变成了学生学习的行为，我觉得这一节课的教学效率得到了很好提升。

三、学生易错易漏点的提问设计

学生学习和操作过程中的易错易漏点，以往我们都采用发现错误——讲评——订正，这样的流程，或者是由学生在相互找出错误——互相点评——订正。我发现这样的学习流程在课堂实际中学生对最后的订正环节没有积极性，也许是做错了的挫败感，也许是讲评时觉得懂了，很懂了不需要订正了。在这样的心理支持下，就算是强制订正，也不会收到特别好的效果。这个时候一个有技巧性的课堂提问会起到很好效果。比如高一信息必修一中《编程解决问题》这一节，分支流程图练习这一教学环节，很多学生在设置分支的时候这个判断框的位置不对，也就是没有仔细琢磨什么流程进行到什么时候该进行判断。这个时候你只要一指出来“同学你错了,”马上他一扭头就看到其他同学的答案了，立刻改了，可是没有独立思考的订正不是我们想要的。所以在这个教学环节，我在大部分同学画到判断框的时候，我果断通过教学平台采取“黑屏”，中断学生的实践，然后提问，让学生离开他们的作业，看着大屏幕的题目，回忆刚才的答题过程，回答我的问题，这个题目我挖了个坑，谁发现了这个坑在哪里？在这样盲答的过程中，大家都在回忆，这个时候有学生给出答案，就会让刚才忽略了这个“坑”的同学有一种恍然大悟的获得感。解除“黑屏”后，大部分学生都对刚才“黑屏”期间讨论得问题印象深刻，立刻修改自己的作业，即使还有个别同学没明白，我看到他和周围同学间的交流是“刚刚说的判断时机的选择指的是什么？”而不会是“给我看一下那个尖尖框放哪里”。能让学生体会到计算思维的才是编程解决问题这一课的教学有效目标。

四、设计“大问题”提升学科课堂魅力

以上几种课堂提问的新尝试，都是为了转变学生是盛装知识的容器的角色，希望这些问题能成为老师递给学生的学习工具，这些提问能成为学生学习过程的有用的拐杖，从而提高课堂的实效。但是这些问题都还比较小，多半是着眼在对知识的分解上，在课堂上依然是“学生用较少时间就能即时获取的问题”。在课堂研究过程中，我逐渐放大了理想，希望课堂问题设计能体现我们信息学科整体的架构和布局，于是我又提出了“大问题”为课堂导向的教学实践尝试。“大问题”是学科学习的项目形式，在大问题的引导下，学生有一定的思维的自由度和开放度，给学生留出了独立思考与主动探究的空间。例如在高中信息技术课程中《旅游信息数据库的建模》，这一任务的教学设计就依托一个大问题“相对一个简单的问题，我们可以很快地设计出数据库的结构，可是要是面对一个系统涉及的事物以及事物之间的练习庞大复杂，那我们需要借助什么来理清事物及其事物之间的联系呢?”在这个大问题的驱动下，各个合作学习小组就开始查阅课本，寻找教学平台提供的自学课件《概念模型及 E-R 图》，在这个过程中肯定会遇到一些问题，比如“运动员与比赛项目的联系是什么?”“这样的联系会产生什么属性”……随着这些问题的提出，收集，讨论，解决，这一节课的教学任务就完成了，这样的课堂活动，“大问题”就是一整节课的“眼”，解决这个问题的过程，学生获得的不仅仅是知识与技能，更指向了过程与方法的习得，这一过程还贯穿着情感态度的各种体验，这样的学习体验才完整高效的。

“大问题”抛给学生的是一粒种子，在学生的不断探究中可以开枝散叶，还能开花结果，它带给学生的体验不仅仅是解决问题吗，而是“发现问题——研究解决问题的方法——实践——解决问题”这样一个高层次的完整的体验。

总之，打造高效课堂是一个循序渐进不断追求的一种过程，课堂提问是实现这一理想的教学策略之一。它是启发学生的有效途径，更是师生沟通的一座桥梁，一门课题教学艺术。一个巧妙的问题的抛出能激发学生的思考，培养学生的思维，能及时进行教与学的互动，能提高教学效率。在课堂教学实践中我体会到，除了上诉几个环节的课堂提问设计要钻研，还需要把握问题设置的难易度，要让问题成为学生撑竿跳的“竿”；设计的问题要符合学生的趣味性，要有新意，有挑战性和探究性；在提问的过程中要维持友好的交流氛围，及时易鼓励的态度给予实事求是的评价……有效的教学提问应该以学生的学情为出发点，设计时充分分析学生的心理特点，课堂实施时把握好提问的时机，语言精练准确，及时评价推进问题的解决，从而促进课堂的高效性。

六、学生作品（略）

武心之韵

一、指导思想

1.中小学心理健康教育工作，必须高举中国特色社会主义伟大旗帜，学习践行社会主义核心价值体系，贯彻党的教育方针，坚持立德树人、育人为本，注重学生心理和谐健康，加强人文关怀和心理疏导，根据中小学生生理、心理发展特点和规律，把握不同年龄阶段学生的心理发展任务，运用心理健康教育的知识理论和方法技能，培养中小学生良好的心理素质，促进其身心全面和谐发展。

2.开展中小学心理健康教育，要以学生发展为根本，遵循学生身心发展规律，必须坚持以下基本原则：

（1）坚持科学性与实效性相结合。要根据学生身心发展的规律和特点及心理健康教育的规律，科学开展心理健康教育，注重心理健康教育的实践性与实效性，切实提高学生心理素质和心理健康水平。

（2）坚持发展、预防和危机干预相结合。要立足教育和发展，培养学生积极心理品质，挖掘他们的心理潜能，注重预防和解决发展过程中的心理行为问题，在应急和突发事件中及时进行危机干预。

（3）坚持面向全体学生和关注个别差异相结合。全体教师都要树立心理健康教育意识，尊重学生，平等对待学生，注重教育方式方法，关注个别差异，根据不同学生的特点和需要开展心理健康教育和辅导。

（4）坚持教师的主导性与学生的主体性相结合。要在教师的教育指导下，充分发挥和调动学生的主体性，引导学生积极主动关注自身心理健康，培养学生自主自助维护自身心理健康的意识和能力。

二、福建省福州第七中学“弘学养心”心理课程标准

（一）学科核心素养与课程目标、任务

1.心理健康的学科核心素养。学科核心素养是学科育人价值的集中体现，是学生通过学科学习而逐步形成的正确价值观、必备品格和关键能力。心理健康学科核心素养是学生在积极的学习、生活实践活动中体验与构建起来，并在真实的情境中表现出来的能力及品质；学生可以有效管理自己的学习和生活，认识发现自我价值，发掘自我潜力，有效应对环境，成就出彩人生，发展成为有明确人生方向、有生活品质的人。主要包括学会学习、健康生活两个方面。

（1）学会学习。主要是学生在学习意识形成、学习方式方法选择、学习进程评估调控等方面的综合表现。具体包括乐学善学、勤于反思、信息意识等基本要点。

乐学善学重点是能正确认识和理解学习的价值，具有积极的学习态度和浓厚的学习兴趣；能养成良好的学习习惯，掌握适合自身的学习方法；能自主学习，具有终身学习的意识和能力等。

勤于反思重点是具有对自己的学习状态进行审视的意识和习惯，善于总结经验；能够根据不同情境和自身实际，选择或调整学习策略和方法等。

信息意识重点是能自觉、有效地获取、评估、鉴别、使用信息；具有数字化生存能力，主动适应“互联网＋”等社会信息化发展趋势；具有网络伦理道德与信息安全意识等。

（2）健康生活。主要是学生在认识自我、发展身心、规划人生等方面的综合表现。具体包括珍爱生命、健全人格、自主规划等基本要点。

珍爱生命重点是理解生命意义和人生价值；具有安全意识与自我保护能

力；掌握适合自身的运动方法和技能，养成健康文明的行为习惯和生活方式等。

健全人格重点是具有积极的心理品质，自信自爱，坚韧乐观；有自制力，能调节和管理自己的情绪，具有抗挫折能力等。

自我管理重点是能正确认识与评估自我：依据自身个性和潜质选择适合的发展方向；合理分配和使用时间与精力；具有达成目标的持续行动力等。

2.心理健康教育的总目标是提高全体学生的心理素质，培养他们积极乐观、健康向上的心理品质，充分开发他们的心理潜能，促进学生身心和谐可持续发展，为他们健康成长和幸福生活奠定基础。

心理健康教育的具体目标是使学生学会学习和生活，正确认识自我，提高自主自助和自我教育能力，增强调控情绪、承受挫折、适应环境的能力，培养学生健全的人格和良好的个性心理品质；对有心理困扰或心理问题的学生，进行科学有效的心理辅导，及时给予必要的危机干预，提高其心理健康水平。

3.心理健康教育的主要任务是全面推进素质教育，增强学校德育工作的针对性、实效性和吸引力，开发学生的心理潜能，提高学生的心理健康水平，促进学生形成健康的心理素质，减少和避免各种不利因素对学生心理健康的影响，培养身心健康、具有社会责任感、创新精神和实践能力的德智体美全面发展的社会主义建设者和接班人。

我校新建了学生发展指导中心，划分了团辅室、办公接待室、音乐放松室、个体咨询室、沙盘活动室以及智能宣泄室等功能室，面向全校师生开放。制定了相关的管理制度、使用制度等，管理使用规范。

学校成立以书记为主的学校心理健康教育领导小组，成立心理健康教育教研组和集备组，建立一支科学化、专业化的稳定的中心理健康教育教师队伍。同时本着全员心育的理念，积极发挥班主、科任老师的力量，关注学生的成长。学校建立了规范的心理健康教育服务体系，有助于全面提高全体学生的心理素质。

（二）心理健康教育的主要内容

心理健康教育的主要内容包括普及心理健康知识、树立心理健康意识、了解心理调节方法、认识心理异常现象、掌握心理保健常识和技能。其重点是认识自我、学会学习、人际交往、情绪调适、升学择业以及生活和社会适应等方面的内容。

福州市第七中学心理健康教育充分考虑了校情、生情和不同年龄阶段学生的身心发展特点出发，做到循序渐进，设置了分阶段的具体教育内容。

1.六年级主要包括帮助学生正确认识自己的优缺点和兴趣爱好，在各种活动中悦纳自己；着力培养学生的学习兴趣和学习能力，端正学习动机，调整学习心态，正确对待成绩，体验学习成功的乐趣；开展初步的青春期教育，引导学生进行恰当的异性交往，建立和维持良好的异性同伴关系，扩大人际交往的范围；帮助学生克服学习困难，正确面对厌学等负面情绪，学会恰当地、正确地体验情绪和表达情绪；积极促进学生的亲社会行为，逐步认识自己与社会、国家和世界的关系；培养学生分析问题和解决问题的能力，为初中阶段学习生活做好准备。

2.初中年级主要包括帮助学生加强自我认识，客观地评价自己，认识青春期的生理特征和心理特征；适应中学阶段的学习环境和学习要求，培养正确的学习观念，发展学习能力，改善学习方法，提高学习效率；积极与老师及父母进行沟通，把握与异性交往的尺度，建立良好的人际关系；鼓励学生进行积极的情绪体验与表达，并对自己的情绪进行有效管理，正确处理厌学心理，抑制冲动行为；把握升学选择的方向，培养职业规划意识，树立早期职业发展目标；逐步适应生活和社会的各种变化，着重培养应对失败和挫折的能力。

3.高中年级主要包括帮助学生确立正确的自我意识，树立人生理想和信念，形成正确的世界观、人生观和价值观；培养创新精神和创新能力，掌握学习策略，开发学习潜能，提高学习效率，积极应对考试压力，克服考试焦虑；正确认识自己的人际关系状况，培养人际沟通能力，促进人际间的积极情感反应和体验，正确对待和异性同伴的交往，知道友谊和爱情的界限；帮助学生进一步提高承受失败和应对挫折的能力，形成良好的意志品质；在充分了解自己的兴趣、能力、性格、特长和社会需要的基础上，确立自己的职业志向，培养职业道德意识，进行升学就业的选择和准备，培养担当意识和社会责任感。

（三）心理健康教育的途径和方法

学校将心理健康教育始终贯穿于教育教学全过程。全体教师都自觉地在各学科教学中遵循心理健康教育的规律，将适合学生特点的心理健康教育内容有机渗透到日常教育教学活动中。注重发挥教师人格魅力和为人师表的作用，建立起民主、平等、相互尊重的师生关系。心理健康教育与班主任工作、班团队活动、校园文体活动、社会实践活动等有机结合，充分利用网络等现代信息技术手段，多种途径开展心理健康教育。

1.开展心理健康专题教育。开设了心理健康教育课。心理健康教育课以活动为主，采取多种形式，包括团体辅导、心理训练、问题辨析、情境设计、角色扮演、游戏辅导、心理情景剧、专题讲座等。福州市第七中学心理健康教育注重引导学生心理、人格积极健康发展，一定程度地预防学生发展过程中可能出现的心理行为问题。

2.建立心理辅导室。心理辅导室是心理健康教育教师开展个别辅导和团体辅导，指导帮助学生解决在学习、生活和成长中出现的问题，排解心理困扰的专门场所，是学校开展心理健康教育的重要阵地。在心理辅导过程中，教师有树立危机干预意识，对个别有严重心理疾病的学生，能够及时识别并转介到相关心理诊治部门。心理辅导是一项科学性、专业性很强的工作，心理健康教育教师有遵循心理发展和教育规律，向学生提供发展性心理辅导和帮助。开展心理辅导有遵守职业伦理规范，在学生知情自愿的基础上进行，严格遵循保密原则，保护学生隐私，同时谨慎使用心理测试量表或其他测试手段，不能强迫学生接受心理测试，禁止使用可能损害学生心理健康的仪器，防止心理健康教育医学化的倾向。

3.家校社协同育人。学校积极帮助家长树立正确的教育观念，了解和掌握孩子成长的特点、规律以及心理健康教育的方法，加强亲子沟通，注重自身良好心理素质的养成，以积极健康和谐的家庭环境影响孩子。同时，学校为家长提供促进孩子发展的指导意见，协助他们共同解决孩子在发展过程中的心理行为问题。

4.充分利用校外教育资源开展心理健康教育。福州市第七中学是福州市社会科学重点研究基地联盟成员单位，引进了情绪检测仪对学生进行情绪的客观筛查，同时结合心理普测、危机访谈、心理咨询等主观辅导为学生心理健康保驾护航。学校积极与其他市属校联合开展学生活动，比如每年的“见字如面”活动等。

（四）心理健康教育的组织实施

学校重视对心理健康教育工作的领导，制定了心理健康教育的各项规章制度，明确责任部门和负责人，通过多种途径和方式，结合教育教学实际，保证了心理健康教育时间，安排了心理健康课程，学校将心理健康教育工作列入了年度工作计划。

心理健康教育教师队伍建设。心理健康教育是一项专业性很强的工作，学校重视加强专业教师队伍建设。配备了专业的心理健康教育专职教师，具备心理学硕士学历。此外还有兼职心理教师，学校重视落实好心理健康教育教师职务（职称）评聘工作，心理健康教育教师享受班主任同等待遇。

大力开展心理健康教育教师培训。积极组织心理教师参与各级的培训，切实提高专、兼职心理健康教育教师的基本理论、专业知识和操作技能水平。

要重视教师的心理健康教育工作。学校关心教师的工作、学习和生活，从实际出发，采取切实可行的措施，减轻教师的精神紧张和心理压力。学校把教师心理健康教育作为教师教育和教师专业发展的重要方面，为教师学习心理健康教育知识提供必要的条件，使他们学会心理调适，增强应对能力，有效地提高其心理健康水平和开展心理健康教育的能力。

加强心理健康教育的科学研究。学校重视心理健康教育的科研工作，增加经费投入，将心理健康教育纳入了教育科学研究规划，积极组织相关课题申报和优秀成果评选。积极组织心理教师参与市区的教研，结合实际情况积极开展心理健康教育教学研究，在实践中丰富完善心理健康教育理论，不断提高心理健康教育科学化水平。

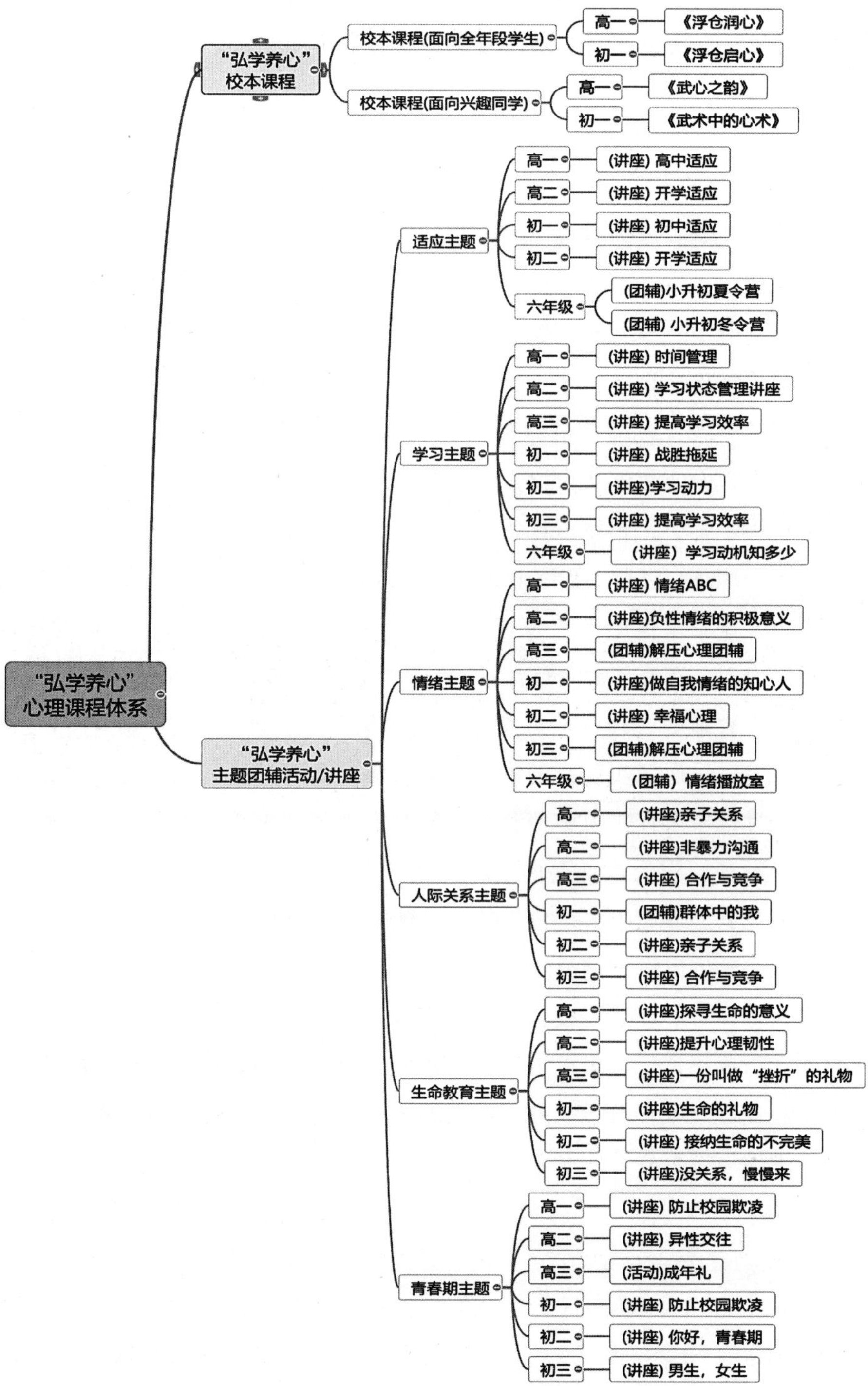

福建省福州第七中学“弘学养心”心理课程结构与内容

三、“弘学养心”心理课程活动形式

“弘学养心”心理课程包括了校本课程和主题团辅活动或讲座。

《浮仓启心》《浮仓润心》校本课程以及心理讲座属于主题学习型。课程主要包括自我认识、学会学习、改善人际关系、青春期教育、管理情绪、升学与择业等内容。引导学生确立正确的自我意识，完善自我认识，悦纳自我，树立人生理想和信念，形成正确的世界观、人生观和价值观；认识青春期的生理特征和心理特征，平稳度过青春期；发展学习能力，改善学习方法，提高学习效率，掌握学习策略，开发学习潜能，积极应对考试压力，克服考试焦虑；积极与老师及父母进行沟通，把握与异性交往的尺度，建立良好的人际关系；鼓励学生进行积极的情绪体验与表达，并对自己的情绪进行有效管理；把握升学选择的方向，培养职业规划意识，树立早期职业发展目标；逐步适应生活和社会的各种变化，着重培养应对失败和挫折的能力。

“弘学养心”主题团辅活动属于综合实践型。通过系列实践活动，促进学生尽快适应新环境、新人际、新的学习生活等；学会学习，正确面对压力和升学择业；学习并掌握一定的沟通技巧，建立良好的人际关系；守护青春，提升自我保护意识和能力；引导学生参与生命活动的体验，从而认识生命、思考生命、接纳生命、珍惜生命。

四、“弘学养心”心理课程评价方案

（一）评价原则

1.主体的多元性。评价主体至少应该包括四个方面的人员：学校管理者、任课教师及班主任、学生自身、同学。

2.评价主体互动性。如学生自评、互评、教师描述性、激励性评价，学校不以评比为目的，而以研究或促进为目的的评价等等。

3.评价内容的多元性。学习成绩仅仅是其中的一部分。要更多地关注学生的创新精神和实践能力的发展，以及身体、心理素质、学习潜能、积极情感体验等方面的发展。

4.评价过程的动态性。通过多层次、多角度的评价，使学生逐渐感悟自身的发展，增强进一步提高和发展的愿望。

（二）评价内容

从心理辅导活动课的特殊性提示和要求出发，结合心理辅导活动课的基本流程，从以下几方面来阐述心理辅导活动课的有效性评价标准。

1.对课程开发实施者的评价：

（1）学生选择的人数。

（2）学生实际接受的效果。

（3）领导与教师听课后的评价。

（4）学生问卷调查的结果。

（5）教师采取的授课方式及运用现代教育技术的情况。

2.对辅导过程评价：

（1）辅导过程具有安全、接纳、温暖、尊重的团体气氛。

（2）团体之间建立了平等、合作的辅导关系。

（3）辅导中有广泛、良性的学生互动和师生互动。

3.对学生的评价：

（1）是学生学习该课程的学时总量，不同的学时给不同的分数。

（2）是学生在学习过程中的表现，如态度、积极性、自我体验、自我开放与自我探索等，由任课教师综合考核后给出一定的分值。

（3）是学习的客观效果，教师可采取适当的方式进行考核。

（4）三个方面的因素中要以学生参与学习的学时量的考核为主，过程与结果为辅，但最终的学分要把三方面的因素综合起来考虑。

五、研究论文

积极心理学视角下中学生命教育课程的思考

仲崇健

一、生命教育课程的研究现状

近年来，中学生极端现象增多，涉及学校、家庭、社会以及学生自身的性格和价值观因素。那么从学校因素来说，中学生的生命教育变成了中学教育中的一个重要课题。有研究对初中生命教育进行了探究，建议管理上高度重视，改革教育评价制度，设置生命教育课程，整合生命教育资源等。[1]曾有思政学科的研究指出，中学的生命教育应采用多种教学方法，以思想政治课为主、并渗透到学校所有教育教学活动中，提倡教师要树立生命意识、转变教育观念。[2]近年来有研究提出心理健康教育是对初中生进行生命教育的重要阵地，案例教育、关怀教育、家校融合教育是初中心理健康教育中开展生命教育的有效途径。[3]在积极心理学的理论指导下，通过积极心理健康教育课堂对培养初中生积极心理品质的途径进行了探索研究，发现可以增加学生的积极品质和积极情绪以及积极人际。[4]

综上所述，以往对于中学生命教育的探究比较宏观，涉及管理、教育评价制度、设置生命教育课程、整合资源等。依托心理健康课堂探索生命教育的研究不多且探讨不够深入，将积极心理学、心理健康课堂以及生命教育融合的探索研究变得有意义和价值。

二、积极心理学融入生命教育课程的优势

积极心理学为我们提供了一种全新的视角来审视生命课程。积极心理学强调人类自身所具备的积极力量，例如勇气、乐观、自我决定、社会智慧等，这些力量可以帮助个体在面对困难和挑战时更好地适应和成长。在生命课程中，这些积极力量同样重要，它们有助于学生更好地理解和应对生命中的各种挑战。

生命课程中存在着许多积极要素。其中包括对生命的尊重与热爱，对自我成长的追求，对人际关系的关注等。这些要素在积极心理学的框架下被进一步强化，为学生提供了一个积极向上、富有创造力和充满活力的学习环境。积极要素对于生命课程的实践指导意义重大。一方面，积极心理学可以帮助教育者更好地理解和利用生命课程中的积极要素，例如学生的潜能、勇气和乐观等，从而优化教学效果。另一方面，积极心理学也可以指导教育者如何针对学生的不同情况进行有效的心理干预，帮助他们更好地应对生活中的挑战和困难。

积极心理学下的生命教育课程，旨在帮助学生更好地认识和理解生命，培养积极的生活态度和价值观。生命教育课程的课程目标可以让学生了解生命的本质和意义，培养珍惜生命、尊重生命的意识，提高自我认知和自我保护能力，同时树立积极向上的人生观和价值观。

三、积极心理学引导下的心健生命教育课程的探索

（一）生命教育课程的课程内容可以包括以下几个方面

1.生命意识教育。让学生了解生命的起源、发展变化和终结，生命的多样性和复杂性、生命的脆弱性和生命的珍贵性，认识生命的有限性，培养学生对生命的敬畏和珍视，增强其生命意识和责任感。

2.生命价值教育。引导学生思考生命的价值和意义，让其认识到每个人都是独一无二的，都有自己的价值和使命，帮助其树立正确的生命观和价值观。

3.生命历程教育。通过分享和探讨不同人物的生命经历和故事，让学生认识到生命的复杂性和多样性，培养其积极面对生命挑战和困难的态度，提高其生命意识和自我认知。

4.生命关系教育。教授学生如何处理自己与自己、与他人、与社会、与自然之间的关系，培养其良好的人际关系和社交能力，让其学会尊重和关爱他人。

5.生命法治教育。通过讲解相关的法律法规和道德规范，让学生了解生命安全和法治意识的重要性，培养其遵守法律和尊重他人权益的观念。

6.生命实践教育。通过开展实践活动，如志愿者活动、社区服务等，让学生将所学知识应用到实践中，增强其社会责任感和实践能力。

总之，生命教育课程的课程内容应该围绕生命的起源、发展变化和正确理解生命及意义展开，注重学生的情感体验和实际操作能力的培养，帮助学生树立正确的生命观和价值观，提高其生命意识和自我认知，为其未来的生活和成长打下坚实的基础。

（二）生命教育课程可以采用多种形式相结合来开展，包括但不限于以下几种

1.讲授与感悟。通过教师的讲解和学生的感悟，让学生了解、体悟和接受生命教育的相关内容。例如在“生命权利”专题中，教师可以通过详细的文字讲解、图片、课件、影像等资料展示，引导学生感受生命在灾害和事故面前的脆弱和无奈，从而珍惜生命、保护环境。

2.活动与探究。通过活动和探究的方式，让学生在实践中学习和体验。教师可以安排学生进行热身游戏和体验活动，或者进行探究式讨论，帮助学生形成对生命教育的深刻理解。

3.情境与体验。通过模拟情境和角色扮演等方式，让学生深入体验和理解

生命教育的相关内容。比如可以模拟灾难场景，让学生扮演不同的角色进行应对和逃生，从而增强学生的安全意识和自我保护能力。

4.生命叙事。通过分享和叙述生命中的故事，让学生深入思考和理解生命的价值和意义。例如，可以邀请有经验的人士分享他们的人生经历和感悟，或者让学生分享自己的成长经历和感受，从而增强学生对生命意义的理解和认识。

除了以上几种形式，生命教育课程还可以结合其他专题教育形式来开展，如青春健康教育、心理教育、安全教育、环境教育、禁毒、法制教育等。同时，要根据学生的身心特点和兴趣爱好来设计课程内容和形式，力求将相关内容整合起来，形成课程。

课程时间。可以根据具体情况而定，可以是一周一次或多次系列活动，也可以是一个学期或学年课程。

（三）课程评价

生命教育课程的评价应该以促进每位学生的生命发展为目标，关注学生的生命历程，关注学生的自我认识、自我教育、自我体验与感悟，使评价成为学生学会发现自我、尊重和关爱别人、使其不断提高与进步的过程。

在评价方法上，可以采取多种形式，可以通过观察学生的参与度、反应和作业等方面进行评价，也可以通过问卷调查等方式了解学生对课程的满意度和收获。要注意评价的激励性和教育性功能，鼓励学生积极参与课堂活动、积极思考和探索，提高其生命意识和生命素养。

在评价内容上，应该包括学生对生命教育基本知识的掌握情况、对生命的认识和理解、对生命价值的思考和探索、对生命历程的感悟和体验等方面。同时，还要关注学生的情感态度和价值观的发展，看其是否具有积极的生命态度和价值观，是否能够尊重和关爱他人、关注社会发展和自然环境等。

生命教育课程的评价应该以学生的全面发展为出发点和落脚点，通过多种形式和内容的评价，帮助学生认识生命、珍惜生命、尊重生命、热爱生命，提高其生命质量和幸福感。同时，也为教师提供反馈和指导，帮助他们不断完善课程内容和教学方法，实现教育目标。

（四）未来进一步研究的方向

可以深入探讨生命课程与积极心理学的结合点，发掘更多的积极要素并将其运用于课程实践中；针对不同年龄段、不同背景的学生进行有针对性的积极心理干预，提高他们的心理韧性和生活满意度；同时，也需要对生命课程的实施效果进行长期跟踪研究，以验证积极要素对于学生全面发展的实际影响。

综上所述，从积极心理学视角出发，我们可以看到生命课程具有丰富的积极意义。积极心理学为我们提供了理解和解决消极心理问题的新思路，同时也能帮助我们更好地发掘生命课程中的积极要素。将这些积极要素融入生命课程中，能够使教学更具实践指导意义，有助于学生的全面发展。积极心理学下的生命教育课程是一个系统性的教育过程，需要教师在教学过程中注重学生的主体性和参与性，引导学生积极思考和体验，进一步优化教育效果，帮助学生实现全面、和谐的发展。

参考文献

[1] 吴晓燕. 初中生命教育探究 [D]. 武汉：华中师范大学，2005：1.

[2] 陈婷. 关于我国中学生命教育问题的思考 [D]. 福州：福建师范大学，2005：1.

[3] 吴昱呈. 生命教育融入初中心理健康教育的实践研究 [J]. 福建教育研究，2022(9)：32.

[4] 赖微. 积极心理学视角下初中心理健康教育课程探索研究 [D]. 武汉：华中师范大学，2016：1.

中学潜能生的心理特征与教育对策

黄巧曦　仲崇健

潜能生是指由于学习成绩、后天环境、教育不当等不良影响而造成思想品质、行为习惯、人际交往等方面需要改善的学生，他们在思维方式、学习兴趣、学习态度、意志品质、人格发展等方面需要通过有针对性的教育措施给予补偿和矫正的学生。研究表明，学优生的学习态度和情绪智力明显好于潜能生[1]，需要关注潜能生的人格教育，导致中学潜能生人格障碍的主要原因来自自然环境、经济环境、文化环境、学校环境、家庭环境、个人因素的影响几个方面[2]。传统教育不够重视潜能生这一群体，而要全面倡导素质教育，就必须正视和解决“潜能”问题。教育应该面向全体学生，关注每个学生，帮助激发每个学生的积极性、主动性，尊重学生身心发展规律，为全体学生探索适合的教育。中学阶段是个体一生中相当重要的一个时期，对潜能生也是如此，通过教育帮助潜能生摆脱或减小成长、学习中的问题，对完善个体的人格、身心全面发展是相当重要的。在潜能生相对集中的进城务工子女较多的中学，任务任重而道远，进行潜能生教育研究是必须直面解决现实问题，我们从关注潜能生的心理特征出发，探索有效措施，促使潜能生自我完善和发展。

一、中学潜能生的心理特征

问卷调查以及与潜能生及其班主任访谈后，将潜能生具有的心理特征归结为以下几个方面：

1.逆反心理。逆反心理是青春期的学生常见的一种现象，著名的德国儿童心理学家夏洛特·彪勒就曾把青春期称之为“消极反抗期”。调查和访谈发现，约有38％的学生在和父母、教师交往时存在逆反现象，其中潜能生反映几乎都有过逆反经历，表现为反抗家庭、学校的规范、要求、制度、约定等，通过与父母、教师、同伴、同学对立或是搞破坏引起关注，人际关系受到影响，部分潜能生存在被班集体孤立、排斥，个体在学校中感受不到愉快，存在感、意义感继而降低。

2.自卑心理。自卑会打击个体的上进心、自尊心，使其变得胆小、怯懦、畏难、不敢表现自己，不利于个体发展。调查发现潜能生由于平时的学习、行为习惯、意志品质、人格发展等方面的问题，他们更容易收到外界负面的评价，在自我意识逐渐发展的中学阶段，过多的负面评价影响他们对自我的认识偏低，觉得自己不如他人，因而表现出精神不振、畏难、消极等心理失衡状态，它对潜能生的生活、学习、身心发展都将产生深远的影响。

3.焦虑心理。调查发现有些潜能生是由于家庭、环境、个人经历等引起的，从某些案例了解到，处于青春期的他们在遇到家庭变故、新环境、较大的挫折压力时，认识水平有限，容易受到外界的影响，如果得不到及时正确的引导和关注，便会出现学习、交往、行为问题。这些问题给潜能生个体带来了焦虑情绪，过度的焦虑进步影响个体的学习效果、人际交往。

4.厌学心理。调查发现潜能生的基础普遍较差，课堂接收新知识的能力和学优生有很大差距，学习、练习、考试中的体验比较挫败，部分潜能生家长的期望过高，目标不切实际，个体的学习情绪体验差，自我效能低，逐渐对课堂失去兴趣和信心，加之许多潜能生意志力也比较薄弱，沉迷于网络游戏，从而对相对枯燥的学习过程产生厌烦心理，出现旷课、逃学现象。

5.封闭心理。据调查，潜能生的亲子关系或是同伴关系一般不佳，往往受到家长的否定、同伴的排斥，比较受挫，由于主要的学习状况不佳，影响到了他们参加其他活动的积极性。许多个体反映在班集体的朋友不多，面对这种情况，有些选择写日记，画画，自言自语等，有些则没有寻找到适当的方式宣泄，选择了封闭自我。访谈发现，潜能生在封闭自我的同时感受到了苦恼和焦虑，有些个体逐渐自暴自弃，选择拒绝与同学沟通，表现得冷漠、敌视，但其内心时常感到压抑、孤独，不利于身心发展。

二、中学潜能生的教育辅导对策

通过对潜能生心理问题现象的调查、访谈与分析，我们深知造成“潜能生”不健康心理的因素既是多方面的又是复杂的，包含了社会环境、学校环境、家庭环境、个人经历等方面，所以教育辅导需要社会、家庭、学校及个人的配合努力才能做好，我们主要从学校工作方面，探索了在潜能生辅导过程中有效的认知辅导策略。

1.尊重潜能生。尊重是前提，是一切辅导工作开展的基础。对于潜能生的辅导工作，尊重仍然是很重要的注意事项。对于尊重，就是换位思考，不当众批评，所谓己所不欲勿施于人，己所欲，慎施于人。根据个体的个性和特殊性，调整潜能生的辅导策略；站在潜能生的角度看待问题，认知上要理解潜能生的行为，情感上要共情，接受潜能生的感受。

2.调整不合理信念。调查、访谈发现，中学潜能生由于年龄的限制，并不能像成人一样成熟，能完整地认知事物和现象，在遇到行为问题和学习、生活困扰时，如若得不到家长、老师的引导和关注，会形成一些不合理信念，是导致潜能生情绪或行为困扰的真正原因。许多潜能生在班级封闭自己是因为以往的经历和事件，自己也会感到挫败，认为班上所有同学都不喜欢他，不愿意接近他，认为大家觉得自己一无是处，但经过调查后发现，并非如此。学校的潜能生工作时，需要首先帮助潜能生找到自己的不合理信念有哪些，然后针对不合理信念进行工作，使其形成合理信念。

3.关注需要，激发内在动力。调查发现，潜能生普遍存在缺乏内在动力的问题，缺乏学习动力，缺乏与人交往的动力，缺乏改变现状的动力。如果个体缺乏改变的需求和动力，我们的工作就很难开展，很难助人自助，所以关注潜能生的需要，激发潜能生的内在动力是从根本上帮助他们的一个很重要的方面。这需要学校工作者充分了解每一个潜能生，他的生理需要是否得到满足，各类的心理需要现在是在什么层次，有没有获得；还可以具体到每一个个体的特长、理想，对未来生活的憧憬等，让个体体验到对现在状况的不满意，激发寻求改变的愿望。

4.改善自我效能感。潜能生的自我效能感比较低，以往的经历、事件和现状导致他们对学习、对人际交往缺乏信心，出现厌学、不学、拒绝交往、封闭自己的现象，对身心健康成长非常不利。学校工作过程中应该注意提高潜能生的信心，注意关注潜能生的点滴改善，及时给予反馈和强化；注意引导他们学会合理归因，多归因于可控的因素，而非运气等非可控因素，多向内部归因如还不够努力等；与潜能生商量制定行为疗法辅导计划和步骤，逐渐改善自我的行为，个体的自我效能感也会逐渐得到提高，进一步促进分体的行为改善。

每一个学生都是一个完全独立的个体，由于环境、经历等的不同，存在着差异性和发展不平衡的特点，作为学校工作者，需要尽可能关注到全体学生，潜能生作为一个群体，有共性又有个性，所以教育辅导措施的制定要考虑这些因素。以往研究从宏观上阐述了潜能生的教育对策如，针对中等职业学校潜能生的教育对策，提出要提高潜能生的学习兴趣和能力；完善心理健康教育体系；培养潜能生的社会责任感；建立学校、家庭与社会“三位一体”的整体教育网络[3]。对潜能生辅导做了细致的分类，如重点研究了发展潜能生的四种措施：家庭问题类潜能生导师助学制；学业差异类潜能生导师助学制；心理偏差类潜能生导师助学制；思想消极类潜能生导师助学制[4]，给我们的学校潜能生工作提供了很好的参考。本文主要从关注潜能生这一群体的心理特征入手，整理、分析和归纳出了逆反、自卑、焦虑、厌学、封闭五类心理特征。从学校工作者这一个角度，尝试探索了尊重潜能生、调整不合理信念、关注需要，激发内在动力、改善自我效能感四个认知辅导要点。

参考文献

[1] 许天. 高中潜能生学习态度及其影响因素的研究 [D]. 泉州：闽南师范大学，2014.

[2] 王明森. 中学潜能生人格教育问题研究 [D]. 延安：延安大学，2014.

[3] 李勇中. 等职业学校潜能生的成因分析及教育对策研究——以常德市安乡县为例 [D]. 长沙：湖南师范大学，2009.

[4] 王小仁. “依靠导师助学发展潜能生”研究——基于中山市板芙中学的相关实践的探讨 [D]. 武汉：华中师范大学，2009.

六、教学设计或案例

认识 OH 卡，生活不卡

——成为自己的人生探索家

学情分析

OH 卡又叫潜意识直觉卡，是一种奇妙的心理投射测试工具，可以说是心灵的镜子，让玩它的人可以借着这面镜子来更看清自己，并整理自己潜意识这个心理仓库。通过 OH 卡，我们更容易与内心深处的“潜意识”进行接触，使内心深处的冲突浮出水面，打破那些控制着我们的行为却从未被我们注意到的限制和枷锁，帮助自己或他人摆脱迷茫，找到解决问题的方法。简单讲，就是玩卡的人借这面镜子来觉察、清理自己内在的信念和固有模式，可以培养创造力与直觉力，最终实现“自我觉察、自我疗愈”。

教学目标

1.认知目标。正确认识 OH 卡片，愿意借助 OH 卡牌探索自己。

2.情感目标。在游戏中感受自我内心的力量，通过 OH 卡牌遇见更好的自己，感受自我内心的波动。

3.行为目标。深入探索自己，根据目前的人生困惑，思维矛盾，对自己有进一步的思考，并为之付出行动。

教学重难点

1.教学重点：认识 OH 卡牌，通过 OH 卡牌探索自我。

2.教学难点：能够应用现有资源，对自己的行为思想进行解释和调整，变成更好的自己。

教学方法

活动法。

教学过程

一、介绍 OH 卡

OH 卡片又称“潜意识直觉卡”，由德国人莫里茨和艺术家拉曼共同研发；由 88 张图像卡和 88 张文字卡组成，两者可以单独使用，也可以组合使用。

与塔罗牌的区别为塔罗牌的每张牌都有固定含义，一组塔罗牌的意义由塔罗师来解读，但是欧卡卡牌的意义没有设定，所有卡牌的内容都是由学员说了算。

我们借助这不同的图案和文字的组合，可以刺激我们发挥创造力和想象力，增强自我觉察，亲近自己的潜意识，从自己的想法里探究到真实的心理，通过梳理它们，达到疗愈自己的作用（简单介绍“潜意识”理论，看见是改变的开始）。

我们也可以借助 OH 卡来发现、了解、训练我们的倾听和理解能力，增强我们真正听取对方意见的能力。同时，在尊重和保护个人隐私的情况下，借助 OH 卡交流情感观念和想法。

二、OH 卡的理论基础

（一）投射理论

投射指的是我们把自己的思想、态度、愿望、情绪等不自觉地蕴含于外界事物或他人地一种心理反应。举例：疑人偷斧

由此可见，我们会把内心一些无意识的感受通过投射的作用表达出来。如果我们能发现这个投射过程并进行回溯，就有可能了解我们内心的真实状态。心理学中常常通过对投射做出测量来了解一个人的心理倾向，比如罗夏墨迹测验。

如果我们观察卡牌，会发现图卡的画面似乎不太清晰，甚至有些卡牌不太容易理解它到底画了什么。正是借助这种不清晰，在观察卡牌之后，我们更容易对它做出独特的个性化解读。举例：拥抱的图卡

我们在观察卡牌时，我们的感受以及故事，都是我们自身的投射。

（二）潜意识理论，即弗洛伊德的冰山理论

什么是潜意识？弗洛伊德将人的心理比喻为大海中漂浮的冰山，露出水面的部分是人的意识，是随时随刻可以被感知到的心理部分。在水面附近若影若现的是前意识，它处于意识和潜意识之间，在前意识中存在着不被我们轻易觉察，但可以召唤到意识中的记忆。隐没在水底的部分是潜意识，它是本能的愿望与驱动，包含了全部行为背后主要的驱力，难以被察觉感知，却决定着我们看待事物的观点；控制着我们的行为、选择；保存着我们的创伤、经验、信念和限制。这便是冰山理论。

在生活中常常遇到困境，当别人给我们建议和自己反省的时候，我们往往发现道理都懂，但就是很难改变。这个时候就有一种无力感，这是我们最

痛苦的地方，这也是意识和潜意识对我们不同的影响。道理是属于意识层面的，根深蒂固的思维和行为模式是属于潜意识层面的。它埋藏得很深，却一直在影响着我们，让我们难以改变。

弗洛伊德认为，一个健全的人格需要意识、前意识、潜意识三部分和谐配合。在进行卡牌探索的过程中，我们可以与自己的这三个部分有进一步的连接，维持平衡。

三、OH 卡的基本规则

1.尊重你的第一感受，不要做过多的思考。

2.没有标准的答案。对于任何一张卡牌，无论是字卡还是图卡，都没有确定的内容。无论他人在卡牌中看到什么，都没有对错之分，我们要尊重他看到的可能与我们不同。

3.没有固定的解释. 卡牌本身没有固定的意义，如何来解读卡牌是每个人的自由。我们需要尊重对方对卡牌的解释以及感受，不从自己的角度加以评判。

四、OH 卡的练习

1.练习一：选取一张自己喜欢的图卡，让它代表你自己。它可能是自己身上的特质、所扮演的生活角色，最近的状态、当下的心情（信念）或是对自己的期待等。

①描述一下你看到的这张卡上的内容；

②我选择这张卡牌代表我的原因是：

2.练习二：团体游戏“只言片语”。

（1）规则。分发卡牌，给每个人 4 张卡牌，手中的图卡只能自己看，不能让别人看见，每个人按照自己的理解去看牌的意义，不可以去问旁人“我这张卡牌是什么”，也不要去评价别人的牌。

（2）解释游戏方式。团体成员轮流坐庄，每一轮会有一个庄家。庄家从手里的卡牌中挑选一张，用一个词或一个短语来代表这张卡牌。告知大家这个词或是短语，之后把卡牌扣放在桌面上。其他玩家要从自己手里的牌中选出一张感觉最接近庄家词语的卡牌，也扣放在桌面上，和庄家的牌混合。洗牌后，图卡画面朝上打开，大家观察完毕后进行投票，猜测庄家出的是哪一张卡牌（不可以投票给自己猜测的那张牌）。

（3）解释计分规则。庄家要让团体中有些人能够猜中自己的卡牌，但又要保证不是所有人都能猜中，如果全体都猜中或者都没猜中，庄家不得分。

除此之外，庄家固定得到两分。

其他玩家，一方面要想办法猜中庄家的卡牌，另一方面需要想办法用自己手里的卡牌蒙骗其他玩家，让其他人觉得自己出的卡牌是庄家出的。其他玩家如果猜中庄家的卡牌得一分，如果自己出的卡牌被别人猜中认为是庄家出的，按猜中人数计分。

（4）计分结束后，请大家认领自己的卡牌，并解释出牌原因。

没恐惧，就这么办吧

——高中生学习状态管理心理讲座

一、思考：让学习学习变得沉重的是什么

1.失败。想象中的失败和被渲染出来的失败，远比真实的挑战更可怕。危险是存在的，恐惧则是你的选择！

2.失去：在你把成绩当做得到生活的重要手段很久后，一旦感觉到学习的压力，对失去的恐惧将成为情绪的背景。

3.孤单。你是被接纳的吗？你受欢迎吗？你在别人的心中重要吗？有人理解你吗？他们是不是嫌弃你？这一切都是令人烦恼和恐惧的。

4.失望。父母的眼神里隐含着什么？他们说出来的和没说出来的期待又是什么？你是令人失望的吗？你会令自己失望吗？用这些可以编织一个多么令人绝望的故事啊！

二、恐惧给你带来了什么

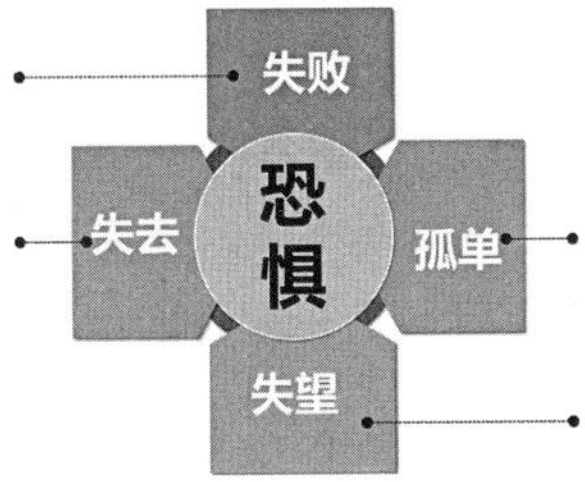

1.强迫适应，过度担忧——紧绷——劳累——强迫适应——低效。

2.机械应付，迷茫——疲于应付——低效失望——麻木不仁。

3.起伏不定，成绩起伏——自我怀疑/盲目乐观——状态失衡。

4.紧张分心，害怕失败——紧张——分心——低效—更紧张。

5.备受干扰，忧愁/孤单/被排挤/社死——度日如年——低效挣扎/绝望放弃。

6.自我保护，害怕失败——寻找“理由”——自我价值保护。

7.拖延自责，疲惫矛盾——拖延——低效——自责后悔。

8.及早放弃，失去信心——及早放弃——隔离情绪——精力转向。

小结：想努力，可是动不了！

卷也卷不赢，趟也趟不平！

催也催不动，躲也躲不开！

最后你会说——我不知道!!!

三、假如没有了这些由恐惧编织的故事那复习和考试的本质是什么

1.考试的本质是在有指定的老师监考下，在严格规定的考试地点和时间，完成每一科目的试卷上的知识点的作答。

2.复习的本质是在平时的学习过程中，努力查缺补漏，按照老师/个人的计划，用有效的方法循序渐进地学习知识点。

四、复习和考试的有效策略

（一）复习策略调整1：没有实力才是最大的压力

1.是实力的问题？还是状态的问题？

（1）研究知识点掌握情况。

（2）明确心理状态起优对考试成绩的影响。

2.是在努力学习，还是做出努力的样子？

（1）认准知识点，找到靠谱的目标。

（2）坚决不做“值得赞赏的无用功”。

3.学会自我评估和及时调整战术。

（1）用练习来评估。

（2）用考试来评估。

4.关于排名的纠结。

5.用“马拉松视角”看排名起伏。

6.超越排名的困扰——珍惜“死一次”重来的机会。

7.学会坦然地休息。

8.打破恶性循环。

9.有氧运动和碎片化休息。

10.找最佳学习时间。

（二）复习策略调整2：睡眠和手机都是你的

1.我与手机的关系就是我与自己的关系。

（1）弄清手机的用途，娱乐、学习、社交、逃避。

（2）前三者可调节，用于逃避者立刻接受心理辅导。

(3) 调节术，公开用途用量，设定自我限制，引入外力监督。

2.休息比睡眠重要。

(1) 不舍得睡觉怎么治？——把生活的主动权拿回来！

(2) 睡不着——把想的问题写出来/躺着休息/吃药。

(3) 学会冥想：效果相当于睡觉。

(三) 复习策略调整3：我是用身体来学习的

1.好好吃饭！

(1) 早餐当药吃，不吃容易抑郁。

(2) 蛋白质，蛋白质！

(3) 均衡营养。

(4) 纤维素！纤维素！

2.要运动。

(1) 有氧运动。

(2) 适当运动比刷题更有效。

(四) 考场心理状态调适—平静而机警

抓住考试的本质。又想象：天地尽头的那张考桌……

1.焦虑自我评量，焦虑超过85分需要处理。

2.考场外的情绪调整法。

(1) 紧张情绪正常化。

(2) 肌肉放松调节法。

3.考场内的情绪调整策略。

(1) 先平复情绪后做题。

(2) 深呼吸守点法。

考场心理状态调适——平静而机警。

4.考场时间管理策略。

(1) 用时间换分数。

(2) 用好动笔前的五分钟。

(3) 舍得停下来调整状态。

5.处理头脑短路。

(1) 认清真相——舌尖现象。

(2) 及时转移注意力。

高三减压助考心理团训方案

活动目标

减轻压力，放松心情。

激励自己，创适佳绩。

活动主讲与组织

心理教师：谢维兴、仲崇健、杨诗倩等心理教师。

活动对象

2023 届高三全体学生。

活动时间

2023 年 5 月 17 日下午 2：00—3：30。

活动地点

体艺馆。

活动准备（德育处准备）

1.主训谢维兴老师，分训为晋安区心理教师，每班 1 名，自带小蜜蜂。

2.场地准备、活动横幅、音响设备、矿泉水以及 30 个海洋球。

3.学生每班根据人数分为几队站队，每队选个队长，站队伍最前面，每队 10 人左右，每队准备 2 枚 1 元硬币（年段准备）。

活动其他事宜

1.图片、报道收集与撰写由年段负责，专家邀请、接送、联络由心理老师负责。

2.活动结束后高三教师们与主训老师合影。

3.为参与的心理分训教师开本次活动证明。

活动过程

一、钻山洞（分训需上台配合演示）

1.活动队形：4 路横队。

2.活动规则：（1）学生站好，相邻同学手拉手距离拉开，拉着的手平放。（2）第 1、2 名同学两手围成的洞命名为 0 号洞，2、3 名同学之间围的洞命名为 1 号洞……以此类推，直到 9 号洞。（3）当老师喊口令，如“3 号洞”时，拉洞的同学要迅速将洞口打开（手举高），其他队员要迅速从洞中钻过，期间手不能断开，直到恢复成横队算完成，看哪队完成得快。（4）培训师可加大难度，如发出“23”的口令，学生就要先从 2 号洞钻过，再从 3 号洞钻过。

3.参考数字：(1) 现在是 4 月，所以第一个号码是“4”。(2) 今天是 24 号，所以第二个号码是“24”。(3) 过几天就是二检了，它是 5 月 16 号，所以第 3 个号码是“516”。(4) 过完这一关后，我们接下来就要闯最后一关啦，“20220607”。(5) 最后一个号码是 666，衷心祝愿同学们在接下来的考试中都能一路 666！

4.活动点评：在这一路闯关的过程中，每个同学都像一名战士一样在前方战斗，但是也离不开后方的各种支持。

二、支援前线（每队的队长站队伍左边）

1.目标：让学生先动起来，并且体验到支援以及被支援的感受，引出每个人生活在一个大环境下，都会需要彼此身边的人的支持。高一是一个新环境、新开始，因此会需要大家重新寻找自己身边的支援。

2.活动队形：4 路横队。

3.活动规则：(1) 教师依次说出：一件外套、一副眼镜、一块手表、一个发夹（三枚校徽）、一只球鞋、两枚一元硬币、一条长度大于 10 厘米的头发、一条鞋带、每个队员的拥抱、班主任的拥抱。(2) 只有队长可以移动位置，但队员必须保持队形不变。小组成员根据老师的要求在规定的时间（30 秒）内将相应的物品交到队长手中。队长一旦获得物资请高高举起，以示完成，请分训老师检查。(3) 活动完成后，请队长归还物品，暂时留下两枚一元硬币。

4.活动点评：在现实生活中，每个同学都是队长，收集着各种各样的资源，比如父母的关爱、老师的指导、同学的帮助，才一步步坚持到了今天。

三、传硬币

1.活动队形：4 路横队。

2.活动规则：队伍两端的人分别是 AB，传递顺序为从 A 传到 B，再从 B 传回 A。传递过程中如果硬币掉落，则从头开始。比哪组完成的速度快。第 1 轮：1 个硬币，右手手掌翻转传递。第 2 轮：1 个硬币，右手食指翻转传递。第 3 轮：2 个硬币，双手食指翻转传递。第 4 轮：1 个硬币，额头传递。

3.活动点评。

(1) 完成活动需要专注力。活动时因为各组各班在比赛，有时会为了求好、取胜而不慎将硬币掉落，不得不重来。可引导学生将注意力集中在事情本身而非结果，如考试时专注于考试本身不过多考虑成绩，把握好自己的节奏，做好自己能控制的事情。

（2）各班各队完成进度不同，除了个人心态的调整还有团队协作的重要性。

（3）传硬币需要一定的技巧。前面传硬币的同学没有方法借鉴，只能自己探索实践；后面传硬币的同学可以观察前面同学的方法，自己加以尝试改进。也有同学这个时候回想出传硬币的技巧告诉自己的队员，组织大家更好更快地把硬币传递到下一个同学的手中。可引导学生学会观察身边的人是如何做的，吸取经验，也可以为团队贡献一分力量。

四、极限传球

（一）第一部分

1.规则：（1）球从A发起者手里发出，在组内每个人手里传一次后回到A手里，但球不能传给自己左右邻座的人。（2）接球者要对发球者说“×××，你好（接球者的名字）”，以此类推。

2.递进：在各组熟悉活动规则后，可加入计时，球掉到地上的时间也算入总时间，可计时2轮左右，主训自定。

（二）第二部分

1.规则：规则同上一轮。唯一的区别是在传球过程中不必再喊名字。每一人都必须触及球，所需时间最少的获胜。球掉地上也要计入时间。你能想到多快的方法“极限传球”？

2.递进：分训下到各组计时及时通报最新时间，并观察各组的反应和进度。直至有小组不到1秒完成任务后，引导他们思考，持平与其他组的进度。

（三）讨论与分享

在传球过程中，你们是如何配合的？如何让球传得更快？怎样才能使球不会掉到地上？

在传递过程中有没有想过放弃？当听到其他小组的成绩比你们组更好时，又是怎样想的？

游戏刚开始时，你觉得多少秒是极限？结果，你们小组的成绩的是多少秒？和原先预想的结果少了多少秒？是不是不敢相信自己的成绩？

从这个游戏中，你学到了什么？

各主训可根据自己的观察增加或修改讨论点。

（四）总结

团队配合是保证！

积极寻求方法是关键！

坚持不懈是动力！

奇迹在自己的手中创造！

没有不可能的任务，只有不可能的心！

五、按摩操（男女生各一圈）

1.活动队形：2个圆圈。

2.活动规则：主训通过歌唱发布口令，请后一位学员为前一个做下列按摩。

轻轻　捏捏　轻轻　轻轻　捏捏，（双手分别轻捏前一个的双肩）

轻轻　揉揉　轻轻　轻轻　揉揉，（双掌轻揉前一个的肩胛部）

轻轻　捶捶　轻轻　轻轻　捶捶，（双掌交替轻捶前一个的肩背部）

轻轻　拍拍　轻轻　轻轻　拍。（双掌交替轻拍前一个的肩胛部）

轻轻（回到开头周而复始）

导师宣布还会发出一个口令：轻轻挠挠——双手挠前一个的胳肢窝。请大家注意了！

导师宣讲完，唱出按摩操口令，提醒大家掌握好“轻轻”的程度。一轮或若干轮做完了，请全体向后转：“我为人人，人人为我!”再做几轮，忽然唱出“轻轻挠挠”的口令，在欢笑声中结束。

3.活动点评。

六、人椅（男女生各一圈）

1.活动队形是2个圆圈。

2.活动规则：（1）每个同学将双手放在前面同学的双肩上，自己的脚尖顶住前者的脚跟。（2）听从分训指令“坐下”，所有同学一起缓缓坐在身后同学的大腿上。如果哪个班级愿意挑战更高难度，可以全班组成一个大圈。

3.活动点评：（1）可引导学生讨论“如何才能坚持得更久”“当觉得快坚持不住时怎么办”等，由此引出探讨在班级中，个体的付出也会对整体产生影响，团队最终的成败是由每个人在过程中的付出所组成的。（2）可引导学生分享活动的感受，引导其体会个人的责任、团体的凝聚力和坚持的力量，帮助高一新生更好融入新班级新集体中。

七、教学随笔

教学情境贯穿心理课堂的思考

杨诗倩

心理健康课程是学校宣传教育心理健康的主阵地，在这块阵地中，不仅需要按照统一的标准和规范来推进和实施，也因学科的独特性，它关注的是人，是促进人的和谐发展的教育，所以是以人为本。要发挥学生的主动性，让学生在课堂设置的活动环节中体验、领悟、学习，从而保持学生对心理健康教育课的好奇和探索欲望。初中阶段的学生心理防御机制较强，参与活动的积极性较弱，这无形中加大了设计一堂有趣的心理课的难度。

一、在课堂中创设情境的重要性

（一）为何创设情境

为使得课堂效果丰富、有趣，调动学生课堂积极性，主动跟随教师投入创设的活动和体验中，心理教师通常都会创设出乐享其中、趣味纷呈的情境进行教学，让学生在情境的感染下，能够“沉浸式”体验课堂，从而主动探索、积极探索，以此提高我们心理课堂的效率和有效性[1]。但是，我们会发现，很多课程在创设时，环节与环节之间的情境缺乏完整性。只是把心理课当作带着学生做活动、玩游戏，在游戏过程中体验，领悟出道理、心得。但是这些游戏环节，像一条项链中散落的珍珠一样，单看是十分精美巧妙，但想要合为一堂课时，由于缺乏主线使得学生走马观花，仿佛走个过场，并且课堂比较凌乱。

（二）何为贯穿全课的情境创设

在实际课堂中，常用的情境创设有两种。第一种是在整个教学设计中的某个环节创设情境，如环节中的角色扮演、故事讲述等；另一种是贯穿于全课，即用一个教学情境贯穿全课，学生在这个情境中体验并完成学习任务。

对比这两种情境创设的方式，“从一而终”的情境创设在心理课堂上能够形成一条“主线任务”将活动串联，形成整体。例如在初中心理课《适应初中生活》中，在开学前学生比较生涩，对周围环境比较陌生，课堂开展需要一些趣味以激发学生的兴趣。在本课中，对其中“初中新挑战”的环节进行情境创设，会将初中模拟为一款网络游戏，将学生带入情境中，思考在这款游戏中会遇到什么样的任务与挑战，花费在一个环节上的创设时间就会很多，学生需要时间去进入情境，思考情境，作为单个环节的创设也显得比较突兀。如果是对整节课堂设计为情境，将课堂创设为“新款游戏体验”，设计悬念，让学生从课堂的开始就好奇这样一款“游戏”到底什么。通过派发“新手任务”，在一节游戏情境中以“新手玩家”的身份展开对初中生活适应这一主题的探讨。

作为老师，贯穿全程的情境创设结构完整，脉络清晰，形成一堂操作性强的心理课堂；作为学生，贯穿全程情境创设的课堂新颖有趣，能够发挥主观能动性，更好掌握课堂内容。

贯穿课堂的情境创设不仅需要心理教师的巧思和创新，同时也需要符合心理课堂的基本结构、完成心理课程的基本目标。

1.结合目标，创设情境。

创设情境的主要目的并不仅仅是形成一堂看似热闹的心理课。有时，似乎教师营造出一种非常有趣、热闹的课堂氛围，让同学们认为每节课都很好玩、很轻松，就是把这堂课的任务完成了，但许多学生并不了解这堂课的目的是什么。如果创设情境一味追求课堂的趣味性，完全变成了活跃课堂气氛的工具和教学内容的外包装，而课程上缺少精心设计的提问、缺少了对学生思维的激荡、缺少了让学生成为主体而升华学生的体验与感悟，那么心理课的内容和目标就相对匮乏。

在创设情境以贯穿整堂心理课时，需要与课堂目标相结合，明确情境创设与目的的关系。创设情境是为实现课堂目标而服务，使得课堂更加顺滑、有趣，学生的注意力更加集中，充分发挥主动性。比如在《如何提升记忆力》这堂课中，教学目标是使学生掌握记忆的规律以及记忆的方法。通过创设“穿越到1942年，拯救被困同志”这一情境，将同学们带入“一位擅长记忆的特工”的角色，增强了学生的信念感和紧迫感，让学生主动钻研记忆的方式，同时也通过紧张的活动一步一步达到故事的高潮。其中创设的情境是为达到目标而服务，创设的情境可以弥补探索记忆规律活动中枯燥，增强学生探索的动力，从而达到预计的课堂目标。

2.选择主线，创设情境。

贯穿全课的情境创设需要一条主线任务来串联，一般有三种模式，分别是闯关模式、游戏模式、故事模式[2]。

闯关模式是指利用某个创设的人物，一般是耳熟能详的影视剧作品中的人物、现实中的人物、老师自编的具有代表性的人物、甚至是学生本人等，使学生带入人物的特殊任务，通过冒险闯关的方式，在每一关获得一项技能或知识。例如《我会定目标》这一课中，为了让学生了解 SMART 理论，将课堂情境设置成环岛游学，我们将游历 5 个岛屿，5 个岛屿分别代表了 SMART 理论中的 5 个原则。在游学准备时，给学生们准备“通关文牒”，每完成岛屿上岛民布置的一项任务，领会该岛屿的 SMART 原则就可以在“通关文牒”上盖章。一边游历，一边学习，使得原本比较晦涩的 SMART 原则通过比较有趣的方式让学生们接受。

游戏模式是指用一个活动游戏来贯穿整堂心理课，达到增强趣味、促进思考的作用。最常出现的是团体心理游戏，比如在《探寻我的价值观》中，会采用价值观拍卖会的形式进行。除了传统的心理游戏外，学生们喜欢的解谜游戏、电子网络游戏都可以作为创设的背景。例如上文提到的《适应初中生活》，就是以网络游戏作为背景。

故事模式则是让学生成为某个故事中的一个角色，课堂随着故事而发展，体验着故事中人物的起起落落与人生任务，从而使得故事得以发展、升华，引导学生思考。

3.从情境回到现实。

当情境落幕，我们脱去故事的外衣，从故事中抽离的时候，我们可以继续利用故事情境推进活动进程，在这一部分，我们可以鼓励学生将课上所学应用到实际生活中去，向生活和课外延伸。例如在《学会赞美》一课中，作为一位成功“出道”的赞美练习生，在训练完赞美他人的要点后，我们可以鼓励学生将“练习室”里学习到的内容运用到现实生活中。由此引出最后的活动，作为“出道”表演，可以在班级中挑选一位你最想夸奖，但是在过去共同的学习生活中没有夸奖过的同学，写上一句“夸夸”赠送给他，注意运用到赞美法则。

在回到现实的过程中，教师也可以引导学生体会角色的心理变化，再跳出情境总结自己的收获。在引导学生“去角色化”的同时，师生共同总结、升华，明确活动的意义。

二、创设贯穿课堂的情境时的注意点

创设情境看似简单，其实充满艺术性和学科性，需要上课老师有一定的观察与创造性。在创设时，也需注意以下几点，避免情境创设成为一种华而不实的包装。

（一）情境“合适化”

情境可以天马行空，可以源于生活，可以根据任课老师的不同风格产生不同的有趣情境。但在课堂的设计中需要注意的是，情境创设的背景可以天马行空，但是与其所要达到的目标、与授课年段的学生需要达成和谐的关系，才能让情境发挥最大的作用。

最重要的是所选情境素材要契合学生的年龄特点，以初中学生为例，学生更喜欢一些以流行元素、带有娱乐意味、幻想意味的情境。例如以“选秀”节目为创设背景设计的《学会赞美他人》课程、以网络游戏为创设背景设计的《适应初中生活》、以综艺节目为创设背景设计的《一年只此一次疫情吐槽大会》等。这些创设的背景比较贴近学生的生活，贴近学生的认知。但是也要注意到，并不是所有学生都看过“选秀节目”，都了解游戏，都看过综艺。所以，在创设情境时，注意不将“专业用语”带入课堂，如果是重要用语，需要适当解释。比如在上《一年只此一次疫情吐槽大会》时，有些同学不太了解“吐槽”的意思，这时候就需要老师去解释吐槽是指用一些好笑、调侃的语句去评价、抱怨现在生活中的一些烦恼。

（二）教师的个人魅力

有时候为了增加我们创设的情境的真实性和有趣性，教师也是创设情境中的其中一环。要求教师不再“社恐”，需要一定的演技和表演力，让整个课堂更加丰满。比如在《适应初中生活》课堂上，教师作为游戏发布会的主持人，自己要带入角色，带领“游戏玩家们”体验、探索初中这款与众不同的“游戏”。

在实践中证明，贯穿全课的心理课能够抓住学生的注意力，提高课程的有趣性和有效性。情境创设是一个具有艺术性、表现性的创设过程，教师教的生动，学生学得实在，有情有趣，有心有效。

参考文献

[1] 张辉蓉，朱德全. 走出教学情境创设的误区 [J]. 西南大学学报：社会科学版，2007，33（5）：4.

[2] 余淑芬，黄喜珊. 给心理课穿个“马甲”——如何在心理课上创设贯穿全课的教学情境 [J]. 中小学心理健康教育，2020（15）：4.